काँग्रेस का इतिहास एवं कार्य

कॉंग्रेस का इतिहास एवं कार्य

आलोक कुमार

इशिका पब्लिशिंग हाउस
जयपुर दिल्ली

इशिका पब्लिशिंग हाउस

ए –25, ''गणेश सदन'', गली न. 4, आदर्श बस्ती,
बी.एल. हाउस के पास, टोंक फाटक,
जयपुर–302018 (राजस्थान) भारत
फोन : 0141-2761280, Mob. 9887532741
Email: ishikapublishinghouse@yahoo.in

दिल्ली कार्यालय : 102, प्रथम मंजिल, 'सत्यम हाउस'
4324/3, अंसारी रोड़, दरियागंज, नई दिल्ली – 110 002
फोन : 011–45652440

ISBN: 9788189471712

टाइपसेटिंग : बी.एस. कम्प्यूटर्स, जयपुर

मुद्रक : थॉमसन प्रेस, नई दिल्ली

प्रस्तावना

इंडियन नेशनल कांग्रेस की स्थापना सन् 1885 में की गई। भारतीय राष्ट्रीय कांग्रेस की स्थापना में एलन ओक्टेविप ह्यूम का महत्वपूर्ण योगदान था जो ब्रिटिश साम्राज्य में सरकारी अधिकारी था। स्थापना के बाद भारतीय राष्ट्रीय कांग्रेस के सम्मेलन भारत के विभिन्न बड़े-बड़े नगरों में आयोजित होते रहे। आरंभ में इस संस्था के सभी नेता अंग्रेजी प्रशासन और साम्राज्य के हृदय से शुभचिंतक थे। उनकी अंग्रेजी शासकों के प्रति अटूट भक्ति भावना थी। वे अंग्रेजी साम्राज्य के विरुद्ध किसी प्रकार का जन आंदोलन आरंभ करने के पक्ष में नहीं थे लेकिन इंग्लैंड की संसद की ईमानदारी में उनका विश्वास अडिग था। वे यह स्वीकार करने को ही तैयार नहीं थे कि इंग्लैंड में ज्ञान होने के पश्चात् भी स्थिति नहीं सुधरेगी। इसलिए कांग्रेस की कार्य पद्धति में इंग्लैंड में प्रचार करना अत्यंत महत्त्वपूर्ण था। पार्लियामेंट के सदस्यों को भारत के विषय में ठीक जानकारी देना, ज्ञापन प्रस्तुत करना, विभिन्न विषयों पर प्रस्ताव पास करना ही उनका ध्येय था। प्रजातंत्र और संवैधानिक प्रशासन के सैद्धांतिक ज्ञान में निपुण होने के कारण कांग्रेस के नेता यह विश्वास नहीं कर सकते थे कि इंग्लैंड की प्रजातंत्रीय सरकार भारत में प्रतिनिधित्व को स्थापित नहीं करेगी। उनके किसी भी कार्य अथवा चिंतन से यह नहीं कहा जा सकता कि वे इंग्लैंड के नियंत्रण से पूर्ण छुटकारे की बात करते अथवा सोचते हों।

भारतीय राष्ट्रीय कांग्रेस के नेता ब्रिटिश नौकरशाही के खिलाफ थे लेकिन साथ ही वे इंग्लैंड सरकार के प्रति अटूट भक्त भी थे और उसके पक्ष को भली-भाँति स्पष्ट करते थे। 'सरकार विरोधी पक्ष' का लक्ष्य उनके समक्ष सदा उपस्थित रहता

था। वे उन सीमाओं से आगे नहीं बढ़ सके जो इंग्लैंड की संसद में विरोधी पक्ष के लिए थी। लाला लाजपतराय ने ठीक ही लिखा कि कांग्रेसी नेता उस वर्ग के सहयोग से ही कार्य करना चाहते थे जिसके विरुद्ध वे आवाज उठाते थे। इस आंदोलन की एक कमी यह थी कि अधिकांश नेता सरकार से केवल कुछ सुविधाएँ चाहते थे। इसलिए यह एक जन आंदोलन नहीं हो सकता था। साधारण जनता की वास्तविक कठिनाइयों का बहुत कम ज्ञान नेताओं को था।

आलोक कुमार

अनुक्रमणिका

किया तब अहिंसात्मक असहयोग की नीति अंग्रेजी साम्राज्य के प्रति अपनाई जाएगी। इस प्रस्ताव पर अंतिम निर्णय ए.आई.सी.सी. के लिए छोड़ दिया गया। उनकी बैठक 7 अगस्त को बंबई में बुलाई गई। आल इंडिया कांग्रेस कमेटी ने 'भारत छोड़ो' प्रस्ताव 8 अगस्त को पास कर दिया। इस प्रस्ताव में जन आंदोलन और अहिंसात्मक सत्याग्रह की बात कही गई। यह आंदोलन गांधीजी के नेतृत्व में संचालित किया जाएगा। यदि यह नेतृत्व सरकारी नीति के दमन के कारण उपलब्ध न रहे तब प्रत्येक व्यक्ति अपना नेता स्वयं होगा।

ब्रिटिश शासन की कूटनीति : अंग्रेजी प्रशासन बहुत षड्यंत्रकारी था। ए.आई.सी.सी. की बैठक सभा समाप्त होते ही [illegible] सन् 1942 की प्रातः सभी कांग्रेसियों को बंदी बनाकर जेल में डाल दिया गया। यह क्रम लगभग एक सप्ताह तक चला। कांग्रेसी नेताओं के बन्दी बनाये जाने की खबर पूरे देश में आग जैसी फैल गयी जिसके कारण देश के सम्पूर्ण क्षेत्रों में बन्द का आह्वान और जुलूस का निकलना प्रारम्भ हो गया। सरकार ने क्रूरतापूर्वक इन शांत प्रदर्शनकारियों का दमन किया। लेकिन शीघ्र ही सरकार की नीति का परिणाम भी [illegible]। देश के विभिन्न भागों में 11 अगस्त के बाद [illegible] हुई। सरकार ने अपनी पूरी ताकत इस आंदोलन को कुचलने में लगा दी। सरकारी वक्तव्य के अनुसार 538 बार गोलियां चलाई गईं जिसमें [illegible] और 3,200 घायल हुए। लगभग 70,000 से अधिक व्यक्तियों को जेल में बंद किया गया। सरकार ने अत्यधिक घबराहट में कई बार [illegible] भी की। [illegible]

[illegible]

[illegible] 1942 ई. के आंदोलन का संचालन [illegible]

1

कॉंग्रेस की स्थापना एवं उसके प्रारम्भिक कार्यों का मूल्यांकन

भारतीय राष्ट्रीय कांग्रेस की स्थापना में एलन ओक्टेविप ह्यूम का महत्वपूर्ण योगदान था। वह ब्रिटिश साम्राज्य में सरकारी अधिकारी था। उन्होंने 1857-58 ई. में ब्रिटिश साम्राज्य के सामने मौजूद समस्या को खुद महसूस किया था। वह सरकार की कुछ नीति से असहमत था जिसके कारण लिटन ने 1879 में उसकी पदावनति कर दी थी। इसके बाद ह्यूम कुछ दिनों के लिए थियोसोफिकल सोसाइटी के सम्पर्क में आया लेकिन जल्द ही सोसाइटी के नेताओं से विवाद हो गया। 1882 ई. में रिपन द्वारा स्थानीय स्वायत्त शासन संबंधी प्रस्ताव पास किए जाने के पश्चात् ह्यूम और रिपन में पत्र व्यवहार आरंभ हुआ। शीघ्र ही ह्यूम ने रिपन के विश्वासपात्र की भाँति उसकी कठिनाइयों के विषय में वक्तव्य देना आरंभ किया। 1882 ई. में स्थानीय स्वायत्त शासन पर चर्चा, समाचार पत्रों के एक संघ बनाने की योजना, 1883 ई. में ब्रिटिश इंडिया एसोसिशन के सुझाव पर क्रिस्टोदास पाल को लेजिस्लेटिव कौंसिल का सदस्य नियुक्त करना, इल्बर्ट विधेयक का प्रस्तुत करना, बंबई से 'वायस आफ इंडिया' पत्र का प्रकाशित होना आदि ऐसी घटनाएँ थीं जिन्होंने राजनीतिक रंगमंच पर एक नया उत्साह पैदा कर दिया। इल्बर्ट विधेयक पर अंग्रेजी असंतोष को देखकर भारतीय नेता भी चिंतित थे। इसी अवसर पर ह्यूम ने 1 मार्च, 1883 ई. को कलकत्ता विश्वविद्यालय के स्नातकों के नाम एक पत्र लिखा जिसमें उन्हें संगठित होकर

भारतीय कल्याण के लिए कार्य करने की प्रेरणा दी। यह पत्र उसने रिपन से परामर्श के बिना ही लिखा था। तत्कालीन समाचार पत्रों में इस पत्र की कोई चर्चा नहीं हुई। इतना अवश्य है कि अप्रैल, 1383 ई. में डब्ल्यू.सी. बनर्जी के नेतृत्व में 'युनाइटेड इंडियन कमेटी' का गठन किया गया। संभवतः रिपन ने ह्यूम को तुरंत ही अखिल भारतीय संगठन बनाने के पक्ष में परामर्श नहीं दिया। इसलिए ह्यूम मार्च, 1883 ई. से 1885 ई. के आरंभ तक प्रायः शांत रहा। इस बीच भारतीय समाचार पत्रों में एक राष्ट्रीय संघ, राष्ट्रीय कोष आदि की स्थापना की चर्चा होती रही। 1884 ई. में आई. सी.एस. की सेवाओं में उम्र की सीमा अधिकतम करने के लिए देश भर में विरोध प्रदर्शन व आंदोलन हुए।

गवर्नर जनरल रिपन को 1884 ई. में आदरपूर्वक विदाई दे दी गई। एलन ओक्टेविय ह्यूम दिसम्बर, 1884 में मुम्बई गया। तीन महीनों तक महाराष्ट्र तथा मद्रास के नेताओं से विचार-विमर्श करके मार्च, 1885 ई. में भारतीय राष्ट्रीय संगठन की योजना बना ली गई लेकिन इसे गोपनीय रखा गया। मार्च-अप्रैल में उसने बंगाल और उत्तरी भारत का दौरा किया। मई, 1885 ई. में उसने प्रस्तावित राजनीतिक संगठन के दिसंबर में पूना में होने वाले अधिवेशन की लार्ड डफरिन से चर्चा की, जिसमें बंबई के गवर्नर को अध्यक्ष बनाने का सुझाव था। डफरिन ने गवर्नर को अध्यक्ष बनाने के सुझाव को अस्वीकार कर दिया। ह्यूम ने चार वर्षों पश्चात् डफरिन से अपनी इस भेंट का वर्णन रिपन को लिखा जिससे डफरिन से भारतीय राजनीतिक संघ पर पूर्व चर्चा और उसके कहने पर सरकारी अधिकारियों को अलग रखने की बात स्पष्ट हो जाती है। इस विचार-विमर्श के पश्चात् ही मई, 1885 ई. में पहला सर्कुलर भेजा गया जिसमें पूना में दिसंबर के अंतिम सप्ताह में इंडियन नेशनल यूनियन के अधिवेशन की सूचना दी गई। जुलाई से नवंबर तक ह्यूम भारत के बाहर रहा, 2 दिसंबर को ह्यूम भारत वापस आया और उसके पश्चात् भारतीय राष्ट्रीय यूनियन के अधिवेशन की तैयारी आरंभ हुई। सुरेंद्रनाथ बनर्जी ने इंडियन एसोसिएशन एवं वार्षिक अधिवेशन की सूचना का प्रकाशन नवम्बर के अंक में कर दिया।

इंडियन एसोसिएशन और वार्षिक अधिवेशन के प्रकाशित होने से पूना में आयोजित अधिवेशन के संयोजकों को काफी विस्मय हुआ। सुरेंद्रनाथ बनर्जी द्वारा इंडियन एसोसिएशन की वार्षिक अधिवेशन की तिथियों की घोषणा के पूर्व ही पूना से इंडियन नेशलन यूनियन के वार्षिक अधिवेशन की तिथियों की घोषणा की गई। डब्ल्यू.सी. बनर्जी के कहने पर भी सुरेंद्रनाथ बनर्जी इंडियन नेशनल यूनियन के पूना

अधिवेशन में नहीं आए। पूना कई कारणों से इस कांग्रेस के लिए अधिक उपयोगी समझा गया। कलकत्ता की अपेक्षा पूना में मतभेद कम थे। अंग्रेजी संपादकों तथा कर्मचारियों के विरोध की संभावना भी कम थी और पूना सार्वजनिक सभा इस अधिवेशन का खर्च भी सहन कर सकती थी। विपिनचंद्र पाल ने बाद में ह्यूम पर यह आक्षेप लगाया कि ह्यूम ने सुरेंद्रनाथ बनर्जी के नेतृत्व के महत्त्व को घटाने के लिए महाराष्ट्र में अधिवेशन बुलाया। किंतु यह सही नहीं है क्योंकि सुरेंद्रनाथ बनर्जी ने अपने अधिवेशन की तिथियों को पहले घोषित नहीं किया था। दूसरे बंगाल में आमंत्रित इंडियन एशोसिएशन एक 'बंगाली संस्था' थी, जिसे भारतीय बनाने में वास्तविक कठिनाई उत्पन्न होती। 1885 ई. में इंडियन एशोसिएशन के अधिवेशन में गैर बंगाली सदस्यों की संख्या नगण्य थी एवं कलकत्ता के बाहर से बहुत कम बंगाली आए थे।

भारतीय राष्ट्रीय कांग्रेस का अधिवेशन बंबई में 28 दिसम्बर को शुरू हुआ। जिसमें पहली बार भारत के सभी भागों से 72 प्रतिनिधियों ने भाग लिया। ये प्रतिनिधि अधिकांशतः मध्यमवर्ग के सदस्य थे। कलकत्ता इंडियन एसोसिएशन की अपेक्षा इंडियन नेशनल कांग्रेस में जमींदारों अथवा सामंती वर्ग का प्रतिनिधित्व कम था। इस अधिवेशन में पास किए गए प्रस्तावों में निम्न बातों पर मुख्य रूप से जोर दिया गया। भारतीय प्रशासन की रायल कमीशन (जिसमें भारतीय सदस्य भी हों) द्वारा जाँच कराई जाए, भारत सचिव की इंडिया कौंसिल को समाप्त किया जाए तथा केंद्रीय और प्रांतीय लेजिस्लेटिव कौंसिलों में भारतीय निर्वाचित सदस्यों की संख्या बढ़ाई जाए। सैनिक खर्चे में कमी, भारत और इंग्लैंड में प्रतियोगिता परीक्षाओं का एक ही समय पर साथ-साथ किए जाने और आयात करों में वृद्धि करने के पक्ष में प्रस्ताव पास किए। समाज सुधार से संबंधित विषयों पर कोई प्रस्ताव पास नहीं किया गया। इन प्रस्तावों में से कोई भी ऐसा नहीं था जिस पर पहले से विचार-विमर्श न हो रहा हो। समाचार पत्रों तथा विभिन्न प्रांतीय संस्थाओं में इन विषयों पर प्रस्ताव पास किए जाते थे। प्रस्तावों तथा भाषणों में इंग्लैंड के प्रति भक्ति भाव रखते हुए भारत सरकार के कार्यों की इंग्लैंड द्वारा जाँच इंग्लैंड सरकार से न्याय की अपील करना अपने में महत्त्वपूर्ण था। इस कांग्रेस के अधिवेशन ने सरकारी नीति के विरुद्ध 'नए भारत' का प्रतिनिधित्व किया।

थियोसोफिकल सोसायटी और कांग्रेस : थियोसोफिकल सोसाइटी ने कांग्रेस की स्थापना का श्रेय लेने का प्रयास किया। ह्यूम का थियोसोफिकल सोसायटी से

संबंध होना, आलकट का तथा ऐनीबेसेंट का यह दावा कि थियोसोफिकल सोसायटी ने ही कांग्रेस को जन्म दिया, इस संबंध में उल्लेखनीय है। उनका तर्क है कि 1884 ई. में मद्रास में थियोसोफिकल सोसायटी के मुख्य कार्यालय में वार्षिक बैठक के समय कुल (17) नेताओं ने परस्पर विचार-विमर्श किया जिसमें एक राजनीतिक संगठन बनाने के प्रश्न पर चर्चा हुई थी। किंतु परीक्षण करने पर इस दावे का खोखलापन स्पष्ट हो जाता है। 1884 ई. में मद्रास सम्मेलन के परिणामस्वरूप किसी कांग्रेस की स्थापना नहीं हुई। उस समय स्वयं आलकट ने राजनीतिक विषयों में हस्तक्षेप से मना किया। 1885 ई. में भी आलकट ने इंडियन नेशनल कांग्रेस के प्रथम अधिवेशन से अधिक महत्त्वपूर्ण थियोसोफिकल सोसायटी का वार्षिक सम्मेलन बताया था। आलकट और ह्यूम में कांग्रेस स्थापना के पूर्व मनमुटाव हो चुका था। इसलिए ह्यूम का एक समय थियोसोफिस्ट होना उस सोसायटी को इस संस्था का जनक नहीं बना सकता।

वार्षिक सम्मेलन उस समय से होता आ रहा था जब थियोसोफिकल सोसायटी की स्थापना भी नहीं हुई थी। ऐनीबेसेंट (जिसने बाद में इस दावे को दोहराया) के कथन में कई परस्पर विरोधी बातें हैं। सुरेंद्रनाथ बनर्जी मद्रास सम्मेलन में 1884 ई. में उपस्थित नहीं थे। यद्यपि बेसेंट उनको उपस्थित बताती हैं। ह्यूम स्वयं उन 17 सदस्यों में नहीं थे और उन 17 सदस्यों में से अधिकांश कांग्रेस के प्रथम अधिवेशन में अनुपस्थित थे। इसलिए 1884 ई. में मद्रास में हुए थियोसोफिस्ट सम्मेलन को कांग्रेस के जन्म के लिए उत्तरदायी नहीं ठहराया जा सकता।

कांग्रेस की स्थापना के विषय में पट्टाभिसीतारमैया का कथन है कि यह सब रहस्यमय घटना है। यह निस्संदेह है कि ह्यूम ने इस संगठन की वास्तविक रचना में महत्त्वपूर्ण योगदान दिया लेकिन उसने किन कारणों से प्रभावित होकर ऐसा किया? ह्यूम ने स्वयं यह तर्क प्रस्तुत किया है कि उसने अंग्रेजी साम्राज्य को व्यापक असंतोष के खतरे से बचाने के लिए इस संस्था का गठन किया। इस प्रकार कांग्रेस का गठन अंग्रेजी साम्राज्य के लिए एक सुरक्षा वाल्व के रूप में किया गया। विलियम वेडरबर्न ने ह्यूम की जीवनी लिखने में इस तर्क को दोहराया है। इसी तर्क को आक्षेप के रूप में लाला लाजपतराय ने भी दोहराया है। यह तर्क सामान्यतः स्वीकृत है लेकिन ह्यूम को कौनसे खतरे का और कब ज्ञान हुआ? इस प्रश्न का उत्तर सरलता से नहीं मिलता। ह्यूम के कथनानुसार उसे यह ज्ञान लिटन के शासनकाल के अंत के 15 महीने पूर्व हुआ था। यह भाषा अस्पष्ट तथा संदिग्ध है। 1879 ई. में

थियोसोफिस्ट नेता भारत आए थे। उसी वर्ष ह्यूम की पदावनति भी हुई और लिटन की अफगान नीति, वर्नाक्यूलर प्रेस एक्ट, आर्म्स एक्ट तथा स्टेट्यूटरी सिविल सर्विस नियमों का सामूहिक प्रभाव उसी वर्ष दिखाई पड़ा। ह्यूम ने अंग्रेज विरोधी भावनाओं का अथवा गुप्त षड्यंत्र का वर्णन 1885 ई. में डफरिन के साथ अपनी भेंट में नहीं किया और न ही अन्य किसी व्यक्ति से उसने इसका वर्णन 1886 ई. के अंत तक किया। ह्यूम के लक्ष्य को समझने के लिए ध्यान रखना आवश्यक है कि 1882 ई. के पश्चात् वह गवर्नर जनरल और अंग्रेजी पढ़े-लिखे भारतीय वर्ग दोनों में एक मध्यस्थ बनने के लिए प्रत्यनशील था। इससे दोनों पक्षों में उसका महत्त्व बढ़ सकता था। 1882-84 ई. के मध्य उसने यह कार्य बड़ी कुशलता से निभाया। 1885 ई. में डफरिन के समय में भी उसने यही कार्य करना चाहा। लेकिन डफरिन ने अंग्रेजी साम्राज्य की सुरक्षा के लिए पढ़े-लिखे मध्यम वर्ग की अपेक्षा जमींदार और सामंती वर्ग का समर्थन प्राप्त करना अधिक उपयोगी समझा। जिससे शिक्षित मध्यम वर्ग में नाराजगी बढ़ गई और ह्यूम को मान्यता देना असंभव हो गया।

1885 ई. में कांग्रेस अधिवेशन में डफरिन प्रशासन की नीति की तीव्र आलोचना हुई। डफरिन तथा भारत भाषायी समाचार पत्रों में 1886 ई. में मतभेद उत्पन्न हो गया। ह्यूम ने लेखक का नाम न देकर दो पुस्तिकाएँ 'दि ओल्ड मैंस होप' और 'दि राइजिंग टाइड' प्रकाशित की जिनमें डफरिन की काफी आलोचना की गई। साथ ही भारतीय समाचार-पत्र संपादकों द्वारा व्यक्त असंतोष की सूचना इंग्लैंड पहुँचती रही। डफरिन से भेंट में ह्यूम ने उन पुस्तिकाओं में डफरिन पर झूठे-सच्चे आरोप लगाने में अपनी गलती स्वीकार की और डफरिन की प्रतिष्ठा बढ़ाने के लिए गुमनाम लेखक के रूप में 'दि स्टार इन दि ईस्ट' पुस्तिका लिखी लेकिन डफरिन ने अक्टूबर, 1886 ई. में भारतीय नेताओं को यह बताया कि 'दि स्टार इन दि ईस्ट' ह्यूम द्वारा लिखी गई है। कांग्रेस के कलकत्ता अधिवेशन में ह्यूम से लोगों ने इस बात की पुष्टि चाही। इससे ह्यूम को भारी धक्का लगा और उसने डफरिन को कभी क्षमा नहीं किया। 1886 ई. के अंत में डफरिन और ह्यूम में हुआ मतभेद दूरगामी सिद्ध हुआ। 1887 ई. में ह्यूम ने कांग्रेस अधिवेशन को अत्यंत प्रभावशाली बनाने का प्रयत्न किया। उधर सरकार ने इस संस्था को न मानने की नीति अपनाई। इस प्रकार 1887 ई. के बाद ह्यूम द्वारा डफरिन के संबंध में दिए गए वक्तव्यों की प्रामाणिकता के लिए अन्य पुष्टि आवश्यक है।

भारतीय राष्ट्रीय कांग्रेस की स्थापना से पहले ह्यूम ने कई कारणों से सुरेन्द्रनाथ

बनर्जी से घनिष्ठ संबंध बनाने का प्रयास नहीं किया। सुरेंद्रनाथ बनर्जी की ख्याति सरकार के एक असंतुष्ट आलोचक के रूप में थी। 1886 ई. में सुरेंद्रनाथ बनर्जी ने इंडियन कांफ्रेंस को इंडियन नेशनल कांग्रेस में मिला दिया। सुरेंद्रनाथ द्वारा यह कार्य इस तथ्य को गलत सिद्ध करता है कि ह्यूम ने बनर्जी की संस्था को नीचा दिखाने के लिए कांग्रेस की स्थापना की। ह्यूम के विश्वासपात्र भारतीय नेता बनर्जी से भी घनिष्ठ संबंध थे। बनर्जी इतने प्रभावहीन भी नहीं थे कि अपनी संस्था को विवशता में समाप्त करते।

भारतीय इतिहास में भारत के राजनीतिक जागरण को 1885 ई. में नया मार्ग मिला, यह राजनीतिक चेतना अंग्रेजी साम्राज्य के भक्त बनने और याचिकाओं तथा स्मरणपत्रों द्वारा कुछ अधिकार माँगने की ओर मोड़ दी गई। निस्संदेह कांग्रेस ने अंग्रेजी साम्राज्य के लिए एक सुरक्षा वाल्व का कार्य किया, जिसकी पुष्टि इस बात से भी होती है कि आरंभ में कांग्रेस के अध्यक्ष के लिए एक उच्च अंग्रेज अधिकारी की ही योजना थी। कांग्रेस में सम्मिलित नेता भारत के लिए यह सौभाग्य की बात समझते थे कि अंग्रेजी नियंत्रण यहाँ स्थापित था। वे अंग्रेजी साम्राज्य की सुरक्षा प्रथम आवश्यकता समझते थे और भारतवासियों के लिए राजनीतिक अधिकारों की प्राप्ति गौण समझते थे। कांग्रेस का आरंभ में स्वरूप केवल इतना ही था। वास्तव में 1885 ई. में इससे अधिक की आशा भी कठिन थी। डफरिन तथा अन्य अंग्रेजी प्रशासक इस सुरक्षा वाल्व को साम्राज्य के लिए एक खतरा कहते थे तथा इसे उग्र, साम्राज्य विरोधी, 'रेडिकल', आदि उपाधियों से सुशोभित करते थे। लेकिन इन विशेषणों का अर्थ समय-समय पर बदलता रहा है। एक निरंकुश, गैर-उत्तरदायी नौकरशाही किसी भी प्रकार के भिन्न विचारों अथवा आलोचना की अभिव्यक्ति मात्र को ही क्रांतिकारी अथवा उग्र समझती है। उस सरकार की दृष्टि में उनकी नीतियों में उन्हीं के लक्ष्यों को साकार न देखना ही अथवा उनकी प्रधानता और उच्चता को प्रश्नसूचक चिह्न से देखना विद्रोह के समान था। जिस वर्ग को 1885 ई. में उग्र कहा गया, 1905 ई. में वह ही नरम बन गया। जिस नीति को 1905 ई. में उग्र अथवा गरम कहा गया, वह ही 1921 ई. के पश्चात् सामान्य हो गई।

कांग्रेस के कार्यों का वर्णन (1885-1905)

इंडियन नेशनल कांग्रेस की स्थापना सन् 1885 में की गई। उसके पश्चात् भारतीय राष्ट्रीय कांग्रेस के सम्मेलन भारत के विभिन्न बड़े-बड़े नगरों में आयोजित

होते रहे। आरंभ में इस संस्था के सभी नेता अंग्रेजी प्रशासन और साम्राज्य के हृदय से शुभचिंतक थे। उनकी अंग्रेजी शासकों के प्रति अटूट भक्ति भावना थी। वे अंग्रेजी साम्राज्य के विरुद्ध किसी प्रकार का जन आंदोलन आरंभ करने के पक्ष में नहीं थे लेकिन इंग्लैंड की संसद की ईमानदारी में उनका विश्वास अडिग था। वे यह स्वीकार करने को ही तैयार नहीं थे कि इंग्लैंड में ज्ञान होने के पश्चात् भी स्थिति नहीं सुधरेगी। इसलिए कांग्रेस की कार्य पद्धति में इंग्लैंड में प्रचार करना अत्यंत महत्त्वपूर्ण था। पार्लियामेंट के सदस्यों को भारत के विषय में ठीक जानकारी देना, ज्ञापन प्रस्तुत करना, विभिन्न विषयों पर प्रस्ताव पास करना ही उनका ध्येय था। प्रजातंत्र और संवैधानिक प्रशासन के सैद्धांतिक ज्ञान में निपुण होने के कारण कांग्रेस के नेता यह विश्वास नहीं कर सकते थे कि इंग्लैंड की प्रजातंत्रीय सरकार भारत में प्रतिनिधित्व को स्थापित नहीं करेगी। उनके किसी भी कार्य अथवा चिंतन से यह नहीं कहा जा सकता कि वे इंग्लैंड के नियंत्रण से पूर्ण छुटकारे की बात करते अथवा सोचते हों।

कांग्रेस का स्वरूप शुरुआती बीस वर्ष में ऐसी संस्था की तरह था जो भारतीय विकास हेतु कई विषयों से जुड़े प्रस्ताव करके अंग्रेज सरकार का उन विषयों की ओर ध्यान आकर्षित करे तथा प्रशासन में सुधार की आवश्यकता स्पष्ट करे। जिन विषयों से संबंधित प्रस्ताव पास किए गए उनका संक्षिप्त वर्णन इस प्रकार है–

(1) भारत सचिव की इंडिया कौंसिल को समाप्त करना अथवा इसके ढाँचे में परिवर्तन करके भारतवासियों को उसका सदस्य नियुक्त करना। इस माँग का मुख्य औचित्य यह था कि भारत में अंग्रेजी सरकार के कुछ उदार प्रस्तावों को यह स्वीकार कर लेती थी। इसके अतिरिक्त इस कौंसिल का समस्त खर्च भारत से ही दिया जाता था और वह धन निष्कासन था।

(2) भारत में विभिन्न प्रांतीय तथा केंद्रीय विधानसभाओं (लेजिस्लेटिव असेंबली तथा कौंसिल) में भारतीय निर्वाचित सदस्यों की संख्या बढ़ाई जाए जिससे प्रतिनिधित्व प्रशासन को भारत में स्थापित किया जा सके।

(3) उच्च लोक सेवाओं में भारतीयों को अंग्रेजों के समान अवसर दिया जाए। प्रतियोगिता परीक्षाओं में केवल योग्यता के आधार पर भारत में भी परीक्षाएँ हों और प्रजातीय विभेद समाप्त किया जाए। कार्यकारिणी और न्याय संबंधी प्रशासन पृथक् कर दिए जाएँ। उस समय यह सामान्य विचारधारा थी कि जिला स्तर पर अंग्रेज न्यायाधीश कुशल नहीं थे।

(4) अंग्रेजी साम्राज्य की सुरक्षा और विस्तार का खर्च केवल भारत पर ही न डाला जाए, बल्कि इंग्लैंड और भारत में बाँटा जाए।

(5) भारत से धन निष्कासन कम किया जाए। इस धन निष्कासन का एक मुद्दा 'होम चार्जिज' (इंग्लैंड में किया गया खर्च) होता था। इस खर्च को समाप्त कराने अथवा बहुत कम कराने के पक्ष में बहुत बार प्रस्ताव पास किए गए।

(6) भू-राजस्व की मात्रा कम की जाए, नमक कर घटाया जाए और कृषकों की स्थिति सुधारने के लिए भूराजस्व को स्थायी रूप से निर्धारित कर दिया जाए। इसे प्रति 20 या 30 वर्षों पश्चात् न बढ़ाया जाए। निर्धनता को कम करने के लिए कुटीर उद्योगों को प्रोत्साहन दिया जाए। तकनीकी शिक्षा के लिए अधिक सुविधाएँ उपलब्ध कराई जाएँ।

कांग्रेस के कार्यों का मूल्यांकन (1885-1905)

इस अवधि में राष्ट्रीय राजनीतिक जागरण की प्रगति कांग्रेस की सबसे बड़ी सफलता थी। प्रतिवर्ष कुछ दिनों के लिए शिक्षित भारतीय एक स्थान पर मिलकर विभिन्न विषयों पर प्रस्ताव पास करते थे। उन विषयों से संबंधित वाद-विवाद देश के समाचार पत्रों में विस्तार से छपते थे और वर्ष भर चर्चा का विषय रहते थे। यह अपने में एक उल्लेखनीय कार्य था। राज्य कार्यों के प्रति शिथिलता को समाप्त करने तथा लोगों में सार्वजनिक विषयों पर जागरण पैदा करने में कांग्रेस और समाचार पत्रों ने काफी योगदान दिया। इस राजनीतिक चर्चा का एक यह भी परिणाम हुआ कि अंग्रेज सरकार अब रक्षात्मक स्तर पर आ गई अर्थात् वह अब यह भी नहीं कह सकती थी कि भारत की आवश्यकताओं के विषय में ज्ञान नहीं था अथवा जो कुछ वह कहती थी वह ही सत्य था। कांग्रेस में भाग लेने वालों की संख्या में निरंतर वृद्धि और इसके कार्य की प्रशंसा देश भर में होती थी। इंग्लैंड में भी कांग्रेस प्रचार से कुछ अंतर अवश्य पड़ा। यद्यपि संसद का साधारण सदस्य भारतीय प्रशासन में बहुत कम रुचि लेता था लेकिन फिर भी कुछ ऐसे सदस्य अवश्य थे जो भारतीय दृष्टिकोण से सहमत हो गए। इंग्लैंड संसद में भारतीय प्रशासन से संबंधित प्रश्न पूछ लिया जाना अथवा किसी वाद-विवाद में इस पर चर्चा होना ऐसी घटना थी जिससे उस समय कंजर्वेटिव सरकार अत्यंत चिंतित रहती थी। कांग्रेस ने इंग्लैंड की संसद में अपने प्रचार के लिए बहुत प्रयास किये।

भारतीय राष्ट्रीय कांग्रेस के नेता ब्रिटिश नौकरशाही के खिलाफ थे लेकिन साथ

ही वे इंग्लैंड सरकार के प्रति अटूट भक्त भी थे और उसके पक्ष को भली-भाँति स्पष्ट करते थे। 'सरकार विरोधी पक्ष' का लक्ष्य उनके समक्ष सदा उपस्थित रहता था। वे उन सीमाओं से आगे नहीं बढ़ सके जो इंग्लैंड संसद में विरोधी पक्ष के लिए थी। लाला लाजपतराय ने ठीक ही लिखा कि कांग्रेसी नेता उस वर्ग के सहयोग से ही कार्य करना चाहते थे जिसके विरुद्ध वे आवाज उठाते थे। इस आंदोलन की एक कमी यह थी कि अधिकांश नेता सरकार से केवल कुछ सुविधाएँ चाहते थे। इसलिए यह एक जन आंदोलन नहीं हो सकता था। साधारण जनता की वास्तविक कठिनाइयों का बहुत कम ज्ञान नेताओं को था।

1885 से 1905 की अवधि में सिर्फ एक उच्चवर्गीय आंदोलन ही रहा। स्वाभाविक ही था कि किसी प्रभावशाली लोक आंदोलन का नेतृत्व उस समय कांग्रेस द्वारा नहीं हो सकता था। हालाँकि यह सच है कि हम कांग्रेस के द्वारा किये गये कार्यों की अति निन्दा करें (और यह हुई भी थी) और यह कहें कि कांग्रेस अधिवेशनों में जनहित अथवा लोकहित के विषयों पर अधिक ध्यान नहीं दिया गया लेकिन वह चर्चा न्यायसंगत नहीं होगी क्योंकि किसी भी दिशा में एक आंदोलन आरंभ करने वालों को बहुत संभल कर तथा ध्यान से कार्य करना होता है। कांग्रेस आंदोलन का वास्तविक दोष यह था कि उसके नेताओं का अंग्रेज प्रशासकों की ईमानदारी में अटूट विश्वास था। वे यह समझने अथवा मानने के लिए तैयार ही नहीं थे कि अंग्रेज भारत की वास्तविक भलाई नहीं चाहते। वे अंग्रेजी साम्राज्य के सही रूप को समझने के लिए तैयार नहीं थे—दादाभाई नौरोजी (जिन्होंने इस रूप का अनावरण किया) भी यह मानने को तैयार नहीं थे कि अंग्रेजी नीति सोच-समझकर अपनाई गई थी। वे समझते थे कि आवश्यक बोध हो जाने पर अंग्रेज अपनी नीति में परिवर्तन कर लेंगे। यह कांग्रेस आंदोलन की दुर्बलता थी और यह दुर्बलता भी स्वाभाविक थी क्योंकि कांग्रेस का उद्देश्य कुछ राजनीतिक अथवा प्रशासकीय सुविधाएँ उपलब्ध करने से अधिक नहीं था।

कांग्रेस के प्रति ब्रिटिश सरकार की नीति (1858–1905)

1885-86 ई. के बीच डफरिन और ह्यूम संबंधों में मतभेद उत्पन्न हो गया था। 1887 ई. के पश्चात् कांग्रेस आंदोलन और अंग्रेजी प्रशासन में परस्पर संबंध बिगड़ते गए। यह स्थिति भारतीय परिस्थितियों में स्वाभाविक ही थी क्योंकि अंग्रेज प्रशासक भारतीय समानता के दावे को स्वीकार करने के लिए तैयार नहीं थे। डफरिन

का दृष्टिकोण बहुत सीमा तक आकलैंड कोलविन के विचारों से प्रभावित था। सर सैयद ने दिसंबर, 1887 ई. में ही कांग्रेस का विरोध किया क्योंकि उनके अनुसार इस संस्था तथा आंदोलन से मुसलमानों के हितों को हानि पहुँचती थी। इससे अंग्रेजी अधिकारियों को ज्ञात हो गया कि कांग्रेस की मांगों से भारत के सभी समुदाय सहमत नहीं हैं।

भारतीय राष्ट्रीय कांग्रेस की मांगों का असर मुस्लिम समुदाय विरोध नहीं भी करता तो भी ब्रिटिश सरकार इस मांग को नहीं मानती। किंतु कांग्रेसी नेताओं को जिनका अंग्रेज प्रशासकों पर अटूट विश्वास था, भ्रांति में डालने के लिए पर्याप्त था। इसलिए वे इस कमी को दूर करने के प्रयत्नों में लग गए। इसके अतिरिक्त अंग्रेज अधिकारियों ने कांग्रेस द्वारा प्रस्तुत माँगों को इसलिए भी मानने से इन्कार कर दिया कि कुलीन तथा सामंत वर्ग उनके साथ नहीं था और कांग्रेस असंख्य जनता का प्रतिनिधित्व नहीं करती थी। अंग्रेज प्रशासकों ने इन आधारों पर कांग्रेस की बात न मानने का औचित्य प्रस्तुत किया। वास्तव में अंग्रेज उन अधिकारों और सुविधाओं को प्रदान ही नहीं करना चाहते थे क्योंकि वे भारत को एक उपनिवेश की भाँति ही रखना चाहते थे।

अंग्रेजी प्रशासन कांग्रेस के कार्यों में अवरोध पैदा करता था। 1888 ई. में इलाहाबाद में कांग्रेस अधिवेशन के लिए स्थान ही उपलब्ध न होने देना, विभिन्न स्थानों पर सरकारी अधिकारियों द्वारा कांग्रेस में सम्मिलित होने वालों पर दबाव डालना, कांग्रेस को धन देने वालों पर निगरानी रखना आदि, सरकारी नीति का अंग बन गई। सरकारी कर्मचारियों को कांग्रेस अधिवेशन में भाग लेने से तथा उपस्थित रहने से मना किया गया। कुछ प्रांतों के गवर्नर तो यह चाहते थे कि कांग्रेस के वार्षिक अधिवेशनों को भी बंद कर दिया जाए लेकिन यह स्वीकृत नहीं हुआ। 1895 ई. के पश्चात् कांग्रेस के प्रति भारत सचिव, गवर्नर जनरल तथा प्रांतीय गवर्नरों का दृष्टिकोण अत्यंत कठोर होता गया। कई बार यह प्रश्न पूछा जाता है कि अंग्रेज सरकार कांग्रेस के प्रति ऐसा दृष्टिकोण क्यों रखती थी? कांग्रेसी नेताओं को अंग्रेजी साम्राज्य के लिए खतरा क्यों समझा जाता था, जबकि वे पूरी तरह से अंग्रेजी साम्राज्य के प्रति निष्ठा एवं भक्तिभाव रखते थे? इसका उत्तर सरल है। एक नौकरशाही सरकार की नीतियों की आलोचना का परिणाम सामान्य जनता के हृदय से उसके प्रति भक्तिभाव कम करना होगा। निरंतर आलोचना उस श्रद्धाभाव को कम करने में सहायक होगी जो एक विदेशी और निरंकुश सरकार द्वारा प्रशासन के लिए अत्यंत

लाभदायक होती है। किसी स्थापित नियंत्रण के विरुद्ध आंदोलन सर्वप्रथम उसकी मुक्त आलोचना से ही आरंभ होता है। इसलिए अंग्रेजी सरकार ने कई नीतियाँ कांग्रेस को दुर्बल बनाने के लिए अपनाईं। भारत में धार्मिक मतभेदों को बढ़ावा देना, मुसलमानों को उनके कांग्रेस विरोध के फलस्वरूप आश्रय प्रदान करना, सामंती वर्ग को उत्तेजित करना, भारतीयों को पश्चिमी शिक्षा की अपेक्षा प्राच्य शिक्षा की ओर आकर्षित करना और कांग्रेस के नेताओं में मतभेद को प्रोत्साहन देना। भारत सरकार की नीतियों को प्रभावित करने अथवा इंग्लैंड में अपने पक्ष में जनमत तैयार कराने में कांग्रेस पूरी तरह से असफल रही।

ब्रिटिश सरकार में सिर्फ 1892 ई. के इंडियन कौंसिल एक्ट को स्वीकार किया। यद्यपि कांग्रेस के कुछ नेताओं को उच्च न्यायालयों का न्यायाधीश नियुक्त किया गया लेकिन यह उनकी व्यक्तिगत योग्यता के आधार पर था न कि कांग्रेसी नेता होने के आधार पर। अंग्रेजी सरकार की नीति कांग्रेसी प्रचार की अनदेखी करना था। 19वीं सदी के अंतिम वर्षों में कांग्रेस का प्रभाव विस्तार नहीं हुआ और कुछ प्रेक्षक यह अनुमान करते थे कि कांग्रेस स्वतः ही समाप्त हो जाएगी। लेकिन कर्जन की नीतियों का परिणाम यह हुआ कि कांग्रेस आंदोलन में एक नई जान आ गई और नई परिस्थितियों में कांग्रेसी नीतियों का महत्त्व बढ़ गया। सन् 1905 तक कांग्रेस अपने राजनीतिक हकों के संदर्भ में ब्रिटिश साम्राज्य के सामने अपनी माँगों को प्रकट करता रहा। कांग्रेस और अंग्रेजी सरकार में मनमुटाव होना इसलिए स्वाभाविक था क्योंकि कांग्रेस अंग्रेजी सरकार के स्वरूप को ही बदल देना चाहती थी। कांग्रेस ने अपनी माँगों को उचित ठहराने के लिए एक आंदोलन आरंभ किया जिसने सरकार की लापरवाही तथा निरंकुशता को स्पष्ट किया। कांग्रेस में अभी ऐसे नेताओं का प्रभाव अत्यधिक था जिन्हें अंग्रेजी साम्राज्य की न्यायप्रियता में विश्वास था। कुछ घटनाएँ शीघ्र ही ऐसी हुईं जिन्होंने कांग्रेस की उस मान्यता को ठेस पहुँचाई जैसे बंगाल विभाजन, 1902 का शिक्षा आयोग आदि। इन घटनाओं से कांग्रेस के समक्ष एक संकटमय स्थिति पैदा हुई और थोड़े समय के लिए कांग्रेस एक अत्यंत दुर्बल संस्था होकर रह गई।

मुस्लिमों में राजनीतिक चेतना : भारत में राजनीतिक समस्या अंग्रेजी सरकार की स्थापना के पश्चात् भी खत्म नहीं हुई थी। स्थानीय आर्थिक शैक्षणिक विकास के आधार पर संभवतः कुछ अंतर हो सकता था। 19वीं सदी के उत्तरार्द्ध में राजनीतिक आंदोलन अंग्रेजों से उन अधिकारों को प्राप्त करने से संबंधित था जो इंग्लैंड में वहाँ

के निवासियों को उपलब्ध थे। इस आंदोलन में भारत के सभी वर्ग सम्मिलित हो सकते थे। कांग्रेस अथवा अन्य प्रांतीय संस्थाएँ अंग्रेज भक्ति का दम भरती थीं इसलिए आपस में राजनीतिक हितों के संघर्ष की संभावना कम थी।

भारत में मुस्लिम नेतृत्वकर्ताओं पर 19वीं शताब्दी के उतरार्द्ध में ब्रिटिश प्रशासन को शक होने लगा था। क्योंकि वे 1857 ई. की क्रांति का उत्तरदायित्व मुसलमानों को देते थे क्योंकि वे अपनी खोई हुई प्रधानता को पुनः प्राप्त करना चाहते थे। मुसलमानों के अधिकांश सामंती परिवार राजकीय सेवा अथवा सैनिक प्रशासन से संबद्ध थे। यह सामंती वर्ग 19वीं सदी के पूर्वार्द्ध में अत्यंत दरिद्र अवस्था को पहुँच चुका था। मुसलमानों के जागरण का नेतृत्व अलीगढ़ आंदोलन ने किया। सर सैयद के राजनीतिक चिंतन का लक्ष्य मुसलमानों के कुलीन वर्गों तक सीमित था। यह वर्ग अपनी कुलीनता किसी पूँजी, योग्यता अथवा भूस्वामित्व पर आधारित न बताकर केवल इस बात पर आधारित बताते कि वे मध्यकाल के शासकों के वंशज थे। उनका यह तर्क गलत था क्योंकि मुसलमानों का कोई एक वर्ग समस्त मध्यकाल में शासक नहीं रहा था और 19वीं सदी के अधिकांश कुलीन परिवारों की वंशावली निश्चित रूप से मध्यकाल के शासकों से नहीं जोड़ी जा सकती थी।

19वीं शताब्दी में जो मुस्लिम परिवार थे वह पहले हिन्दू थे जिस पर दबाव डालकर धर्म परिवर्तन किया गया था, जिन्होंने धर्म परिवर्तन कर लिया था। सर सैयद का यह विश्वास था कि मुसलमान इस देश के मूल निवासी नहीं थे, 1870 ई. के बाद पाश्चात्य शिक्षा के प्रभाव से कई भारत के प्रतिनिधि अपने देश में प्रजातंत्र स्थापना की बौद्धिक स्तर पर चर्चा करने लगे। पहले सर सैयद ने प्रजातंत्र की संभावना को बहुत संदिग्ध समझा, साथ ही उन्हें प्रजातंत्रीय सिद्धांत भी तर्कसंगत नहीं दिखाई दिए। उन्हें देश में प्रजातंत्र की स्थापना भी आपत्तिजनक दिखाई पड़ी क्योंकि देश के विभिन्न वर्ग समान रूप से शिक्षित तथा प्रगतिशील नहीं थे। उन्हें एक अन्य आपत्ति यह थी कि संसदात्मक प्रजातंत्र का परिणाम देश में दो दलों का गठन होता है और ये दो दल उनके अनुसार, केवल हिंदू और मुसलमान ही हो सकते थे। यह तर्क अत्यंत भयानक था तथा समस्त राजनीति को सांप्रदायिक आधारों पर ढालने के लिए उत्तरदायी हुआ। इस तर्क ने मुसलमानों के लिए एक भयावह भविष्य की कल्पना प्रस्तुत की। सर सैयद आरंभ में प्रतियोगिता परीक्षाओं के पक्ष में थे—उन्होंने अलीगढ़ कॉलेज में विशेष कक्षाओं का भी प्रबंध किया था लेकिन उन्हें शीघ्र ही यह पता लग गया कि मुसलमान छात्र प्रतियोगित्ता परीक्षाओं में हिंदूओं की तुलना में

अधिक सफलता प्राप्त नहीं कर सकेंगे। गणित और शास्त्रीय भाषाओं के ज्ञान में वे अपेक्षाकृत पीछे रहेंगे। इसलिए 1885 ई. के पश्चात् उन्होंने प्रतियोगिता परीक्षाओं का विरोध किया और 1887 ई. में यह तर्क दिया कि इन परीक्षाओं में उच्च कुल के व्यक्तियों को निम्न कुल वालों के अधीन भी कार्य करना पड़ सकता था।

सर सैयद द्वारा कांग्रेस का विरोध : सन् 1887 के पहले सर सैयद प्रतियोगिता परीक्षाओं तथा संसदात्मक प्रजातंत्र का विरोध कर चुके थे। इसलिए कांग्रेस स्थापना के पश्चात इसका विरोध सर सैयद द्वारा स्वाभाविक तथा उनकी विचार शैली के अनुसार ही था। कुछ लोग उनके इस विरोध को अलीगढ़ कॉलेज के प्रिंसिपल, थियोडोर बैक, की देन कहते हैं परन्तु यह वास्तविकता नहीं। सैयद ने किसी के कहने या बहकावे में आकर कांग्रेस का विरोध नहीं किया, बल्कि उन्होंने स्वयं ही इस विरोध में पैर रखे थे। 1887-88 ई. में ही सर सैयद ने कांग्रेस की तुलना एक गृह युद्ध से की। 1888 ई. में सर सैयद ने यूनाइटेड इंडिया पेट्रियोटिक एसोसिएशन की स्थापना की जिसका लक्ष्य इंग्लैंड सरकार को यह आश्वासन दिलाना था कि भारत में बहुत से हिंदू-मुसलमान कांग्रेस के समर्थक नहीं थे। अगले चार वर्षों में इस एसोसिएशन ने कांग्रेस विरोधी प्रचार में काफी कार्य किया लेकिन इसे कोई विशेष सफलता नहीं मिली। 1892 ई. के इंडियन कौंसिल एक्ट से सर सैयद को ऐसा प्रतीत हुआ कि शायद भारत में प्रजातंत्रीय संसदात्मक प्रणाली स्थापित हो जाए। इसलिए 1893 ई. में सर सैयद ने एक मोहम्डन एंग्लोओरियंटल डिफेंस एसोसिएशन की स्थापना की। यह संस्था केवल 4 वर्ष ही कार्य कर सकी। इस अल्पकाल में इसने मुसलमानों के राजनीतिक अधिकारों के संबंध में कुछ मौलिक सिद्धांतों का प्रतिपादन किया जिस पर उस समय कोई विशेष ध्यान भारतीय राजनीतिज्ञों ने नहीं दिया लेकिन बाद में इसके कार्यों और सिद्धांतों को पूर्ण करने का प्रयास मुस्लिम लीग के द्वारा किया गया।

1886 में मुसलिम लीग ने मुसलमानों के राजनीतिक अधिकारों को उनके ऐतिहासिक योगदान और राजनीतिक महत्त्व के आधार पर प्ररतुत किया। इसके अनुसार उत्तर-पश्चिमी प्रांत (यू.पी.) में उन्हें हिंदुओं के समान प्रतिनिधित्व मिलना चाहिए यद्यपि उनकी जनसंख्या हिंदुओं की अपेक्षा 1/6 थी। मुसलमानों के लिए सांप्रदायिक प्रणाली के आधार पर पृथक् निर्वाचन पद्धति की स्थापना की माँग की गई। उनके लिए स्थानों के आरक्षण की भी माँग प्रस्तुत की गई। इन सब सिद्धांतों पर एक स्मरण पत्र तैयार किया गया यद्यपि यह सरकार के समक्ष प्रस्तुत नहीं हुआ

क्योंकि इसे पहले कुछ वरिष्ठ अंग्रेज शुभचिंतकों के परामर्श के लिए इंग्लैंड भेजा गया। सर सैयद ने मुस्लिम सम्प्रदाय के राजनीतिक अधिकारों हेतु ब्रिटिश साम्राज्य के प्रति उदारता का दृष्टिकोण अपनाया था। वह अंग्रेजों को स्पष्ट बता देना चाहते थे कि भारतीय मुसलमान केवल अंग्रेजों के प्रति ही भक्तिभाव रखते थे तथा वे भारत के बाहर किसी भी मुसलमान राज्य पर अंग्रेजों द्वारा किए गए दुर्व्यवहार से प्रभावित नहीं होंगे। यह सर सैयद की बड़ी भारी देन थी क्योंकि इससे उन्होंने भारतीय मुसलमानों की राजनीति को अन्य देशों से अलग कर दिया। 1877-78 ई. में रूस-तुर्की युद्ध में सर सैयद ने इंग्लैंड की नीति को उचित बताया यद्यपि इंग्लैंड ने तुर्की का समर्थन नहीं किया। 1878 ई. के बर्लिन समझौते को तुर्की के लिए लाभदायक बताया। तुर्की के सुल्तान ने विश्व के मुसलमानों का समर्थन प्राप्त करने के लिए अपने आपको इस्लामी जगत का खलीफा बताना आरंभ किया। सर सैयद ने तुर्की सुलतान के इस दावे को किसी के लिए भी सही नहीं बताया क्योंकि 'खिलाफत' समाप्त हो चुकी थी। भारतीय मुसलमानों के लिए उन्होंने किसी भी बाह्य सुलतान के प्रति कोई सहानुभूति रखना अनुचित बताया। वह भारत के मुस्लिम समुदाय को यकीन दिलाना चाहते थे कि यहां के मुसलमानों पर इस्लामाबाद का कोई प्रभाव नहीं है।

अलीगढ़ के मुसलमान नेतृत्वकर्ताओं ने हिन्दी और उर्दू भाषा विवाद को राजनीतिक नजर से देखा यद्यपि हिंदी के पक्ष में आंदोलन केवल साधारण लोगों की सुविधा को लेकर आरंभ हुआ था। 19वीं सदी के उत्तरार्द्ध में क्षेत्रीय भाषाओं के विकास और जिला स्तर के न्यायालयों में उसी भाषा को प्रोत्साहन देने की नीति का परिणाम यह था कि उत्तर-पश्चिमी प्रांत में हिंदी समर्थक आंदोलन आरंभ हुआ। इस समय इस आंदोलन का समर्थन अथवा विरोध किसी धार्मिक अथवा जातीय आधार पर नहीं था। बहुत से हिंदू भी हिंदी विरोधी थे। हिंदी के समर्थकों का तर्क मुख्यतः लिपि पर था क्योंकि उर्दू और हिंदी में भाषाई दृष्टि से अधिक भिन्नता नहीं थी। दोनों के समर्थक उसे साधारण बोलचाल की भाषा कहते थे। अंतर यह था कि उर्दू में फारसी के और हिंदी में संस्कृत के शब्द अधिक थे। सर सैयद तथा उनके समर्थकों ने भाषा की समस्या को एक राजनीतिक प्रश्न बनाया। उनके अनुसार उर्दू के स्थान पर हिंदी हो जाने से मुसलमानों के लिए नौकरी के अवसर और कम हो सकते थे—इसलिए 1880 ई. के पश्चात् उन्होंने मुसलमानों को उर्दू की अपेक्षा अंग्रेजी सीखने पर अधिक बल दिया। सर सैयद के हिंदू-मुस्लिम एकता के विचारों की एक कसौटी उर्दू हिंदी

की समस्या भी थी। उन्होंने 1869 ई. में यह स्वीकार किया कि मुसलमान कभी हिंदी पर सहमत नहीं होंगे और अगर हिंदुओं ने हिंदी पर आग्रह किया तो हिंदू-मुस्लिम एकता समाप्त हो जाएगी। दूसरे शब्दों में सर सैयद अपनी शर्तों पर एकता चाहते थे।

राजनीति में सांप्रदायिकता का प्रवेश : भारत के दोनों गुट शुरूआत में धर्म-निरपेक्ष था। दोनों ही संप्रदाय अंग्रेजों के अधीन रहते थे। कोई राजनीतिक प्रश्न आपस में मतभेद का नहीं था। लेकिन 19वीं सदी के अंत तक यह सब कुछ बदलना आरंभ हो गया। इसका मूल कारण राजनीति में सांप्रदायिकता का समावेश है। सांप्रदायिकता का प्रवेश किन कारणों से और किस प्रकार हुआ? यह प्रश्न विवादास्पद है। इस प्रश्न पर सोचने के विभिन्न दृष्टिकोण हो सकते हैं। हिंदू-मुसलमानों में राजकीय नौकरियाँ प्राप्त करने में मनमुटाव, हिंदू साहूकारों और मुसलमान कृषकों में खराब संबंध, सामाजिक जीवन में भिन्न दृष्टिकोण, जुलूसों में घंटे-घड़ियाल बजाने और मस्जिदों के आगे बाजा बजाने की समस्या आदि भिन्न कारण इस समस्या के लिए दिए जाते रहे हैं। लेकिन ये सब सहायक अथवा उपकरण हो सकते हैं मूल कारण नहीं हो सकते क्योंकि प्रत्येक झगड़े के कारण का उपचार हो सकता था। वास्तविक कारण एक ही था और वह था राजनीति में सांप्रदायिकता का प्रवेश अर्थात् राजनीतिक समस्याओं का हल सांप्रदायिकता पर आधारित करना। भारतीय राजनीति में सांप्रदायिकता का विशिष्ट अर्थ हिंदू-मुस्लिम सांप्रदायिकता से है।

किसी भी समुदाय द्वारा अपने अधिकरों की मांग एवं समर्थन को सांप्रदायिकता नहीं कहा जा सकता है। यदि वे उन आधारों को जिन पर व अपने हितों को उचित ठहराते हों दूसरे संप्रदायों के लिए भी स्वीकार करने को तैयार हों। इस आधार पर हिंदुओं ने अपने लिए ऐसे हितों का प्रतिपादन ही नहीं किया जिन्हें वे दूसरे के लिए मानने को तैयार न हों। इसके विपरीत अलीगढ़ नेता सर सैयद ने मुसलमानों के लिए उन विशिष्ट अधिकारों की माँग की जिन्हें वे दूसरों के लिए स्थापित करने के लिए तैयार नहीं थे। अर्थात् प्रजातंत्रीय प्रणाली में योग्यता अथवा जनसंख्या अनुपात की चर्चा न करके उन्होंने अधिप्रतिनिधित्व, स्थानों का आरक्षण, सांप्रदायिक निर्वाचन प्रणाली और ऐतिहासिक महत्त्व के आधार पर विशिष्ट स्थान की माँग की। सांप्रदायिकता से यह भी अभिप्राय है कि एक संप्रदाय के हितों की वृद्धि हो और दूसरों के उचित अधिकारों को इससे हानि पहुँचती हो।

19वीं शताब्दी में सर सैयद ने स्पष्ट शब्दों में कहा था कि संसदात्मक

प्रजातंत्रीय प्रणाली से भारत में केवल दो ही राजनीतिक दल बन सकते थे—हिंदू तथा मुसलमान—इसलिए वह सदा यह कहते रहे कि बहुमत अल्पमत नहीं बन सकता। यह सोचने का ढंग सांप्रदायिक था। वह यदि चाहते तो सामंती और पश्चिमी शिक्षा के आधार पर दो दलों का गठन कर सकते थे, लेकिन केवल धर्म के आधार पर राजनीतिक दलों का गठन सांप्रदायिकता थी।

सम्पूर्ण देश अथवा राष्ट्र के स्थान पर किसने अन्य छोटी इकाई को भक्ति एवं निष्ठा का केंद्र बनाया। इस आधार पर भी सांप्रदायिकता का निर्णय किया जा सकता है। अर्थात् भारत एक राष्ट्र नहीं है और समस्त भारतीय एक ही कौम के सदस्य नहीं हैं बल्कि इस देश में एक से अधिक कौमें हैं और मुसलमान अथवा हिंदू पृथक्-पृथक् कौमें हैं। इस प्रश्न पर भी विभिन्न विचारधाराएँ हैं। उर्दू भाषा में कौम शब्द का प्रयोग कई अर्थों में किया जाता है। धार्मिक, व्यावसायिक, क्षेत्रीय समूह के लिए भी 'कौम' शब्द का प्रयोग किया जाता है, जैसे पारसी की कौम, जुलाहे की कौम, बंगाली कौम आदि। सर सैयद ने इन सभी अर्थों में 'कौम' शब्द का प्रयोग किया है। वास्तविकता यह है कि 'कौम' शब्द की राजनीतिक व्याख्या का प्रश्न 1885 ई. के पूर्व नहीं उठा यद्यपि उस समय भी सर सैयद ने विभिन्न अवसरों पर मुसलमानों को एक कौम कहा था। लेकिन इस शब्द का प्रयोग धार्मिक समुदाय के रूप में भी माना जा सकता है। वास्तविक व्याख्या राजनीतिक प्रश्नों के निर्णय के समय प्रस्तुत की गई। स्थानीय स्वशासन और निर्वाचन पद्धति के प्रश्न पर 1883 ई. में लेजिस्लेटिव कौंसिल में भाषण देते हुए उन्होंने चुनाव पद्धति का विरोध यह कहकर किया कि, 'भारत अपने में एक महाद्वीप है और इसमें विभिन्न कौमों और धर्मों के लोग रहते हैं...एक ऐसे मुल्क में जैसा कि हिंदुस्तान है...जहाँ विभिन्न कौमें घुल-मिल नहीं सकी हैं और जहाँ धार्मिक मतभेद बढ़े हुए हैं...जब तक कौम और धर्म के मतभेद भारत के सामाजिक और राजनीतिक जीवन के अभिन्न अंग बने रहेंगे—उस समय तक चुनाव का नियम निश्चिंतता के साथ प्रचलित नहीं किया जा सकता।'

उपर्युक्त वक्तव्यों में सर सैयद ने सांप्रदायिक एकता व राष्ट्र की अखण्डता पर जोर दिया है। बहुत से लेखक उन भाषणों के आधार पर यह सिद्ध करना चाहते हैं कि सर सैयद सांप्रदायिक राजनीति के लिए उत्तरदायी नहीं थे। यह तर्क दो कारणों से गलत है। एक, इसलिए कि सर सैयद ने वे भाषण उन अवसरों पर दिए जब उन्हें अपने अलीगढ़ कॉलेज की आर्थिक आवश्यकता के लिए हिंदुओं से अधिक मात्रा में धन प्राप्त होने की आशा थी। इन भाषणों में उन्होंने सामाजिक जीवन के सामूहिक

पक्ष पर बल दिया था और इस क्षेत्र में भी धर्म अलग था। दूसरे, उन भाषणों में एकपक्षीय सहयोग पर बल दिया गया अर्थात् हिंदुओं पर उनकी संपन्नता के कारण यह उत्तरदायित्व लगाया कि वे अपने वतनी भाइयों (देशवासियों) के उत्थान में सहायता करें। उनमें से किसी भाषण में भी उन्होंने किसी ऐसे क्षेत्र की व्याख्या नहीं की, जिसमें उन्होंने मुसलमानों से कहा हो कि वे हिंदुओं का समर्थन करें। हिंदू नेता भी यह जानते थे कि दोनों संप्रदायों का धार्मिक क्षेत्र अलग था शेष अन्य क्षेत्रों में वे साथ-साथ चल सकते थे। राजनीतिक क्षेत्र में कोई धार्मिक प्रश्न नहीं था। 1886 ई. पश्चात इस बात के परखने का अवसर उपलब्ध हुआ कि क्या सर सैयद मुसलमानों और हिंदुओं में केवल धार्मिक मतभेद मानते थे? क्या वे कौम का अर्थ किसी धार्मिक समुदाय से लगाते थे अथवा इस कौमियत के आधार पर वे विशिष्ट राजनीतिक अधिकार चाहते थे।

उपर्युक्त सवालों का जवाब उनके द्वारा दिये गये एक या दो वक्तव्यों या भाषणों से देना पर्याप्त नहीं होगा। सर सैयद अत्यंत बुद्धिमान तथा दूरदर्शी नेता थे जो यह समझते थे कि मुसलमानों की प्रगति किस प्रकार हो सकती थी। हिंदुओं से सहयोग लेकर (यदि हो सके) अथवा मुसलमानों की पृथकता की दुहाई देकर (यदि आवश्यक हो) वह मुसलमानों को पुनः प्रगति के मार्ग पर डालना चाहते थे और उन्हें एक दल के रूप में संगठित कर देना चाहते थे। सर सैयद ने 1886 ई. के पश्चात् राजनीतिक आशय में मुस्लिमों के लिए 'कौम' शब्द का प्रयोग किया था।

2

राजनीतिक रंगमंच (1906-1919) और काँग्रेस

राष्ट्रीय आंदोलन का स्वरूप उग्र होने का प्रमुख कारण बंगाल बंटवारा और कर्जन की नीति थी। क्रान्तिकारियों व आंदोलनकारियों पर अंकुश लगाने के लिए ब्रिटिश प्रशासन के लिए जरूरी हो गया कि कांग्रेस को अपनी तरफ आकर्षित करे। 1906 ई. में इंग्लैंड में लिबरल पार्टी का मंत्रिमंडल बना और लार्ड मोर्ले ने जून, 1906 ई. में मिंटो को सुधार संबंधी प्रस्ताव भेजने के लिए लिखा। इसी अवसर से लाभ उठाकर मुसलमानों ने भी अपने विशिष्ट अधिकारों की मांग प्रस्तुत की।

मुस्लिम समुदाय सर सैयद के प्रयास से कांग्रेस से दूर रहे और उनके व्यक्तित्व को अपने सामुदायिक राजनीतिक हितों की पर्याप्त गारंटी समझते रहे। 1898 ई. में सर सैयद की मृत्यु के पश्चात् अलीगढ़ आंदोलन के नेताओं का यह लक्ष्य रहा कि मुसलमानों को कांग्रेस से अलग रखा जाए। वह चाहते थे कि ब्रिटिश प्रशासन को मुसलमानों पर संदेह ना हो। भारत में राजनीतिक घटनाक्रम बहुत तीव्र गति से बदल रहा था। 1899-1900 ई. में उत्तर प्रदेश के गवर्नर ने उर्दू के साथ हिंदी को भी प्रांतीय मुफस्सिल न्यायालयों की भाषा बना दिया। अलीगढ़ कॉलेज से उर्दू समर्थक आंदोलन को भी गवर्नर ने समाप्त करवा दिया। इसलिए 1900 ई. के पश्चात् मुसलमान युवकों में अपने हितों को सुरक्षित रखने के लिए अंग्रेज सरकार पर निर्भर रहने की नीति से असंतोष पैदा हुआ। अक्तूबर, 1901 ई. में कुछ मुसलमान नेताओं ने मिलकर लखनऊ में एक सभा की जिसमें यह प्रस्ताव पास

किया गया कि मुसलमानों का भविष्य अंग्रेजी साम्राज्य की सुरक्षा के साथ जुड़ा हुआ था। कांग्रेस से अलग रहने तथा एक पृथक् राजनीतिक संग्ठन बनाने पर सहमति प्रकट की गई। लेकिन यह संगठन केवल प्रतिष्ठित, संपन्न एवं सम्मानित व्यक्तियों का ही होना चाहिए। यह संगठन किन्हीं कारणों से 1906 ई. में ही संभव हो सका। 1903-4 ई. के मध्य अलीगढ़ नेताओं ने भारत को एक कौम स्वीकार न करने के पक्ष में अपने विचार व्यक्त किए। सर जान स्ट्रेची द्वारा प्रस्तुत तर्कों का समर्थन अलीगढ़ गजट ने किया कि भारत में एक कौम नहीं रहती थी और अंग्रेजी नियंत्रण से भारत को कोई आपत्ति नहीं थी। 1905 ई. में अलीगढ़ विचारधारा समर्थक नेता मुसलमानों के ऐतिहासिक महत्त्व के आधार पर प्रतिनिधित्व की माँग कर रहे थे। जैसे ही 1906 ई. में लार्ड मोर्ले ने इंग्लैंड संसद में यह घोषणा की कि भारत में कुछ संवैधानिक सुधार प्रस्ताव विचाराधीन थे, अलीगढ़ नेताओं ने अपनी मांगों को एक शिष्टमंडल द्वारा अंग्रेज सरकार के समक्ष प्रस्तुत करने का निश्चय किया। परिणामस्वरूप शिमला में मुसलमानों का एक शिष्टमंडल 1 अक्टूबर, 1906 ई. को मिंटो से मिला।

शिमला शिष्टमंडल 1906 और राष्ट्रीय कांग्रेस

राष्ट्रीय कांग्रेस के नेताओं की ऐसी विचारधारा रही है कि मुसलमानों का शिमला शिष्टमंडल अंग्रेजी आज्ञा का परिणाम था? लेकिन तथ्य इसके विपरीत हैं। मई, 1906 ई. में मोर्ले ने गवर्नर जनरल मिंटो को राष्ट्रवादियों के बढ़ते हुए प्रभाव के विरुद्ध कुछ उपाय करने के लिए लिखा। उत्तर में मिंटो ने जो उपाय सुझाए थे उनमें भारतीय नरेश मंडल की योजना की रूपरेखा अवश्य थी लेकिन मुसलमानों को प्रोत्साहन देने का वर्णन नहीं था। इन दोनों अधिकारियों के निजी पत्र-व्यवहार में इस बात के लिए प्रचुर सामग्री है कि इस कार्य के लिए शुरुआत मुसलमान नेताओं की ओर से ही हुई थी। कुछ इतिहासकार अलीगढ़ कॉलेज के प्रिंसिपल आर्चबोल्ड को इस शिष्टमंडल के लिए उत्तरदाई मानते हैं। लेकिन आर्चबोल्ड और अलीगढ़ कॉलेज तथा मोहम्मन ऐजुकेशनल कांफ्रेंस के सचिव 'मोहसिन उल मुल्क' के मध्य हुए पत्र व्यवहार से यह स्पष्ट होता है कि आर्चबोल्ड केवल 'मोहसिन उल मुल्क' की सहायता कर रहा था। मोहसिन ने 4 अगस्त, 1906 ई. को अपनी विवशता का वर्णन किया और मुसलमानों की राजनीति में अलीगढ़ नेताओं का नेतृत्व सुरक्षित रखने के लिए गवर्नर जनरल के समक्ष एक शिष्टमंडल भेजने के निर्णय की सूचना दी। आर्चबोल्ड का काम इस शिष्टमंडल के लिए वायसराय द्वारा भेंट प्रदान किए

जाने के लिए प्रयत्न करना था। 8 अगस्त, 1906 को मोर्ले को लिखे गए पत्र में मिंटो ने लिखा, 'मुझे प्रस्तावित शिष्टमंडल के स्वीकार करने के प्रश्न पर विचार करने का समय नहीं मिला है, लेकिन मैं ऐसा करने के लिए विनत हूँ।'

मुस्लिम समुदाय के लिए जिस अधिकारी की उम्मीद अलीगढ़ नेतृत्वकर्ता करते थे वह बिना सरकारी संरक्षण के संभव नहीं था। इसलिए सरकार की पूर्व अनुमति के बिना वे शिष्टमंडल भी भेजने के लिए तैयार नहीं थे। सरकारी संरक्षण, अंग्रेजी साम्राज्य के प्रति भक्ति एवं निष्ठा और मुसलमानों के राजनीतिक अधिकारों की अत्यधिक बढ़ी-चढ़ी कल्पना शिमला शिष्टमंडल के लिए उत्तरदाई हुई। 1 अक्टूबर, 1906 ई. को आगाखाँ के नेतृत्व में शिष्टमंडल ने मुसलमानों के लिए कुछ विशिष्ट अधिकारों की माँग प्रस्तुत की जैसे मुसलमानों को भारतीय राजनीति में विशिष्ट महत्त्व जनसंख्या की अपेक्षा उनके राजनीतिक महत्त्व तथा साम्राज्य की सुरक्षा सेवा में योगदान के आधार पर प्रदान किया जाए तथा मुसलमानों को प्रतिनिधित्व में हिस्सा देते समय उनके 100 वर्ष पूर्व के ऐतिहासिक महत्त्व को भी ध्यान में रखना चाहिए। मिंटो ने अत्यन्त आशाजनक उत्तर दिया और उनके विशिष्ट महत्त्व के आधारों को स्वीकार कर लिया।

मुस्लिम लीग : मुस्लिम लीग की स्थापना 1906 ई. में की गई। 1907 ई. में स्वीकृत मुस्लिम लीग के संविधान में प्रथम मुख्य उद्देश्य भारतीय मुसलमानों में अंग्रेजी सरकार के प्रति निष्ठा पैदा करना और अंग्रेजी सरकारी नीति के विषय में उत्पन्न संदेह को दूर करना था। दूसरा उद्देश्य भारतीय मुसलमानों के राजनीतिक हितों की सुरक्षा था। मुस्लिम लीग का भारतीय राजनीतिक में योगदान इन उद्देश्यों से पूर्णतया स्पष्ट होता है।

सुधारों की पृष्ठभूमि

1906 ई. में निर्वाचन सुधारों के लिए तीन तरह के प्रस्ताव पेश किए गये। एक मुसलमानों द्वारा प्रस्तुत किया जा चुका था दूसरा गोखले द्वारा प्रस्तुत किया गया और तीसरा स्वयं मोर्ले का था। मुसलमानों द्वारा ऐतिहासिक महत्त्व के आधार पर अधिप्रतिनिधित्व, सांप्रदायिक निर्वाचन प्रणाली की माँग रखी गई। गोखले द्वारा प्रांतीय विधान सभाओं में निर्वाचित बहुमत और केंद्रीय लेजिस्लेटिव कौंसिल में सरकारी बहुमत तथा प्रांतीय कार्यकारिणी में भारतीय सदस्यों की नियुक्ति की मांग की गई। मोर्ले किसी भी प्रकार से संसदात्मक प्रणाली भारत में स्थापित नहीं करना

चाहता था। वह उग्र तथा क्रांतिकारियों की गतिविधियों का विस्तार रोकने के लिए नरम दल वालों को अंग्रेजी सरकार की ओर मिलाए रखना चाहता था। वह कार्यकारिणी की निरंकुशता में कमी नहीं करना चाहता था। मोर्ले से अधिक प्रतिक्रियावादी मिंटो था जो अंग्रेजी नौकरशाही के प्रभाव में आकार यह चाहता था कि लेजेस्लेटिव कौंसिलों के सदस्यों को अधिक भागों में बाँट दिया जाए जिससे उच्च शिक्षा प्राप्त वकील कम संख्या में उपस्थित हों। इसलिए उसने 'विशिष्ट वर्गों' के प्रतिनिधित्व की बात को सर्वोपरि रखा। 1909 ई. के अधिकांश प्रस्ताव मूल रूप में मोर्ले द्वारा प्रस्तुत किए गए थे यद्यपि उसी की इच्छानुसार मिंटो ने प्रस्ताव का श्रेय अपने ऊपर लिया। केवल मुसलमानों के लिए पृथक् सांप्रदायिक निर्वाचन प्रणाली और अधिप्रतिनिधित्व तथा भारतीयों को गवर्नर जनरल की कौंसिल का सदस्य नियुक्त करना मौलिक रूप में मिंटो के प्रस्ताव थे। 1909 ई. में पास किए गए सुधार अधिनियम इंडियन कौंसिल एक्ट को मोर्ले मिंटो सुधार कहते हैं। इसकी मुख्य धाराएँ निम्नलिखित थीं :

1909 के एक्ट की मुख्य धाराएँ :

1. केंद्रीय कौंसिल में विधि संबंधी कार्यों के लिए अतिरिक्त सदस्यों की संख्या 60 कर दी गई जिनमें से 27 निर्वाचित और 33 मनोनीत थे। कार्यकारिणी के 6 सदस्य, 1 सेनाध्यक्ष, 1 प्रांतीय गवर्नर तथा गवर्नर जनरल को मिलाकर 69 सदस्यों की केंद्रीय लेजिस्लेटिव कौंसिल स्थापित की गई। इन अतिरिक्त सदस्यों का कार्यकाल तीन वर्ष था।
2. बंबई, मद्रास, बंगाल, यू.पी. की प्रांतीय कौंसिलों में भी अतिरिक्त सदस्यों की संख्या बढ़ाकर 50 कर दी गई जिसमें निर्वाचित सदस्यों का बहुमत होता था। छोटे प्रांतों के लिए यह संख्या 30 थी।
3. लेजिस्लेटिव कौंसिलों के कार्यों और अधिकारों में भी वृद्धि की गई। अब उन्हें सामान्य सार्वजनिक हितों से संबंधित प्रस्तावों पर बहस करने, पूरक प्रश्नों के पूछने का अधिकार मिल गया।
4. वार्षिक बजट पर बहस करने का अधिकार भी दिया गया लेकिन इस पर मतदान नहीं करवा सकते थे। कौंसिल के अध्यक्ष को किसी भी प्रस्ताव को रखने की अनुमति न देने का अधिकार था यदि वह उसे सार्वजनिक हित में न समझे।

5. गवर्नर जनरल तथा गवर्नर की कार्यकारिणी में एक-एक भारतीय सदस्य भी नियुक्त किया गया।

भारत सरकार ने इस अधिनियम की धारा को व्यवहार में लाने के लिए रेगूलेशंस (नियम) बनाए और इन रेगूलेशंस द्वारा सांप्रदायिक निर्वाचन प्रणाली की स्थापना की गई। चार प्रकार के—जनरल (सामान्य), जमींदारों, चैंबर्स आफ कामर्स तथा मुसलमानों के लिए सांप्रदायिक-निर्वाचन क्षेत्र बनाए गए।

इन सुधारों से पहले की अपेक्षा इतना परिवर्तन अवश्य हुआ कि लेजिस्लेटिव कौंसिल ने अब सरकारी समिति के स्थान पर एक सभा का रूप धारण कर लिया। लेजिस्लेटिव कौंसिल के सदस्यों को प्रशासन के विभिन्न विषयों के संबंध में खोज करने का अथवा प्रश्न पूछने का अधिकार मिल गया।

आलोचना

1. संसदात्मक प्रणाली की स्थापना 1909 ई. में इंडियन कौसिल्स एक्ट के सुधारों द्वारा सम्भव नहीं थी। मोर्ले ने स्वयं पार्लियामेंट में कहा था कि यदि इन सुधारों से किसी प्रकार से संसदात्मक प्रणाली की स्थापना हो सकती तो वह उनको प्रस्तुत न करता। इन सुधारों से कार्यकारिणी और व्यवस्थापिका सभा के आपसी संबधों में कोई परिवर्तन नहीं हुआ। कार्यकारिणी अभी भी पहले जितनी ही स्वेच्छाचारी रही। अधिकांश कानून वही पास होते जो सरकार द्वारा प्रस्तुत थे। मनोनीत भारतीय सदस्यों से यह आशा की जाती थी कि वे नियमपूर्वक सरकारी प्रस्तावों अथवा कानूनों का सरकारी सदस्यों की भांति समर्थन करें। ऐसी स्थिति में अतिरिक्त सदस्यों की संख्या बढ़ा देने से कोई विशेष लाभ नहीं हुआ। सरकारी सदस्यों के बहुमत होने से प्रशासन उसी प्रकार अनुत्तरदाई बना रहा जैसा 1909 ई. के पूर्व था। इस आधार पर इस अधिनियम को पूरी तरह अपर्याप्त तथा अपूर्ण समझा गया। अमृत बाजार पत्रिका ने 17 नवंबर, 1909 ई. को लिखा था, 'शून्य के साथ यदि कई शून्य जोड़ भी दिए जाएँ तब भी वह शून्य-शून्य ही रहता है।' सर एस.पी. सिन्हा (गवर्नर जनरल की कौंसिल के प्रथम भारतीय सदस्य) ने स्वीकार किया कि 1909 ई. के सुधारों से भारतीय सदस्यों को 'शक्ति' के स्थान पर केवल 'प्रभाव' ही मिला था।

2. इस एक्ट ने भारतीय राजनीति में कुछ ऐसे विषैले तत्वों का सूत्रपात किया जो अत्यंत दूरगामी सिद्ध हुए। निर्वाचन प्रणाली और उत्तरदायित्व प्रशासन को स्थापित न करने के लिए निर्वाचन प्रणाली का गठन इस प्रकार से किया गया कि लेजिस्लेटिव कौंसिल के समस्त सदस्यों के निर्वाचित होने पर भी संसदात्मक पद्धति का ठीक प्रकार से विकास नहीं हो सकता था। निर्वाचन क्षेत्रों को क्षेत्रीयता के स्थान पर धार्मिक व्यावसायिक तथा पूँजी एवं संपत्ति के आधार पर विभाजित किया गया। इस प्रकार ही निर्वाचन प्रणाली के अंतर्गत विभिन्न हितों, वर्गों तथा संप्रदायों में परस्पर संघर्ष अथवा फूट व्यापक रूप से फैल गई जो सामान्य प्रजातंत्रीय प्रतिस्पर्धा से भिन्न थी। प्रजातंत्र में सामान्य राजनीतिक दलों की प्रतिस्पर्धा स्थाई रूप से एक सी नहीं रह सकती। कोई दल जो आज बहुसंख्यक है, वह कल अल्पसंख्यक भी बन सकता था। यह संभावना उन्हें एक-दूसरे के प्रति सहनशीलता तथा कुछ क्षेत्रों में सहयोग के लिए विवश करती है। लेकिन भारत में सांप्रदायिक निर्वाचन प्रणाली से यह संभावना समाप्त हो गई। अल्पसंख्यक वर्ग सदा ही अल्पसंख्यक रहेगा। इस दोष के कारण अंग्रेजी नियंत्रण काल में भारत में निर्वाचन प्रणाली से सही अर्थों में प्रजातंत्रीय अथवा उत्तरदाई प्रणाली विकसित नहीं हो सकी।

भारत का विभाजन सांप्रदायिक निर्वाचन पद्धति के कारण हुआ। अंग्रेजों ने मुसलमानों को पृथक् अधिप्रतिनिधित्व देकर उन्हें सदा के लिए बहुसंख्यकों के प्रभाव से अलग कर दिया और सांप्रदायिक मनमुटाव को प्रोत्साहन दिया। अंग्रेज अधिकारी तथा शिमला शिष्टमंडल के अलीगढ़ विचारधारा के मुसलमान नेता (जिनके आग्रह पर ही ऐसा किया गया) समान रूप से इस प्रणाली के लिए उत्तरदाई थे।

3. मिंटो मोर्ले सुधार योजना से लेजिस्लेटिव कौंसिल की आलोचना पद्धति में कोई सुधार नहीं हुआ। गैर-सरकारी और निर्वाचित सदस्य सरकार की नीति में परिवर्तन कराने में असमर्थ रहते इसलिए आलोचना उत्तरोत्तर तीव्र और कटु होती गई जिससे अंग्रेजी प्रशासन के वास्तविक स्वरूप को समझने में सहायता मिली। सरकारी सदस्य बढ़ती हुई आलोचना से अधिक दुखी होते और निर्वाचित सदस्यों से अधिक

असहयोग करते। वार्टल फ्रेर (बंबई के गवर्नर) ने सरकार और कौंसिलों की तुलना 'दरबार में एक सम्राट' से की थी।

4. इंडियन लेजिस्लेटिव कौंसिल का स्वरूप संसदात्मक नहीं बन सका क्योंकि कार्यकारिणी निरंकुश तथा स्वेच्छाचारी थी। सरकार ने इस बात का प्रयत्न तो अवश्य करना चाहा कि देश में उदार विचारों के नेताओं का समर्थन तथा सहयोग उपलब्ध हो जाए किंतु कौंसिलों की कार्य पद्धति और व्यावहारिक स्वरूप को देखकर उन नेताओं को भी बड़ी निराशा हुई।
5. 1909 ई. के सुधार न केवल अपर्याप्त थे बल्कि उनके आधारभूत सिद्धांत ही दोषपूर्ण थे। उन पर कार्य करने से अथवा उस मार्ग पर चलने से निरंकुश प्रशासन ही सबल बन सकता था। मिंटो और मोर्ले दोनों का उद्देश्य केवल ऐसे भारतीय प्रतिनिधियों को सरकार के साथ मिलाना था जो अधिक उत्तरदाई प्रशासन के पक्ष में ही नहीं थे। लेजिस्लेटिव कौंसिलों का पृथक् अस्तित्व न होना, कार्यकारिणी पर व्यवस्थापिका सभा का नियंत्रण न होना, स्वायत्त प्रशासन की स्थापना न कर पाना आदि ऐसे मौलिक प्रश्न थे जिनका हल 1909 ई. के आधारों पर संभव नहीं था। इसके लिए कुछ नए सिद्धांतों तथा नए प्रकार के सुधारों की आवश्यकता थी।

1909 ई. में कौंसिल में विभिन्न खामियों के बाद भी 1892 ई. के सुधारों की तुलना में अधिक चेतना थी। सामान्य भारतीयों को राजनीतिक शिक्षा प्रदान करने में नई कौंसिलों में हुए वाद-विवाद कुछ अधिक लाभदायक हुए। सरकार भी अब पहले की भाँति निश्चिंत नहीं रहती थी। प्रश्नों और पूरक प्रश्नों के समक्ष उसे अधिक सतर्क रहना पड़ता था।

राजनीतिक घटनाक्रम (1909-1916)

1909 ई. में सुधारों का स्वरूप स्पष्ट होने पर इससे कांग्रेस के उदारवादियों को भी भारी निराशा हुई। बंगाल विभाजन के विरुद्ध बढ़ते हुए आंदोलन को कम करने और भारतीय रंगमंच पर शांति स्थापित करने के लिए 1911 ई. में विभाजन को समाप्त कर दिया गया। बंगला भाषी क्षेत्र को एक प्रांत बना दिया और बिहार, उड़ीसा को एक अलग प्रांत बना दिया गया। असम एक चीफ कमिश्नर के अधीन

कर दिया गया और राजधानी दिल्ली स्थानांतरित कर दी गई। 1914 ई. में तिलक 6 वर्ष के कारावास के पश्चात मुक्त किए गए। इससे आशा की जा सकती थी कि राष्ट्रीय आंदोलन (जो पिछले कुछ वर्षों से शिथिल सा था) में एक नई स्फूर्ति पैदा हो जाए। इसी वर्ष अगस्त में प्रथम विश्व युद्ध प्रारंभ हुआ। कांग्रेसी नेताओं ने अंग्रेजी साम्राज्य के प्रति निष्ठा एवं भक्ति व्यक्त करनी आरंभ की। वे अंग्रेजी साम्राज्य की कठिनाइयों से लाभ नहीं उठाना चाहते थे। वास्तव में अंग्रेजों को सैनिक भरती के पंजाब और अन्य क्षेत्रों में बल प्रयोग करना पड़ा। अंग्रेज भक्ति की कल्पना केवल कुछ शिक्षित नेताओं तथा सामंती वर्ग तक सीमित थी।

ब्रिटिश प्रशासन तथा अलीगढ़ प्रतिनिधि पर मुस्लिमों के विश्वास करने की प्रवृत्ति के विरुद्ध मौलाना अबुल कलाम आजाद और मौलाना मोहम्मद अली ने आवाज उठाई। 'अलहिलाल' तथा 'कामरेड' के माध्यम से उन्होंने यह प्रचार साधारण मुसलमानों तक पहुँचाने का प्रयत्न किया। वे चाहते थे कि भारत के मुसलमान विश्व के अन्य भागों के मुसलमानों से अपना संबंध विच्छेद न करें और अंग्रेजों के प्रति दृष्टिकोण उनकी विश्व नीति को समझकर ही अपनाएँ। 1914 ई. में इंग्लैंड ने तुर्की के विरुद्ध युद्ध घोषित कर दिया। तुर्की के विरुद्ध युद्ध शुरू होने के पश्चात् भी अंग्रेजों के प्रति मुस्लिमों की आस्था कम नहीं हुई।

ब्रिटिश प्रशासन ने असंतोष को दबाने के लिए डिफेंस ऑफ इंडिया एक्ट बनाया, प्रेस पर विभिन्न प्रकार के प्रतिबंध लगाए। अंतर्राष्ट्रीय प्रचार के लिए अमरीका और इंग्लैंड के राजनीतिज्ञों ने कहा कि वे युद्ध में भाग इसलिए ले रहे थे कि विश्व में प्रजातंत्रीय प्रणाली सुरक्षित रहे। इस प्रचार से कांग्रेस के नेताओं को यह विश्वास हुआ कि सरकार संभवतः कुछ सुधार प्रदान करने वाली थी। इसलिए इस बात के लिए प्रयत्न किए गए कि विभिन्न राजनीतिक दल एक संगठित तथा सम्मिलित मोर्चा तैयार करें। यह एकता कांग्रेस और उग्र राष्ट्रवादियों में तथा कांग्रेस और मुस्लिम लीग में आवश्यक थी। 1914-15 ई. में तिलक तथा अन्य उदार नेताओं में समझौते के लिए बातचीत आरंभ हुई। लेकिन गोखले और फिरोजशाह मेहता के विरोध के फलस्वरूप यह संभव नहीं हो पाया। 1915 ई. में नरम दल के दोनों नेताओं की मृत्यु हो गई और दिसंबर, 1915 ई. में ऐनिबेसेंट के प्रयत्नों से कांग्रेस संविधान में आवश्यक परिवर्तन करके उग्र राष्ट्रवादी नेताओं का कांग्रेस में मिलन संभव हो सका। दूसरी ओर मुसलमानों में भी अंग्रेजी साम्राज्यवादी नीति से असंतोष बढ़ रहा था। 1915 ई. तथा 1916 ई. में मुस्लिम लीग तथा कांग्रेस के

वार्षिक अधिवेशन एक ही स्थान पर हुए। 1916 ई. में लखनऊ अधिवेशन में दोनों संगठनों ने अलग-अलग एक ही योजना स्वीकार की, जिसे कांग्रेस लीग स्कीम अथवा लखनऊ समझौता कहते हैं।

लखनऊ समझौता 1916 : 1916 में लखनऊ अधिवेशन के कांग्रेस तथा मुस्लिम लीग ने एक योजना स्वीकार किया जिसमें दो भाग थे। एक मुसलमानों के अधिकारों और दूसरा उन सामान्य सुधारों के संबंध में था जो भारतीय प्रशासन में किए जाएँ। मुसलमानों के अधिकारों के संबंध में सांप्रदायिक निर्वाचन प्रणाली तथा उनके अधिप्रतिनिधित्व की माँग भी कांग्रेस द्वारा स्वीकार कर ली गई। विभिन्न प्रांतीय व्यवस्थापिका सभाओं में निर्वाचित भारतीय सदस्यों की संख्या का निश्चित भाग मुसलमानों के लिए आरक्षित कर दिया गया। पंजाव में 50 प्रतिशत, बंगाल में 40 प्रतिशत, यू.पी. में 30 प्रतिशत, बंबई (जिसमें सिंध प्रांत सम्मिलित था) 33 प्रतिशत, सी.पी. में 15 प्रतिशत, बिहार में 25 प्रतिशत और मद्रास में 15 प्रतिशत। केंद्रीय लेजिस्लेटिव कौंसिल में निर्वाचित सदस्यों की संख्या का 1/3 मुसलमानों के लिए सुरक्षित रख दिया गया और यह समस्त निर्वाचन सांप्रदायिक निर्वाचन क्षेत्रों द्वारा होंगे। यदि किसी सभा में एक संप्रदाय के 3/4 सदस्य किसी प्रस्ताव का यह कहकर विरोध करें कि वह उनके संप्रदाय के हितों के विरुद्ध था तो उस प्रस्ताव को पारित नहीं किया जाएगा। दूसरे भाग की योजना पर सहमति सरल थी। भारत सचिव की इंडिया कौंसिल को समाप्त कर दिया जाए, गवर्नर जनरल की कार्यकारिणी के आधे सदस्य लेजिस्लेटिव कौंसिल के निर्वाचित सदस्यों द्वारा चुने जाएँ, केंद्रीय तथा प्रांतीय लेजिस्लेटिव कौंसिलों के 80 प्रतिशत सदस्य निर्वाचित हों। कौंसिल का नियंत्रण सैनिक और विदेशी विभाग पर नहीं होगा इसके अलावा सभी पर इनका नियंत्रण होगा।

लखनऊ समझौते का महत्त्व : बाल गंगाधर तिलक, ऐनीबेसेट तथा अन्य कांग्रेसी नेताओं ने इस समझौते को अत्यंत महत्वपूर्ण कहा। उनकी सफलता इस बात में थी कि वे मुसलमानों की प्रमुख राजनीतिक संस्था के साथ कुछ माँगों पर सहमति प्राप्त कर सकें। उस समय इस समझौते की खुशी में इसके दूरगामी परिणामों को कांग्रेस नेताओं ने ठीक प्रकार से नहीं समझा अथवा उनकी उपेक्षा की। मुस्लिम लीग को मुसलमानों का एकमात्र प्रतिनिधि मानकर कांग्रेस ने अपने आपको केवल हिंदुओं का प्रतिनिधि बना लिया और अपने राष्ट्रीय होने के दावे को सदा के लिए दुर्बल कर लिया। सैद्धांतिक रूप में कांग्रेस भले ही 'इंडियन नेशनल' विशेषण

लगाए रखे लेकिन व्यवहार में यह दोनों ही विशेषण निरर्थक हुए। दूसरे, मुसलामनों की सांप्रदायिक निर्वाचन प्रणाली को स्वीकार कर लेने से भारतीय जन समूह में एकता के सिद्धांत को भी समाप्त कर दिया। कांग्रेसी नेताओं ने तात्कालिक मुस्लिम असंतोष से लाभ उठाकर उन्हें अपनी ओर मिलाने का प्रयत्न किया लेकिन उन्होंने कांग्रेस के मूल आधारों को समाप्त कर दिया और मुस्लिम लीग के दोनों सिद्धांतों—सांप्रदायिक निर्वाचन प्रणाली और अधिप्रतिनिधित्व—को मान्यता प्रदान कर दी। यह समझौता बंगाल और पंजाब (मुसलमानों के बहुमत वाले प्रांत) के मुसलमान नेताओं को स्वीकृत नहीं हुआ क्योंकि वहाँ उन्हें जनसंख्या के अनुपात से कम स्थान दिए गए। इन दोनों प्रांतों में लीग का प्रभाव कम था और उसका नेतृत्व यू.पी., बंबई, बिहार के मुसलमानों के हाथ में था। 1922 ई. के पश्चात् इन्हीं मांगों को लेकर कांग्रेस-लीग समझौते की आलोचना हुई। ऐसी स्थिति में यह कहना कि 'लखनऊ समझौता' यह सिद्ध करता था कि कोई असंभव अटूट और मौलिक बाधा ऐसी नहीं थी जो तर्क, सूझबूझ और सहनशीलता के साथ दूर न हो सके, तथ्यों के विपरीत है। इस समझौते से भारतीय राष्ट्रीयता की कल्पना को घातक धक्का लगा। लीग इसे एक राजनीतिक सफलता मानती रही। कांग्रेसी नेताओं की सबसे बड़ी भूल यह हुई कि वे इसे स्थायी समझते रहे।

20 अगस्त, 1917 ई. की घोषणा

भारतीय जनता प्रथम विश्वयुद्ध में ब्रिटेन का साथ दिया था। इंग्लैंड, फ्रांस तथा अप्रैल, 1917 के बाद संयुक्त राज्य अमेरिका ने विभिन्न घोषणाओं में यह कहा था कि युद्ध का एक उद्देश्य विश्व में प्रजातंत्र को सुरक्षित रखना तथा शत्रु अधीन क्षेत्रों में आत्मनिर्णय के आधार पर प्रशासन का गठन करना था। इन घोषणाओं से भारतीय नेता अपरिचित नहीं थे। 1916 ई. में मेसोपोटामिया अभियान की सफलता की जाँच समिति ने भारत सरकार के अकुशल तथा अनुत्तरदाई होने की तीव्र आलोचना की। मोंटेग्यू (जाँच आयोग के एक सदस्य) ने भारत सरकार की कड़े शब्दों में निंदा की और उसे वर्तमान उद्देश्यों (युद्ध के संचालन में भारतीय सहयोग) के लिए अपर्याप्त बताया। मेसोपोटामिया कमीशन रिपोर्ट में आलोचना के फलस्वरूप भारत सचिव, आस्टिन चेंबरलेन ने त्यागपत्र दे दिया जिसके पश्चात् भारत सचिव मोंटेग्यू को बनाया गया।

भारत में अंग्रेजी नीति से व्यापक असंतोष, युद्ध संचालन में अधिक भारतीय

सहयोग की आवश्यकता, होमरूल आंदोलन से राष्ट्रीय चेतना को प्रोत्साहन, रूस में मार्च 1917 ई. की उदारवादी क्रांति, संयुक्त राज्य अमेरिका के राष्ट्रपति विल्सन का युद्ध में सम्मिलित होना और मेसोपोटामिया जाँच आयोग द्वारा भारत सरकार की तीव्र आलोचना आदि से प्रभावित होकर यह आवश्यक हुआ कि अंग्रेज प्रशासन में भारतीयों को अधिक सक्रिय योगदान देने का अवसर प्रदान किया जाए। नए भारत सचिव मोंटेग्यू ने 20 अगस्त, 1917 ई. को कामंस सभा में एक वक्तव्य द्वारा अंग्रेजी नीति का लक्ष्य भारत में उत्तरदाई प्रशासन की उत्तरोत्तर स्थापना घोषित किया। भारतीयों को प्रशासन के प्रत्येक विभाग से अधिकाधिक संबद्ध करने, भारत में स्वायत्त संस्थाओं का विकास करने और इस दिशा में शीघ्र ही कुछ कार्य करने का भी आश्वासन दिया।

भारत की संवैधानिक प्रगति में मोंटेग्यू की घोषणा का महत्वपूर्ण योगदान है। इस घोषणा में वर्णित 'उत्तरदाई प्रशासन' का लक्ष्य काफी लचीला था। इस घोषणा के लक्ष्य को तुरंत ही स्थापित नहीं किया गया। इनता अवश्य कहा जा सकता है कि भारतीय नेताओं द्वारा प्रस्तुत किसी भी योजना में उत्तरदाई प्रशासन की माँग नहीं की गई थी। मोंटेग्यू की घोषणा का प्रमुख उद्देश्य अंग्रेजी साम्राज्य के युद्ध की आवश्यकताओं की पूर्ति करना तथा भारतीय असंतोष को संवैधानिक सीमाओं तक सीमित रखना था। अंग्रेजी प्रशासकों का भारतीय संवैधानिक विकास के प्रति दृष्टिकोण युद्ध में उनकी स्थिति के साथ-साथ बदलता रहा। जून-जुलाई, 1918 ई. में युद्ध में सफलता के पश्चात् अंग्रेजी दृष्टिकोण में काफी परिवर्तन हुआ और अंततः 1919 ई. के सुधार उत्तरदायी प्रशासन की स्थापना में सहायक नहीं हुए।

मोंट-फोर्ड रिपोर्ट 1918 : अगस्त की घोषणा को पूरा करने के लिए मोंटेग्यू स्वयं नवंबर, 1917 ई. में भारत आया और गवर्नर जनरल चेम्सफोर्ड के साथ विचार-विमर्श करके एक रिपोर्ट प्रकाशित की जो मोंटेग्यू चेम्सफोर्ड (मोंट फोर्ड) रिपोर्ट के नाम से विख्यात हुआ। इसके मुख्य आधार निम्न थे–

1. स्थानीय संस्थाओं में यथा संभव बाह्य नियंत्रण से पूर्ण स्वायत्तता देनी चाहिए।
2. उत्तरदायी प्रशासन को सबसे पहले प्रांतों में ही स्थापित किया जाए। केंद्रीय सरकार पूरी तरह निरंकुश तथा पार्लियामेंट के प्रति उत्तरदाई रहेगी।

3. प्रांतीय सरकार की स्वायत्तता के अनुपात में भारत सचिव का नियंत्रण कम हो जाएगा।

इन आधारों पर प्रांतों में द्वैध प्रशासन, केंद्र में अनुत्तरदाई व्यवस्था, प्रांतीय विधान सभाओं में निर्वाचित बहुमत, केंद्र में द्विसदनात्मक व्यवस्था आदि की सिफारिश की गई।

मोंटफोर्ड रिपोर्ट पर भारतीय नेताओं की प्रतिक्रिया मिली-जुली थी। नरमपंथी नेता इन सुधारों को प्रगतिशील तथा उपयोगी समझते थे। उग्र विचारों वाले नेता तथा होमरूल आंदोलन के समर्थक इन्हें पूर्णतया अनुचित मानते थे। इन दोनों के मध्य दृष्टिकोण रखने वाला एक तीसरा मत भी था जो रिपोर्ट को असंतोषजनक मानता था लेकिन उसे अस्वीकार नहीं करना चाहता था। इस दल में और नरमपंथी विचारकों में केवल भाषा शैली का अंतर था। नरमपंथी नेताओं ने अपने आपको कांग्रेस से अलग करके एक पृथक् दल बना लिया। कांग्रेस में बीच के विचार रखने वालों का बहुमत था। इसलिए रिपोर्ट विचार-विमर्श करने के लिए विशिष्ट अधिवेशन बुलाया गया। तिलक, मदनमोहन मालवीय आदि नेताओं ने इस बात का प्रयत्न किया कि एक समन्वित दृष्टिकोण अपनाया जाए। इसलिए प्रस्तावों का स्वागत करते हुए उसके कुछ दोषों को दूर करने के लिए सरकार से अनुरोध किया गया। नरमपंथियों ने नवंबर, 1918 ई. में आल इंडिया मोडरेट कांफ्रेंस का अधिवेशन किया और आल इंडिया लिबरल फेडरेशन का गठन किया। संभवतः इस पृथक् गठन में मोंटेग्यू का काफी हाथ था। 1918 ई. में नरमपंथियों का प्रभाव बहुत कम था यद्यपि उनमें से प्रत्येक नेता ने किसी समय में राजनीतिक अधिकारों की माँग प्रस्तुत करने में योगदान दिया था। नरमपंथियों के पृथक् संगठन बन जाने के पश्चात् दिसंबर, 1918 ई. में कांग्रेस के वार्षिक अधिवेशन में रिपोर्ट की पर्याप्त आलोचना की गई। लेकिन तत्कालीन समय तक मोंटफोर्ट रिपोर्ट के विरोध अथवा सरकार से असहयोग का निर्णय नहीं किया गया था।

1919 की घटनाएँ

भारतीय राष्ट्रीय आंदोलन पर 1919 ई. में घटिंत घटनाओं का दूरगामी प्रभाव पड़ा। रोलेट एक्ट का पास किया जाना, जलियाँवाला बाग का हत्याकांड, खिलाफत आंदोलन का व्यापक होना, कुछ ऐसी घटनाएँ थीं, जिनसे सरकार के साथ सहयोग की वह भावना जो 1918 ई. में थी समाप्त होती दिखाई पड़ी। मोंट फोर्ड रिपोर्ट के

आधार पर दिसंबर, 1919 ई. में गवर्नमेंट आफ इंडिया एक्ट पास कर दिया गया। 1920 ई. में विभिन्न विधान सभाओं के लिए निर्वाचन हुए और 3 जनवरी, 1921 से यह अधिनियम लागू कर दिया गया। इस अधिनियम के फलस्वरूप मुख्य परिवर्तन निम्नलिखित हुए :

केंद्रीय प्रशासन : केन्द्र में दो सदन की स्थापना की गई—कौंसिल आफ स्टेट और लेजिस्लेटिव असेंबली। कौंसिल में 60 सदस्य होंगे जिसमें 27 मनोनीत और 33 निर्वाचित होते थे। असेंबली में 145 सदस्य थे जिनमें 103 निर्वाचित और शेष मनोनीत होते थे। 103 में 51 सदस्य सामान्य निर्वाचित क्षेत्रों से, 30 मुस्लिम, 2 सिक्ख, 7 जमींदारों, 9 यूरोपियन और 4 इंडियन कामर्स के प्रतिनिधि होंगे। असेंबली तीन वर्षों के लिए और कौंसिल पाँच वर्षों के लिए निर्वाचित होती थी। मताधिकार बहुत सीमित था और प्रत्येक प्रांत में भिन्न था।

इन दोनों सदनों के अधिकार बहुत सीमित थे। गवर्नर जनरल किसी भी विधेयक पर विचार-विमर्श रोक सकता अथवा किसी भी विधेयक को पास किया हुआ घोषित कर सकता था। संकट काल में अध्यादेश प्रसारित करने का अधिकार भी गवर्नर जनरल को था। वह किसी भी पास किए हुए विधेयक को अस्वीकृत कर सकता था। केंद्रीय सभा के सदस्यों के अधिकार बहुत सीमित थे। बजट का अधिकांश भाग बिना वाद-विवाद के ही पास किया हुआ मान लिया जाता था। शेष भाग के बजट में केंद्रीय सभा कमी कर सकती थी।

प्रांतीय प्रशासन : प्रांतीय क्षेत्र में द्वैध शासन पद्धति स्थापित करना इस एक्ट की सबसे महत्वपूर्ण विशेषता थी। इससे प्रशासन को दो भागों में विभाजित कर दिया गया—आरक्षित तथा हस्तांतरित। आरक्षित विषयों का प्रशासन गवर्नर और उसकी कार्यकारिणी द्वारा और हस्तांतरित विषयों का प्रशासन गवर्नर तथा निर्वाचित मंत्रियों द्वारा किया जाता था। प्रांतीय सभाओं में 70 प्रतिशत निर्वाचित सदस्य होते थे लेकिन उनके अधिकार सीमित तथा नियंत्रित थे।

द्वैध प्रणाली (डाइआर्कि) का अर्थ : 1919 के अधिनियम के अंतर्गत एक विचित्र शासन पद्धति की स्थापना की गई जो 'डाइआर्कि' के नाम से प्रसिद्ध है। इस द्वैध प्रणाली में कार्यकारिणी स्तर पर प्रशासन संबंधी विभाजन था। कार्यकारिणी का एक भाग अपने कार्यों के लिए विधान सभा के प्रति उत्तरदाई था। दूसरा भाग अनुत्तरदाई था। दोनों भागों में गवर्नर सम्मिलित था। इस प्रकार की पद्धति का औचित्य यह था कि प्रशासन अधिकार भारतीय प्रतिनिधियों को धीरे-धीरे सौंपा जा

सकेगा। पहले कुछ विभागों को जो अपेक्षाकृत कम महत्त्वपूर्ण थे भारतीय मंत्रियों को सौंप दिये गए। जैसे जैसे वे अपनी कुशलता का परिचय देते जाएँगे वैसे-वैसे विभागों को हस्तांतरित कर दिया जाएगा। कुछ उत्तरदायित्व तुरंत ही भारतीय मंत्रियों को सौंप दिया गया।

द्वैध प्रशासन पद्धति से भारतीय नेता असंतुष्ट थे लेकिन विरोध नहीं किया। 1919 ई. की घटनाओं–जलियांवाला बाग, रोलेट एक्ट और खिलाफत आंदोलन–ने अंग्रजी प्रशासन के प्रति दृष्टिकोण को बहुत सीमा तक प्रभावित किया। 1920 ई. में एक्ट से संबंधित रेगूलेशंस तथा उपनियमों की रचना की जा चुकी थी जिनसे नौकरशाही की नेकनीयता पर संदेह होना स्वाभाविक था। 1921 ई. में सुधारों में आरंभ किए जाने के समय भारतीय नेता असहयोग की नीति पर अग्रसर थे। दूसरी ओर अंग्रेजी नौकरशाही इन सुधारों को असफल करने पर तुली हुई थी। चेम्सफोर्ड ने नौकरशाही को पूरा संरक्षण देने का आश्वासन दिया। ऐसी स्थिति में इस प्रणाली के सफल होने के लिए उचित वातावरण का अभाव था।

द्वैध प्रणाली के परिणामस्वरूप प्रांतीय प्रशासन आरक्षित विषयों में पूरी तरह केंद्र के अधीन तथा हस्तांतरित विषयों में स्वायत्तता प्राप्त हो गयी। प्रांतीय नौकरशाही को पहला अवसर केंद्रीय नौकरशाही के नियंत्रण से मुक्त होने का उपलब्ध हुआ। प्रांतों के गवर्नर स्वयं इस नौकरशाही के ही सदस्य होते थे। वे स्वयं भी निरंकुश होने के अधिक इच्छुक रहते थे। हस्तांतरित विषयों का उत्तरदायित्व निर्वाचित मंत्रियों को इस प्रकार सौंपा गया कि उत्तरदाई प्रशासन का विकास ही न हो सके।

बंबई, मद्रास, बंगाल एवं यूपी प्रांतों में यदि समस्त निर्वाचित सामान्य सदस्य एक ही विचार के भी होते तब भी मद्रास को छोड़कर अन्य प्रांतों में वे बहुमत में नहीं थे। इन सामान्य निर्वाचन क्षेत्रों से आए हुए सदस्य एक ही दल के नहीं थे। इनमें कुल 'लिबरल' (नरमपंथी) कुछ असहयोगवादी तथा कुछ अन्य विचारधाराओं के थे। सांप्रदायिक तथा विशिष्ट निर्वाचन क्षेत्रों से आए हुए अधिकांश सदस्य सरकार के कृपापात्र बनने के इच्छुक रहते थे और परोक्ष रूप में सरकारी सदस्यों की भाँति सरकारी नीति का समर्थन करते थे। गवर्नरों ने अल्पसंख्यक दल द्वारा समर्थन प्राप्त व्यक्तियों को भी मंत्री नियुक्त करके संसदात्मक प्रणाली के विकास के मार्ग में एक बड़ी कठिनाई पैदा कर दी। विभिन्न प्रांतों के मंत्रियों ने कार्य करने के पश्चात् अपने कड़वे अनुभव मुडिमेन कमेटी (जो डाइआर्कि की जाँच के लिए नियुक्त की गई थी) के समक्ष बताए।

अंग्रेस प्रशासकों ने प्रांतीय प्रशासन के विभागों में बंटवारा भी इस तरह किया कि हस्तांतरित विभाग को वास्तविक अधिकार उपलब्ध नहीं हुए। उदाहरणार्थः मद्रास के एक मंत्री के.वी. रेड्डी ने कहा कि वह कृषि मंत्री होते हुए भी सिंचाई, वन प्रबंध, कृषि ऋण, भूमि विकास योजनाओं से असंबद्ध थे। उद्योग मंत्री होते हुए फैक्ट्री, बिजली, खान अथवा श्रम विभाग उनके नियंत्रण से बाहर थे। कोई भी मंत्री यदि वास्तविक भलाई का कार्य करना भी चाहता तो वह असमर्थ था।

डाइआर्कि के असफलता के प्रमुख कारण

(1) इस द्वैध प्रणाली की असफलता कुछ तो 1919 ई. के एक्ट के दोषों और कुछ इस प्रणाली के लागू करने में प्रशासन अधिकारियों द्वारा स्थापित दोषपूर्ण व्यवस्था का परिणाम थी। 1919 ई. के एक्ट में गवर्नरों के निरंकुश अधिकार थे। वे किसी भी नियम को बिना विधानसभा की स्वीकृति के पास कर सकते थे। इस अधिकार ने विधानसभाओं की उपयोगिता को बहुत कम कर दिया। वित्तीय विषयों पर विधान सभा का नियंत्रण और भी कम था। बजट का अधिकांश भाग मताधीन नहीं होता था और मताधीन भाग में विधान सभा के निर्णय को गवर्नर जनरल बदल सकता था। निर्वाचित सदस्यों का बहुमत वास्तविक सत्ता प्राप्त करने में असमर्थ रहा।

(2) प्रांतीय विधान सभाओं में यद्यपि 80 प्रतिशत के लगभग निर्वाचित सदस्य थे लेकिन उन्हें तीन--सामान्य, सांप्रदायिक और विशेष--प्रकार के निर्वाचन क्षेत्रों में विभाजित करके प्रजातांत्रिक प्रणाली के विकास के मार्ग में बाधा खड़ी कर दी। संसदात्मक प्रणाली का विकास उसी समय संभव था जब राजनीतिक दलों का विकास हो। सांप्रदायिक और विशेष निर्वाचन क्षेत्रों ने इस मार्ग में कठिनाइयाँ उत्पन्न कर दीं।

(3) गवर्नर ने निर्वाचित मंत्रियों के योगदान तथा प्रभाव को कम करने का अथक प्रयत्न किया। प्रत्येक प्रांत में उसने मंत्रियों से व्यक्तिगत स्तर पर विचार विमर्श आरंभ किया। सामूहिक उत्तरदायित्व की परंपरा को विकसित नहीं होने दिया। बहुत से अवसरों पर उसने मंत्रियों के परामर्श की अवहेलना करना आरंभ किया। मंत्री अपने पद के लिए गवर्नर की कृपा पर निर्भर करते थे। निर्वाचित सदस्य मंत्रियों को पद

से नहीं हटा सकते थे। गवर्नर बहुधा विभाग सचिव से सीधा संपर्क स्थापित करके विभाग की उस स्थिति का पता लगा लेता था जो मंत्रियों को भी मालूम नहीं होती थी। नौकरशाही के सदस्य प्रजातंत्र से पूरी तरह अपरिचित थे। प्रजातीय उच्चता के साथ-साथ भारतीय सदस्यों की अकुशलता के संबंध में उनकी पूर्व परिकल्पना थी। वे भारतीय मंत्रियों के साथ सहयोग बहुत कम करते थे। स्थाई सेवाओं के सहयोग की स्थिति में मंत्रियों का सफलतापूर्वक कार्य करना असंभव सा था।

(4) विभागों के विभाजन में सभी महत्त्वपूर्ण विभाग आरक्षित थे। इसमें वित्त सबसे प्रमुख था। वित्त विभाग की स्वीकृति के बिना किसी भी विभाग में कोई भी नियुक्ति अथवा किसी प्रकार का व्यय नहीं किया जा सकता था। हस्तांतरित विभाग सार्वजनिक सेवाओं से संबंधित थे। उनमें उपयोगी कार्य में बहुत अधिक खर्च लगता था।

3

भारतीय राजनीति में महात्मा गाँधी का आगमन

मोहनदास करमचन्द्र गाँधी का जन्म 2 अक्टूबर 1969 को हुआ था। जिस परिवार में इनका जन्म हुआ वह गुजरात के पोरबन्दर नामक स्थान में रहता था एवं जाति से ब्राह्मण था। गाँधी जी बैरिस्टरी की पढ़ाई के लिए 1881 में इंग्लैण्ड चले गये और 1891 में पढ़ाई पूरी करके भारत बापस आ गए। सर्वप्रथम इन्होंने राजकोट में और बाद में मुम्बई में अपनी वकालत प्रारंभ की परन्तु उन्हें यहां भी सफलता नहीं मिली। सन् 1893 में दक्षिण अफ्रीका की एक व्यापारिक कम्पनी के निमंत्रण पर वे दक्षिण अफ्रीका चले गये। यद्यपि गाँधीजी केवल एक वर्ष के लिए वहाँ पर गए किंतु वे 1914 तक (इस बीच वे दो बार भारत भी आए) वहाँ रहे। दक्षिण अफ्रीका में गाँधीजी ने रंगभेद के खिलाफ संघर्ष किया। वास्तव में वहाँ की सरकार की रंग भेद नीति के कारण भारतीय समुदाय को कोई भी ऐसा मानवीय अधिकार प्राप्त नहीं था जो कि एक सभ्य जीवन जीने के लिए आवश्यक था।

भारतीयों की स्थिति

महात्मा गाँधी जिस समय दक्षिण अफ्रीका में थे उस समय वहां भारतीयों की संख्या लगभग दो लाख थी। इनमें से अधिकांश अनुबंधित मजदूर और स्वतंत्र मजदूर थे। कुछ व्यापारी थे और कुछ उनके क्लर्क और सहायक। खेत, बागान मालिक अनुबंधित मजदूरों के साथ अर्ध दासों जैसा व्यवहार करते थे। अन्य भारतीयों को रंगभेद की नीति से उत्पन्न अनेक प्रकार की कठिनाइयों का सामना करना पड़ता था,

जो कि नागरिक अधिकार, व्यापारिक और सम्पत्ति के अधिकार से संबंधित थीं। अपने दैनिक जीवन में उन्हें अनेक प्रकार के अपमानों का सामना करना पड़ता था जिसमें से कुछ प्रमुख अपमान इस प्रकार हैं।

रेलगाड़ी में भारतीय प्रथम और द्वितीय श्रेणी में यात्रा भी नहीं कर सकते थे और अक्सर उन्हें रेल के डिब्बे के पायदान पर ही खड़े होकर यात्रा करने पर बाध्य किया जाता था। प्रत्येक भारतीय को बिना किसी फर्क के कुली कहकर पुकारा जाता था। फुटपाथ पर चलने की अनुमति नहीं थी और रात में वे बिना परमिट के नहीं निकल सकते थे। ट्रांसवाल में भारतीयों को रहने के लिए और व्यापार के लिए एक निश्चित क्षेत्र दिया गया था। यह क्षेत्र स्वास्थ्य की दृष्टि से हानिकर था, न तो वहाँ पानी और बिजली की ही उचित व्यवस्था थी और न ही नालियों की। इसके अतिरिक्त जो पहले अनुबंधित मजदूर रह चुके थे उन्हें तीन पाउण्ड मतगणना का कर देना पड़ता था। भारतीयों को उन होटल में जाने की अनुमति नहीं थी जो यूरोपीयों के लिए आरक्षित थे।

अभियान-1

महात्मा गाँधी जब दक्षिण अफ्रीका पहुंचे तो शुरुआत में ही उन्हें रंगभेद नीति का अहसास हो गया था। डरबन के एक न्यायालय में यूरोपीय न्यायाधीश ने गाँधीजी को अपनी पगड़ी उतारने का हुक्म दिया था, परंतु गाँधी जी ने ऐसा करने से इनकार कर दिया और विरोध में कमरे से बाहर चले गए। इसी प्रकार परेडोरिन जाते हुए गाँधीजी को प्रथम श्रेणी में यात्रा करने की अनुमति नहीं दी गई और उनसे वेन वाले डिब्बे में जाने को कहा गया। जब गाँधीजी ने ऐसा करने से इनकार किया तो उन्हें बलपूर्वक डिब्बे से बाहर फेंक दिया गया। परंतु नैटल की सरकार ने जब एक ऐसा विधेयक प्रस्तावित किया जो कि प्रवासी भारतीयों से मताधिकार वापस लिए जाने का सुझाव रखता था तो गाँधीजी दक्षिण अफ्रीका में संघर्ष छेड़ने के लिए तत्पर हो गए।

गाँधीजी के विदाई के सम्मान में एक भोज दिया गया तो उस समय गाँधीजी ने उपर्युक्त प्रस्तावित बिल को पारित किए जाने के संदर्भ में खबर पढ़ी। गाँधीजी इससे उत्तेजित हो उठे और उन्होंने यह कहा कि "हमारे कफन में यह पहली कील है।" भारतीय व्यापारियों ने इस बिल के विरुद्ध गाँधीजी से सहयोग माँगा। गाँधीजी ने भारत लौटने के अपने इरादे को स्थगित कर दिया। वास्तव में यह विदाई समारोह, बिल के विरुद्ध संघर्ष की एक सभा के रूप में बदल गया।

आन्दोलन को प्रभावशाली बनाने के लिए उनका पहला कदम यह था कि नैटाल में निर्वासित सभी भारतीय भी एकता के बन्धन में बंधने के उद्देश्य से प्रेरित हो गए। 1893 में उन्होंने इंडियन नैटाल ऑरगेनाइजेशन नामक सभा की स्थापना की। इसके साथ-साथ गाँधीजी का यह भी प्रयास था कि भारतीयों के कष्टों का अधिक से अधिक प्रचार किया जा सके जिससे कि उन्हें भारत और इंग्लैंड की स्त्रियों और जनता से मदद मिल सके। भारत में भारतीय राष्ट्रीय कांग्रेस ने इस विधेयक के विरोध में एक प्रस्ताव पारित किया और इसी प्रकार इंग्लैंड में भी कुछ अखबारों और गणमान्य व्यक्तियों ने दक्षिण अफ्रीका में भारतीयों के हितों की रक्षा के लिए किए जा रहे संघर्ष को सही ठहराया एवं उनकी प्रशंसा की।

नैटाल में निर्वासित चार सौ भारतीय एकजुट होकर उक्त विधेयक के विरुद्ध प्रशासन के सामने एक रिपोर्ट या अर्जी प्रस्तुत की परंतु इसका कोई हल नहीं निकला और अन्त में नैटाल की विधान सभा ने बिल पारित कर दिया और यहाँ तक कि वहाँ के राज्यपाल ने भी उस पर सहमति दे दी। गाँधीजी ने लगभग 10 हजार भारतीयों से हस्ताक्षर करवा कर एक लंबी अर्जी इंग्लैंड के औपनिवेशिक सचिव को भेजी जिसमें यह अपील की गई थी कि महारानी विक्टोरिया इस विधेयक को सहमति न दें। इस प्रकार सशक्त विरोध के कारण लंदन के औपनिवेशिक कार्यालय ने इस बिल को इस आधार पर अस्वीकार कर दिया कि यह अंग्रेजी साम्राज्य के एक हिस्से के वाशिंदों के विरुद्ध साम्राज्य के दूसरे हिस्से में भेद करता है लेकिन इसका नैटाल में रहने वाले यूरोपीयों पर कोई प्रभाव नहीं पड़ा। उन्होंने कुछ परिवर्तन कर बिल को पारित कर दिया। अब इस परिवर्तित बिल के अनुसार किसी भी गैर-यूरोपीय देशों के व्यक्ति को जिन देशों में कि अभी तक ऐसा संगठन नहीं है, जो कि संसदीय मताधिकार प्रणाली पर स्थापित हो, मतदान का अधिकार नहीं दिया जाएगा, जब तक की उसे गवर्नर जरनल से जाकर न मिल जाए। इस परिवर्तित विधेयक को मान्यता दे दी गई।

महात्मा गाँधी ने लेखों के जरिए रंगभेद के खिलाफ अपना मुहिम जारी रखा। क्योंकि वे जनता की सहायता प्राप्त करना चाहते थे। इससे दक्षिण अफ्रीका में रहने वाले कई यूरोपीय उत्तेजित हो उठे। 1886 में जब गाँधीजी अपने परिवार के साथ नैटाल पहुँचे तो उनका विरोध करने के लिए लगभग 4,000 यूरोपीयों का समूह वहाँ था। कुछ लोगों ने उन पर हमला भी किया परंतु एक उच्च सैनिक अधिकारी की पत्नी द्वारा गाँधीजी बचा लिए गए। यह घटना भी गाँधीजी को अपना संघर्ष जारी रखने

से निरुत्साहित नहीं कर पाई। अपनी अगली भारत यात्रा में गाँधीजी ने क्वेटा में कांग्रेस के अधिवेशन में हिस्सा लिया और इस अधिवेशन में उन्होंने दक्षिण अफ्रीका में भारतीयों की स्थिति पर एक प्रस्ताव पास कराने में सफलता प्राप्त की। 1902 में गाँधी पुनः दक्षिण अफ्रीका लौटे और 12 वर्ष तक वहाँ पर रहकर उन्होंने रंगभेद के विरुद्ध संघर्ष किया। 1903 में उन्होंने 'इंडियन ओपीनियन' नामक एक साप्ताहिक पत्रिका का प्रकाशन प्रारंभ किया जिसके द्वारा उनके संघर्ष का प्रचार किया जाता था। 1904 में गाँधीजी अपने कुछ अनुयायियों के साथ डरबन के निकट **फौनिक्स** नामक स्थान पर रहने लगे। यहाँ के लोग अत्यंत ही साधारण तरीके से अपना जीवन व्यतीत करते थे। बाद में फौनिक्स के सभी निवासियों ने गाँधीजी के सत्याग्रह आंदोलन में भाग लिया।

गाँधीजी ने दक्षिण अफ्रीका में ब्रिटिश हाई कमिश्नर को एक बार यह सुझाव दिया था कि—

"हम भारतीय राजनैतिक स्वतंत्रता नहीं चाहते हैं, परंतु हम यह चाहते हैं कि हम अन्य ब्रिटिश वाशिंदों के साथ शांति और भातृत्व के साथ सम्मानपूर्वक रह सकें।"

लेकिन 1906 में ट्रांसवाल प्रशासन ने भारतीयों को नीचा दिखाने के लिए एक विधेयक पास किया। इस विधेयक के आधार पर प्रत्येक भारतीय के लिए, जो कि 8 वर्ष की आयु से ऊपर था, यह आवश्यक था कि वह अपना पंजीकरण कराए और पंजीकरण फार्म पर अपने अँगूठे और उँगलियों की छाप दें। पंजीकरण कराने के लिए एक निश्चित तारीख दी गई थी और उस तारीख तक यदि कोई अपना पंजीकरण नहीं कराता है तो उसे एक अपराध मानते हुए सजा दी जा सकती थी या देश से निकाला भी जा सकता था। भारतीयों से किसी भी समय पंजीकरण सर्टिफिकेट दिखाने को कहा जा सकता था और पुलिस अधिकारियों को यह अधिकार दिया गया था कि वह किसी भी भारतीय के घर में घुसकर उसके कागजात देख सकते थे। इस बिल का विरोध करने के लिए गाँधीजी ने जोहान्सबर्ग के अंपायर थियेटर में एक सभा आयोजित की। अपने सम्मान और प्रतिष्ठा को बनाए रखने के लिए भारतीय किसी भी प्रकार के संघर्ष के लिए तत्पर थे। महात्मा गाँधी इस सभा को संबंधित करते हुए कहा था कि

"मेरे जैसे लोगों के लिए केवल एक ही रास्ता सामने है, हम मर सकते हैं लेकिन ऐसे कानून के आगे झुकेंगे नहीं। शायद यह रास्ता न अपनाना पड़े,

परंतु यदि और लोग पीछे हटते हैं और मैं अकेला भी रह जाता हूँ तो भी मैं अपनी प्रतिज्ञा को नहीं छोड़ूँगा।"

अंततः इस सभा में हिस्सा ले रहे प्रत्येक भारतीय ने भगवान को साक्षी मानते हुए यह शपथ ली कि यदि इस विधेयक को कानून बनाया गया तो वे इसके आगे नहीं झुकेंगे।

ट्रांसवाल विधान सभा ने इस बिल को पास कर दिया। इस समय गाँधीजी एक प्रतिनिधिमंडल लेकर इस उद्देश्य से इंग्लैंड गए कि वे अंग्रेजी सरकार से इस बिल को अस्वीकार (वीटो) करवा देंगे, परंतु यह प्रयास असफल रहा। यह घोषणा की गई कि अप्रैल, 1907 से यह नया कानून लागू होगा। इस विधेयक के विरुद्ध संघर्ष के लिए गाँधीजी ने आंदोलन की एक नई तकनीक–सत्याग्रह अपनाई। **पैसिव रेसिसटेन्स एसोसिएशन** नामक संगठन की स्थापना की गई। इस संगठन ने भारतीय मूल के लोगों से यह अपील की कि वे पंजीकरण कार्यालयों का बहिष्कार करें। ट्रांसवाल सरकार के सभी प्रयासों के बावजूद 30 नवंबर, 1907 तक केवल 519 भारतीयों ने अपने को पंजीकृत कराया। पंजीकरण विधेयक का विरोध कराने के कारण गाँधीजी को 2 माह की साधारण कैद की सजा दी गई।

अल्बर्ट कार्टराइट ने जनरल स्मट्स से गाँधी जी की मुलाकात करवायी। इस मुलाकात के दौरान जनरल स्मट्स ने गाँधीजी को यह आश्वासन दिया कि यदि भारतीय स्वैच्छिक रूप से पंजीकरण कर लें तो इस कानून को रद्द कर दिया जाएगा। गाँधीजी ने इस प्रस्ताव को स्वीकार कर लिया और इस पर विचार करने के लिए भारतीयों की एक सभा बुलाई। कई भारतीयों ने गाँधीजी द्वारा इस प्रस्ताव को स्वीकार किए जाने पर आपत्ति प्रकट की, क्योंकि उन्हें जनरल स्मट्स से किसी भी प्रकार के न्याय की आशा नहीं थी। कुछ भारतीयों ने तो गाँधीजी पर यह आरोप भी लगाया कि उन्हें जनरल स्मट्स ने कोई लालच दे दिया था। अगले दिन जब गाँधीजी स्वैच्छिक रूप से अपना पंजीकरण कराने के लिए पंजीकरण कार्यालय की ओर जा रहे थे तो एक पठान ने उन पर हमला भी किया।

पंजीकरण कानून को रद्द करने से स्मट्स ने बाद में इंकार कर दिया। भारतीयों ने स्वैच्छिक पंजीकरण के लिए जब अपनी अर्जी सरकार से वापस मांगी तो सरकार ने उन्हें देने से इनकार कर दिया। गाँधीजी ने पुनः सत्याग्रह आंदोलन प्रारंभ किया। उन्होंने यह घोषणा की कि भारतीय अपना पंजीकरण सर्टिफिकेट जलाएँगे और इसके जो भी परिणाम निकलें उन्हें शांति के साथ भोगेंगे। अनेक

भारतीयों ने पंजीकरण सर्टीफिकेट को आग की लपटों के हवाले कर दिया। इसी समय ट्रांसवाल सरकार ने एक अप्रवासी कानून बनाया जिसका उद्देश्य भारत से आकर बसने वाले नए लोगों को रोकना था। गाँधीजी ने यह घोषणा की कि सत्याग्रह आंदोलन इस कानून के विरुद्ध भी होगा।

सत्याग्रह आंदोलन में नैटाल में निवासित भारतीयों ने भी भाग लिया और उन्हें सरकार द्वारा गिरफ्तार कर लिया गया। जेल में सत्याग्रहियों से कड़ा श्रम कराया गया। जेल में गाँधीजी के साथ भी दुर्व्यवहार किया गया। परंतु ट्रांसवाल सरकार की दमनकारी नीति गाँधीजी और उनके आंदोलन को कमजोर करने में असफल रही। सत्याग्रही छोटे-छोटे समूहों में गिरफ्तारियाँ देते रहे। उनके परिवारों को सत्याग्रह फंड द्वारा आर्थिक सहायता दी गई। वास्तव में सत्याग्रह सभा को भारतीय राष्ट्रीय कांग्रेस और भारत के कई अन्य धनिक, जैसे कि टाटा, हैदराबाद के निजाम आदि पैसा दे रहे थे। आगे चलकर सत्याग्रही **टालस्टाय फार्म** नामक स्थान पर रहने लगे, यहाँ पर वे साधारण जीवन व्यतीत करते थे और वह सब सीखते थे, जो कि एक सच्चे सत्याग्रही के लिए आवश्यक था।

अभियान-2

दक्षिण अफ्रीका के सर्वोच्च न्यायलय ने सन् 1913 में अपने एक निर्णय के द्वारा उन सभी शादियों को रद्द घोषित कर दिया जो कि ईसाई धर्म विधि से नहीं हुई थीं और जिनका विवाह कार्यालय में पंजीकरण नहीं हुआ था। दूसरे शब्दों में इस निर्णय के द्वारा समस्त हिन्दू, मुस्लिम और पारसी शादियाँ अवैध हो गईं और इस प्रकार इन शादियों से उत्पन्न संतान भी अवैध हो जानी थीं। गाँधीजी ने इस निर्णय के दुष्परिणामों के विरुद्ध अपील की और कानून में परिवर्तन लाने को कहा, परंतु तत्काल इसका कोई सकारात्मक नतीजा नहीं निकला। अतः गाँधीजी ने अपने संघर्ष को तीव्र कर दिया। अनेक भारतीय महिलाओं ने, जिनका सम्मान दांव पर लगा हुआ था, विरोध कार्यक्रम में हिस्सा लिया। 6 नवंबर, 1913 के दिन गाँधीजी ने ट्रांसवाल की सीमा को पार करने के लिए एक यात्रा प्रारंभ की। उनके साथ जो सत्याग्रही थे उनमें 127 स्त्रियाँ, 57 बच्चे और 237 पुरुष थे। गाँधीजी को गिरफ्तार कर लिया गया। सरकार की दमनकारी नीति के बावजूद आंदोलन में किसी प्रकार की कमजोरी नहीं आई। भारत में इस समय गोपाल कृष्ण गोखले ने इस उद्देश्य से सारे देश का दौरा किया कि गाँधीजी के आंदोलन के लिए सहयोग जुटाया जा सके। भारत के

वायसराय लार्ड हार्डिंग ने भी इस समय यह माँग की कि दक्षिण अफ्रीका की सरकार के विरुद्ध अत्याचार करने का जो आरोप है, उसकी निष्पक्ष जाँच की जाए। जिसके कारण लार्ड हार्डिंग का लंदन और प्रीटोरिया में घोर निंदा की गई।

भारतीय और स्मट्स के मध्य समझौते को लेकर बातचीत शुरू हो गयी। उस बातचीत के अन्त में एक ऐसे प्रस्ताव पर समझौता हुआ जो कि भारतीयों की मुख्य समस्याओं का निदान करता था। स्वतंत्र श्रमिकों पर से 3 पाउंड का कर हटा लिया गया। भारतीय तौर-तरीकों से किए गए विवाहों को मान्यता प्राप्त हुई और केवल दक्षिण अफ्रीका में आने के लिए ही सर्टिफिकेट पर अँगूठे का निशान लगाया जाना था। इस प्रकार लगभग 8 वर्ष तक चलने वाले सत्याग्रह को वापस ले लिया गया।

महात्मा गाँधी अंग्रेजी साम्राज्य के समर्थक थे और उनकी सोच थी कि अंग्रेजों का न्याय भारतीय के प्रति न्यायसंगत होगा। परन्तु ऐसा कुछ भी नहीं हुआ। 1899 में बोअर युद्ध के दौरान उन्होंने इंडियन एम्बूलैंस कार्पस संगठित कर अंग्रेजी सरकार की सहायता भी की थी परंतु शीघ्र ही अंग्रेजों के प्रति उनका यह मोह दूर होने लगा क्योंकि उन्होंने यह महसूस किया कि उनकी याचना के प्रति अंग्रेजों का रवैया बाहरी व्यक्ति का था। अपने साथियों और सहयोगियों के कष्टों को दूर करने के लिए सत्याग्रह उनके लिए एक अंतिम विकल्प था। परंतु अंग्रेजी साम्राज्य के प्रति उनकी सहानुभूति समाप्त नहीं हुई। उनकी सहानुभूति इस आशा पर आधारित थी कि एक न एक दिन अंग्रेज उन नियमों को व्यावहारिक रूप अवश्य देंगे जिनको कि सैद्धांतिक आधार पर मानते थे।

दक्षिण अफ्रीका में हुए संघर्ष का गाँधी जी के जीवन पर बहुत प्रभाव पड़ा। उदाहरण के लिए अहिंसात्मक सत्याग्रह की तकनीक गाँधीजी का मुख्य अस्त्र बन गई जिस पर आगे चलकर गाँधीजी और कांग्रेस ने भारत में अंग्रेजी शासन के विरुद्ध संघर्ष किया। अंग्रेज इतिहासकार ज्युडिथ ब्राउन ने यह धारणा व्यक्त की कि सत्याग्रह गाँधी द्वारा दक्षिण अफ्रीका में अपनाया गया मात्र एक चतुराई से परिपूर्ण हथियार था। लेकिन यदि हम गाँधीजी के संघर्ष पर संपूर्ण दृष्टि डालें तो यह स्पष्ट हो जाता है कि गाँधीजी को सत्याग्रह में पूर्ण आस्था थी और यह किसी विशिष्ट परिस्थिति में अपनाई गई रणनीति मात्र नहीं थी। गाँधीजी के अनुभवों का एक अन्य महत्त्वपूर्ण प्रभाव यह महसूस करना था कि हिंदू और मुस्लिम एकता अति आवश्यक है और इसे प्राप्त करना संभव भी है। इसी कारण उन्होंने भारत में अंग्रेजों के विरुद्ध संघर्ष में हिंदू-मुस्लिम एकता को अत्यधिक महत्त्व दिया। इसके अतिरिक्त दक्षिण

अफ्रीका के संघर्ष ने यह भी स्पष्ट कर दिया कि गाँधीजी किसी एक क्षेत्र के या किसी धार्मिक सम्प्रदाय के प्रतिनिधि नहीं थे वरन् वे संपूर्ण भारतीय जनता के नेता थे। उनके प्रति इस प्रकार की धारणा का बन जाना भारतीय राजनीति में उनके प्रवेश में सहायक साबित हुआ।

भारत में गाँधीजी का आगमन

सन् 1914 में प्रथम विश्वयुद्ध शुरू हो गया। उस समय गाँधी जी इंग्लैण्ड में भारतीयों के अधिकारों को लेकर संघर्षरत थे। ऐसी स्थिति में गाँधीजी ने अंग्रेजी सरकार की सहायता करना अपना कर्तव्य समझा। उन्होंने भारतीयों का एक एम्बुलैंस दल संगठित करने का निर्णय लिया परंतु कुछ समय उपरांत अंग्रेज अधिकारियों से मतभेद उत्पन्न होने के कारण वे इससे अलग हो गए। 1915 में उन्हें अंग्रेजी सरकार द्वारा **केसर-ए-हिंद** का खिताब भी दिया गया। 9 जनवरी, 1915 के दिन जब गाँधीजी भारत लौटे तो भारत के प्रमुख प्रतिनिधियों एवं जनता द्वारा बड़े उल्लासपूर्वक उनका स्वागत किया गया। गोपाल कृष्ण गोखले भारत में उनके राजनीतिक गुरु थे। गोखले चाहते थे कि गाँधी **'सर्वेन्ट्स ऑफ इंडियन सोसाइटी'** में शामिल हों पर इस सोसाइटी के कुछ सदस्यों के कड़े विरोध के कारण गाँधीजी इसके सदस्य नहीं बन पाए। गोखले ने गाँधी से इस समय यह वादा लिया कि भारत में राजनीतिक विषयों पर वे एक वर्ष तक अपना मत ज़ाहिर नहीं करेंगे। वायदे का पालन करते हुए 1915 और 1916 में गाँधीजी ने अपना अधिकांश समय भारत के विभिन्न स्थानों का दौरा करने में बिताया। वे सिंध, रंगून, बनारस और मद्रास आदि स्थानों पर गए। उन्होंने रवीन्द्रनाथ ठाकुर के शांतिनिकेतन की भी यात्रा की और वे हरिद्वार तथा कौमुदी मेले में भी गए। इन सब यात्राओं से यह लाभ हुआ कि गाँधीजी को भारतीयों और उनकी स्थिति के संदर्भ में अत्यधिक जानकारी हासिल हुई। 1915 में ही गाँधीजी ने अहमदाबाद में साबरमती नदी के किनारे अपने आश्रम की स्थापना की थी। यहाँ पर वे अपने निकट सहयोगियों के साथ रहते थे जिनको एक सच्चे सत्याग्रही का प्रशिक्षण दिया जाता था।

महात्मा गाँधी इस दौरान राजनीति से संबंधित विषयों पर कुछ खास ध्यान नहीं दे रहे थे। अधिकांश सभाओं में वे केवल अपने दक्षिण अफ्रीका के अनुभवों और जो विचारधारा उनकी वहाँ पर बनी थी, के बारे में ही बोलते थे। जिस समय एनीबेसेंट ने गाँधीजी से "होम रूल लीग" की स्थापना में सहयोग देने के लिए कहा तो उन्होंने यह कहकर इनकार कर दिया कि वे युद्ध के दौरान अंग्रेजी सरकार को परेशान नहीं

करना चाहते। गाँधीजी ने 1915 के कांग्रेस अधिवेशन में भी हिस्सा लिया, लेकिन इस समय स्वायत्त शासन जैसे महत्त्वपूर्ण विषय पर बोलने को उन्होंने टाल दिया। कांग्रेस में गरम दल को वापस शामिल करने के जो एकता के प्रयास हो रहे थे उनका गाँधीजी ने स्वागत किया, लेकिन इसके साथ-साथ उन्होंने यह भी स्पष्ट कर दिया कि वे किसी गुट में नहीं हैं। उन्होंने संगठित कांग्रेस के अधिवेशन में हिस्सा लिया, परंतु ऐसे मुद्दों पर बोलने से इनकार कर दिया जिनसे यह अभिप्राय लगाया जा सकता था कि वे किसी विशिष्ट गुट से संबद्ध हैं। यहाँ पर उन्होंने केवल अनुबंधित मजदूरों की भर्ती के संबंध में भाषण दिया और इस प्रथा को खत्म करने की मांग के लिए एक प्रस्ताव पास किया गया।

भारतीय राजनीते में गाँधी जी का प्रादुर्भाव

भारतीय राजनीति में गाँधीजी का सन् 1917-1918 के बीच में प्रादुर्भाव हुआ जो कि तीन स्थानीय समस्याओं से संबंधित था। ये समस्याएँ थीं; चंपारन और खेड़ा में किसानों का संघर्ष और अहमदाबाद में मजदूरों का संघर्ष। यहाँ पर गाँधी ने सत्याग्रह की तकनीक का इस्तेमाल किया और अंततः इन्हीं स्थानीय संघर्षों के माध्यम से वे संपूर्ण भारत के नेता के रूप में उभर कर आए।

चंपारन

यह जिला उत्तरी बिहार में स्थित है। यहां पर गाँधी जी ने 1917 ई. में सत्याग्रह का प्रथम प्रयोग किया था। यहां पर 19वीं सदी के प्रारंभ से ही यूरोपीय पूंजीपतियों द्वारा किसानों, मजदूरों का शोषण किया जा रहा था। यूरोपीय बागान मालिकों ने इस क्षेत्र में 19वीं शताब्दी के प्रारंभ से नील के बागान और फैक्टरियाँ स्थापित की थीं। 1916-17 में चंपारन का अधिकांश क्षेत्र केवल तीन भू-स्वामियों के अधीन था। ये भू-स्वामी-बेतिया, राम नगर और मधुबनी जागीरों के मालिक थे। इनमें बेतिया की जागीर सबसे बड़ी थी और उसमें लगभग 1500 गाँव आते थे। भू-स्वामी स्वयं जागीर की देखभाल न कर उसे ठेके पर दे देते थे और ठेकेदारों में सबसे प्रभुत्वशाली वर्ग यूरोपीय बागान मालिकों का था। यहाँ पर असंतोष का मुख्य कारण यह था कि किसानों को भूमि पर स्थाई अधिकार प्राप्त नहीं था। उन्हें बागान मालिकों से जमीन के पट्टे लेने होते थे और ऐसे पट्टे उन्हें इस शर्त पर दिए जाते थे कि वे एक निश्चित भू-भाग पर केवल नील की ही खेती करेंगे। इसके बदले में बागान मालिक किसानों को कुछ अग्रिम धन राशि भी देते थे।

तिनकठिया व्यवस्था के अन्तर्गत नील की खेती किया जाता था। इसमें किसान को अपनी भूमि के 3/20 हिस्से पर केवल नील की ही खेती करनी होती थी और अधिकांशतः उसकी भूमि के सबसे अधिक उपजाऊ हिस्से पर उसे नील की खेती करने के लिए बाध्य किया जाता था। तिनकठिया व्यवस्था में यद्यपि 1908 में कुछ सुधार लाने की कोशिश की गयी थी, परंतु इससे किसानों की गिरती हुई हालत में कोई परिवर्तन नहीं हुआ था। बागान मालिक किसानों को अपनी उपज एक निश्चित धनराशि पर केवल उन्हें ही बेचने के लिए बाध्य करते थे और यह धनराशि बहुत कम होती थी। इस समय जर्मनी के वैज्ञानिकों ने कृत्रिम नीले रंग का उत्पादन कर लिया था, जिसके परिणामस्वरूप विश्व के बाजारों में भारतीय नील की माँग गिर गई थी। चंपारन के अधिकांश बागान मालिकों ने यह महसूस किया था कि नील के व्यापार से अब उन्हें अधिक मुनाफा नहीं होगा। परंतु मुनाफे को बनाए रखने के लिए उन्होंने अपने घाटे को किसानों पर लादना शुरू कर दिया। इसके लिए जो रास्ते उन्होंने अपनाए उसमें किसानों से यह कहा गया कि यदि वे उन्हें एक बड़ा मुआवजा दे दें तो किसानों को नील की खेती से मुक्ति मिल सकती थी। इसके अतिरिक्त उन्होंने लगान में अत्यधिक वृद्धि कर दी और कई प्रकार के अवैध कर किसानों पर लगाए।

सन् 1916 में कांग्रेस का अधिवेशन लखनऊ में आयोजित किया गया था इसमें जब चम्पारन के कृषकों पर हो रहे अत्याचारों की चर्चा हो रही थी उस समय गाँधी जी ने इस मुद्दे पर कोई विशेष प्रतिक्रिया नहीं जतायी थी परंतु अंततः चंपारन के एक किसान राजकुमार शुक्ल ने गाँधीजी को चंपारन आने के लिए बाध्य किया। जब गाँधीजी मोतीहारी (चंपारन का जिला-कार्यालय) पहुँचे तो उनकी उपस्थिति को जन शांति के लिए एक खतरा समझा गया। उन्हें चंपारन छोड़ने का आदेश दिया गया, परंतु गाँधीजी ने वहाँ की जनता के प्रति अपने दायित्व को समझते हुए इस आदेश को मानने से इनकार कर दिया। तत्काल ही उन्हें गिरफ्तार कर उन पर जिला न्यायालय में मुकदमा चलाया गया। परंतु बिहार सरकार के आदेश से यह मुकदमा वापस ले लिया गया। इसके साथ-साथ गाँधीजी को भी यह चेतावनी दी गई कि वे कोई बखेड़ा खड़ा न करें। परंतु उन्हें किसानों के कष्टों के बारे में जानकारी हासिल करने की पूर्ण स्वीकृति दे दी गई। सरकार ने "चंपारन एगरेरियन कमेटी" का गठन किया। गाँधीजी भी इस कमेटी के एक सदस्य थे। इस कमेटी ने यह सिफारिश की कि तिनकठिया व्यवस्था समाप्त कर दी जाए और इसके साथ ही कई अन्य प्रकार

के कर भी समाप्त कर दिए जाएँ जो कि किसानों को देने पड़ते थे। बढ़ाए गए लगान की दरों में कमी की गई और जो वसूली अवैध रूप से किसानों से की गई थी उसका 25 प्रतिशत किसानों को लौटाया जाना था। कमेटी की इन सिफारिशों को 1919 के 'चंपारन एगरेरियन एक्ट' के रूप में पारित किया गया।

इस आंदोलन में गाँधी जी के अधिकतर सहयोगी शिक्षित मध्यम वर्ग से थे जबकि यह आंदोलन किसानों की परेशानी को लेकर हुआ था। स्थानीय महाजनों और गाँवों के मुख्तियारों ने भी गाँधीजी को सहयोग दिया था लेकिन सर्वाधिक सहयोग किसानों और उनके स्थानीय नेताओं ने दिया था। गाँधी जी ने स्वयं वहाँ पर बहुत ही साधारण जीवन व्यतीत किया। वे पैदल या बैलगाड़ी पर यात्रा करते थे और किसानों से उन्हीं की भाषा में बातचीत करते थे।

खेड़ा—गुजरात के खेड़ा जिले में गाँधी जी ने दूसरा सत्याग्रह आंदोलन प्रारम्भ किया। यहाँ पर उनकी सत्याग्रह की तकनीक को वास्तव में एक इम्तिहान से गुजरना पड़ा। खेड़ा अधिक उपजाऊ क्षेत्र था और यहाँ पर उगने वाली खाद्य फसलों, तंबाकू और रूई को अहमदाबाद में एक सुलभ बाजार प्राप्त था। यहाँ पर कई धनी किसान थे जो कि पट्टीदार कहलाते थे। इसके अतिरिक्त कई छोटे किसान और भूमिहीन कृषक भी यहाँ पर रहते थे।

गुजरात में सन् 1917 में बहुत अधिक बारिश हुई थी जिससे खारीपन की फसल बर्बाद हो गयी थी। इसी समय मिट्टी का तेल, लोहा, कपड़ों और नमक की कीमतों में भी वृद्धि हुई जिसने कि किसानों के जीवन स्तर को काफी संकटमय बना दिया था। किसानों ने इस समय यह माँग की कि पूरी फसल न होने के कारण लगान माफ किया जाए। लगान कानून के अंतर्गत ऐसा प्रावधान मौजूद था कि यदि कुल उपज सामान्य उपज के मुकाबले केवल 25 प्रतिशत हो तो पूरा लगान माफ किया जा सकता था। बंबई के दो वकीलों, श्री वी.जे. पटेल और जी.के. पारख ने इस संबंध में छानबीन की और वे इस नतीजे पर पहुँचे कि उपज का एक बड़ा हिस्सा नष्ट हो चुका था, परंतु सरकार इससे सहमत नहीं थी। खेड़ा के कलक्टर ने यह निर्णय लिया कि लगान माफ करने की माँग का कोई औचित्य नहीं है। सरकारी धारणा यह थी कि किसानों ने यह माँग नहीं की थी वरन् इसके लिए उन्हें बाहर के लोगों ने भड़काया था जो कि होम रूल लीग और गुजरात सभा से संबंध रखते थे। गाँधीजी स्वयं इस समय गुजरात सभा के अध्यक्ष थे। सच्चाई यह थी कि यहाँ आंदोलन प्रारंभ करने की पहल मोहन लाल पांडे जैसे गांव के स्थानीय नेताओं ने की थी।

महात्मा गाँधी ने गहन अध्ययन करने के बाद लगान के बारे में कहा था कि प्रशासनिक अधिकारियों द्वारा उत्पाद का बढ़ा-चढ़ा कर मूल्य निर्धारित किया गया था तथा कृषकों का यह वैध अधिकार था कि वे लगान न दें। इसमें उन्हें कोई सुविधा नहीं प्रदान की जा रही थी लेकिन सरकार ने इस ओर कोई ध्यान नहीं दिया। कुछ हिचकिचाहट के बाद गाँधीजी ने 22 मार्च, 1918 से सत्याग्रह का प्रारंभ नदियाद में एक सभा करके किया। इस सभा में गाँधीजी ने किसानों को यह राय दी कि वे अपना लगान न दें। किसानों के उत्साह को बढ़ाने के लिए और उनके हृदय से सरकार का भय निकालने के लिए गाँधीजी ने अनेक गाँवों का दौरा किया।

गाँधी जी के इस सत्याग्रह में इन्दुलाल याज्ञिक, बिट्ठल भाई पटेल और अनसुइया साराभाई ने काफी योगदान दिया था। 21 अप्रैल के दिन सत्याग्रह अपनी चरम सीमा पर पहुँचा। 2,337 किसानों ने यह शपथ ली कि वे लगान नहीं देंगे। अधिकांश पट्टाधारियों ने सत्याग्रह में हिस्सा लिया परंतु सरकार ने अपनी दमनकारी नीति के द्वारा कुछ गरीब किसानों को लगान देने के लिए बाध्य किया। इस समय रबी की फसल अच्छी हुई जिससे कि लगान न देने का मुद्दा कुछ कमजोर पड़ा। गाँधीजी यह समझने लगे थे कि किसान सत्याग्रह से थकने लगे हैं। जब सरकार ने यह आदेश जारी किया कि लगान की वसूली केवल उन्हीं किसानों से की जानी चाहिए जो कि उसको दे सकते हैं और गरीब किसानों पर इसके लिए दबाव नहीं डाला जाना चाहिए, तो गाँधीजी ने सत्याग्रह को समाप्त करने की घोषणा की। वास्तव में इस सत्याग्रह का सब गाँवों पर समान असर नहीं पड़ा था। खेड़ा के 559 गाँवों में से केवल 70 गाँवों में ही यह सफल रहा था और यही कारण था कि गाँधीजी ने केवल थोड़ी सी रियायत मिलने पर ही सत्याग्रह वापस ले लिया था लेकिन सत्याग्रह से गुजरात के देहाती इलाकों में गाँधी जी के सामाजिक आधार में प्रगति हुई थी।

अहमदाबाद–महात्मा गाँधी ने तीसरा सत्याग्रह अहमदाबाद में शुरू किया था। यह सत्याग्रह यहां के मिल मालिकों तथा इसमें कार्य करने वाले मजदूरों से सम्बन्धित था। अहमदाबाद, गुजरात के महत्त्वपूर्ण औद्योगिक नगर के रूप में विकसित हो रहा था परंतु मिल मालिकों को अक्सर श्रमिकों की कमी का सामना करना पड़ता था जिससे उन्हें आकर्षित करने के लिए वे मजदूरी की ऊँची दर देते थे। 1917 में अहमदाबाद में प्लेग की महामारी फैली। अधिकांश श्रमिक शहर छोड़कर गाँव जाने लगे। श्रमिकों को शहर छोड़कर जाने से रोकने के लिए मिल मालिकों ने उन्हें "प्लेग बोनस" देने का निर्णय किया जो कि कभी-कभी साधारण

मजदूरी का लगभग 75% होता था। जब यह महामारी समाप्त हो गई तो मिल मालिकों ने इस भत्ते को समाप्त करने का निर्णय लिया। श्रमिकों ने इसका विरोध किया। श्रमिकों की धारणा थी कि युद्ध के दौरान जो महँगाई हुई थी, यह भत्ता उसकी भी पूर्ति करता था। मिल मालिक 20% की वृद्धि देने को तैयार थे, परंतु मूल्य वृद्धि को देखते हुए श्रमिक 50% की वृद्धि माँग रहे थे।

गुजरात सभा के एक सचिव गाँधीजी को अहमदाबाद की मिलों में कार्य करने की दशाओं के बारे में सूचित करते रहते थे। एक मिल मालिक अम्बालाल साराभाई से उनका व्यक्तिगत परिचय था, क्योंकि उसने गाँधी के आश्रम के लिए धनराशि दी थी। इसके अतिरिक्त अम्बालाल की बहन अनसुइया साराभाई गाँधीजी के प्रति आदर भाव रखती थी। गाँधीजी ने अम्बालाल साराभाई से विचार-विमर्श करने के उपरांत इस समस्या में हस्तक्षेप करने का निर्णय लिया। श्रमिक और मिल मालिक इस बात पर सहमत हो गए कि पूरी समस्या को एक मध्यस्थता कराने वाले बोर्ड के ऊपर छोड़ दिया जाए जिसमें कि तीन प्रतिनिधि मजदूरों के हों और तीन मिल मालिकों के। अंग्रेज कलेक्टर इस बोर्ड के अध्यक्ष होने थे। गाँधीजी इस बोर्ड में श्रमिकों के प्रतिनिधि के रूप में मौजूद थे, परंतु अचानक मिल मालिक बोर्ड से पीछे हट गए। इसका कारण उन्होंने यह बताया कि गाँधीजी को श्रमिकों की तरफ से कोई अधिकार नहीं दिया गया था और इस बात की कोई गारंटी नहीं थी कि श्रमिक इस बोर्ड के निर्णय को स्वीकार करेंगे। 22 फरवरी से मिल मालिकों ने मिलों में तालाबंदी की घोषणा कर दिया।

माहत्मा गाँधी मिलों की आर्थिक स्थिति के बारे में जानकारी हासिल की और उनके द्वारा दी जा रही पारिश्रमिक की दरों की तुलना बंबई में दी जा रही पारिश्रमिक की दरों से की। इस अध्ययन के उपरांत गाँधीजी ने यह निष्कर्ष निकाला कि मजदूरों को 50% के स्थान पर 35% बढ़ोत्तरी की माँग करनी चाहिए। गाँधीजी ने मिल मालिकों के विरुद्ध सत्याग्रह प्रारंभ किया। श्रमिकों से यह शपथ लेने को कहा गया कि जब तक मजदूरी में 35% वृद्धि नहीं होती वे काम पर नहीं जाएँगे और शांतिपूर्वक सत्याग्रह करते रहेंगे। अनेक स्थानों पर सभाएँ हुईं और गाँधीजी ने इनमें भाषण दिए तथा इसके बारे में गाँधी जी ने लेख भी लिखे।

12 मार्च को मिल मालिकों ने हड़ताल वापसी की घोषणा की और उन्होंने कहा कि हम उन्हीं मजदूरों को काम पर लगायेंगे जिन्हें 20% मजदूरी स्वीकार होगी। इसके विपरीत 15 मार्च को गाँधीजी ने यह घोषणा की कि जब तक कोई समझौता नहीं

होता वे भूख हड़ताल पर रहेंगे। इस समय गाँधीजी का उद्देश्य यह था कि जो मजदूर अपनी शपथ के बावजूद काम पर वापस जाने की सोच रहे थे उन्हें उससे रोका जा सके। अंततः 18 मार्च के दिन एक समझौता हुआ, इसके अनुसार, श्रमिकों को उनकी शपथ को देखते हुए पहले दिन की मजूरी 35% वृद्धि के साथ हासिल होनी थी और दूसरे दिन उन्हें 20% की वृद्धि, जो कि मिल मालिकों द्वारा प्रस्तावित की जा रही थी, मिलनी थी। तीसरे दिन से तब तक, जब तक कि एक मध्यस्थता के द्वारा निर्णय नहीं लिया जाता उन्हें 27½% की वृद्धि मिलनी थी। अंततः मध्यस्थ ने गाँधीजी के प्रस्ताव को मानते हुए मजदूरों के पक्ष में 35% की वृद्धि का निर्णय दिया।

रौलट सत्याग्रह

1917-18 के बीच महात्मा गाँधी ने राष्ट्रीय विषयों पर अधिक ध्यान दिया गया। उन्होंने एनीबेसेंट की नजरबंदी का विरोध किया था और अली बंधुओं (मुहम्मद अली और शौकत अली), की जेल से रिहाई की भी माँग की थी। अली बंधु 'खिलाफत' को लेकर गिरफ्तार किए गए थे। उस समय के अन्य राजनीतिक नेताओं की भाँति गाँधीजी ने सुधार प्रस्तावों में कोई विशेष रुचि नहीं ली थी लेकिन जिस समय अंग्रेजी सरकार ने रौलट एक्ट को पारित करने का निर्णय लिया तो गाँधीजी ने राष्ट्रीय राजनीति में सक्रिय रूप से भाग लेने का निश्चय किया।

रौलट एक्ट

भारतीय सरकार ने 1917 ई. में एक कमेटी बनायी जिसका अध्यक्ष जस्टिस सिड़नी रौलट को बनाया गया। इसका उद्देश्य क्रांतिकारियों के कार्यों की जाँच-पड़ताल करते हुए उनके दमन के लिए कानून प्रस्तावित करना था। स्थिति का जायजा लेने के उपरांत रौलट कमेटी ने कानून में कई प्रकार के परिवर्तन किए जाने का सुझाव रखा। इन सुझावों को ध्यान में रखते हुए भारतीय सरकार ने राष्ट्रीय काउंसिल के सम्मुख दो विधेयक 6 फरवरी, 1919 के दिन प्रस्तुत किये। सरकार का यह दावा था कि षड्यंत्रकारी अपराधों को रोकने के लिए यह विधेयक केवल अस्थायी आधार पर अपनाए जा रहे हैं। ये विधेयक वास्तव में जो प्रतिबंध युद्ध के दौरान लगाए गए थे उन्हें स्थायी रूप देने के उद्देश्य से प्रेरित थे। इनके अंतर्गत अपराधियों पर एक विशेष न्यायालय के द्वारा मुकदमा चलाया जा सकता था जिसमें कि तीन हाईकोर्ट के जज सदस्य होने थे। इस न्यायालय के निर्णय के विरुद्ध अपील का कोई प्रावधान

नहीं था और न्यायालयों की कार्यवाही भी खुले तौर पर नहीं होती थी। किसी भी व्यक्ति को बिना वारंट के गिरफ्तार किया जा सकता था या उसकी तलाशी ली जा सकती थी। बिना मुकदमा चलाए ही किसी भी व्यक्ति को दो वर्ष तक जेल में रखा जा सकता था। भारतीय राष्ट्रवादियों की यह धारणा थी कि यह बिल उस गैर-सरकारी और सरकारी जनमत को संतुष्ट करने के लिए लाए गए थे जिसने कि मोंटेग्यू सुधार प्रस्तावों का विरोध किया था।

आंदोलन

महात्मा गाँधी ने इन बिलों के विरोध में आंदोलन करना शुरू कर दिया। उनके आधार पर जो शक्तियाँ सरकार को दी जा रही थीं वे खतरे से खाली नहीं थीं और वाइसराय को बहुत पहले से ही आपातकालीन शक्तियाँ प्राप्त थीं। उन्होंने यह भी कहा कि ये ऐसे दमनकारी बिल हैं जो कि सुधारों के सभी प्रस्तावों को रद्द कर देते हैं। गाँधीजी केवल बिलों के प्रावधान के ही विरोधी नहीं थे, बल्कि उस प्रक्रिया के भी विरोधी थे जिसमें कि जनमत की अवहेलना करते हुए इन्हें लागू किया जाना था। 24 फरवरी, 1919 के दिन बंबई में इन बिलों का विरोध करने के लिए गाँधीजी ने एक सत्याग्रह सभा का संगठन किया। इस सभा के सदस्यों ने यह शपथ ली कि वे अत्यंत ही सभ्य तरीके से, जिनका कि निर्णय एक कमेटी द्वारा लिया जाएगा, इन बिलों का विरोध करेंगे और इन संघर्ष में वे सच्चाई का रास्ता अपनाते हुए किसी भी प्रकार की हिंसा से दूर रहेंगे। सत्याग्रह आंदोलन का प्रारंभ करते हुए गाँधीजी ने यह कहा था—"मेरा यह पक्का विश्वास है कि हमें कष्ट सहकर ही अपनी मुक्ति प्राप्त होगी, न कि अंग्रेजों द्वारा टपकाये गए सुधारों से। वह क्रूर शक्ति इस्तेमाल करते हैं जबकि हम आत्मा की शक्ति।"

सम्पूर्ण राष्ट्र में इस बिल का विरोध हुआ लेकिन इसके पश्चात् भी सरकार के रवैये में कोई परिवर्तन नहीं आया। सरकार गैर-सरकारी सदस्यों द्वारा इनके खिलाफ मत दिए जाने के बावजूद काउंसिल ने एक बिल पारित कर दिया। 21 मार्च, 1919 के दिन वाइसराय ने बिल को अपनी सहमति प्रदान कर दी। इस समय उदारवादी नेताओं के गुट ने जिसमें कि सर डी.ई. वादी, सुरेंद्रनाथ बनर्जी, तेज बहादूर सप्रू और श्रीनिवास शास्त्री शामिल थे, गाँधीजी द्वारा सत्याग्रह प्रारंभ किए जाने का विरोध किया। उनका तर्क था कि सत्याग्रह सुधारों की प्रक्रिया में बाधा डालेगा। वे यह भी समझते थे कि आम नागरिक सभ्य तरीके से रौलट ऐक्ट का विरोध नहीं कर पाएगा। ऐनीबीसेंट ने भी सत्याग्रह का विरोध किया क्योंकि वह यह समझती थी कि

ऐसा करना खतरनाक होगा। सत्याग्रह का प्रारंभ करने के लिए गाँधीजी ने देशवासियों को हड़ताल करने को कहा। इस दिन कोई कार्य नहीं होना था। जनता को उपवास रखना था। प्रार्थना करनी थी और इस प्रकार बिलों का विरोध करना था। आरंभ में हड़ताल की तिथि 30 मार्च रखी गई थी परंतु बाद में इसे बदलकर 6 अप्रैल कर दिया गया गया। विभिन्न क्षेत्रों और नगरों में हड़ताल सफल हुआ।

दिल्ली में 30 मार्च को इस हड़ताल में हिस्सा लेने वाले नागरिकों पर पुलिस द्वारा गोली भी चलायी गयी जिसमें 10 व्यक्तियों की जाने चली गयी और कुछ घायल भी हो गये–अन्य बड़े नगरों में हड़ताल 6 अप्रैल को हुई और जनता ने व्यापक सहयोग दिया। गाँधीजी ने हड़ताल को एक महान सफलता बताई। 7 अप्रैल को गाँधीजी ने सत्याग्रहियों को यह सुझाव दिया कि वे प्रतिबंधित साहित्य संबंधी कानून को और समाचार पत्रों के पंजीकरण संबंधी कानूनों को न मानें। इन कानूनों का विरोध करना, विशेष तौर से इसलिए चुना गया था क्योंकि अन्य कानूनों को व्यक्तियों द्वारा तोड़ने पर हिंसा हो सकती थी। इसके लिए 4 किताबों को, जिनमें गाँधीजी की "हिंद स्वराज" भी शामिल थी, जिसे बंबई सरकार ने 1910 में प्रतिबंधित कर दिया था, बिक्री के लिए चुना गया। गाँधी जी 8 अप्रैल को मुम्बई से दिल्ली और पंजाब की यात्रा पर चल दिये। सरकार ने यह माना कि उनका पंजाब आगमन खतरनाक हो सकता है। अतः दिल्ली के निकट गाँधी को गाड़ी से उतारकर वापस बंबई भेज दिया गया। शीघ्र ही गाँधीजी की गिरफ्तारी की खबर फैल गई। इससे बंबई में स्थिति तनावपूर्ण हो गई और अहमदाबाद व विदर्भ में हिंसा भी हुई। अहमदाबाद में सरकार को मार्शल लॉ लगाना पड़ा। अन्य प्रान्तों की अपेक्षा सबसे अधिक हिंसा पंजाब में प्रमुख रूप से अमृतसर में फैली हुई थी। अमृतसर में जिस समय गाँधीजी की गिरफ्तारी की खबर पहुँची तो उसी समय वहाँ के दो स्थानीय नेताओं, डॉ. किचलू और डॉ. सत्यपाल को भी गिरफ्तार किया गया था (10 अप्रैल)। जनता हिंसा पर उतारू हो गई और कुछ सरकारी कार्यालयों में आग लगा दी गई। 5 अंग्रेजों की हत्या कर दी गई जिससे शहर का वातावरण अराजक हो गया और कानून नाम की कोई चीज नहीं बची।

13 अप्रैल के दिन जनरल डायर ने जलियाँवाला बाग में निहत्थे लोगों की शांतिपूर्ण सभा पर गोलियाँ चलवाईं। अधिकांश लोगों को इस बात की कोई खबर ही नहीं थी कि सरकार द्वारा सभा करने पर प्रतिबंध लगा दिया गया है। जनरल डायर ने बिना किसी चेतावनी के गोलियाँ चलवाई थीं। डायर ने आगे चलकर यह स्वीकार

किया कि उसका उद्देश्य मात्र सभा को तितर-बितर करना नहीं था, वह तो जनता को मानसिक तौर से भयभीत करना चाहता था। सरकारी आँकड़ों के अनुसार इस गोली कांड में 379 व्यक्ति मारे गए थे परंतु गैर-सरकारी आँकड़े इससे तीन गुना अधिक थे। 13 अप्रैल की रात को ही पंजाब में मार्शल लॉ लगा दिया गया।

महत्ता

रौलट एक्ट के विरुद्ध आंदोलन योजनाबद्ध तरीके पर आधारित नहीं था। सत्याग्रह सभा केवल एक्ट के विरुद्ध प्रचार हेतु साहित्य प्रकाशित कर रही थी या उसके विरुद्ध दस्तखत इकट्ठे कर रही थी। एक संगठन के रूप में कांग्रेस कहीं पर भी नजर नहीं आ रही थी। अधिकांश क्षेत्रों में जनता ने अंग्रेजी शासन के विरुद्ध अपनी सामाजिक और आर्थिक शिकायतों के कारण स्वयं हिस्सा लिया था। लेकिन एक बात स्पष्ट है कि गाँधीजी द्वारा किए गए सत्याग्रहों ने विभिन्न वर्गों और समुदायों के लोगों को एक स्थान पर लाकर खड़ा कर दिया था। यह इस बात से भी स्पष्ट होता है कि यद्यपि गाँधीजी ने पंजाब की यात्रा नहीं की थी तथापि इस आंदोलन में पंजाब की जनता ने व्यापक रूप से हिस्सा लिया था। लेकिन यह आंदोलन अभी भी शहरों में ही तीव्र रूप ले पाया था, भारत के ग्रामीण क्षेत्र तक इसका फैलाव नहीं हो पाया था।

आन्दोलन के दौरान हिंसा की घटनाएँ घटित होने लगीं जिसके कारण गाँधीजी ने सत्याग्रह वापस ले लिया। गाँधीजी ने यह स्वीकार किया कि उन्होंने यह आंदोलन शुरू करके एक महान भूल की थी क्योंकि जनता अभी सत्याग्रह के लिए आवश्यक अनुशासन को नहीं समझ पाई थी। परंतु इस आंदोलन का सबसे महत्त्वपूर्ण प्रभाव यह निकला कि गाँधीजी एक राष्ट्रीय नेता के रूप में उभर कर सामने आए। राष्ट्रीय आंदोलन के नेतृत्व में उनकी स्थिति सबसे ऊपर हो गई और वे कांग्रेस के कार्यों को भी निर्णयात्मक रूप दिया करते थे।

गाँधीजी की अवधारणा

महात्मा गाँधी की अवधारणाओं की व्याख्या करने से पहले यह जानना आवश्यक है कि ऐसे कई प्रभाव थे जिन्होंने गाँधीजी की विचारधारा को उभारने और उसे एक निश्चित दिशा देने में योगदान दिया। अपनी आत्मकथा में गाँधीजी ने यह स्वीकार किया कि उनके अभिभावकों के दृष्टिकोण और उनके रहने के स्थान पर मौजूद सामाजिक और धार्मिक वातावरण ने उनको व्यापक रूप से प्रभावित किया

था। उनकी प्रारंभिक विचारधारा को 'वैष्णव मत'' और जैन धर्म की परंपराओं ने विशेष तौर से प्रभावित किया था। गाँधीजी ''भगवद्गीता'' से भी प्रभावित थे। इसके अतिरिक्त ईसा के ''पहाड़ पर उपेदश'', टालस्टाय, थोरो और रस्किन के लेखों ने भी उनके चिंतन को प्रभावित किया था। लेकिन इसके साथ-साथ उनकी विचारधारा के विकास और दिशा निर्धारण में सर्वाधिक योगदान, जीवन में उनके अपने व्यक्तिगत अनुभवों का था।

सत्याग्रह

महात्मा गाँधी की अवधारणा का प्रमुख आधारस्तंभ सत्याग्रह था। जैसा कि स्पष्ट किया जा चुका है कि गाँधी जी ने सत्याग्रह का विकास दक्षिण अफ्रीका में किया था परंतु 1919 के उपरांत भारत के स्वाधीनता संग्राम में यह एक महत्त्वपूर्ण पहलू बना। गाँधीजी के अनुसार हिंसा के स्थान पर सत्याग्रह का प्रयोग स्वयं कष्ट सहकर इस प्रकार किया जाना चाहिए था कि शत्रु को अपनी बात मनवाने के लिए बदला जा सके। सत्याग्रह के विचार की व्याख्या करते हुए पट्टाभि सीतारमैया ने लिखा है : ''इसमें स्वयं चुना हुआ कष्ट और विरोधियों के लिए अपमान शामिल है। यदि इसका प्रभाव पड़ता है तो इसलिए पड़ता है कि जिन ख्यालों से इसे इस्तेमाल किया जा रहा है उसमें उनकी नैतिकता पर प्रभाव डाला जाता है। जिस कार्य के लिए इसे प्रयोग किया जाता है, उसके औचित्य के प्रति उनके अंदर विश्वास जगाया जाता है। उनकी शक्ति को उन्हें यह दर्शाकर कमजोर किया जाता है कि उनके कार्यों द्वारा जो कष्ट दूसरों को हो रहे हैं, इससे उनमें हीनता की भावना उत्पन्न हो।''

सत्याग्रह और निष्क्रिय प्रतिरोध के मध्य अन्तर को स्पष्ट करते हुए गाँधीजी ने लिखा है कि : ''निष्क्रिय प्रतिरोध एक कमजोर व्यक्ति का वह अस्त्र है जिसमें कि हिंसा और शारीरिक शक्ति का प्रयोग अपने उद्देश्य की पूर्ति के हेतु किया जाता है; जबकि सत्याग्रह शक्तिशाली व्यक्ति का अस्त्र है और इसमें किसी भी प्रकार की हिंसा का प्रयोग नहीं है।''

वास्तव में गाँधीजी के लिए सत्याग्रह मात्र एक राजनीतिक अस्त्र नहीं था, वरन् वह जीवन दर्शन और सिद्धांतों के व्यवहार का एक हिस्सा था। गाँधीजी का यह विश्वास था कि मानव जीवन का अंतिम उद्देश्य सत्य की खोज है और क्योंकि कोई भी वास्तविक सत्य को नहीं समझ सकता इसलिए उसे दूसरे व्यक्ति के सच की खोज में बाधा नहीं डालनी चाहिए।

अहिंसा

सत्याग्रह का प्रमुख आधार अहिंसा था। इस सन्दर्भ में गाँधीजी ने कहा था कि–

"जब कोई व्यक्ति अहिंसात्मक होने का दावा करता है तो उससे यह अपेक्षा की जाती है कि जिसने उसको हानि पहुँचाई है उससे वह गुस्सा भी नहीं होगा। वह उसके बुरे की कामना भी नहीं करेगा; वह उसकी अच्छाई चाहेगा और वह उसको किसी प्रकार का शारीरिक कष्ट भी नहीं देगा। बुरा करने वाला चाहे किसी भी प्रकार की हानि उसे पहुँचाए वह उसे सह लेगा। अतः अहिंसा से अभिप्राय पूर्ण भोलेपन से, किसी के प्रति बुरी भावना रखने का पूर्ण अभाव है।"

महात्मा गाँधी का मत था कि सामान्य नागरिक को भी अपने राजनीतिक लक्ष्य को पूरा करने के लिए हिंसात्मक नहीं, बल्कि अहिंसात्मक सत्याग्रह को अपनाना चाहिए। परंतु कभी-कभी गाँधीजी जो निर्णय लेते थे उसमें पूर्ण अहिंसा की कमी नजर आती थी। जैसा कि उन्होंने बार-बार यह कहा कि अन्याय के सामने कायर दिखने की अपेक्षा हिंसा बेहतर है। यहाँ पर 1918 में गाँधीजी द्वारा सेना में भर्ती किए जाने के प्रयास में उनके सहयोग को उदाहरण के तौर पर रखा जा सकता है। युद्ध के लिए भर्ती में सहयोग देना अहिंसा के सिद्धांत के विपरीत था परंतु गाँधीजी ने यह सहयोग इस आशा से दिया था कि युद्ध के पश्चात् भारतीयों को ब्रिटिश प्रशासन से कुछ सहूलियतें मिलेंगी।

व्यक्तिगत तौर पर सत्याग्रह विभिन्न प्रकार का रूप धारण कर सकता है जैसे– उपवास, अहिंसात्मक धरना, विभिन्न प्रकार का असहयोग और सविनय अवज्ञा, यह जानते हुए भी कि उसके लिए कानूनी संरक्षण भी मिलेगा। गाँधीजी का यह पूर्ण विश्वास था कि सत्याग्रह के यह रूप सच्चे उद्देश्य की प्राप्ति के लिए अपनाए गए सच्चे तरीके हैं। गाँधीजी के आलोचकों ने यह धारणा व्यक्त की है कि सत्याग्रह की तकनीक को इस्तेमाल करके गाँधी जी जन आंदोलनों को नियंत्रित करना चाहते थे। उनकी यह धारणा है कि पूँजीपति और जमींदार, गाँधीजी के अहिंसात्मक तकनीक से प्रसन्न थे क्योंकि इसके द्वारा हिंसात्मक सामाजिक क्रांति को रोका जा सकता था। लेकिन इसमें कोई संदेह नहीं कि गाँधी और कांग्रेस के द्वारा राष्ट्रीय आंदोलन में सत्याग्रह के अस्त्र के प्रयोग द्वारा समाज के विभिन्न वर्गों को अंग्रेजी शासन के विरुद्ध संघर्ष में एकजुट किया गया।

धर्म

महात्मा गाँधी के लिए धर्म किसी एक विशेष धार्मिक समुदाय की सैद्धांतिक व्याख्या न होकर, समस्त धर्मों में निहित मूलभूत सत्य था। गाँधीजी ने धर्म की व्याख्या सच्चाई के लिए संघर्ष के रूप में की। वे यह मानते थे कि धर्म को किसी व्यक्ति की निजी राय बताकर पीछे नहीं ढकेला जा सकता क्योंकि धर्म व्यक्तियों की समस्त गतिविधियों को प्रभावित करता है। उनकी यह धारणा थी कि भारत राजनीतिक कार्रवाई के लिए धर्म का एक आधार प्रस्तुत करता है। यही कारण है कि गाँधीजी ने खिलाफत के प्रश्न को संघर्ष का मुद्दा बनाया जिससे कि मुसलमानों को अंग्रेजी सरकार के विरुद्ध आंदोलन में लाया जा सके। परंतु गाँधीजी द्वारा "राम राज्य" जैसे धार्मिक विचारों का प्रयोग राष्ट्रीय आंदोलन में सांप्रदायिकता की समस्या का समाधान करने में सफल नहीं हो सका।

हिंद स्वराज

1909 ई. में गाँधी जी ने 'हिन्द स्वराज' नामक पुस्तक लिखी। इस पुस्तक की रचना इन्होंने 1909 में किया था। इस पुस्तक में गाँधीजी ने इस बात की ओर संकेत किया है कि वास्तविक शत्रु अंग्रेजों का राजनीतिक प्रभुत्व न होकर आधुनिक पश्चिम सभ्यता है जो कि धीरे-धीरे भारत को जकड़ती जा रही थी। उनकी धारणा थी कि जो भारतीय पाश्चात्य पद्धति से शिक्षित हुए हैं, जैसे कि वकील, डॉक्टर, अध्यापक और पूँजीपति, वे आधुनिक तौर-तरीकों को फैला करके भारत की प्राचीन धरोहर को नष्ट कर रहे थे। इस पुस्तक में गाँधी जी ने रेलगाड़ी की इस बात के लिए आलोचना की कि रेल खाद्य पदार्थों के निर्यात में सहायक है और अकाल फैलाने में सहायता देती है। स्वराज और स्वशासन को उन्होंने जीवन की एक ऐसी स्थिति माना जो कि तभी स्थाई रह सकती थी, जबकि भारतीय अपनी परंपरागत सभ्यता का अनुकरण करें और आधुनिक सभ्यता से भ्रष्ट न हों। गाँधीजी ने लिखा था कि "भारतीयों की मुक्ति इसी में है कि उन्होंने जो कुछ पिछले 50 वर्षों में सीखा है उसे भुला दें। रेलगाड़ियों, तार, अस्पताल, वकील, डांक्टर और इसी प्रकार की सब आधुनिक वस्तुओं को भूल जाना होगा और तथाकथित उच्च वर्ग को साधारण किसान जैसा जीवन व्यतीत करना सीखना होगा।"

इस तरह के विचार 20वीं सदी में स्वप्नदर्शी और विकास विरोधी मालूम होते हैं परंतु वास्तव में उनके विचार गरीब किसानों और कामगारों पर हो रहे बड़े

आधुनिकीरण के दुष्प्रभावों की व्याख्या करते थे। आगे चलकर गाँधीजी ने अपने सामाजिक और आर्थिक विचारों को एक निश्चित दिशा देने का प्रयास किया और इसके लिए उन्होंने खादी, ग्रामीण पुनर्गठन और हरिजन कल्याण का कार्यक्रम रखा। इसमें कोई संदेह नहीं कि इस कार्यक्रम से गाँव के लोगों की समस्याओं का पूर्णतः हल नहीं हो पाया लेकिन इस बात से इनकार नहीं किया जा सकता कि इस कार्यक्रम के द्वारा एक निश्चित सीमा तक गाँधीजी उनकी स्थिति को सुधारने में सफल रहे। वास्तव में इस कार्यक्रम के माध्यम से गाँधीजी ने देश में सामाजिक और आर्थिक सुधारों के लिए एक महत्त्वपूर्ण चेतना जागृत की।

स्वदेशी

महात्मा गाँधी उदारवादी प्रवृत्ति के थे। वह यह किसी कार्य को या वस्तु को बल से नहीं, बल्कि उदारता से हासिल करना चाहते थे। इंग्लैंड में मशीन से बने कपड़ों के स्थान पर खादी का इस्तेमाल करना उनकी प्राथमिकता थी। उनकी राय में स्वदेशी के द्वारा किसान अपनी गरीबी को हटा सकते थे क्योंकि वे कताई करके अपनी आय में वृद्धि कर सकते थे। विदेशी कपड़े के इस्तेमाल में कमी करके भारत से इंग्लैंड को हो रही धन की निकासी को भी रोका जा सकता था। यहाँ पर ध्यान देने योग्य बात यह है कि यद्यपि गाँधीजी पाश्चात्य औद्योगिक सभ्यता के कड़े विरोधी थे तथापि वे भारत में उभर रहे राष्ट्रीय उद्योगों के विरोधी नहीं थे। जैसा कि पहले ही जिक्र किया जा चुका है, अम्बालाल जैसे उद्योगपति के साथ गाँधीजी के घनिष्ठ संबंध थे। 1922 से एक अन्य उद्योगपति जी.डी. बिरला भी गाँधीजी ने निकट सहयोगी रहे हैं। गाँधीजी श्रम और पूँजी की परस्पर निर्भरता में विश्वास रखते थे। उनके अनुसार पूँजीपति को श्रमिकों के न्यासकर्ता के रूप में कार्य करना चाहिए। गाँधीजी ने कभी भी वर्ग आधार पर श्रमिकों में राजनीतिक चेतना पैदा करने का प्रयत्न नहीं किया। वे वर्ग संघर्ष के विरोधी थे तथा जनता की एकता में यकीन करते थे।

4

1919 से 1933 के मध्य राष्ट्रीय आन्दोलन और काँग्रेस

भारत की स्थिति अंग्रेजी शासन के कारण बहुत खराब हो गयी थी। सन् 1918-19 में देश में कुछ ऐसी घटनाएँ घटित हुईं जिससे भारतीयों के मन में असंतोष एवं विद्रोह की भावना व्याप्त हो गई। सन् 1920 में महात्मा गाँधी ने कांग्रेस का नेतृत्व संभाला। उन्होंने इस राष्ट्रीय संस्था को आंदोलन संचालित करने लायक बनाया। महात्मा गाँधी ने अहिंसात्मक असहयोग, सत्याग्रह और सविनय अवज्ञा आन्दोलन के द्वारा पूरे देश में राष्ट्रीय चेतना जगाया। उन्होंने दक्षिण अफ्रीका में सत्याग्रह के माध्यम से गोरी सरकार को भारतीयों को सुविधाएँ देने पर बाध्य किया था। जनवरी, 1915 ई. में वह भारत आ गए। 1917 ई. में उन्होंने सत्याग्रह और अहिंसा के आधार पर दो प्रमुख सफलताएँ प्राप्त कीं—भारतीय मजदूरों को बलपूर्वक अंग्रेजी उपनिवेशों में काम करने के लिए ले जाने की पद्धति को बंद करवाना और चंपारण (बिहार) में नील की खेती करने वाले कृषकों पर हो रहे अत्याचारों को दूर करवाना। चंपारण के पश्चात् अहमदाबाद में मिल मजदूरों की हड़ताल को सफल बनाना और खेड़ा जिले में कृषकों को लगान में छूट दिलवाना उनके अहिंसात्मक सत्याग्रह की सफलता थी। इससे गाँधीजी भारतीय रंगमंच पर एक नए राजनीतिक शस्त्र को लेकर आए जिससे भारतीय जनता को अंग्रेजी शक्ति के भय से मुक्ति दिलवाई।

रौलट एक्ट : प्रथम विश्वयुद्ध में भारतीयों ने ब्रिटिश प्रशासन का सहयोग किया और अंग्रेजों की इस दयनीय स्थिति का कोई फायदा नहीं लिया। भारतीय नेता यह आशा करते थे कि युद्ध समाप्ति के पश्चात् अंग्रेज अधिकारी भारतीय आकांक्षाओं को पूरा करने का प्रयास करेंगे। लेकिन अंग्रेज नौकरशाही का ऐसा कोई विचार नहीं था। वह क्रांतिकारियों और उग्र विचारों के राष्ट्रीय नेताओं से इतनी अधिक आतंकित थी कि 1918 में एक कमेटी न्यायाधीश रौलट की अध्यक्षता में नियुक्त की, जिसे क्रांतिकारी गतिविधियों की रोकथाम के लिए उपाय बनाने के लिए कहा गया। इस कमेटी ने एक अत्यंत कठोर नियम बनाने का सुझाव दिया, जिसे सरकार ने भारतीय नेताओं के विरोध की उपेक्षा करके 21 मार्च, 1919 ई. को लागू कर दिया। यह अधिनियम ही रौलट एक्ट के नाम से विख्यात है। इसके अनुसार किसी भी व्यक्ति पर संदेह मात्र होने से उसे बंदी बनाया तथा उस पर गुप्त रूप से मुकदमा चलाकर उसे दंडित किया जा सकता था। किसी भी व्यक्ति के निवास तथा उसकी गतिविधियों पर नियंत्रण रखा जा सकता था। इस नियम के विरोध में पहले 20 मार्च और फिर 6 अप्रैल को देशव्यापी हड़ताल की गई जिसमें विभिन्न स्थानों पर पुलिस ने निहत्थी भीड़ पर गोली चलाई। गाँधीजी को पंजाब प्रवेश की अनुमति नहीं दी गई। पंजाब के उप-गवर्नर माइकेल ओडायर का प्रशासन अधिक क्रूर तथा अमानवीय था। भय और आतंक के आधार पर उसने पंजाब की जनता को शांत रखा था। उसकी युद्ध के लिए बलपूर्वक सैनिक भर्ती करने की नीति से जनता में व्यापक असंतोष था। इस असंतोष को व्यक्त न होने देने के लिए उसने 9 अप्रैल को अमृतसर के दो लोकप्रिय नेताओं—डॉ. सतपाल और डॉ. किचलू— को नगर से बाहर भेज दिया। इससे क्रुद्ध होकर लोगों ने शांतिपूर्ण प्रदर्शन किया। पुलिस ने अकारण गोली चलाई जिससे कुछ व्यक्तियों की मृत्यु हो गई। भीड़ के एक भाग ने उग्र होकर कुछ यूरोपियनों की हत्या कर दी तथा कुछ सरकारी भवनों को आग लगा दी।

जलियाँवाला बाग हत्याकांड : भारत के सम्पूर्ण भाग पर सत्याग्रह का अत्यधिक प्रभाव रहा। इसी दौरान गाँधी जी और कुछ अन्य नेताओं के पंजाब प्रवेश पर रोक लगाने के कारण वहाँ की जनता में आक्रोश व्याप्त था। 11 अप्रैल, 1919 ई. को ब्रिगेडियर जनरल डायर उपद्रव पर नियंत्रण करने के लिए अमृतसर पहुँचा। उसने व्यावहारिक रूप में बिना घोषणा किए मार्शल ला की स्थिति स्थापित कर दी। 12 अप्रैल से व्यक्तियों को धड़ाधड़ बंदी बनाया गया, सभाओं और जुलूसों पर प्रतिबंध लगा दिया गया। यद्यपि नगर के सब भागों में इस प्रतिबंध की सूचना नहीं दी गई।

उसी दिन जनता की ओर से 13 अप्रैल, 1919 ई. को 4.30 बजे सायंकाल जलियाँवाला बाग में एक सार्वजनिक सभा की घोषणा भी की गई। जनरल डायर को इस सभा का पता था लेकिन उसने इसे रोकने के लिए कोई कार्य नहीं किया। सभा यथासमय हुई और लगभग आठ या दस हजार व्यक्ति उपस्थित थे। सभा आरंभ होने के समय जनरल डायर अपनी सैनिक टुकड़ी तथा बख्तरबंद गाड़ियों को लेकर पहुँच गया और भीड़ पर बिना पूर्व चेतावनी के उस समय तक गोलियाँ चलाता रहा जब तक वे समाप्त नहीं हो गईं। 1650 गोलियाँ निशाना बांधकर छोड़ी गईं। इस गोलीकांड में लगभग 1,000 व्यक्तियों की मृत्यु हुई। जनरल डायर, भारत सरकार और इंग्लैंड की जनता के एक भाग ने इस गोलीकांड का समर्थन किया। इस नृशंस हत्याकांड से पूरे भारत में असंतोष व्याप्त हो गया। अंग्रेजी सरकार और राष्ट्रीय कांग्रेस ने पृथक्-पृथक् इस कांड के लिए जाँच समितियाँ नियुक्त कीं। सरकार की ओर रो हंटर कमेटी ने रिपोर्ट प्रस्तुत की। इस रिपोर्ट से जनरल डायर के कार्यों का औचित्य स्पष्ट नहीं होता। डायर ने जलियाँवाला बाग के घायल अथवा मृतकों की स्वयं कोई चिंता नहीं की और कर्फ्यू लगाकर उनके संबंधियों को भी देखभाल करने का अवसर नहीं दिया। 15 अप्रैल को अमृतसर में मार्शल लॉ लगा दिया और फिर जिस प्रकार के अमानवीय तथा क्रूर अत्याचार पंजाब में किए गए उसका उदाहरण मिलना अत्यंत दुष्कर है। शांत भीड़ पर हवाई जहाजों से बम गिराए गए, लोगों को नग्न करके कोड़े लगाए गए।

अंग्रेजी प्रशासन ने इस जघन्य हत्याकांड के लिए जनरल डायर के कार्यों की पर्याप्त निंदा अथवा आलोचना नहीं की। भारत में अंग्रेजों ने और इंग्लैंड में हाउस ऑफ लार्ड्स ने उनका स्पष्ट समर्थन किया। इंग्लैंड सरकार ने जनरल डायर को सेवा से अवकाश प्रदान कर दिया। भारतवासियों पर सामान्य अंग्रेजों द्वारा जनरल डायर के समर्थन और जलियाँवाला बाग के हत्याकांड की निंदा न करने का बड़ा दूरगामी प्रभाव हुआ। भारतीयों और अंग्रेजों के मध्य अविश्वास की एक खाई पैदा हो गई जो कालांतर में और अधिक होती गई।

खिलाफत आंदोलन : तुर्की के सुलतान को इस्लामी जगत का धार्मिक नेता (अर्थात् खलीफा) माना जाता था जिसके कारण सभी मुसलमान उनका आदर करते थे भारतीय मुसलमान भी इनमें शामिल थे। 1913-15 ई. में मौलाना अबुल कलाम आजाद और मौलाना मोहम्मद अली ने भारतीय मुसलमानों को तुर्की साम्राज्य और पश्चिमी साम्राज्यवादी देशों की तुर्की के प्रति नीति के संबंध में राजनीतिक शिक्षा

प्रदान की। प्रथम विश्व युद्ध में तुर्की ने इंग्लैंड के विरुद्ध जर्मनी का साथ दिया। इंग्लैंड के प्रधानमंत्री लायड जार्ज ने युद्ध के प्रचलित रहते हुए यह घोषणा की कि तुर्की की अखंडता और उसके अधीन एशियाई प्रदेशों पर उसका नियंत्रण यथास्थितिपूर्ण रहेगा। लेकिन 1918 ई. की युद्ध विराम संधि में तुर्की के एशियाई प्रदेश पर इंग्लैंड और फ्रांस का नियंत्रण मेंडेट प्रणाली के अधीन स्थापित किया गया और तुर्की में भी सुलतान के अधिकारों पर नियंत्रण के लिए एक उच्च आयुक्त नियुक्त किया गया।

भारतीय मुसलमानों में यह आन्दोलन 1918-19 के मध्य उग्र रूप धारण कर लिया था। अली बंधु (मौलाना मोहम्मद अली और शौकत अली) तथा अबुल कलाम आजाद इस आंदोलन के प्रभावशाली नेता थे। इन नेताओं के विचारों में कुछ अंतर था। अली बंधु खिलाफत को धार्मिक संस्था और खलीफा के धार्मिक नेतृत्व की आवश्यकता और महत्त्व पर बल देते थे। अबुल कलाम आजाद इसके राजनीतिक पक्ष पर बल देते थे। 1920 ई. में तुर्की में सुलतान के विरुद्ध राष्ट्रीय आंदोलन कमालपाशा के नेतृत्व में हो रहा था लेकिन वे खिलाफत आंदोलन द्वारा प्रस्तुत माँगों का समर्थन नहीं कर रहे थे। वे न तो खिलाफत के समर्थक थे और न एशियाई प्रदेशों पर अपना नियंत्रण स्थापित करने के पक्ष में थे। भारतीय खिलाफत आंदोलन से तुर्की के राष्ट्रवादियों को कोई समर्थन नहीं मिला। 1924 ई. में तुर्की में खिलाफत संस्था को ही समाप्त कर दिया गया। खिलाफत आंदोलन स्वतः असंगत तथा अवास्तविक सिद्ध हुआ।

सन् 1919-20 के दौर में मुसलमानों में राजनीतिक चेतना तथा अंग्रेज विरोधी भावनाएँ पहली बार पैदा हुईं। इसलिए राष्ट्रीय नेताओं ने मुसलमानों की धार्मिक संस्था के आंदोलन के समर्थन का निश्चय किया। गाँधीजी ने खिलाफत आंदोलन का इसलिए भी समर्थन किया कि उन्हें यह आंदोलन सत्य और न्याय पर आधारित दिखाई पड़ा। नवंबर, 1919 ई. में दिल्ली में हुए आल इंडिया खिलाफत सम्मेलन ने गाँधीजी को अध्यक्ष चुना और उनके परामर्श पर असहयोग और बायकाट की नीति की धमकी अंग्रेजों को दी। गाँधीजी के समर्थन का एक अन्य कारण यह भी था कि हिंदुओं द्वारा मुसलमानों की न्यायोचित माँग का समर्थन, हिंदू-मुस्लिम एकता राष्ट्रीय आंदोलन में सहायक होगा। एक खिलाफत शिष्टमंडल इंग्लैंड गया लेकिन इंग्लैंड सरकार से उसे कोई सहायता नहीं मिली। गाँधीजी ने 1 अगस्त, 1920 ई. को खिलाफत के प्रश्न पर असहयोग आंदोलन आरंभ कर दिया। इस असहयोग आंदोलन की नीति का कांग्रेस द्वारा अनुमोदन सितंबर, 1920 ई. में एक विशेष अधिवेशन

में और दिसंबर, 1920 ई. के वार्षिक अधिवेशन में कर दिया गया। असहयोग नीति के पक्ष में व्यापक समर्थन प्राप्त करने के लिए अन्य कारण, पंजाब में अंग्रेजी अत्याचार, रौलट एक्ट और भारतीय स्वराज्य की माँग भी जोड़ दिए गए।

असहयोग आंदोलन का विकास

सन् 1920 में असहयोग आंदोलन की शुरुआत हुई थी। यह आन्दोलन प्रमुख रूप से दो भागों में विभाजित था—पहला सृजनात्मक और दूसरा विध्वंसात्मक। रचनात्मक कार्यों में स्वदेशी को प्रोत्साहन, असहयोग आंदोलन के लिए 'तिलक कोष' में एक करोड़ की राशि एकत्र करना (तिलक की मृत्यु के पश्चात् यह कोष स्थापित किया गया), स्वयं सेवकों की एक विशाल संख्या भर्ती करना, 20 लाख चरखों को बेरोजगारों में बँटवाना सम्मिलित थे।

असहयोग आंदोलन के कार्यक्रम में तीन प्रमुख वस्तुओं का बायकाट था—अंग्रेजी विधान सभाओं, न्यायालयों, अंग्रेजी वस्तुओं के प्रयोग तथा मदिरापान का त्याग। 1921 ई. में असहयोग आंदोलन अत्यधिक लोकप्रिय रहा। विधान सभाओं के बहिष्कार में असहयोग आंदोलन असफल रहा। कांग्रेसी सदस्यों ने विधान सभा के निर्वाचनों में अवश्य भाग नहीं लिया लेकिन वे मतदाताओं को अथवा अन्य सदस्यों को निर्वाचन में भाग लेने से नहीं रोक सके। निर्वाचित विधान सभाएँ वास्तविक प्रतिनिधित्व नहीं कर सकीं। न्यायालयों के बहिष्कार में यद्यपि सी.आर. दास और पंड़ित मोतीलाल नेहरू ने बायकाट करके एक उच्च उदाहरण प्रस्तुत किया लेकिन यह बायकाट अधिक समय तक उस जोश से प्रचलित नहीं रहा जिस प्रकार आरंभ हुआ था। इसी प्रकार पंचायतों द्वारा मुकदमों के निर्णयों की पद्धति भी कुछ स्थानों को छोड़कर असफल रही। इस बहिष्कार और पंचायती प्रणाली का अंग्रेजी न्यायालयों पर अधिक प्रभाव नहीं पड़ा। सरकारी शिक्षा पद्धति का बहिष्कार अवश्य अधिक व्यापक रूप में आरंभ हुआ। लेकिन शीघ्र ही विद्यार्थी वापस शिक्षा संस्थाओं में आने लगे क्योंकि अधिक विद्यार्थियों की शिक्षा के लिए वैकल्पिक व्यवस्था नहीं हो सकी। सरकारी नौकरियों से त्यागपत्र देने का आंदोलन असफल रहा। इतना अवश्य हुआ कि सरकारी उपाधियों के प्रति आकर्षण बहुत कम हो गया।

भारत यात्रा पर ब्रिटेन के राजकुमार तथा ड्यूक ऑफ कनाट आ रहा था जिसका विरोध करने की नीति से असहयोग आन्दोलन को काफी सफलता मिली थी। विदेशी कपड़े और शराब के प्रयोग के बहिष्कार की नीति भी सफल रही। नवंबर,

1921 ई. में प्रिंस ऑफ वेल्स के आगमन के बहिष्कार से भारत सरकार अत्यधिक प्रभावित हुई। उसने कुछ सुविधाओं के बदले में असहयोग आंदोलन को वापस लेने का प्रस्ताव रखा लेकिन इसका कोई विशेष परिणाम नहीं निकला। अंग्रेजी सरकार ने अहिंसात्मक आंदोलनकर्त्ताओं पर विभिन्न प्रकार के अत्याचार किए। इनसे अहिंसात्मक नीति के संबंध में लोगों में विभिन्न प्रकार की भ्रांतियाँ पैदा हो गईं और एक प्रकार की उत्साहहीनता छा गई। 5 फरवरी, 1922 ई. को गोरखपुर जिले में 'चौरी चौरा' के स्थान पर पुलिस ने अहिंसात्मक प्रदर्शनकारियों पर गोली चलाई और जब उनकी गोलियाँ समाप्त हो गईं तब वे भागकर थाने में छिप गए। उत्तेजित प्रदर्शनकारियों ने थाने को आग लगा दी जिससे पुलिस के व्यक्ति और भवन जलकर राख हो गए। गाँधीजी ने तुरंत असहयोग आंदोलन को स्थगित कर दिया। आंदोलन के स्थगित करने की तीव्र आलोचना हुई और गाँधीजी कुछ समय के लिए अलोकप्रिय हो गए। अंग्रेजी सरकार ने भी इस अवसर से लाभ उठाकर गाँधीजी को 10 मार्च, 1922 ई. को बंदी बना लिया और राजद्रोह फैलाने के अपराध में उन्हें 6 की कारावास की सजा का आदेश दिया गया।

असहयोग आंदोलन का योगदान : असहयोग आंदोलन कमजोर पड़ जाने के कारण स्थगित कर दिया गया। गाँधीजी के कार्य की अधिकांश समकालीन राष्ट्रीय नेताओं ने आलोचना की। सी.आर. दास, मोतीलाल नेहरू, लाला लाजपत राय, सुभाषचन्द्र बोस आदि नेताओं ने बन्दी के रूप में होते हुए भी उस गतिविधि की घोर निन्दा की। इन लोगों का कहना था कि आंदोलन को सफलता के निकट पहुँचाकर स्थगित करना अनुचित था। सुभाषचन्द्र बोस स्थगित करने की घटना को राष्ट्रीय आपत्ति समझते थे। सामान्यतः यह समझा जाता है कि गाँधीजी ने चौरी चौरा में पुलिस के व्यक्तियों की हत्या के कारण आंदोलन स्थगित किया लेकिन गाँधी जी का मूल्यांकन यह था कि असहयोग आंदोलन प्रायः छिन्न-भिन्न हो रहा था। लोगों का अहिंसात्मक संघर्ष की नीति में विश्वास डगमगा रहा था। अंग्रेजी अत्याचार की नीति के फलस्वरूप लोगों में मनोबल का अभाव, हीनता और दुर्बलता की भावना बढ़ी।

असहयोग आंदोलन अपने घोषित लक्ष्यों—खिलाफत के प्रति अंग्रेजी नीति में परिवर्तन, पंजाब के हत्याकांड के लिए अंग्रेज सरकार द्वारा उपचार, एक वर्ष में स्वराज्य प्राप्ति—में सफलता प्राप्त न कर सके, विधान सभाओं, न्यायालयों, विद्यालयों का बहिष्कार भी कारगर रूप में सफल नहीं हो सका। रक्षात्मक कार्यक्रम में चर्खे

का प्रयोग थोड़े ही दिन लोकप्रिय रहा। बाद में वह भी बहुत कम हो गया। लेकिन इस आधार पर आंदोलन को निष्फल कहना अनुचित है। इस आंदोलन की सफलताएँ भी विभिन्न थीं। सामान्य जनता में अंग्रेजी प्रशासन की न्यायप्रियता में अविश्वास, राजनीतिक अधिकारों के लिए जागरूकता, अत्याचार से लोगों का दमन न कर पाना, उसकी कुछ उपलब्धियाँ थीं। अंग्रेज सरकार ने यह भी स्वीकार किया कि सामान्य जनता में राजनीतिक अधिकारों और अंग्रेजी भेदनीति के प्रति जागरूकता पैदा हो गई थी। लोगों में राष्ट्र-प्रेम और देश-प्रेम के प्रति बलिदान की भावना पहली बार व्यापक हुई। बाद में इस बलिदान की स्मृति लोगों को और अधिक त्याग करने के लिए प्रेरित करती रही। गाँधीजी के इस आंदोलन के पश्चात् ही कांग्रेस एक जन आंदोलन संचालित करने वाली संस्था का रूप ग्रहण कर सकी। इस प्रकार इंडियन नेशनल कांग्रेस का स्वरूप ही बदल गया। कुछ राजनैतिक सुविधाओं की माँग करने वाली संस्था अथवा विचार-विमर्श करने वाली संस्था के स्थान पर अब कांग्रेस एक संघर्ष करने वाली संस्था बन गई थी। यह क्रांतिकारी परिवर्तन था। अहिंसात्मक साधन अपनाने के कारण यह खुले रूप में काम कर सकती थी और जनसाधारण की सहानुभूति हासिल कर सकती थी। राष्ट्रीय आंदोलन को ये महात्मा गाँधी की देन थी।

स्वराज्य पार्टी की स्थापना

असहयोग आंदोलन सन् 1922 में स्थगित कर दिया गया जिसके पश्चात् कांग्रेस की एक समिति ने अवज्ञा आन्दोलन की उम्मीदों को त्याग दिया। कांग्रेस का एक वर्ग यह अनुभव करता था कि 1919 ई. की सुधार योजना को विधान सभाओं में जाकर अव्यावहारिक तथा असफल सिद्ध किया जाए। लेकिन इस योजना से कांग्रेस का एक बड़ा वर्ग सहमत नहीं था। इसलिए 'कौंसिल प्रवेश' के समर्थन करने वालों ने एक पृथक् दल, स्वराज्य पार्टी की स्थापना की। इस दल का नेतृत्व मोतीलाल नेहरू और चितरंजन दास ने किया। सितंबर, 1923 ई. में कांग्रेस ने दल के सदस्यों को आगामी निर्वाचन में मतदान और चुनाव लड़ने की स्वतंत्रता प्रदान करके स्वराज्य दल के गठन को स्वीकार कर लिया।

स्वराज दल के नेताओं का मत था कि असहयोग आंदोलन के स्थगित कर दिए जाने के बाद राष्ट्रीय कार्यकर्त्ताओं के समक्ष कोई अन्य कार्यक्रम नहीं था। साथ ही वे यह भी चाहते थे कि विधान सभाओं के अन्य सदस्यों के साथ मिलकर सरकारी

अत्याचार नीति का विरोध किया जाए और कार्यक्रम के अभाव में हिंदू-मुस्लिम एकता के टूटने की संभावना को रोका जाए। स्वराज्य दल के सदस्य अपने आपको कांग्रेस का सदस्य कहते थे लेकिन उनका सविनय अवज्ञा आंदोलन की शक्ति व ताकत पर खुद भरोसा नहीं था। वे नौकरशाही के दुर्ग को विधान सभाओं के भीतर प्रवेश करके तोड़ना चाहते थे। विधान सभाओं में जाकर ही वे रचनात्मक कार्यक्रम को क्रियान्वित करा सकते थे।

स्वराज पार्टी के नेताओं ने विधानसभा के चुनाव में उदारवादियों को विभिन्न क्षेत्रों में पराजित किया। स्वराज्य दल को मध्य प्रदेश (सी.पी.) में बहुमत, बंगाल, यू. पी. तथा बंबई में प्रधानता मिली और केंद्रीय विधान सभा में 145 से में 48 स्थान प्राप्त हुए। केंद्रीय सभा में 24 सदस्य (इंडिपेंडेंट दल) मोहम्मद अली जिन्ना के नेतृत्व में थे। स्वराज्य और इंडिपेंडेंट दल के परस्पर सहयोग से सरकार पर काफी दबाव डाला जा सकता था।

सन् 1924-25 के मध्य स्वराज दल के नेताओं को कुछ आंशिक सफलता मिली। प्रत्येक वार्षिक बजट को अस्वीकृत करके अंग्रेज सरकार की नीतियों की अव्यावहारिकता स्पष्ट की। सितंबर, 1924 ई. में सरकार चाहती थी कि ली कमीशन (जो सरकारी सेवाओं में प्रजातीय उच्चता को बनाए रखना चाहता था) की रिपोर्ट स्वीकृत हो जाए। लेकिन स्वराज्य दल के सदस्यों ने उसे स्वीकृत नहीं होने दिया। इसी प्रकार द्वैध शासन व्यवस्था संबंधी जाँच कमेटी (मुडिमैन कमेटी) रिपोर्ट पर स्वराज्य दल ने बहुमत (सरकारी) पक्ष का समर्थन नहीं किया और द्वैध शासन को असफल सिद्ध किया। लेकिन फरवरी, 1925 ई. में जिन्ना और मोतीलाल नेहरू में आपसी समझौता समाप्त हो जाने से स्वराज्य दल का प्रभाव केंद्रीय विधान सभा में समाप्त हो गया। मार्च, 1926 ई. में आल इंडिया कांग्रेस कमेटी के आदेशानुसार स्वराज्य दल ने इंडियन लेजिस्लेटिव असेंबली का बहिष्कार कर दिया।

पंडित मोतीलाल नेहरू ने स्वराज्य दल का सरकार से असहयोग घोषित करते हुए कहा कि अंग्रेज सरकार ने भारतीय सहयोग का मूल्य नहीं समझा। बार-बार विरोध करने पर भी सरकार अपनी दमनकारी नीति पर डटी रही। इसलिए कौंसिल प्रवेश का कार्यक्रम स्थगित किया गया। स्वराज्य दल के कार्य का महत्त्व इस बात में है कि इसने अंग्रेजी सरकार के वास्तविक दमनकारी स्वरूप को जनता के समक्ष प्रस्तुत किया।

सन् 1926-28 के मध्य कांग्रेस प्रभावहीन होने लगा। 1926 ई. के निर्वाचनों

में स्वराज्य दल के सदस्यों की संख्या बहुत कम हो गई। कांग्रेस ने पहले ही सरकार के साथ बायकाट की नीति अपना रखी थी। राष्ट्रीय आंदोलन कुछ शिथिल सा हो रहा था कि इंग्लैंड सरकार द्वारा साइमन कमीशन की नियुक्ति की घोषणा से राष्ट्रीय राजनीति ने एक नया मोड़ लिया।

साइमन कमीशन की नियुक्ति और एक नई चुनौती

सन् 1919 में ब्रिटिश प्रशासन ने एक नियम लागू किया था कि दस साल तक काम कर लेने के पश्चात् इंग्लैंड सरकार एक कमीशन द्वारा इस बात की जाँच करवाएगी कि अधिनियम में क्या-क्या परिवर्तन किए जाएँ। भारतीय नेता द्वैध शासन की योजना को मूल रूप में अपर्याप्त समझते थे और शीघ्र परिवर्तन चाहते थे। लेकिन इंग्लैंड सरकार ने इस ओर कोई ध्यान नहीं दिया। अचानक 8 नवंबर, 1927 ई. को इंग्लैंड के प्रधानमंत्री ने एक कमीशन की नियुक्ति की घोषणा की। ऐसा इसलिए किया गया था कि 1929 ई. में यह संभावना थी कि शायद इंग्लैंड में लेबर दल का मंत्रिमंडल बन जाए और उस समय भारत के लिए नियुक्त कमीशन भारतवासियों को अधिक अधिकार प्रदान कर सकता था। उस संभावना को रोकने के लिए कमीशन दो वर्ष पूर्व ही नियुक्त कर दिया गया। यह कमीशन सर जान साइमन की अध्यक्षता में नियुक्त किया गया। उनके अतिरिक्त 6 सदस्य और थे। वे सबके सब अंग्रेज थे तथा इंग्लैंड संसद के सदस्य थे। किसी भी भारतवासी को इस कमीशन का सदस्य नियुक्त नहीं किया गया। इससे बड़ा प्रजातीय विभेद और क्या हो सकता था? फलस्वरूप अधिकांश भारतीय राष्ट्रीय नेता इस कमीशन के बहिष्कार करने पर एकमत थे। इससे राष्ट्रीय आंदोलन फिर सक्रिय हो गया।

3 फरवरी 1928 में जब साइमन कमीशन भारत आया तो देशव्यापी हड़ताल तथा काले झंडों और 'साइमन वापस जाओ' के नारों से उसका स्वागत किया गया। इस कमीशन की रिपोर्ट 7 जून, 1930 ई. को प्रकाशित हुई। उस समय तक राष्ट्रीय आंदोलन बहुत आगे बढ़ चुका था। इस रिपोर्ट में निम्नलिखित विशेषताएँ सम्मिलित थीं–

(1) केंद्र में कोई उत्तरदायित्व भारतीयों को न दिया जाए।

(2) भारतीय संविधान संघीय होना चाहिए।

(3) प्रांतों को पूर्ण स्वायत्तता प्रदान की जाए तथा गर्वनर को पूर्ण अधिकार प्रदान किए जाएँ।

(4) भारतीय विषयों पर विचार-विमर्श के लिए एक कौंसिल की स्थापना की जाए जिसमें भारतीय राज्यों तथा अंग्रेजी भारत के विभिन्न दलों के प्रतिनिधि हों।

(5) प्रांतीय विधान सभाओं के सदस्यों की संख्या में वृद्धि कर दी जाए।

(6) बर्मा को भारत से अलग कर दिया जाए और सिंध और उड़ीसा को भी अलग-अलग प्रांत बना दिया जाए।

(7) भारत सचिव की कौंसिल के सदस्यों की संख्या और उनके अधिकारों में कमी कर दी जाए।

(8) उच्च न्यायालयों को भारत सरकार के अधीन कर दिया जाए।

साइमन कमीशन ने इस रिपोर्ट के छपने से पहले यह कहा था कि रिपोर्ट पर बातचीत करने के लिए एक गोलमेज सभा का आयोजन किया जाये। नवंबर, 1930 ई. में यह गोलमेज सम्मेलन बुलाया गया। साइमन कमीशन की नियुक्ति विभिन्न भारतीय दलों के आपसी मतभेद समाप्त करने तथा राष्ट्रीय आंदोलन में एक नया जोश पैदा करने में सहायक हुई। इसकी सिफारिशें संवैधानिक प्रगति के नजरिये से विशेष महत्वपूर्ण नहीं हैं।

साइमन कमीशन की नियुक्ति के साथ ही इंग्लैंड सरकार ने भारतीय नेताओं को यह चुनौती भी दी कि यदि वे विभिन्न संप्रदायों की सहमति से एक संविधान तैयार कर सकें तो इंग्लैंड सरकार उस पर सहानुभूतिपूर्ण विचार करने को तत्पर रहेगी। यह चुनौती 1925 ई. से दी जा रही थी। उस समय सरकार से असहयोग आन्दोलन नीति की काफी चर्चा हो रही थी जिसकी वजह से इस तरफ कोई विशेष कदम नहीं उठाया गया था। नवंबर, 1927 ई. में साइमन कमीशन की नियुक्ति के समय जब यह पुनः दोहराई गई तब भारतीय नेताओं ने इस बात का प्रयत्न किया कि एक सम्मिलित संविधान का प्रारूप तैयार किया जाए। इस प्रयत्न की कठिनाइयों को समझने के लिए मुसलमानों के 1927 ई. तक राजनीतिक चिंतन के विकास की व्याख्या आवश्यक है।

मुसलमान नेताओं द्वारा राजनीतिक अधिकारों की माँग—1916 ई. में लखनऊ समझौते और 1920-22 ई. के मध्य खिलाफत आंदोलन पर सहमति से यह प्रश्न उठना स्वाभाविक ही है कि मुसलमान नेता अधिकांशतः राष्ट्रीय प्रणाली से अलग क्यों हो गए? इस प्रश्न पर हमने 1887 ई. में सर सैयद द्वारा कांग्रेस विरोध के संदर्भ में चर्चा की है लेकिन 1916—22 ई. की पृष्ठभूमि के पश्चात् कुछ अन्य तथ्यों का निरूपण करना भी आवश्यक है।

लखनऊ समझौता सन् 1915 में हुआ जिसके कारण कांग्रेस ने अधिप्रतिनिधित्व और सांप्रदायिक निर्वाचन प्रणाली स्वीकार कर ली थी। 1919-20 ई. में खिलाफत के प्रश्न को राजनीतिक आंदोलन में सम्मिलित करके राष्ट्रीय नेताओं ने मुसलमानों में धार्मिक उत्तेजना और भावनाओं को प्रोत्साहन दिया। इस आंदोलन के माध्यम से मौलाना आजाद और मौलाना मोहम्मद अली यह चाहते थे कि मुसलमानों के राजनीतिक जीवन पर मुस्लिम लीग का नेतृत्व समाप्त हो जाए। मौलाना मोहम्मद अली तुर्की में खिलाफत समाप्त कर दिए जाने के बाद भी खिलाफत आंदोलन को जीवित रखना चाहते थे। उससे वे मुसलमानों में राजनीतिक जागरण और अल्पसंख्यक होने की हीन भावना समाप्त करना चाहते थे। पंजाब में मुसलमान नेताओं ने खिलाफत आंदोलन का कोई विशेष समर्थन नहीं किया। फजली हुसैन इस आधार पर कांग्रेस से अलग हो गए।

भारत में मुस्लिम राजनीति कई दलों में विभाजित हो गया था। सन् 1920-34 के बीच यह विभाजन अपनी चरम सीमा पर थी। कुछ संगठनों के नाम इस प्रकार थे—जमैयत ए खिलाफत, मुस्लिम लीग (शफी गुट), मुस्लिम लीग (जिन्ना गुट), जमैयत उल उलेमा, अंजुमन ए हिमायत ए इस्लाम (लाहौर), मजलिस ए अहरार (पंजाब) आदि। मुसलमानों में राजनीतिक जागरण पहले मुस्लिम अल्पसंख्यक प्रांतों में आरंभ हुआ, जहाँ अपने अधिकारों की सुरक्षा के लिए उन्होंने अधिप्रतिनिधित्व और सांप्रदायिक निर्वाचन प्रणाली पर बल दिया। 1916 ई. के लखनऊ समझौते में प्रत्येक मुस्लिम अल्पसंख्यक प्रांत में उनके अधिकारों की उचित व्यवस्था हो गई। लेकिन पंजाब और बंगाल में बहुसंख्यक मुस्लमानों की जनसंख्या के अनुपात में भी प्रतिनिधित्व नहीं मिला। बंगाल और पंजाब के नेताओं ने लखनऊ समझौते का विरोध अपने लिए अधिक लाभदायक समझा। फज्ल-उल-हक (बंगाल), मोहम्मद शफी और फजल हुसैन (पंजाब) प्रभावशाली नेता थे। 1919 ई. के पश्चात् उन्हें सत्ता प्रयोग का अनुभव हुआ। उन्होंने जनसंख्या के अनुपात में भी प्रतिनिधित्व तथा सांप्रदायिक निर्वाचन के प्रचलित रहने पर अधिक जोर दिया।

खिलाफत आंदोलन से उत्पन्न सांप्रदायिक सद्भाव कुछ मुसलमान नेताओं के सम्मिलित निर्वाचन क्षेत्रों के पक्ष पर प्रभाव डाल रहा था। मुस्लिम लीग के नेता मौलिक रूप से मुस्लिम अल्पसंख्यक प्रांतों की समस्या पर ध्यान देते थे। इसलिए कांग्रेस लीग समझौता (1916 ई.) अधिक समय तक संतोषजनक नहीं रह सकता था। खिलाफत आंदोलन के काल में (1920-23 ई.) मुस्लिम लीग का वार्षिक

अधिवेशन भी नहीं हुआ। 1923 ई. में फजली हुसैन ने पंजाब में यूनियनिस्ट दल की स्थापना की और जनसंख्या के अनुपात में मुसलमानों के लिए प्रतिनिधित्व की माँग प्रस्तुत की। 1923 ई. में सी.आर. दास के नेतृत्व में बंगाल में एक पृथक् समझौता प्रांतीय मुस्लिम नेताओं के साथ किया गया, जिसके अनुसार स्थानीय स्तर पर निर्वाचित सदस्यों की संख्या 60:40 के अनुपात में निर्धारित की गई अर्थात् प्रत्येक जिले में बहुसंख्यक संप्रदाय को 60 प्रतिशत और अल्पसंख्यक समुदाय को 40 प्रतिशत स्थान दिए गए। राजकीय सेवाओं में बहुसंख्यक संप्रदाय के लिए 55 प्रतिशत स्थान सुरक्षित रखे गए और जब तक यह अनुपात प्राप्त न हो जाए 80 प्रतिशत स्थान उन्हें दिए जाएँ। सी.आर. दास ने लखनऊ समझौते से कहीं अधिक सुविधाएँ मुसलमानों को दीं।

भारत में धर्म से संबंधित सबसे अधिक घटनाएँ 1923-25 के बीच घटित हुईं। जिनसे सांप्रदायिक सद्भावना प्रायः समाप्त होती दिखाई पड़ी। लखनऊ समझौते में संशोधन की आवाज अधिक प्रभावशाली होने लगी। साथ ही उत्तर पश्चिमी सीमा प्रांत में 1919 ई. के सुधारों की माँग भी प्रस्तुत की जाने लगी। जनवरी, 1925 ई. में जिन्ना ने आल पार्टीज सम्मेलन में यह घोषणा की कि लखनऊ समझौते में परिवर्तन आवश्यक था क्योंकि बंगाल और पंजाब में मुसलमानों के लिए बहुमत आवश्यक था। विभिन्न प्रभावशाली मुसलमान नेताओं ने अपनी माँगों को व्यवस्थित ढंग से प्रस्तुत करने के लिए 20 मार्च, 1927 ई. को दिल्ली में एक सम्मेलन किया जिसमें सिंध को पृथक् प्रांत बना देने, उत्तर-पश्चिमी सीमा प्रांत में 1919 ई. के सुधार लागू करने, बंगाल और पंजाब में जनसंख्या के अनुपात में प्रतिनिधित्व देने के लिए प्रस्ताव पास किए गए। परन्तु इस सम्मेलन में मुस्लिम प्रतिनिधि जिन्ना ने भाग नहीं लिया था। इस समय सांप्रदायिक निर्वाचन प्रणाली को समाप्त करने का भी सुझाव रखा गया लेकिन मोहम्मद शफी (पंजाब के प्रभावशाली नेता, जो दिल्ली में उपस्थित थे) ने लाहौर पहुँचकर सांप्रदायिक प्रणाली को बनाए रखने की माँग प्रस्तुत की। इसलिए पंजाब प्रांतीय मुस्लिम लीग का एक अधिवेशन लाहौर में बुलाया गया जिसमें सर मोहम्मद इकबाल (प्रसिद्ध उर्दू कवि) और मोहम्मद शफी ने पृथक् सांप्रदायिक निर्वाचन प्रणाली को न्यायोचित तथा आवश्यक घोषित किया। पंजाब के नेता अधिप्रतिनिधित्व के पक्ष में नहीं थे और इस प्रकार मुस्लिम लीग से भिन्न विचार रखते थे। 1927 ई. में ही मुस्लिम लीग का दूसरा अधिवेशन कलकत्ता में जिन्ना की अध्यक्षता में हुआ। लाहौर अधिवेशन में साइमन कमीशन के

भारत आगमन के पूर्व समझौते की आवश्कता पर बल दिया। इकबाल ने पंजाब और बंगाल विधान सभाओं में मुसलमान सदस्यों के बहुमत के संबंध में प्रस्ताव पास किया। 1928 ई. में पंजाब के नेताओं ने साइमन कमीशन के साथ सहयोग पर बल दिया। इस समय कलकत्ता का मुस्लिम लीग अधिवेशन अत्यंत अलोकप्रिय तथा प्रभावहीन था। मुसलमान नेताओं की विभिन्न और परस्पर विरोधी विचारधाराओं का ज्ञान 1928-29 ई. में नेहरू रिपोर्ट के संबंध से उनकी प्रतिक्रिया को समझने में सहायक हैं।

नेहरू रिपोर्ट 1928—फरवरी, 1928 ई. में दिल्ली में कांग्रेस की तरफ से एक सर्वदलीय बैठक बुलाई गई जिससे भारत सचिव की चुनौती का उत्तर दिया जा सके। इस सम्मेलन में विभिन्न दलों के दृष्टिकोणों में अत्यधिक मतभेद था। इसलिए मोतीलाल नेहरू की अध्यक्षता में एक समिति का गठन करके भारत के लिए एक संविधान का प्रारूप तैयार करने के लिए कहा गया। लखनऊ में अगस्त, 1928 ई. में एक सर्वदलीय सम्मेलन में इस रिपोर्ट के प्रारूप पर विचार किया गया। इस सम्मेलन में स्वीकृत प्रस्तावों अर्थात् नेहरू रिपोर्ट पर दिसंबर, 1928 ई. में एक सर्वदलीय सम्मेलन में विचार किया गया। 1928 ई. का वर्ष इस प्रकार अत्यधिक राजनीतिक सरगर्मी का वर्ष था। 1928 की मोतीलाल नेहरू के रिपोर्ट की प्रमुख विशेषताएँ इस प्रकार थीं—

1. भारत को अन्य अंग्रेजी डोमिनियनों की भाँति स्वाधीनता प्रदान की जाए। केंद्र में द्विसदनात्मक प्रणाली—सीनेट और हाउस आफ रिप्रजेंटेटिव—स्थापित की जाए। कार्यकारिणी पूर्ण रूप से व्यवस्थापिका सभा के प्रति उत्तरदायी रहे। समस्त उत्तरदायित्व भारतीय प्रतिनिधियों को सौंप दिया जाए।

(2) भारत में संघीय प्रणाली स्थापित की जाए। अविशिष्ट अधिकार केंद्र के पास रहें। प्रांतों गें एक सदनात्मक व्यवस्था होनी चाहिए।

(3) समस्त निर्वाचन क्षेत्रीय निर्वाचन के आधार पर होंगे। सांप्रदायिक प्रतिनिधित्व समाप्त कर दिया जाए। यह निर्वाचन वयस्क मताधिकार के आधार पर होगा और किसी भी बहुसंख्यक वर्ग के स्थान आरक्षित नहीं किए जाएँगे। अल्पसंख्यकों के लिए जनसंख्या के अनुपात में स्थान आरक्षित होंगे। पंजाब और बंगाल को छोड़कर अन्य प्रांतों में मुसलमानों के लिए और उत्तर-पश्चिमी सीमा प्रांत से हिंदुओं के लिए स्थान आरक्षित होंगे। 10 वर्ष पश्चात् इस पद्धति का पुनः निरीक्षण किया जाएगा।

दिसम्बर 1928 ई. में कोलकता में एक सर्वदलीय बैठक किया गया। इस सभा में नेहरू रिपोर्ट पर विशेष रूप से अध्ययन किया गया। इस सम्मेलन में मौलाना मोहम्मद अली ने नेहरू रिपोर्ट की आलोचना आरंभ की, रुष्ट होकर वे इस अधिवेशन से चले गए और घोर सांप्रदायिकता का प्रचार आरंभ कर दिया। अली भाइयों ने नेहरू रिपोर्ट को अस्वीकार करने के लिए विभिन्न प्रांतीय मुसलमान संगठनों को प्रोत्साहित किया। दिसंबर, 1928 ई. में जिन्ना के नेतृत्व वाली मुस्लिम लीग प्रभावहीन थी इसलिए जिन्ना द्वारा प्रस्तुत आपत्तियों पर कांग्रेस ने कोई ध्यान नहीं दिया। मोहम्मद शफी ने 'आल पार्टीज मुस्लिम कांफ्रेंस' का अधिवेशन 31 दिसंबर, 1928 ई. से दिल्ली में आयोजित किया जिसकी अध्यक्षता के लिए आगा खाँ को बुलाया गया। मोहम्मद शफी का लक्ष्य जिन्ना के पक्ष को दुर्बल बनाना था क्योंकि जिन्ना संयुक्त निर्वाचन क्षेत्रों के पक्ष में थे। दिल्ली सम्मेलन में यह पास किया गया कि मुसलमानों को बहुसंख्यक प्रांतों में बहुमत और अल्पसंख्यक प्रांतों में अधिप्रतिनिधित्व जो उस समय तक मिला हुआ था उपलब्ध रहे। इससे जिन्ना के नेतृत्व को बहुत ठेस लगी। जिन्ना ने अपनी स्थिति को दृढ़ करने के लिए मार्च, 1929 ई. में 14 सूत्रीय माँगपत्र तैयार किया जिसमें मुसलमानों के प्रत्येक वर्ग द्वारा प्रस्तुत माँगों को सम्मिलित कर लिया गया लेकिन नेतृत्व पुनः स्थापित न हो सका। इस स्थिति से वह इतने दुखी हो गए कि उन्होंने इंग्लैंड जाकर रहने की योजना बना ली। मोहम्मद शफी और फजली हुसैन जिन्ना से इतने अधिक असंतुष्ट थे कि उन्होंने इस बात का प्रयत्न किया कि आगामी गोलमेज सम्मेलन में मुसलमानों को प्रतिनिधित्व केवल जिन्ना द्वारा न हो और राष्ट्रीय विचारधारा वालों की अपेक्षा ऐसे मुसलमान भी उसमें भाग लें जो पंजाब और बंगाल के मुसलमानों का प्रतिनिधित्व कर सकें।

नेहरू रिपोर्ट को भारतीय राजनीतिक प्रतिनिधि ने नामजूर कर दिया। इस रिपोर्ट में भारतीय राष्ट्रीय आंदोलन का लक्ष्य डोमिनियन स्टेट्स रखा गया जबकि 1927 ई. में कांग्रेस ने 'स्वतंत्रता' को लक्ष्य घोषित कर दिया था। इस विषय पर काफी वाद-विवाद कांग्रेस अधिवेशन में हुआ। युवा वर्ग, जिसमें जवाहरलाल और सुभाषचंद्र बोस थे, पूर्ण स्वतंत्रता चाहता था। गाँधीजी के बचाव करने पर यह तय हुआ कि यदि अंग्रेजों ने एक वर्ष के भीतर डोमिनियन स्टेट्स नहीं दिया तब पूर्ण स्वतंत्रता राष्ट्रीय लक्ष्य हो जाएगा। इसी संदर्भ में यह भी प्रस्ताव पास किया गया कि अंग्रेज सरकार द्वारा नेहरू रिपोर्ट अस्वीकृत हो जाने पर सविनय अवज्ञा आंदोलन आरंभ किया जाएगा।

पूर्ण स्वराज्य दिवस (26 जनवरी, 1930)—सन् 1929 में नेहरू रिपोर्ट द्वारा निर्मित संविधान को अंग्रेजी प्रशासन पास नहीं कर सका। इसी वर्ष इंग्लैंड के निर्वाचन में लेबर दल को सफलता मिली लेकिन स्पष्ट बहुमत उसे नहीं मिला। उसने लिबरल तथा कंजर्वेटिव दलों के कुछ सदस्यों के सहयोग से मंत्रिमंडल बनाया। अक्तूबर, 1929 ई. में गवर्नर जनरल लार्ड इरविन को इंग्लैंड विचार-विमर्श के लिए बुलाया गया। लौटने पर इरविन ने 31 अक्टूबर, 1929 ई. को घोषित किया कि 1917 ई. की घोषणा से भारत के लिए डोमिनियन स्टेट्स परिलक्षित होता था। इस घोषणा पर इंग्लैंड में लिबरल और कंजर्वेटिव दलों ने तीव्र आपत्ति उठाई और व्यावहारिक रूप में यह घोषणा व्यर्थ हो गई। दिसंबर, 1929 ई. में कांग्रेस का वार्षिक अधिवेशन हुआ। इस बीच इंग्लैंड सरकार ने नेहरू रिपोर्ट को स्वीकार नहीं किया। कांग्रेस द्वारा निर्धारित एक वर्ष की अवधि समाप्त हो गई। कांग्रेस ने पूर्ण स्वराज्य का लक्ष्य अपना लिया और कांग्रेस कमेटी को यह अधिकार दिया कि सविनय अवज्ञा आंदोलन उपयुक्त समय पर आरंभ कर दे। 26 जनवरी, 1930 ई. को पूर्ण स्वतंत्रता दिवस मनाने की घोषणा कर दी गई। इसी कारण 26 जनवरी से गणतंत्रीय संविधान को लागू किया है।

सविनय अवज्ञा आंदोलन

कांग्रेस कमेटी ने फरवरी 1930 में महात्मा गाँधी को इस आंदोलन की प्रारम्भ करने की जिम्मेदारी सौंप दी जिससे पूर्ण स्वराज प्राप्त किया जा सके। गाँधीजी ने 2 मार्च, 1930 ई. को गवर्नर जनरल इरविन को एक पत्र लिखा जिसमें उन 11 माँगों का वर्णन किया गया जो जनवरी, 1930 ई. में भी सरकार के समक्ष प्रस्तुत की गई थीं। ये 11 माँगें थीं, शराब व्यापार बंद करना, रुपए का पुनर्मूल्यन, सेना और नौकरशाही पर किए जाने वाले खर्च में कमी, भूराजस्व में 50 प्रतिशत कमी, विदेशी कपड़े के आयात पर प्रतिबंध, नमक कर को समाप्त करना, भारतीय जहाजों के लिए समुद्र व्यापार की सुविधा, सी.आई.डी. को समाप्त करना, राजनीतिक बंदियों को जेल से छोड़ना, भारतीयों को हथियार रखने की सुविधा। उन्होंने कहा कि यदि अंग्रेजी सरकार ने उन माँगों को पूरा करने का कोई प्रयत्न नहीं किया तो वह 12 मार्च, 1930 ई. को नमक कानून का उल्लंघन करेंगे। वह गुजरात के समुद्री तट पर दांडी नामक गाँव में नमक बनाना आरंभ कर देंगे। उन्होंने अपना पक्ष स्पष्ट करने के लिए गवर्नर जनरल से भेंट करने का अवसर भी चाहा। इरविन ने इस भेंट से मना कर दिया।

नमक कानून के विरोध में 12 मार्च 1930 को महात्मा गाँधी ने दांडी यात्रा शुरू किया। इस यात्रा में इनके कुल 78 सहयोगी सम्मिलित थे। यह स्थान साबरमती आश्रम से 385 किलोमीटर दूर था। 6 अप्रैल को प्रातः गाँधीजी ने समुद्र तट से नमक एकत्र किया और इस नमक कानून का उल्लंघन आरंभ किया। देशव्यापी सत्याग्रह और अबरा आंदोलन 6 अप्रैल, 1930 ई. के बाद आरंभ हो गया। 5 मई, 1930 ई. को गाँधीजी को कैद कर लिया गया। अंग्रेज अधिकारियों ने आरंभ में इस आंदोलन को तुच्छ समझा था लेकिन हर महीने इसका प्रभाव बढ़ता गया। पुलिस के अत्याचारों तथा सेना की गोलियों से डरने के स्थान पर सत्याग्रहियों की संख्या बढ़ती गई। साठ हजार प्रतिमाह के स्थान पर एक लाख लोग प्रतिमाह जेल जाने लगे। तब इरविन को यह आभास हुआ कि यह आंदोलन अधिक गंभीर हो रहा है। विभिन्न प्रांतों में लोगों ने विभिन्न नियमों का उल्लंघन आरंभ कर दिया। इरविन की चिंता प्रतिदिन बढ़ रही थी। सरकार के विरुद्ध असंतोष अधिक व्यापक हो रहा था। साइमन कमीशन की रिपोर्ट भी जून, 1930 ई. में प्रकाशित हुई। इस रिपोर्ट में डोमिनियन स्टेट ब्रदान करने का कहीं जिक्र नहीं था। जिससे इरविन को बहुत दुःख हुआ।

इरविन के समक्ष एक ही विकल्प था। संवैधानिक सुधारों की आवश्यकता पर तुरंत जोर देना तथा गोलमेज सम्मेलन बुलवाकर भारत के विभिन्न राजनीतिक दलों के प्रतिनिधियों से बातचीत करना। इरविन ने भारत सचिव पर काफी दबाव डालकर गोलमेज सम्मेलन की योजना को स्वीकार करवाया और साइमन कमीशन रिपोर्ट को एक ओर अलग रख दिया। लेकिन इरविन किसी भी प्रकार की आशाजनक घोषणा इंग्लैंड सरकार से न करवा सका।

गाँधी-इरविन समझौता : जब इरविन यह पूर्ण रूप से समझ गये कि सविनय अवज्ञा आंदोलन किसी भी प्रकार से कुचला या दबाया नहीं बनाया जा सकता तो उसने गाँधी से समझौता करने के सिलसिले में बातचीत करनी शुरू कर दी। इसी बीच गोलमेज सम्मेलन का प्रथम अधिवेशन लंदन में आरंभ हो गया। लेकिन कांग्रेस ने उसमें भाग नहीं लिया। प्रधानमंत्री रेम्जे मैकडोनल्ड ने यह आशा व्यक्त की कि कांग्रेस दूसरे अधिवेशन में भाग ले सकेगी। फलस्वरूप गाँधीजी को जेल से 26 जनवरी, 1931 ई. को छोड़ दिया गया। फिर गाँधीजी और लार्ड इरविन में 17 फरवरी से दिल्ली में बातचीत आरंभ हुई और 5 मार्च, 1931 ई. को एक समझौते की घोषणा की गई जिसके अनुसार दोनों पक्षों ने भारत के आगामी संविधान के विषय में संघीय

प्रणाली को स्वीकार किया। प्रशासन में भारतीय उत्तरदायित्व की स्थापना स्वीकार की गई लेकिन अल्पसंख्यकों, प्रतिरक्षा, विदेशी मामलों तथा भारतीय वित्तीय कुशलता के लिए कुछ विशिष्ट अधिकारों का अंग्रेजों के हाथ में रखना भी स्वीकार कर लिया गया। कांग्रेस को दूसरे गोलमेज सम्मेलन में भाग लेने के लिए आमंत्रित और सविनय अवज्ञा आंदोलन स्थगित किया गया। स्वदेशी के प्रचार की अनुमति थी लेकिन बायकाट के राजनीतिक प्रयोग को भी स्थगित कर दिया गया। पुलिस के अत्याचारों की जाँच नहीं की जाएगी। सरकारी निषेधात्मक अध्यादेश वापस ले लिए जाएँगे। भारतीय संस्थाओं और संगठनों को जिन्हें अवैध घोषित किया गया था पुनः कार्य करने की सुविधा प्रदान की जाएगी। राजनीतिक बंदियों को छोड़ दिया जाएगा। उनकी जब्त की हुई संपत्ति उन्हें लौटा दी जाएगी। आम लोगों को नमक बनाने की सरकार की तरफ से अनुमति प्रदान कर दी गई अगर उनके पास के इलाकों में यह काम संभव हो सके।

इस समझौते के बारे में गाँधी जी का कहना था कि पहली बार अंग्रेज सरकार ने भारतीय नेताओं के साथ समानता के स्तर पर बातचीत की थी। वह इस समझौते को दोनों पक्षों की विजय कहते थे। लेकिन अधिकांश नेता गाँधीजी के इस मूल्यांकन से सहमत नहीं थे। एक ओर गाँधीजी पूर्ण स्वराज्य के समर्थक थे दूसरी ओर उन्होंने कुछ विषयों से संबंधित अंग्रेजों के विशेषाधिकारों को भी स्वीकार कर लिया। जवाहरलाल नेहरू इस समझौते से अत्यधिक दुखी थे क्योंकि साल भर के प्रयत्न के पश्चात् अब पूर्ण स्वराज्य का लक्ष्य व्यावहारिक रूप में छोड़ दिया गया। गाँधीजी तीन क्रांतिकारियों—भगतसिंह, राजगुरु और सुखदेव—को दिए गए मृत्युदंड में कुछ कमी न करवा सके। जिससे युवा वर्ग बहुत नाराज थे। दूसरी ओर इरविन की नीति से अंग्रेजी नौकरशाही अत्यधिक असंतुष्ट थी। वह इस समझौते को अंग्रेजी सरकार की हार मानती थी और इरविन के चले जाने के बाद इस समझौते को बेकार करने के लिए हरसंभव प्रयास किया।

कांग्रेस की अनुमति के बगैर यह समझौता लागू नहीं किया जा सकता था। इसलिए कांग्रेस का वार्षिक अधिवेशन (जो दिसंबर, 1930 ई. में होने वाला था और अवज्ञा आंदोलन के फलस्वरूप नहीं हुआ था) मार्च, 1931 ई. में कराची में बुलाया गया। वहाँ इस समझौते को स्वीकृत कर लिया गया। कांग्रेस की नई वर्किंग कमेटी ने दूसरे गोलमेज सम्मेलन में भेजे जाने वाले कांग्रेसी शिष्टमंडल के सदस्यों से विचार-विमर्श किया और अंत में अकेले गाँधीजी को कांग्रेसी प्रतिनिधि के रूप में

भेजा गया। गाँधीजी के लंदन जाने के पूर्व ही नए गवर्नर जनरल विलिंगडन ने यह दिखा दिया कि वह गाँधी-इरविन समझौते के उल्लंघन में संकोच नहीं करता था। कई बार गाँधीजी को यह चेतावनी देनी पड़ी कि वह लंदन नहीं जाएँगे यदि यू.पी. तथा अन्य स्थानों पर सरकारी दमन कम नहीं किया गया। गाँधीजी और विलिंगडन में कुछ समझौता होने के बाद ही वह गोलमेज सम्मेलन में भाग लेने के लिए लंदन गए।

गोलमेज सम्मेलन (1930-32)

ब्रिटिश प्रशासन पर सबसे अधिक दबाव लार्ड इरविन और साइमन कमीशन ने दिया कि भारत के विभिन्न राजनीतिक दलों के प्रतिनिधियों का एक सम्मेलन बुलाया जाए जो भारतीय संवैधानिक समस्याओं पर विचार-विमर्श करें। इरविन की योजना थी कि कांग्रेस के प्रभाव को कम किया जाए और भारतीय प्रतिनिधियों को इस प्रकार चुना जाए कि राष्ट्रीय विचारधारा अल्पमत में दिखाई पड़े। गोलमेज सम्मेलन की योजना को इंग्लैंड सरकार ने स्वीकार कर लिया। सम्मेलन में प्रायः सभी विचारधाराओं के व्यक्तियों को आमंत्रित किया गया। सांप्रदायिक (मुसलमान, हिंदू महासभा, सिक्ख, ईसाई, अनुसूचित जातियाँ) वर्गों, जमींदारों, उद्योगपतियों, यूरोपियनों, भारतीय नरेशों, इंग्लैंड के विभिन्न राजनीतिक दलों और भारतीय नरमपंथियों के प्रतिनिधियों को आमंत्रित किया गया। मुसलमान प्रतिनिधियों को चुनने में इरविन फजली हुसैन से अधिक प्रभावित हुआ। मार्च, 1930 ई. में गाँधीजी ने अवज्ञा आंदोलन आरंभ कर दिया इसलिए कांग्रेस ने प्रथम गोलमेज सम्मेलन में भाग नहीं लिया। अन्य दलों तथा हितों के प्रतिनिधि सदस्यों का चयन इस प्रकार किया गया कि भारतीय प्रतिनिधियों में मतभेद स्पष्ट हो जाए। अधिकांश सदस्यों का चयन किसी विशेष हित के समर्थन तथा पोषण के लिए किया गया था। अंग्रेज प्रशासक यह भी दिखाना चाहते थे कि अंग्रेजी नियंत्रण के बिना भारतीय व्यवस्था नहीं चल सकेगी। इस गोलमेज सम्मेलन के तीन अधिवेशन हुए।

पहला अधिवेशन (12 नवंबर, 1930-19 जनवरी, 1931) : इस अधिवेशन का उद्घाटन जार्ज पंचम ने किया था। सम्मेलन की अध्यक्षता इंग्लैंड के प्रधानमंत्री रेम्जे मैकडोनल्ड ने की। जार्ज ने भारत की प्रगति और विभिन्न समुदाय तथा अल्पसंख्यकों के हितों की सुरक्षा पर अधिक जोर दिया। आरंभ में ही कंजर्वेटिव और लिबरल दलों के प्रतिनिधियों और भारतीय प्रतिनिधियों में मौलिक मतभेद स्पष्ट हो

गया। भारतीय वक्ता भारत के लिए एक संघीय व्यवस्था चाहते थे जिसमें भारतीयों को अधिकार सौंप दिए जाएँ। इंग्लैंड के प्रतिनिधि भारत में डोमिनियन स्टेट्स लागू करने के पक्ष में नहीं थे। सम्मेलन के कार्य को पूरा करने के लिए विभिन्न उपसमितियाँ बनाई गईं जिनमें विभिन्न विषयों पर विचार-विमर्श आरंभ हुआ। अल्पसंख्यकों संबंधी उपसमिति को छोड़कर शेष समितियों का कार्य सुचारु रूप से चलता रहा। इस समिति में अंबेडकर ने अनुसूचित जातियों के लिए पृथक् निर्वाचन की माँग की। यह संभव था कि मुसलमानों के उचित अधिकारों की माँग की समस्या हल हो जाती लेकिन मुसलमानों में दो विचारधाराएँ समान रूप से प्रभावशाली थीं। सांप्रदायिक पृथक् निर्वाचन और संयुक्त निर्वाचन प्रणाली, जनसंख्या के अनुपात तथा अधिप्रतिनिधित्व की माँग। बंगाल व पंजाब के नेता जनसंख्या के अनुपात में प्रतिनिधित्व चाहते थे लेकिन शेष क्षेत्रों में अधिप्रतिनिधित्व की बात अधिक प्रभावशाली थी। इसलिए कोई सहमति न हो सकी। 19 जनवरी, 1931 ई. को पहला अधिवेशन समाप्त हुआ। इस अधिवेशन की समाप्ति पर रेम्जे मैकडोनल्ड ने इंग्लैंड सरकार की नीति संबंधी एक घोषणा की जिसके अन्तर्गत निम्नलिखित तथ्यों पर विशेष ध्यान दिया गया—

1. प्रांतों में पूर्ण उत्तरदायी प्रशासन लागू किया जाएगा और संघीय तथा प्रांतीय सरकारों का कार्यक्षेत्र स्पष्ट कर दिया जाएगा।
2. सांप्रदायिक समस्या का निवारण विभिन्न संप्रदायों पर निर्भर करेगा।
3. भारतीय प्रशासन का उत्तरदायित्व विधान सभाओं को दिया जाएगा। लेकिन अल्पसंख्यकों के हितों की सुरक्षा के लिए उचित व्यवस्था की जाएगी।
4. एक अखिल भारतीय संघ की स्थापना की जाए।
5. प्रतिरक्षा और विदेशी विभागों तथा संकटकालीन अधिकारों को छोड़कर शेष क्षेत्रों में केंद्र में कार्यकारिणी का विधानसभा के प्रति उत्तरदायित्व स्थापित करने का प्रयत्न किया जाएगा।

प्रथम अधिवेशन खत्म होने पर मैकडोनल्ड की घोषणा से कांग्रेस की वर्किंग कमेटी बहुत नाराज हुई लेकिन थोड़े ही दिनों पश्चात् गाँधी-इरविन बातचीत आरंभ हो गई जिसका परिणाम 5 मार्च, 1931 ई. को गाँधी-इरविन समझौता हुआ।

द्वितीय अधिवेशन (7 सितंबर, 1931 से 1 दिसंबर, 1931) : द्वितीय सम्मेलन के आरम्भ होने तक भारतीय राजनीति बहुत परवर्तित हो गया था। भारत में इरविन के स्थान पर विलिंगडन गवर्नर जनरल बन गया और इंग्लैंड में लेबर

मंत्रिमंडल के स्थान पर सर्वदलीय मंत्रिमंडल बना जिसमें कंजर्वेटिव दल का बहुमत था। अक्टूबर, 1931 ई. में इंग्लैंड में निर्वाचन के परिणामस्वरूप कंजर्वेटिव दल का मंत्रिमंडल बना। इसके बाद संवैधानिक विकास अत्यधिक कठिन था।

द्वितीय अधिवेशन में कांग्रेस की तरफ से सिर्फ महात्मा गाँधी शामिल हुए। गाँधीजी अपने साथ डॉ. अंसारी को ले जाना चाहते थे लेकिन वह इसमें असमर्थ रहे। यह अधिवेशन 7 सितंबर, 1931 ई. को आरंभ हो गया। यद्यपि गाँधी जी 12 सितंबर को लंदन पहुँच सके।

इस अधिवेशन में गाँधी जी का व्यक्तित्त्व अत्यधिक प्रभावशाली रहा। अन्य राजनीतिक नेताओं की अपेक्षा उनका आग्रह प्रेम और सद्भावना पर था। वह इंग्लैण्ड और भारत के परस्पर संबंध समानता के आधार पर चाहते थे। अधिवेशन के समक्ष मुख्य समस्या संघीय ढाँचे और अल्पसंख्यकों के हितों की रक्षा की व्यवस्था थी। दोनों ही विषयों से संबंधित समितियों में गाँधीजी थे। गाँधीजी ने कांग्रेस के राष्ट्रीय होने, भारत में पूर्ण रूप से उत्तरदायी सरकार की स्थापना की आवश्यकता और गवर्नर जनरल के विशेषाधिकारों की आवश्यकता पर बल दिया। लेकिन इन बातों का व्यावहारिक निर्णयों पर कोई प्रभाव नहीं पड़ा। अल्पसंख्यकों के हितों के प्रश्न पर सबसे अधिक वाद-विवाद हुआ। विभिन्न अल्पसंख्यक समुदायों ने आपसी विचार-विमर्श से एक योजना तैयार की जिसे गाँधीजी ने स्वीकार करने से मना कर दिया। डॉ. अंबेडकर ने गाँधीजी के समक्ष यह प्रस्ताव भी रखा था कि अनुसूचित तथा दलित वर्गों के लिए कुछ स्थान आरक्षित कर दिए जाएँ और संयुक्त निर्वाचन क्षेत्रों द्वारा उनका चुनाव हो। गाँधीजी ने इसे अस्वीकार कर दिया। मैकडोनल्ड ने यह भी कहा कि अल्पसंख्यकों द्वारा किया गया समझौता साढ़े ग्यारह करोड़ जनसंख्या द्वारा स्वीकृत था। गाँधीजी ने इसका प्रतिकार किया और कांग्रेस को 85 प्रतिशत जनसंख्या का प्रतिनिधि बताया। उन्होंने यह बात कही कि यदि भारतीय प्रतिनिधि आपस में सांप्रदायिक समस्या का हल नहीं कर सकते तो उन्हें अंग्रेज सरकार पर इसका निर्णय छोड़ देना चाहिए। अधिकांश वर्गों ने मैकडोनल्ड के निर्णय के प्रति आस्था प्रकट की। गाँधीजी ने भी केवल मुसलमानों और सिक्खों के लिए मैकडोनल्ड की मध्यस्थता स्वीकार की। सांप्रदायिक समस्या के जटिल होने का मूल कारण अंग्रेज सरकार की वह नीति थी जिसके अनुसार इस समस्या के हल को संवैधानिक प्रगति के लिए आवश्यक बताया गया। दूसरा अधिवेशन कोई भी समस्या हल करने में असफल रहा।

भारत में ब्रिटिश नेताओं और मुस्लिम नेताओं के बीच एक तरह का गठजोड़ था जो राष्ट्रीय प्रयत्नों को असफल कराने के लिए उत्तरदायी था। इंग्लैंड में कंजर्वेटिव दल के सत्तारूढ़ हो जाने के पश्चात् भारतीय संवैधानिक प्रगति के प्रति दृष्टिकोण ही बदल चुका था। गाँधीजी की असफलता भी स्पष्ट ही थी। वह जिस स्तर पर सम्मेलन में बातचीत करना चाहते थे वह आदर्श, भ्रातृत्व, प्रेम और सद्भावना पर आधारित था। सुलझे हुए राजनीतिज्ञों को यह बात कम समझ में आती थी।

द्वितीय सम्मेलन असफल हो जाने के बाद गोलमेज सम्मेलन सफल नहीं हो पाया। यद्यपि एक तीसरा अधिवेशन (17 नवंबर से 24 दिसंबर, 1932 ई.) भी हुआ लेकिन उसका कोई महत्त्व नहीं था। इंग्लैंड की कंजर्वेटिव सरकार और भारत में विलिंगडन का अत्याचार और आतंक के आधार पर प्रशासन चलाने की नीति से वह वातावरण समाप्त हो गया जो 1929-30 ई. में था जब लेबर दल और इरविन भारतीय स्थिति में समझौते के आधार पर परिवर्तन चाहते थे।

सांप्रदायिक निर्णय (कम्यूनल एवाडी) 16 अगस्त, 1932

भारत के अल्पसंख्यक संप्रदाय की समस्या का निदान आपसी समझौते से नहीं हो पाया जिसके कारण रेम्जे मैकडोनल्ड ने सांप्रदायिक निर्णय की घोषणा की। इस घोषणा के आधार पर अल्पसंख्यक तथा महत्त्वपूर्ण लाभों वाले वर्गों की तदाद में काफी वृद्धि कर ली गयी—मुसलमान, सिक्ख, दलित वर्ग, पिछड़े हुए क्षेत्र, भारतीय ईसाई, ऐंग्लो-इंडियन, यूरोपियन, व्यापारिक और औद्योगिक वर्ग आदि। प्रत्येक अल्पसंख्यक संप्रदाय के लिए स्थान आरक्षित कर दिया गया और उनके प्रतिनिधियों के चुनाव के लिए अलग पद्धति अपनाई गई।

कुछ ऐसे सांप्रदायिक फैसले की योजना तैयार की गयी कि वास्तविक उत्तरदायी प्रशासन का विकास प्रांतों में भी न हो सके। केंद्र के संविधान के स्वरूप का स्पष्टीकरण हो जाने के बाद इन्हीं आधारों पर वहाँ भी ऐसा संभव न हो सकेगा। उदाहरणार्थ : पंजाब और बंगाल में मुसलमान बहुमत में होते हुए भी मुसलमान सदस्यों को बहुमत नहीं दिया गया। यू.पी., बिहार, मद्रास में मुसलमानों को जनसंख्या के अनुपात से दोगुने के लगभग स्थान दिए गए। पंजाब और बंगाल में क्रमशः 55 प्रतिशत और 54.8 प्रतिशत जनसंख्या होते हुए उन्हें 49 प्रतिशत और 47.5 प्रतिशत स्थान दिए गए। गाँधीजी को इस निर्णय से सबसे अधिक दुःख दलित वर्गों के लिए सांप्रदायिक निर्वाचन प्रणाली की स्थापना से हुआ। गाँधीजी ने 18

अगस्त को इस निर्णय के विरोध में मैकडोनल्ड को पत्र लिखा और इसी पत्र में 20 सितंबर की दोपहर से आमरण अनशन करने की सूचना दी यदि उस समय तक दलित वर्गों के पृथक् निर्वाचन को समाप्त नहीं कर दिया गया। सरकार पर इसका कोई विशेष प्रभाव नहीं पड़ा लेकिन हिंदू नेताओं पर अवश्य इसका प्रभाव पड़ा।

पंडित मदनमोहन मालवीय तथा अन्य हिंदुओं ने डॉ. अंबेडकर के साथ 19 से 24 सितंबर तक विचार-विमर्श किया। डॉ. अंबेडकर ने इस अवसर से पूरा लाभ उठाया और 71 के स्थान पर 148 स्थान दलित वर्गों के लिए आरक्षित करा लिए। इस प्रकार उसी आधार पर समझौता हुआ जो अंबेडकर ने लंदन में गाँधीजी के समक्ष प्रस्तुत किया था। यद्यपि इनके लिए निर्वाचन हिंदुओं के साथ सम्मिलित चुनाव क्षेत्रों द्वारा ही होगा। इस निर्वाचन की प्रणाली यह थी कि पहले दलित वर्ग प्रत्येक आरक्षित स्थान के लिए चार सदस्यों का चुनाव करेंगे और बाद में हिंदू चुनाव क्षेत्रों से उनमें से किसी एक को चुन लिया जाएगा। यह निर्णय 25 सितंबर को हुआ और गाँधीजी ने 26 सितंबर को अपना अनशन खत्म कर दिया।

महात्मा गाँधी के अनशन से सांप्रदायिक निर्णय सहा के लिए पारित हो गया। अब तक सांप्रदायिक समस्या हिंदुओं और मुसलमानों के परस्पर अधिकारों का निपटारा करने में सीमित थी। अब दलित वर्गों की समस्या अधिक जटिल हो गई और गाँधीजी की अधिकांश शक्ति इस समस्या के हल करने में लग गई। गाँधीजी के अनशन से साधारण जनता का ध्यान 1932-33 ई. में पुनः चल रहे सविनय अवज्ञा आंदोलन से हट गया। गाँधीजी ने यह अनुभव किया कि साधारण जनता सरकार के अत्याचारों से भयभीत हो चुकी थी और हताश होकर उसका मनोबल कम हो रहा था। इसलिए उन्होंने अवज्ञा आंदोलन को 9 मई, 1933 ई. को स्थगित कर दिया और सरकार से अनुरोध किया कि वह बंदी बनाए गए सत्याग्रहियों को मुक्त कर दे लेकिन सरकार ने इस ओर ध्यान नहीं दिया। शीघ्र ही 'कौंसिल प्रवेश' की नीति पुनः अपनाई गई।

महात्मा गाँधी जब अवज्ञा आन्दोलन स्थगित कर दिया था तो कांग्रेसी नेताओं को काफी बुरा लगा था। गाँधीजी की नीति उन्हें बड़ी ढुलमुल-सी दिखाई दी। इस नीति पर चलते रहने से किसी समस्या का हल नहीं हुआ और सांप्रदायिक निर्णय भी भारतीय राजनीतिक व्याख्या का एक अंग बन गया। इस निर्णय को और सांप्रदायिक निर्वाचन पद्धति को समाप्त करने के लिए एक अंतिम प्रयत्न अक्टूबर-नवंबर, 1932 ई. में हुआ। दोनों संप्रदायों के विभिन्न प्रतिनिधि राजनीतिक

दलों का एक सम्मेलन बुला कर इस समस्या पर विचार किया गया। पंजाब; बंगाल में मुसलमानों को बहुमत, केंद्र में 32 प्रतिशत निर्वाचित स्थान देकर सांप्रदायिक निर्वाचित प्रणाली को समाप्त करने का प्रयत्न किया गया। लेकिन इसी बीच भारत सचिव ने केंद्र में मुसलमानों को 33-1/3 प्रतिशत स्थान देकर आपसी समझौते के प्रयास को खत्म कर दिया। अक्टूबर-नवंबर 1952 ई. में भी मुसलमानों में सम्मिलित निर्वाचन क्षेत्रों को स्वीकार करने की इच्छा थी लेकिन अंग्रेज साम्राज्यवादियों ने अधिक संरक्षण देकर मुसलमानों को राष्ट्रीय धारा से अलग करने का सफल प्रयास किया। 1919 ई. के अधिनियम में सांप्रदायिक निर्वाचन प्रणाली के स्थापित करने का औचित्य अंग्रेज अधिकारियों ने यह बातया था कि 1916 ई. में कांग्रेस लीग समझौते द्वारा वह स्वीकृत हो चुका था और 1932 ई. में कम्यूनल एवार्ड की घोषणा का आधार यह था कि दोनों पक्षों में समझौता नहीं हुआ था। इसलिए अंग्रेजी सरकार की 'फूट डालो और शासन करो' की नीति भारतीय समस्या को और अधिक गंभीर बना दिया। अंग्रेज लेखकों तथा प्रशासकों ने बहुत बार भारतीय राष्ट्रीयता के विकास में मुख्य बाधा हिंदू-मुसलमानों के मतभेद बताए लेकिन यह वास्तविकता के विपरीत है। सांप्रदायिक निर्णय अथवा 1919 ई. के सुधारों के आधार पर भारतीय निर्वाचन मंडलों को केवल हिंदू मुसलमान क्षेत्रों में ही विभक्त नहीं किया गया। 1919 ई. में ऐसे 10 वर्ग थे जिन्हें विशिष्ट प्रतिनिधित्व दिया गया था। 1933 ई. में यह संख्या बढ़ाकर 18 कर दी गई। इस भेदभावपूर्ण नीति के कारण राष्ट्रीय एकता का शिथिल होना स्वाभाविक था।

5

भारतीय स्वाधीनता और काँग्रेस

भारत के भावी संविधान को लेकर गोलमेज सम्मेलन में विचार-विमर्श हुआ। इसके निष्कर्ष को कंजर्वेटिव दल ने श्वेत पत्र के रूप में प्रकाशन कर दिया। यह श्वेत पत्र संसद के दोनों सदनों की संयुक्त समिति के सामने पेश किया गया। इस समिति के रिपोर्ट के आधार पर गवर्नमेंट ऑफ इंडिया एक्ट 1935 ई. में पारित किया गया। इस एक्ट की विभिन्न विशेषताएँ थीं जिनमें से कुछ विशेषताओं को निम्नलिखित शीर्षकों में स्पष्ट किया गया है–

अखिल भारतीय संघ की स्थापना : भारतीय राज्यों तथा प्रान्तों का एक संघ की स्थापना सुनहरा अवसर था। राज्य के नरेशों को अधिमिलन पत्र पर हस्ताक्षर करके संघ में सम्मिलित होने का अधिकार था। संघ के दोनों सदनों में राज्यों को उचित प्रतिनिधित्व दिया गया था। संघीय असेंबली में 375 में से 125 सदस्य और संघ के दूसरे सदन–कौंसिल ऑफ स्टेट्स–में 260 में से 104 सदस्य नियुक्त करने का उन्हें अधिकार था। भारतीय संघ की स्थापना के लिए दो पूर्व शर्तें रखी गई थीं जिनका अभिप्राय यह था कि भारतीय राज्यों की पर्याप्त संख्या संघ में सम्मिलित होने को तैयार हो। वे शर्तें निम्नलिखित हैं–

1. इतने राज्य सम्मिलित होने के लिए तैयार हों जिन्हें कौंसिल ऑफ स्टेट्स में 52 प्रतिनिधि भेजने का अधिकार हो; और
2. उन राज्यों की जनसंख्या समस्त भारतीय राज्यों की जनसंख्या का 1/2 से कम न हो।

सभी नरेशों द्वारा अधिमिलन प्रस्ताव में यह वर्णित होगा कि वह किन विषयों में संघीय सरकार के अधीन होगा।

1935 ई. के अधिनियम में आयोजित संघ की कभी स्थापना नहीं हुई क्योंकि उचित संख्या में नरेशों ने सम्मिलित होना स्वीकार नहीं किया। संघ की योजना कुछ बेमेल भी दिखाई पड़ती थी। जहाँ एक ओर भारतीय राज्यों के प्रतिनिधि नरेशों (परोक्ष रूप में अंग्रेज रेजिडेंटों) द्वारा मनोनीत किए जाएँगे वहाँ दूसरी ओर निर्वाचित सदस्य भी होंगे। यह व्यवस्था दोनों को अप्रिय थी। राजनीतिक दलों को इसलिए कि प्रजातंत्रीय विकास में मनोनीत सदस्य बाधक होंगे और भारतीय नरेश अपने राज्यों में प्रजातंत्र के भावी प्रभाव से चिंतित थे।

केंद्र में द्वैध प्रशासन की स्थापना : इसकी स्थापना 1935 ई. के अधिनियम के आधार पर किया गया। प्रतिरक्षा, विदेश, धार्मिक तथा कबीलों संबंधी विषयों को छोड़कर शेष सभी विभागों को उत्तरदायी मंत्रियों को सौंप दिया गया लेकिन हस्तांतरित विषयों के संबंध में गवर्नर जनरल को विशेषाधिकार दिए गए जिनकी उचित व्यवस्था के लिए वह मंत्रियों के कार्यों में हस्तक्षेप कर सकता था।

गवर्नर जनरल के विशेषाधिकार उत्तरदायी प्रशासन के विकास में बहुत बड़ी अवरोध थी। उन विशेषाधिकारों की व्यापकता का उल्लेख नीचे की पंक्तियों में किया गया है—

1. लोक सेवाओं के उचित हितों की सुरक्षा तथा राज्य कर्मचारियों और उन पर आश्रितों को आयोजित सुविधाएँ उपलब्ध कराना।
2. इंग्लैंड में बनी हुई वस्तुओं के प्रति भेदभाव की नीति का विरोध।
3. भारतीय राज्यों तथा नरेशों के सम्मान तथा उचित अधिकारों की सुरक्षा।
4. भारत अथवा उसके किसी भाग की शांति को सुरक्षित रखना।
5. संघीय सरकार की वित्तीय साख और स्थायित्व को बनाए रखना।
6. अल्पसंख्यकों के उचित हितों की सुरक्षा।

अलसंख्यक समुदाय धार्मिक ही नहीं बल्कि राजनीतिक, व्यावसायिक, आर्थिक, आदि भी थे। उनके उचित हित क्या हैं? इसके निर्णय का अधिकार भी गवर्नर जनरल को ही था। वित्तीय कुशलता और 'राख' बनाए रखने के लिए किसी भी नीति को उचित ठहराया जा सकता था। लोक सेवाओं और भारतीय नरेशों के हित अत्यंत व्यापक थे।

द्वैध प्रशासन प्रणाली को स्थापित करने से यह स्पष्ट होता था कि अंग्रेज

प्रशासक वास्तव में भारतीय मंत्रियों को सत्ता हस्तांतरण नहीं करना चाहते थे। एक सामान्य व्यवस्था से सत्ता प्रदान करने और फिर विशेषाधिकारों द्वारा उसे वापस लेने की नीति से भारतीयों के प्रति अविश्वास स्पष्ट परिलक्षित होता था।

संघीय व्यवस्थापिका का शक्तिहीन होना : संघीय व्यवस्था पूर्णतः स्वतंत्र नहीं थी जिससे भारतीय मंत्री को बहुत कम अधिकार प्राप्त था। अंग्रेज प्रशासकों ने साम्राज्यवाद को सुरक्षित रखने के लिए संघीय असेंबली में सामान्य क्षेत्रों से निर्वाचित सदस्यों की संख्या इतनी कम रखी थी कि वे सरलता से बहुमत में नहीं हो सकते थे। 375 में 125 भारतीय नरेशों के प्रतिनिधि और 80 से अधिक मुसलमान सदस्य बड़ी सरलता से अपना स्थाई बहुमत स्थापित कर सकते थे।

संघीय विधानसभा के अधिकार अनेक तरह से कम कर दिये गए। जैसे गवर्नर जनरल की आज्ञा के बिना कोई भी वित्तीय विधेयक प्रस्तुत नहीं किया जा सकता था। वह किसी भी विधेयक पर तुरंत विचार करने के लिए कह सकता था। वह किसी भी पास किए हुए विधेयक को भी अस्वीकृत कर सकता था और उसके द्वारा स्वीकृत विधेयक इंग्लैंड सरकार द्वारा अस्वीकृत किया जा सकता था। विधान सभा के अधिवेशन होते हुए भी उसे स्वयं अपनी आज्ञा से किसी अधिनियम अथवा अध्यादेश को पास करने का अधिकार था। गवर्नर जनरल के संकटकालीन अधिकार भी इतने व्यापक थे कि वह न्यायालय को छोड़कर शेष सभी अधिकारों को अपने हाथों में ले सकता था।

प्रांतीय स्वायत्तता की स्थापना : संघीय संस्थाओं की आजादी संघीय प्रणाली या नियम के लिए आवश्यक था। गोलमेज सम्मेलन में मुस्लिम लीग ने विशेषकर इस माँग पर अत्यधिक जोर दिया कि प्रांतों को अधिक से अधिक कार्यक्षेत्र सौंप दिया जाए जिससे मुसलमान बहुमत वाले प्रांतों में वे स्वतंत्र और केंद्र के नियंत्रण से मुक्त रह सकें। वास्तव में प्रांतीय स्वायत्तता पर भी गवर्नर का उसी प्रकार नियंत्रण तथा अधिकार था जिस प्रकार गवर्नर जनरल का केंद्रीय व्यवस्था पर नियंत्रण था। इसके गुण-दोष की विस्तृत चर्चा आगे की जाएगी।

सत्ता विभक्तिकरण की नयी प्रणाली : 1935 ई. के अधिनियम में केंद्र और प्रांतों में सत्ता विभाजन के लिए नवीन प्रणाली का प्रयोग हुआ। विश्व के अन्य संघीय संविधानों में दो पद्धतियाँ थीं। संघ के अधिकार क्षेत्र की स्पष्ट व्याख्या और अवशिष्ट क्षेत्र को इकाइयों को सौंपना (संयुक्त राज्य अमरीका) अथवा इकाइयों के अधिकार क्षेत्र की व्याख्या और अवशिष्ट क्षेत्र को संघ को सौंपना (कनाडा)। भारत के दो

राजनीतिक दल—कांग्रेस और लीग--परस्पर भिन्न विचार रखते थे। इसलिए इस अधिनियम में तीन सूचियाँ तैयार की गईं—संघीय, प्रांतीय और समवर्ती।

एक संघीय न्यायालय की स्थापना : किसी भी संघीय संविधान में यह संभावना होती है कि विभिन्न इकाइयों और संघीय सरकारों में अधिनियम की धाराओं पर परस्पर मतभेद हो। अधिनियम की धाराओं के सही अर्थ और विभिन्न पक्षों के उचित कार्यक्षेत्र की स्पष्ट व्याख्या के लिए एक उच्चसंघीय न्यायालय की आवश्यकता थी। इसलिए 1935 ई. के अधिनियम में एक फेडरल कोर्ट की स्थापना की गई। लेकिन इस न्यायालय द्वारा की गई अधिनियम की व्याख्या अंतिम नहीं थी। इसके निर्णय के विरुद्ध लंदन में प्रीवी कौंसिल को अपील की जा सकती थी।

भारत सचिव के सीमित अधिकार : प्रांत की स्वतंत्रता और केन्द्रीय स्तर पर उत्तरदायी प्रशासन को लागू करने के प्रयत्न का स्वाभाविक परिणाम यह था कि लंदन स्थित भारत सचिव के अधिकारों को कम किया जाए। इस एक्ट में भारतीय परिषद का पतन कर दिया गया तथा तीन सदस्यों को सुझाव देने के लिये चयनित किया गया। उनका सुझाव भारत सचिव के लिए मानना अनिवार्य नहीं था। भारत सचिव का नियंत्रण अब सामान्यतः उन क्षेत्रों तक ही सीमित रह गया जिनमें गवर्नर जनरल संघीय मंत्रिमंडल की सलाह नहीं मानता था अथवा अपने विशेषाधिकारों का प्रयोग करता था। यह क्षेत्र भी कम व्यापक नहीं था। व्यावहारिक रूप में इससे कोई अंतर नहीं पड़ा क्योंकि 1935 ई. के अधिनियम का संघीय पक्ष कभी लागू ही नहीं हुआ और केंद्रीय प्रशासन 1919 ई. के अधिनियम के अधीन ही चलता रहा।

गवर्नर जनरल और गवर्नरों के विशेषाधिकार : 1935 ई. के अधिनियम की सबसे अधिक विशेषता यह थी कि भारत में राष्ट्रीय आंदोलन के दबाव के होते हुए भी वास्तविक सत्ता भारतीय उत्तरदायी प्रशासन को न सौंपकर गवर्नर जनरल के हाथों में केंद्रित कर दी गई। प्रांतीय और केंद्रीय स्तर पर विभिन्न संप्रदायों तथा हितों के प्रतिनिधियों से विधानसभाओं के प्रभाव को कम करने का प्रयत्न किया गया। जो कुछ सत्ता उनको मिली भी थी उसे भी गवर्नरों और गवर्नर जनरल के विशेष अधिकारों के माध्यम से कम करने का प्रयत्न किया गया।

1935 ई. के अधिनियम उक्त विशेषताओं पर दृष्टिपात करते हुए इस अधिनियम के प्रति राष्ट्रीय प्रतिनिधियों की प्रतिक्रिया अनुकूल नहीं थी। इंग्लैंड में भी लेबर दल के नेता एटली की यह धारणा थी कि इस अधिनियम से संघीय स्तर पर रूढ़िवादी और प्रतिक्रियावादी तत्त्वों को इतनी अधिक प्रधानता दी गई कि किसी

भी प्रकार का प्रजातंत्रीय विकास संभव नहीं था। अधिनियम में भारत के लिए डोमिनियन स्टेट्स के लक्ष्य की भी घोषणा नहीं की गई। भारतीय नरेशों के प्रतिनिधियों को प्रांतों तथा अंग्रेजी भारत की जनता के विकास संबंधी विषयों पर निर्णायक मतदान का अधिकार दिया गया। आगामी प्रगति भारतीय नरेशों के प्रतिनिधियों की स्वीकृति के बिना असंभव कर दी गई। संघीय विधान सभा के लिए सीधे चुनाव की परंपरा स्थापित नहीं की गई। इंडियन सिविल सर्विस पर भारत सचिव का ही नियंत्रण था। गवर्नर जनरल के अधिकार इतने व्यापक थे कि वह इंग्लैंड के प्रधानमंत्री अथवा अमरीका के राष्ट्रपति से भी अधिक शक्तिशाली था।

प्रांतीय स्वायत्तता : गोलमेज सम्मेलनों में मुस्लिम लीग ने प्रांतीय स्वतंत्रता पर बहुत अधिक बल दिया था– अंग्रेज प्रशासक भी भारत में राष्ट्रीय आंदोलन की प्रगति को देखते हुए यह आवश्यक समझते थे कि 1917 ई. की घोषणा को पूरा करने के लिए कुछ स्वायत्तता तथा अधिकार भारतीय मंत्रियों को सौंपे जाएँ। इसलिए 1935 ई. के अधिनियम में प्रांतीय स्वायत्तता स्थापित की गई। प्रांतीय स्वायत्तता के लिए प्रांतों का कार्यक्षेत्र अलग निर्धारित करना, उन्हें वित्तीय स्वायत्तता, गवर्नर जनरल के नियंत्रण से मुक्ति देना अनिवार्य था। इसलिए प्रांतीय स्तर पर भारतीय मंत्रियों को पूर्ण सत्ता सौंपी गई।

1935 ई. में बनाये गये अधिनियम को 1 अप्रैल 1937 से प्रान्तीय इलाकों में लागू करने के लिए निर्देशित किया गया। यद्यपि सभी राजनीतिक दलों ने इसे अस्वीकृत किया लेकिन निर्वाचन में भाग लेने के लिए वे सब तैयार हो गए। प्रांतीय विधान सभाओं के निर्वाचनों से कुछ महत्त्वपूर्ण तथ्य सामने आए। कांग्रेस का मुसलमानों पर नहीं के समान प्रभाव था। कुल मुसलमान सदस्यों (482) में इसे केवल 26 स्थान प्राप्त हुए थे और उनमें से 15 उत्तर-पश्चिमी सीमा प्रांत में थे। मुस्लिम लीग को भी मुसलमान सदस्यों की संख्या में कुल 23 प्रतिशत से कम स्थान मिले। पंजाब में इसको 86 में से केवल 2 और बंगाल में 119 में से केवल 40 स्थान मिले। मुस्लिम लीग की सफलता मुसलमानों के अल्पसंख्यक प्रांतों में थी। इसकी सफलता कम होते हुए भी आश्चर्यजनक थी। कांग्रेस की असफलता भी उतनी ही स्पष्ट थी। राष्ट्रीय आंदोलन का संचालन कांग्रेस 50 वर्षों से कर रहा था लेकिन फिर भी वह मुस्लिमों में अलोकप्रिय था।

मद्रास, बिहार, यू.पी. और उड़ीसा जैसे हिन्दू बहुसंख्यक राज्यों में कांग्रेस को बहुमत हासिल हुआ। बंबई, असम और उत्तर-पश्चिमी सीमा प्रांत में कांग्रेसी सदस्यों की सबसे बड़ी संख्या थी।

चुनाव होने के बाद राज्यों में मंत्रिमंडल गठित करने का प्रश्न खड़ा हुआ। परन्तु इसमें दो प्रश्न प्रमुख थे जो निम्न हैं–

(1) मंत्रिमंडल केवल बहुसंख्यक दल द्वारा अपने सदस्यों से ही बनाया जाए अथवा कई दलों का मिला-जुला हो। यह प्रश्न केवल उन प्रांतों में विचारणीय था जहाँ कांग्रेस का स्पष्ट बहुमत था। अन्य स्थानों पर किसी एक दल का मंत्रिमंडल बन ही नहीं सकता था।

(2) अधिनियम में प्रांतीय गवर्नरों को अत्यधिक अधिकार दिए गए थे जिनसे वे दैनिक प्रशासन में हस्तक्षेप कर सकते थे। ऐसी स्थिति में मंत्रिमंडल बनाना उस समय तक व्यर्थ था जब तक गवर्नर जनरल की ओर से यह आश्वासन न मिल जाए कि गवर्नर सांविधानिक अध्यक्ष की भाँति ही कार्य करेंगे।

इस विषय पर कई सप्ताहों तक कोई निर्णय नहीं हुआ। अंत में 21 जून को गवर्नर जनरल ने इस प्रकार का आश्वासन दिया और 7 जुलाई, 1937 ई. को कांग्रेस बहुमत वाले प्रांतों में मंत्रिमंडल बनाए गए।

बहुमत प्राप्त प्रांतों में कांग्रेसी नेता मुस्लिम लीग के सदस्यों को मंत्रिमंडल में सम्मिलित करने के पक्ष में थे, यदि विधान सभाओं में मुस्लिम लीग के पृथक् अस्तित्त्व को समाप्त कर दिया जाए। मुस्लिम लीग इस पर सहमत नहीं हुई और कांग्रेसी मंत्रिमंडलों में सम्मिलित नहीं हुई। दूसरी ओर कांग्रेसी नेताओं ने 'जन संपर्क' कार्यक्रम आरंभ किया जिससे मुसलमानों में कांग्रेस की लोकप्रियता बढ़ सके।

कांग्रेसी सरकार का गठन होने के बाद सभी बन्दी राजनीतिक कार्यकर्ताओं को जेल से रिहा कर दिया गया। सामाजिक क्षेत्र में हरिजन उद्धार, शराबबंदी और प्रारंभिक शिक्षा की ओर प्रायः सभी स्थानों पर समान रूप से ध्यान दिया गया। लेकिन 3 सितंबर, 1939 ई. को दूसरा विश्व युद्ध आरंभ हो गया। गवर्नर जनरल ने भारत को बिना मंत्रिमंडलों से पूछे युद्ध में सम्मिलित कर दिया। कांग्रेस ने साम्राज्यवादी युद्ध में भाग लेने से मना कर दिया। उसका कहना था कि विश्व में प्रजातंत्र और स्वतंत्रता को भी तभी बचाया जा सकता था जबकि भारत स्वयं भी स्वतंत्र हो इसलिए कांग्रेस वर्किंग कमेटी और ए.आई.सी.सी. ने अंग्रेजी सरकार से युद्ध के लक्ष्य संबंधी घोषणा करने के लिए कहा तब ही भारत युद्ध में अंग्रेजों का सहयोग कर सकता था।

कांग्रेस के प्रस्ताव को भारत सचिव ने सौदेबाजी समझा। गवर्नर जनरल ने भारत सचिव को यह आश्वासन दिया कि युद्ध प्रयत्नों में कांग्रेस के असहयोग से कोई अंतर नहीं पड़ेगा। कांग्रेस नेताओं–गाँधीजी, जवाहरलाल नेहरू और डॉ. राजेंद्र

प्रसाद—ने गवर्नर जनरल से भेंट करके उन्हें अंग्रेज समर्थक भावनाओं से अवगत कराया। लिनलिथगो अपने मित्रों—मुसलमानों और भारतीय नरेशों—को प्रसन्न करना चाहता था इसलिए उसने 17 अक्टूबर, 1939 ई. को घोषणा की कि युद्ध समाप्ति पर भारत के विभिन्न हितों, राजनीतिक दलों, संप्रदायों के प्रतिनिधियों से विचार-विमर्श करके संविधान में आवश्यक संशोधन किए जाएँगे। इस घोषणा से यह स्पष्ट हो गया कि अगर अंग्रेज प्रजातंत्र की प्रगति रोक सकेंगे तो वे अवश्य ही रोक देंगे। परिणामस्वरूप कांग्रेस के सामने अब कोई रास्ता नहीं बचा और कांग्रेस प्रतिनिधियों ने मंत्रिमंडल के इस्तीफा दे दिया।

मुस्लिम राजनीति (1930-1940)

मुसलमान राजनीति भी दो गुटों में बंटा था। 1929 ई. में जिन्ना मुसलमानों के परस्पर विरोधी गुटों की राजनीति से दुखी होकर इंग्लैंड चले गएँ। 1930 ई. में इकबाल ने मुस्लिम लीग में अपना अध्यक्षीय भाषण देते हुए यह लक्ष्य प्रस्तुत किया कि उत्तर-पश्चिमी भारत के मुसलमान बहुमत वाले प्रांतों को एक राज्य बना दिया जाए। उस वर्ष लीग ने इस संदर्भ में कोई प्रस्ताव इसलिए पास नहीं किया था क्योंकि लीग के अधिवेशन में उपस्थित सदस्यों की संख्या कोरम से कम थी। इकबाल ने जिस आधार पर उत्तर-पश्चिमी भारत के मुसलमानों के लिए एक राज्य की कल्पना की (मिल्लत की एकता) वह ही आगे चलकर पाकिस्तान की माँग के लिए औचित्य बनी। गोलमेज सम्मेलन और कम्यूनल एवार्ड (सांप्रदायिक निर्णय) के पश्चात् जिन्ना भारत लौट आए और उन्होंने मुस्लिम लीग को चुनाव लड़ने के लिए पुनः संगठित करने का प्रयत्न किया। 1937 ई. के निर्वाचनों में लीग की सफलता उल्लेखनीय थी क्योंकि इसके पहले मुस्लिम लीग का भारत के मुस्लिमों के सामान्य वर्ग में कोई खास असर नहीं था।

मुस्लिम लीग किसी भी जन आंदोलन में शामिल नहीं हुआ था। यह मुसलमानों के अल्पसंख्यक प्रांतों में ही प्रभावशाली थी और वहाँ इसकी सफलता आश्चर्यजनक थी। 1937 ई. के पश्चात् जिन्ना ने मुस्लिम लीग को वास्तव में मुसलमानों की प्रतिनिधि पार्टी और मुस्लिम बहुमत वाले प्रांतों में प्रभावशाली बनाने का प्रयत्न किया जिससे वह यह तर्क प्रभावशाली ढंग से रख सकें कि लीग मुसलमानों का प्रतिनिधित्व करने वाली एकमात्र पार्टी है। बंगाल, पंजाब और सिंध के प्रांतीय मुस्लिम दल भी यह चाहते थे कि अखिल भारतीय स्तर पर कांग्रेस के समक्ष

मुसलमानों का पक्ष प्रस्तुत करने के लिए उनका भी एक संगठित दल होना चाहिए। इसलिए जिन्ना को अपना लक्ष्य प्राप्त करने में बहुत कठिनाई नहीं हुई। बंगाल में कुल 250 विधान सभा क्षेत्र थे जिसमें से फल्ज-उल-हक दल को मात्र 35 विधान सभा निर्वाचनों में सफलता मिली जबकि मुस्लिम लीग पार्टी को 40 विधान सभा क्षेत्रों में सफलता मिली थी फज्ल-उल-हक ने मंत्रिमंडल बनाने के लिए प्रत्येक प्रकार के प्रयत्न किए। उसने लीग में सम्मिलित होना स्वीकार किया यदि उसे मंत्रिमंडल का नेता स्वीकार कर लिया जाए। इसी प्रकार मई, 1937 ई. में पंजाब के नेता भी अखिल भारतीय स्तर पर जिन्ना के नेतृत्व को स्वीकार करने के लिए तैयार थे। अल्पसंख्यक प्रांतों में मुस्लिम लीग को कांग्रेस मंत्रिमंडलों में प्रतिनिधित्व नहीं मिला। इन प्रांतों में कांग्रेस को मुसलमान सीटों में नगण्य सफलता मिली थी। यू.पी. में 64 में 1, बिहार में 40 में 5, मद्रास में 28 में 5 स्थान कांग्रेस को मिले। इसलिए कांग्रेस का मुस्लिम लीग के सदस्यों को मंत्रिमंडल में इस शर्त पर सम्मिलित करना कि वे कांग्रेस में सम्मिलित हों, भारतीय परिप्रेक्ष्य में अनुचित था जबकि कांग्रेस राष्ट्रीय होने का दावा करती थी और उत्तर-पश्चिमी सीमा प्रांत को छोड़कर शेष प्रांतों में मुसलमानों के लिए निर्धारित सीटों में उसे 2 प्रतिशत से भी कम स्थान उपलब्ध हुए थे। कांग्रेसी मंत्रिमंडलों के विरुद्ध मुस्लिम लीग ने यह प्रचार आरंभ किया कि हिंदू राज्यों में मुसलमानों पर अत्याचार होते थे और झूठी तथा मनगढ़ंत घटनाओं का वर्णन करके कांग्रेस के विरुद्ध मुसलमानों में घृणा बढ़ानी आरंभ की। वंदे मातरम गीत का कांग्रेस द्वारा प्रयोग, मस्जिदों के सामने गायन, हिंदी को प्रोत्साहन, नौकरियों में असमानता तथा मुसलमानों के खिलाफ पक्षपात का प्रचार करना शुरू कर दिया।

सन् 1930 में मुस्लिम लीग के वार्षिक सम्मेलन का आयोजन लखनऊ में किया गया। इस सम्मेलन व अधिवेशन में पंजाब के मुख्यमंत्री सर सिकंदर हयात खाँ और मोहम्मद अली जिन्ना में एक समझौता हुआ जो 'सिकंदर जिन्ना पैक्ट' के नाम से प्रसिद्ध है। पंजाब में युनियनिस्ट दल के मुसलमान सदस्यों को मुस्लिम लीग की सदस्यता स्वीकार कराने के लिए सिकंदर हयात खाँ ने घोषणा की किंतु मंत्रिमंडल युनियनिस्ट दल का ही कहलाएगा। यह पैक्ट वास्तव में सर सिकंदर की एक घोषणा थी। यह कोई लिखित समझौता, जिस पर दोनों नेताओं के हस्ताक्षर हों, नहीं था। सिकंदर यह आशा करता था कि इस घोषणा से मुस्लिम लीग द्वारा उसके नेतृत्व के विरुद्ध प्रयत्न नहीं होंगे। 1937 ई. के निर्वाचन में जिन्ना पंजाब में पूरी तरह असफल रहा था। इसलिए वह सिकंदर के साथ समझौते का इच्छुक था। वह जानता था कि

पंजाब में लीग का प्रभाव युनियनिस्ट दल के सहयोग से ही संभव था। इसलिए 1938 ई. में पंजाब की पुरानी मुस्लिम लीग के स्थान पर नई मुस्लिम लीग को जिसमें युनियनिस्ट दल का प्रभुत्व था, मान्यता प्रदान की गई। बंगाल के फज्ल-उल-हक की स्थिति इतनी दृढ़ नहीं थी। बंगाल में मुस्लिम लीग के भी 40 सदस्य थे और प्रजापार्टी (फज्ल-उल-हक का दल) के केवल 35 सदस्य ही थे। सिंध का अपना महत्त्व कम था। इन दोनों प्रांतों पर जिन्ना का प्रभुत्व स्थापित होने के पश्चात् सिंध पर नियंत्रण करना आसान था।

1938 ई. में लीग ने कांग्रेस प्रशासन द्वारा मुसलमानों पर तथाकथित अत्याचारों की जाँच करने के लिए पिरपुर के राजा मोहम्मद मेहदी की अध्यक्षता में एक समिति नियुक्त की। इस समिति द्वारा प्रस्तुत पिरपुर रिपोर्ट कपोल कल्पित कांग्रेसी अत्याचारों का एक वर्णन है। इस रिपोर्ट के आधार पर मुस्लिम लीग यह सिद्ध करना चाहती थी कि संसदात्मक प्रणाली भारत के लिए उपयुक्त नहीं थी। पिरपुर रिपोर्ट की भाँति बिहार में 'शरीफ रिपोर्ट' प्रकाशित की गई जिसमें बिहार में किए गए कल्पित अत्याचारों का वर्णन था। इसी प्रकार की रिपोर्ट फज्ल-उल-हक ने प्रकाशित की जिसका शीर्षक था 'कांग्रेस प्रशासन में मुसलमानों पर अत्याचार'। यह भी पहली दो रिपोर्टों की भाँति कल्पित घटनाओं पर आधारित थी। इन रिपोर्टों में कोई नया आक्षेप नहीं लगाया गया। इनका अभिप्राय इतना अवश्य था कि मुस्लिम लीग को मुसलमानों का एकमात्र प्रतिनिधि मान लिया जाए और सरकार में सम्मिलित कर लिया जाए। 1938 ई. में नेहरू के साथ पत्र व्यवहार में जिन्ना ने मुस्लिम लीग के लिए कांग्रेस के साथ समानता चाही थी। नेहरू 1937 ई. के पश्चात् भारतीय समस्या का हल दो पक्षों—कांग्रेस और अंग्रेजी सरकार—के द्वारा संभव मानते थे। वहाँ जिन्ना 1931 ई. से यह कहते चले आ रहे थे कि यह समस्या चार पक्षों के मध्य हल हो सकती थी। दो अतिरिक्त पक्ष थे—मुस्लिम लीग और भारतीय राज्य। जिन्ना ने दिसंबर 1938 ई. में कांग्रेस को हिन्दू संगठन की संज्ञा दिया।

जिन्ना को सन् 1937 के पश्चात् यह अनुमान हो गया था कि किसी भी प्रजातंत्रीय व्यवस्था के अन्तर्गत मुस्लिम लीग पार्टी को पूर्ण बहुमत नहीं मिलने वाला है और कांग्रेस ने जो नीति अपनाई थी उसके अनुसार मुस्लिम लीग को केवल कांग्रेस की कृपा पर आश्रित रहना पड़ेगा। इसलिए वे किसी ऐसी योजना के विषय में सोच रहे थे जिससे लीग और मुसलमानों की यह समस्या हल हो सके। 1930 ई. में इकबाल द्वारा प्रस्तुत योजना तथा 1933 ई. के पश्चात् कुछ अन्य उसी प्रकार की

योजनाएँ जिन्ना के समक्ष थीं जिनके अनुसार भारतीय मुसलमानों के लिए पृथक् राज्य की कल्पना की गई थी। जिन्ना की समस्या भारत विभाजन योजनाओं के प्रति अंग्रेज सरकार की प्रतिक्रिया जानने की थी। अक्टूबर, 1938 ई. में भारत से चार मुसलमान (जिनमें दो मुस्लिम लीग कार्यकारिणी के भी सदस्य थे) मिस्र में हो रहे पैलेस्टाइन सम्मेलन में भाग लेने के लिए गए। लीग की कार्यकारिणी के सदस्य इंग्लैंड में भारत उपसचिव तथा सचिव से मिले और भारतीय समस्या के हल के रूप में भारत विभाजन की योजना की चर्चा की। उन अधिकारियों ने परोक्ष रूप में इस योजना पर सहमति प्रकट की। वे सदस्य जब मई 1939 ई. में भारत आये तो जिन्ना अत्यधिक सक्रिय हो गये।

सन् 1939 में यूरोप में द्वितीय विश्वयुद्ध प्रारम्भ हो गया तथा भारत में गवर्नर जनरल ने इंग्लैंड के समर्थन में भारत को भी युद्ध में धकेल दिया। कांग्रेसी मंत्रिमंडल ने सरकार से युद्ध के उद्देश्यों के संबंध में स्पष्टीकरण माँगा। गवर्नर जनरल के स्पष्टीकरण न देने पर कांग्रेस कार्यकारिणी के आदेशानुसार अक्टूबर-नवंबर, 1939 ई. में कांग्रेसी मंत्रिमंडलों ने त्यागपत्र दे दिए। जिन्ना ने देश के मुसलमानों को 22 दिसंबर, 1939 ई. को 'मुक्ति दिवस' के रूप में मनाने के आदेश दिए। भारतीय मुसलमानों को इस प्रकार उत्तेजित किया गया कि वे कांग्रेसी प्रशासन के विरुद्ध जिन्ना द्वारा लगाए गए काल्पनिक आक्षेपों को सही समझने लगे।

जिन्ना के व्यवहार में जनवरी 1940 में कुछ बदलाव दृष्टिगत होने लगा। इन्होंने एक सभा को सम्बोधित करने हुए अपनी भावनाओं को स्पष्ट करते हुए कहा कि हिन्दू और मुसलमानों को पृथक् सभ्यताओं तथा कौमों के सदस्य बताया। भारत का भावी संविधान ऐसा होना चाहिए जिसमें कांग्रेस और लीग को समान अधिकार उपलब्ध हों। मार्च, 1940 ई. में जिन्ना ने घोषणा की कि कोई भी संवैधानिक योजना भारत में उस समय तक लागू नहीं होनी चाहिए जब तक दल उस पर सहमत न हों। यदि कोई संविधान बिना मुसलमानों की सहमति के लागू किया गया तब मुसलमान उसका विरोध करेंगे। 1937-40 ई. के मध्य जिन्ना की दो प्रमुख उपलब्धियाँ थीं—पहली उन्होंने मुस्लिम लीग का प्रभाव भारत के सभी प्रांतों पर स्थापित कर दिया। दूसरी मुसलमानों को एक अलपसंख्यक समुदाय की अपेक्षा एक कौम कहना आरंभ किया और उसी प्रकार के वाक्यों तथा तर्कों का प्रयोग किया जो इकबाल ने 1930 ई. में किए थे। इसी स्थिति में उन्होंने यह भी स्पष्ट किया कि मुसलमान किसी भी ऐसी व्यवस्था को स्वीकार नहीं करेंगे जिसमें बहुसंख्यक हिंदुओं

की सरकार स्थापित हो सके। इन दोनों भावनाओं का साकार रूप 23 मार्च, 1940 ई. को लीग के वार्षिक अधिवेशन में पाकिस्तान प्रस्ताव के रूप में पेश हुआ।

पाकिस्तान प्रस्ताव : 23 मार्च 1940 को मुस्लिम लीग के वार्षिक अधिवेशन में लाहौर प्रस्ताव को मंजूरी प्रदान कर दी गयी। इस प्रस्ताव की रूपरेखा तैयार करने में सर सिंकदर हयात खाँ, फज्ल-उल-हक, खलीक उज्जमाँ का काफी हाथ था। प्रस्ताव का मुख्य भाग था : 'इस देश में कोई भी संवैधानिक योजना पर उस समय तक मुसलमानों की स्वीकृति नहीं होगी जब तक वह इस आधार पर न बनी हो कि उत्तर-पश्चिमी और पूर्वी भारत में मुसलमानों के बहुसंख्यक भौगोलिक दृष्टि से संलग्न क्षेत्रों को पृथक् स्वायत्त संपन्न स्वतंत्र राज्यों में न बना दिया जाए।' इस प्रस्ताव को फज्ल-उल-हक ने प्रस्तुत किया और खलीक उज्जमाँ ने इसका अनुमोदन किया। इस प्रस्ताव में कोई स्पष्ट योजना अथवा रूपरेखा प्रस्तुत नहीं की गई थी। लीग का वर्किंग कमेटी को यह अधिकार दे दिया गया कि वह आवश्यक रूपरेखा तैयार करे।

जिन्ना पाकिस्तान प्रस्ताव की व्याख्या नहीं कर पाया जिसके आधार पर यह कहा जा सकता है कि पाकिस्तान प्रस्ताव की माँग निश्चित नहीं थी और यह केवल सौदेबाजी का एक ढंग था। किन्तु यह ध्यान रखने योग्य बात है कि 1940-46 ई. के मध्य जितने संवैधानिक प्रस्ताव रखे गए उन्हें मुस्लिम लीग ने उस समय तक स्वीकार नहीं किया जब तक केंद्रीय प्रशासन में लीग कांग्रेस में समानता, मुस्लिम बहुमत वाले प्रांतों को प्रायः पूर्ण स्वायत्तता और केंद्र के नियंत्रण से मुक्ति न मिल गई। चूँकि ये माँगें कांग्रेस के लिए स्वीकार करना प्रायः असंभव था इसलिए उत्तरोत्तर यह स्पष्ट होता गया कि देश विभाजन ही एकमात्र राजनीतिक हल था।

सन् 1930 में देश विभाजन की योजना अथवा प्रारूप सर्वप्रथम इकबाल ने पेश किया था। उस समय भारतीय संघ की योजना विचाराधीन थी। इसलिए उसमें पृथक् स्वतंत्र राज्यों का वर्णन नहीं था। 1933 ई. में कैंब्रिज के कुछ मुसलमान विद्यार्थियों (रहमत अली तथा अन्य) ने इस प्रकार की योजना प्रस्तुत की। जुलाई, 1939 ई. में सर सिकंदर हयात खाँ ने भी एक योजना प्रकाशित की जिसने भारत में सात क्षेत्रीय राज्यों और इन सातों क्षेत्रों के एक संघ की व्यवस्था थी जिसे कम से कम कार्य सौंपे गए। सिकंदर हयात खाँ ने स्वयं अपनी योजना की व्याख्या करते हुए कहा कि यदि आवश्यक हुआ तो केंद्रीय संगठन को समाप्त भी घोषित किया जा सकता था। फज्ल-उल-हक ने स्वयं पाकिस्तान प्रस्ताव को प्रस्तुत किया था। इसलिए यह कहना अनुचित होगा कि यह प्रस्ताव केवल जिन्ना का था। 1940-46

ई. में जिन्ना के नियंत्रण से मुक्त होने के लिए पंजाब, बंगाल और सिंध के मुख्य मंत्रियों ने प्रयत्न किए और इस दिशा में उनमें और जिन्ना में मतभेद भी काफी हुए। फज्ल-उल-हक ने लीग का साथ छोड़कर अन्य दलों के साथ बंगाल में मंत्रिमंडल बनाया। 1946 ई. में युनियनिस्टों ने भी पंजाब में इसी प्रकार का प्रयत्न किया लेकिन इसका अभिप्राय यह नहीं था कि वे पाकिस्तान अथवा मुसलमान बहुसंख्यक प्रांतों के पृथक् संघ के पक्ष में नहीं थे बल्कि वे दोनों--फज्ल-उल-हक और खिज्र हयात खाँ (पंजाब में सिकंदर हयात खाँ का उत्तराधिकारी) अपनी सत्ता को बनाए रखना चाहते थे। जिन्ना केंद्र में हिंदू बहुसंख्यकों के नियंत्रण को खत्म कर देना चाहते थे। इसलिए फज्ल और खिज्र हिंदुओं के प्रति सामान्यतः वैसा दृष्टिकोण नहीं अपना सकते थे जैसा जिन्ना के लिए संभव था। इस आधार पर यह कहना उचित नहीं होगा कि सिर्फ जिन्ना ही पाकिस्तान की मांग के लिए जिम्मेदार था।

मुस्लिमों ने सन् 1937 से पाकिस्तान की मांग की जिसमें कुछ कांग्रेसियों का भी योगदान था। इस मत के अनुसार इंग्लैंड में प्रचलित पार्लियामेंटरी पद्धति के आधार पर केवल बहुमत को ही मंत्रिमंडल बनाने का अधिकार उस स्थिति में तो ठीक हो सकता था जहाँ जनता के निर्णयों से बहुमत बदल सकता हो लेकिन भारत में जहाँ सांप्रदायिक निर्वाचन प्रणाली प्रचलित हो और उत्तर-पश्चिम सीमा प्रांत को छोड़कर शेष 10 प्रांतों में कांग्रेस को मुसलमानों के लिए निर्धारित स्थानों में 2 प्रतिशत भी स्थान प्राप्त नहीं हुए हों केवल बहुमत के आधार पर मंत्रिमंडल का गठन सैद्धांतिक रूप में भले ही ठीक हो लेकिन व्यावहारिक रूप में इसका परिणाम दूरगामी तथा हानिकारक हुआ। इस मत के अनुसार कांग्रेस के राष्ट्रीय संस्था होने की जाँच का सबसे पहला अवसर 1937 ई. में था जिससे यह स्पष्ट अवश्य हुआ कि मुसलमानों की सदस्यता तथा नेतृत्व उपलब्ध होने के बाद भी कांग्रेस मुसलमानों में लोकप्रिय नहीं थी।

लाहौर प्रस्ताव (पाकिस्तान प्रस्ताव) द्वारा प्रमुख सहायक कारक मुसलमानों के प्रभावशाली नेताओं की हिंदुओं के समान राजनीतिक अधिकारों की कल्पना थी। सर सैयद के समय से विभिन्न प्रभावशाली नेताओं--मौलाना मोहम्मद अली, सर मोहम्मद इकबाल और मोहम्मद अली जिन्ना--ने बदली हुई परिस्थितियों में इस भावना को व्यक्त किया। जिन्ना एक अत्यंत कुशल वार्ताकार थे। 1940 ई. के पश्चात् जिन्ना पाकिस्तान की माँग का स्पष्टीकरण अन्य राष्ट्रीय नेताओं द्वारा सैद्धांतिक रूप में मान्यता के पश्चात् ही करना चाहते थे। लाहौर प्रस्ताव पास किए जाने के पश्चात्

भी जिन्ना ने 1940-46 ई. के मध्य लीग और कांग्रेस के आपसी समझौते की आवश्यकता पर बल दिया। लेकिन इस समझौते का जिन्ना के अनुसार आधार केंद्रीय सरकार में हिंदू-मुस्लिम समानता थी। मुसलमानों को केंद्रीय प्रशासन में समानता देना यद्यपि जनसंख्या में वे एक चौथाई से अधिक नहीं थे, कांग्रेस द्वारा स्वीकार नहीं किया जा सकता था जहाँ एक ओर यह प्रजातांत्रिक सिद्धांतों के विरुद्ध था, दूसरी ओर इसका अर्थ कांग्रेस के राष्ट्रीय रूप को समाप्त कर देना था। बहुधा यह प्रश्न पूछा जाता है कि क्या भारत विभाजन 'अवश्यंभावी' था? सैद्धांतिक स्तर पर इसका उत्तर 'नहीं' में ही दिया जा सकता है। लेकिन व्यावहारिक स्तर पर मुसलमान नेताओं की 'समानता' की माँग को अन्य किसी आधार पर पूरा ही नहीं किया जा सकता था।

ब्रिटिश साम्राज्यवादी नीति (1939-1946)

भारत के विभिन्न क्षेत्रों में 1939 ई. के पश्चात् बहुत अधिक घटनाएं घटित हो रही थी तथा आने वाले 6-7 वर्षो के दौरान कुछ ऐसे अवसर पैदा हुए जब कि ईमानदारी के साथ यदि अंग्रेज प्रशासक भारतीय समस्या का हल ढूँढ़ना चाहते तो ढूँढ़ सकते थे। लेकिन वे भारत की स्वाधीनता के मार्ग में विभिन्न बाधाएँ खड़ी करना चाहते थे जिससे उनका भारत पर नियंत्रण अधिक से अधिक समय तक रह सके। विभिन्न प्रांतों में कांग्रेसी मंत्रिमंडलों के त्यागपत्र दे देने से लिनलिथगो को अत्यधिक स्वतंत्रता मिल गई। उसने लीग और अन्य अंग्रेज समर्थक तत्त्वों पर अधिक आश्रित होना आरंभ कर दिया। कांग्रेस मंत्रिमंडलों का त्यागपत्र न केवल लीग और अंग्रेजों के गठबंधन तथा मुसलमानों पर जिन्ना को नियंत्रण बढ़ाने में निर्णायक सिद्ध हुआ बल्कि भारतीय राजनीतिक गतिविधियों को प्रभावित करने की भी क्षमता कांग्रेस के हाथों से जाती रही। इन घटनाओं के अनुभव के आधार पर यह कहा जा सकता है कि कांग्रेस मंत्रिमंडलों का त्यागपत्र देना बड़ी भारी गलती थी। कांग्रेस ने गवर्नर जनरल से युद्ध संबंधी उद्देश्यों का स्पष्टीकरण करने के लिए कहा था और लिनलिथगो से सांप्रदायिक समस्या के निदान को भी उसमें शामिल कर दिया।

8 अगस्त, 1940 का प्रस्ताव : द्वितीय विश्वयुद्ध जब आरम्भ हुआ तो 1940 ई. के पूर्वाद्ध में जर्मनी ने डेनमार्क, नार्वे, हालैंड, बेल्जियम, फ्रांस आदि पर सफलता प्राप्त कर ली और ऐसा प्रतीत होता था कि शायद इंग्लैंड पर भी शीघ्र सफलता मिल जाएगी। कांग्रेस वर्किंग कमेटी कुछ शर्तों पर पुनः पद ग्रहण करने के पक्ष में थी

जिससे युद्ध संचालन में इंग्लैंड का समर्थन किया जा सके। लेकिन वे अंग्रेज सरकार से उसकी नीति और भारतीय संवैधानिक प्रगति के संबंध में वक्तव्य चाहते थे। लिनलिथगो इस समय तक पूरी तरह से प्रतिक्रियावादी और कांग्रेस को पीछे धकेलने की नीति का समर्थक हो चुका था। अपनी 8 अगस्त, 1940 ई. की घोषणा में उसने निम्नलिखित तथ्यों पर अधिक जोर दिया—

1. अल्पसंख्यकों की स्वीकृति के अभाव में सरकार किसी भी संवैधानिक परिवर्तन को लागू नहीं करेगी और न ही सरकार की शक्ति का प्रयोग उन अल्पसंख्यकों को दबाने में लगाया जाएगा।
2. युद्ध समाप्ति के पश्चात् विभिन्न भारतीय हितों तथा दलों के प्रतिनिधियों की एक बैठक बुलाई जाएगी जिसमें संवैधानिक विकास पर विचार किया जाएगा।
3. गर्वनर जनरल की सलाहकार कौंसिल का विस्तार तुरंत ही किया जाएगा और विभिन्न दलों के तथा विचारधाराओं के व्यक्ति सम्मिलित किए जाएँगे।

राष्ट्रीय स्वतंत्रता के रास्ते में उपर्युक्त प्रस्ताव ने अल्पसंख्यकों की समस्या निदान को सबसे बड़ा अवरोध बना दिया था। अल्पसंख्यकों को किसी भी प्रगति अथवा परिवर्तन के लागू करने में 'वीटो' का अधिकार प्रदान कर देने से देश विभाजन के लिए यह घोषणा बीजारोपण सिद्ध हुई। लिनलिथगो ने मुस्लिम लीग और जिन्ना को दुराग्रही और हठी बना दिया। अगस्त, 1940 ई. के प्रस्तावों से उन्हें वह सब कुछ मिल गया जो अब तक कभी नहीं मिला था। अंग्रेजी साम्राज्य की सुरक्षा के प्रति कांग्रेसी नेता सतर्क थे और सहयोग देने के लिए तैयार थे। इस घोषणा ने अंग्रेजी कूटनीति के प्रति अविश्वास को अत्यधिक बढ़ा दिया। लिनलिथगो ने अपनी कार्यकारिणी का विस्तार करने में भी एक वर्ष लगाया। अंग्रेजी नीति की ईमानदारी के संबंध में भारतीय नेताओं का विश्वास प्रायः समाप्त हो रहा था और जो कुछ कमी थी वह इंग्लैंड के प्रधानमंत्री चर्चिल ने 9 सितंबर, 1941 ई. को पूरी कर दी जब उसने इंग्लैंड संसद में यह घोषणा की कि एटलांटिक चार्टर (मित्र राष्ट्रों के युद्ध के उद्देश्यों संबंधी घोषणा) भारत पर लागू नहीं होगा। इस वक्तव्य के पश्चात् भारतीय नेताओं का यह विश्वास मजबूत हो गया कि ब्रिटिश भारतीय स्वाधीनता स्थापित नहीं होने देना चाहती है।

जापान की सफलता और क्रिप्स प्रस्ताव : 1942 ई. के शुरुआती दौर में जापान को पूर्वी एशिया में बहुत अधिक सफलता हाथ लगी थी। अंग्रेजी सेनाओं को

सिंगापुर, मलाया से भागना पड़ा और बर्मा में भी कई स्थानों से हटना पड़ा। जापान ने यह प्रचार आरंभ किया कि वह भारत को अंग्रेजी नियंत्रण से मुक्त कराने आ रहा था। भारतीय नेताओं का जापान के इस प्रचार में विश्वास नहीं था लेकिन साथ ही उनकी इंग्लैंड के प्रति सहानुभूति में भी कोई वृद्धि नहीं हुई। उनकी दृष्टि में जापान भी इंग्लैंड से कम साम्राज्यवादी नहीं था। इतना अवश्य हुआ कि अंग्रेजी शक्ति की अजेयता में से विश्वास उठ गया। जापानियों का रंगून पर 7 मार्च, 1942 में का लक्षण परिलक्षित होने लगा।

चर्चिल ने युद्ध की बिगड़ती हालात के कारण 11 मार्च को घोषणा की कि सर स्टेफर्ड क्रिप्स को भारत भेजा जाएगा। इस घोषणा के पीछे अमरीकी राष्ट्रपति रूजवेल्ट का भी काफी हाथ था। स्टेफर्ड क्रिप्स 23 मार्च, 1942 ई. को दिल्ली पहुँचा और उसने निम्न प्रस्तावों की 30 मार्च, 1942 ई. को घोषणा की। क्रिप्स योजना को प्रमुख दो हिस्सों में बाँट सकते है। पहले भाग में युद्ध समाप्ति के पश्चात् भारत में डोमिनियन स्थापित करने की योजना थी और दूसरे भाग में तत्कालीन परिवर्तनों की व्यवस्था थी। पहले भाग में बताया गया कि युद्ध समाप्ति पर एक निर्वाचित संविधान सभा बुलाकर (जिसमें भारतीय राज्यों के प्रतिनिधि भी होंगे) नए संविधान की रूपरेखा तैयार की जाएगी। ब्रिटिश प्रशासन इस संविधान को निम्न दो शर्तों पर सम्पूर्ण रूप से पारित करेगी। पहली शर्त के अनुसार यदि कोई प्रांत उसे स्वीकार न करे तो वह वर्तमान स्थिति में बना रह सकता था और यदि वह प्रांत पूर्ण स्वतंत्रता चाहे तो अंग्रेज सरकार को कोई आपत्ति नहीं होगी। दूसरी शर्त के आधार पर इंग्लैंड और संविधान सभा में एक संधि होगी जिसमें अंग्रेजी सरकार द्वारा धार्मिक और जातीय अल्पसंख्यकों को दिए गए आश्वासनों का वर्णन होगा। यदि कोई भारतीय राज्य नए भारतीय संविधान को स्वीकार करना चाहे तो उसे ब्रिटिश प्रशासन के साथ एक नवीन समझौता करना पड़ेगा।

इस संविधान सभा का निर्वाचन समस्त नई निर्वाचित प्रांतीय विधान सभाओं के सदस्य का एक निर्वाचन मंडल बनाकर किया जाएगा। संविधान सभा के सदस्यों की संख्या विभिन्न विधान सभाओं के कुल सदस्यों का 1/10 होगी।

दूसरे भाग में युद्ध के समय की व्यवस्था थी। देश की सुरक्षा और प्रतिरक्षा का पूर्ण उत्तरदायित्व अंग्रेजों पर था लेकिन भारत सरकार और भारतीय नेताओं के सहयोग के बिना भारतीय जन धन की पूरी सहायता उपलब्ध नहीं हो सकती थी। इसलिए भारतीय नेताओं को विभिन्न स्तरों का सहयोग करने के लिए आमंत्रित किया गया।

मुस्लिम लीग को क्रिप्स योजना ने बढ़ावा दिया और उसने भारत के विभिन्न प्रान्तों तथा राज्यों को अलग-अलग मान्यता दे दिया। कांग्रेस वर्किंग कमेटी ने 10 अप्रैल, 1942 ई. को अपने प्रस्ताव में यह स्वीकार कर लिया था कि यद्यपि कांग्रेस भारतीय एकता और अखंडता के लिए प्रयत्नशील रही है लेकिन वह किसी भी क्षेत्र के निवासियों को उनकी इच्छा के विरुद्ध भारतीय संघ में रहने के लिए विवश करने की इच्छुक नहीं है। लेकिन वास्तविक कठिनाई इस बात पर पैदा हुई कि तत्काल परिवर्तनों के संबंध में क्रिप्स ने पहले यह आश्वासन दिया था कि गवर्नर जनरल की कार्यकारिणी एक मंत्रिपरिषद की भाँति कार्य करेगी। लेकिन लिनलिथगो ने इसका विरोध किया वैसे भी चर्चिल वास्तविक सत्ता भारतीयों को सौंपना ही नहीं चाहता था। चर्चिल ने क्रिप्स द्वारा भारतीय नेताओं को दिए गए आश्वासनों का समर्थन नहीं किया फलस्वरूप क्रिप्स योजना असफल रही। क्रिप्स ने 11 अप्रैल की घोषणा में अपनी असफलता का उत्तरदायित्व कांग्रेस पर डाल दिया और अल्पसंख्यकों ने कांग्रेस की ओर से शंका और संदेह को बढ़ावा दिया।

क्रिप्स योजना का चर्चिल ने अत्यधिक फायदा उठाया और उस अमरीकी राष्ट्रपति रूजवेल्ट के दबाव से मुक्ति मिल गई उसने ऐसा दिखाया कि भारत में वैधानिक परिवर्तन के मार्ग में मुख्य बाधा नेताओं के मतभेद अथवा उनकी अत्यधिक महत्त्वाकांक्षा थी। वे ही क्रिप्स की असफलता के लिए उत्तरदायी कारण थे। वास्तव में चर्चिल स्वयं किसी भी वैधानिक परिवर्तन के पक्ष में नहीं था। इसलिए उसने क्रिप्स के प्रस्तावों का समर्थन नहीं किया।

भारत छोड़ो आंदोलन

भारत छोड़ो आंदोलन की रणनीति महात्मा गाँधी बनाये थे। इस आंदोलन का नेतृत्व कांग्रेस के द्वितीय पंक्ति के नेताओं ने किया। मिशन की विफलता, जापान की बढ़ती हुई सफलता और बर्मा और मलेशिया से भागे हुए भारतीयों के प्रति अंग्रेजों का दुर्व्यवहार, युद्ध के कारण बहुत-सी आवश्यक वस्तुओं का उपलब्ध न होना और मूल्यों में वृद्धि से अंग्रेजी साम्राज्य के विरुद्ध असंतोष बढ़ रहा था। ऐसी स्थिति में गाँधीजी ने यह प्रस्ताव कांग्रेस वर्किंग कमेटी के समक्ष रखा कि यदि अंग्रेज भारत से अपना नियंत्रण हटा लें तो भारतीय जनता विदेशी आक्रांताओं का सामना करने के लिए हर प्रकार से योगदान करने के लिए तैयार थी। 14 जुलाई, 1942 ई. को कांग्रेस द्वारा यह प्रस्ताव पास किया गया। यदि अंग्रेजों ने अपना शासन समाप्त नहीं

किया तब अहिंसात्मक असहयोग की नीति अंग्रेजी साम्राज्य के प्रति अपनाई जाएगी। इस प्रस्ताव पर अंतिम निर्णय ए.आई.सी..सी. के लिए छोड़ दिया गया। उनकी बैठक 7 अगस्त को बंबई में बुलाई गई। आल इंडिया कांग्रेस कमेटी ने 'भारत छोड़ो' प्रस्ताव 8 अगस्त को पास कर दिया। इस प्रस्ताव में जन आंदोलन और अहिंसात्मक सत्याग्रह की बात कही गई। यह आंदोलन गाँधीजी के नेतृत्व में संचालित किया जाएगा। यदि यह नेतृत्व सरकारी नीति के दमन के कारण उपलब्ध न रहे तब प्रत्येक व्यक्ति अपना नेता स्वयं होगा।

ब्रिटिश शासन की कुनीति : अंग्रेजी प्रशासन बहुत षड्यंत्रकारी था। ए.आई. सी.सी. की रात्रि सभा समाप्त होने पर 9 अगस्त सन् 1942 की प्रातः सभी कांग्रेसियों को बंदी बनाकर जेल में डाल दिया गया। यह क्रम लगभग एक सप्ताह तक चला। कांग्रेसी नेताओं को बन्दी बनाये जाने की खबर पूरे देश में आग जैसी फैल गयी जिसके कारण देश के सम्पूर्ण क्षेत्रों में बन्द का आह्वान और जुलूस का निकलना प्रारंभ हो गया। सरकार ने बर्बरतापूर्वक इन शांत प्रदर्शनकारियों का दमन किया। लेकिन शीघ्र ही सरकार को नीति का परिणाम भी भुगतना पड़ा। देश के विभिन्न भागों में 11 अगस्त के बाद स्थिति बिगड़नी आरंभ हुई। सरकार ने अपनी पूरी ताकत इस आंदोलन को कुचलने में लगा दी। सरकारी वक्तव्य के अनुसार 538 बार गोलियाँ चलाई गईं जिसमें 1,028 व्यक्ति मारे गए और 3,200 घायल हुए। लगभग 70,000 से अधिक व्यक्तियों को जेल में बंदी बनाया गया। सरकार ने अत्यधिक घबराहट में कई बार हवाई गोलीबारी भी की। एक बार रेल मार्ग पर काम करने वाले कुलियों पर भी इसी प्रकार भूल से बमबारी की गई।

आंदोलन की योजना : पूर्वयोजित न होने के कारण यह एक स्वतःस्फूर्त जन आंदोलन था इसमें प्रमुख रूप से भाग लेने वाले विद्यार्थी एवं कृषक थे। श्रमिकों ने इस आंदोलन में बहुत कम भाग लिया। कम्युनिस्ट दल इस आंदोलन से अलग रहा। जुलाई, 1942 ई. के पश्चात् रूस के नेतृत्व में दल ने अंग्रेज सरकार के युद्ध प्रयत्नों का समर्थन किया। द्वितीय विश्व युद्ध भारतीय कम्युनिस्टों के लिए 1942 ई. के पूर्व साम्राज्यवादी था। अब वह एक जनता का युद्ध हो गया क्योंकि जर्मनी ने रूस पर आक्रमण कर दिया था। कम्युनिस्ट दल ने अंतर्राष्ट्रीय समस्याओं से प्रभावित होकर राष्ट्रीय समस्याओं के प्रति अपना दृष्टिकोण शीघ्र ही बदल लिया।

1942 ई. के आन्दोलन का संचालन जयप्रकाश नारायण ने किया और बिहार के विभिन्न भागों में कई सप्ताहों तक अंग्रेजी प्रशासन का नामों निशान नहीं रहा।

लेकिन कुछ समय पश्चात् अंग्रेजी सेना और पुलिस ने पुनः अपना नियंत्रण स्थापित कर लिया। जनता पर अकथनीय अत्याचार किए गए। पूर्वी उत्तर प्रदेश में भी आंदोलन अत्यधिक प्रभावशाली रहा। बलिया जिले में अंग्रेजी राज्य प्रायः समाप्त हो चुका था। बनारस, गाजीपुर में भी जनता ने अंग्रेजी प्रशासन को अस्त-व्यस्त कर दिया। सेना ने शीघ्र ही अंग्रेजी नियंत्रण पुनः स्थापित कर लिया। गाजीपुर, आजमगढ़, बलिया तथा जौनपुर के जिलों में गाँव के गाँव जला दिए अथवा नष्ट कर दिए। गाजीपुर के एक गाँव में अंग्रेजी सेना के अत्याचारों का बर्णन केंद्रीय विधान सभा में दिया गया। 'चार गोरे सिपाही 150 सैनिकों के साथ एक गाँव में पहुँचे। वहाँ से सब पुरुषों को घरों के बाहर सड़क पर लाइन में खड़ा किया गया। स्त्रियों को घर के बाहर निकालकर उनके जेवर आदि लूट लिया गए और फिर समस्त गाँव को लूटा गया तथा प्रत्येक पुरुष के पाँच-पाँच कोड़े लगाए गए।' देश के कुछ भागों में इस आंदोलन का प्रभाव अधिक था जैसे बंगाल एवं उड़ीसा परन्तु राजस्थान, सिंध पंजाब में इसका अभाव रहा।

आंदोलन पर टिप्पणी : 20 वर्षों से गाँधी जी द्वारा चलाये गये अहिंसात्मक आंदोलन अपना प्रभाव नहीं दिखा सका। परन्तु नेताओं के एकाएक बंदी होने पर जनता ने स्वयं हिंसात्मक आंदोलन को अपनाया। बहुत सीमा तक यह अंग्रेजी अत्याचारों का परिणाम था। इस आंदोलन में भाग लेने वाले हजारों और लाखों व्यक्तियों ने अदम्य साहस और सहनशीलता का परिचय दिया जो एक सत्याग्रही का आवश्यक गुण है। सैकड़ों नवयुवकों ने शांतचित्त राष्ट्रीय ध्वज की रक्षा के लिए अपना जीवन बलिदान कर दिया। 1942 ई. का आंदोलन 1920 ई. के आंदोलन से भिन्न रहा।

1942 ई. के आन्दोलन को मात्र दो महीने के भीतर ही बड़ी निर्दयतापूर्वक दबा दिया गया। गाँधीजी को स्वयं यह आशा नहीं थी कि अंग्रेज इतनी शीघ्रता से कांग्रेस के विरुद्ध कार्यवाही करेंगे। अंग्रेज शासकों ने गाँधीजी को बदनाम करने तथा इस हिंसात्मक आंदोलन और अव्यवस्था के लिए यह प्रचार आरंभ किया कि इस आंदोलन का संचालन गाँधीजी के आदेशों द्वारा किया गया। गाँधी-लिनलिथगो पत्र-व्यवहार में गाँधीजी ने स्वयं इस आक्षेप को निराधार बताया कि उन्होंने अथवा कांग्रेस ने इस आंदोलन का संचालन किया। गाँधीजी ने अंततः अपनी ईमानदारी के लिए तीन सप्ताह का उपवास (10 फरवरी, 1943--3 मार्च, 1943) रखा। इस उपवास की देश भर में तथा अंतर्राष्ट्रीय स्तर पर प्रतिक्रिया हुई। अंग्रेज सरकार

समझती थी कि बर्बरतापूर्ण नीति से कांग्रेस तथा गाँधीजी का प्रभाव समाप्त हो जाएगा। सन् 1945 में जेल से रिहा होने के बाद जनता का इन कांग्रेसी नेताओं पर विश्वास बन गया।

आंदोलन का स्वतंत्रता में योगदान : अंग्रेजों ने अपने अत्याचारों से भारतीयों को डरा तो दिया परन्तु उनके अंदर उठनेवाली क्रान्ति को वह शांत न कर सके जिसमें आंदोलनों का एक महत्वपूर्ण योगदान था। सबसे पहला महत्त्वपूर्ण परिणाम यह हुआ कि स्वतंत्रता संघर्ष अब केवल कुछ संस्थाओं अथवा दलों तक सीमित नहीं रह गया। देश के विभिन्न क्षेत्रों में एक साथ आंदोलन की लहर फैल गई। सामान्य व्यक्ति तथा जनसमूह भारतीय स्वतंत्रता के लिए जीवन बलिदान देने के लिए तैयार हो गया। ये इस बात के स्पष्ट लक्षण थे कि भारतीय जनता अंग्रेजी नियंत्रण से मुक्त होने के लिए व्याकुल थी।

इस आंदोलन ने अंग्रेजी युद्ध प्रयत्नों को काफी सीमा तक प्रभावित किया केवल इतना ही नहीं हुआ कि पूर्ण भारत में यातायात के साधनों में अव्यवस्था उत्पन्न हो गई बल्कि सैनिकों के लिए कुछ आवश्यक वस्तुओं का अभाव भी हो गया। जैसे हड़तालों के फलस्वरूप खाकी कपड़े का उत्पादन 45 प्रतिशत तथा चमड़े की वस्तुओं का उत्पादन 50 प्रतिशत कम हो गया। सूती धागा, सिगरेट के कागज के उत्पादन पर भी इसी प्रकार असर पड़ा। यह भी संभव है कि बर्मा के मोर्चे पर अंग्रेजी सेना को पराजय का सामना करना पड़ा जिसका श्रेय 1942 के आंदोलन को जाता था।

हिंसात्मक विद्रोह एवं आई.एन.ए.

भारतीय राष्ट्रीय आंदोलन में अहिंसात्मक आंदोलन तथा सत्याग्रह के साथ-साथ सशस्त्र विद्रोह की भावना भी काफी प्रबल थी। 1920-30 के मध्य उत्तरी भारत के विभिन्न प्रांतों में क्रांतिकारियों का आंदोलन काफी महत्त्वपूर्ण था। इन क्रांतिकारियों का लक्ष्य केवल अधिकारियों की हत्या ही नहीं था अपितु सामान्य जनता में अहिंसात्मक आंदोलन से उत्पन्न निष्क्रियता को दूर करना था। इनका यह भी विश्वास था कि अहिंसात्मक प्रयत्न पर्याप्त नहीं थे। 'इंकलाब जिंदाबाद' का नारा देश में इन क्रांतिकारियों की ही देन था। भगतसिंह और बटुकेश्वर दत्त ने केंद्रीय विधान सभा भवन में बम फेंककर उस व्यापक असंतोष की अभिव्यक्ति की जो भारतीय जनता में फैला हुआ था। क्रांतिकारियों ने कुछ तकनीकी ज्ञान भी प्राप्त कर लिया था जिससे आवश्यकता पड़ने पर अंग्रेजी साम्राज्य के प्रशासन में बाधाएँ उत्पन्न

की जा सकें। 1942 ई. के आंदोलन में पूर्वी भारत में संचार व्यवस्था को भंग करने में आवश्यक रूप से इन क्रांतिकारियों का हाथ था।

गाँधीजी एवं अन्य कांग्रेसी नेताओं से मतभेद के कारण सुभष चन्द्र बोस ने इस दल से त्यागपत्र दे दिया। इस दल से इस्तीफा देने के बाद उन्होंने अप्रैल, 1939 ई. में फारवर्ड ब्लाक का निर्माण किया। अंग्रेज सरकार ने उनकी क्रांतिकारी गतिविधियों पर रोकथाम रखने के लिए उन्हें जुलाई, 1940 ई. में कैद कर लिया। सुभाष बोस ने जेल में अनशन आरंभ कर दिया और उनकी स्थिति बिगड़ती देखकर उन्हें जेल से 5 दिसंबर, 1940 ई. को मुक्त कर दिया गया। उन्हें उनके मकान में पुलिस की कड़ी निगरानी में रखा गया। 17 जनवरी, 1941 ई. को सुभाष बोस कलकत्ता से भाग निकले यद्यपि इस बात का पता 10 दिन बाद चला। सुभाषचंद्र बोस पेशावर, काबुल, मास्को होते हुए बर्लिन पहुँचे (28 मार्च, 1941)। हिटलर के प्रमुख सलाहकार रिबेंट्रोप के साथ सुभाष बोस ने अंग्रेज विरोधी कार्य करना आरंभ किया और भारतीय युद्धबंदियों से एक सेनादल तैयार किया।

1941 ई. के उत्तरार्द्ध से जापान ने पूर्वी एशिया को अपने अधिकार में कर लिया और अंग्रेजी साम्राज्य का नियंत्रण क्षेत्र कम होता चला गया। सिंगापुर, मलाया और बर्मा पर जापानी सेनाओं का कब्जा हो गया। जापान में एक भारतीय क्रांतिकारी रासबिहारी बोस 1915 ई. से रह रहे थे। वह जापान के नागरिक बन चुके थे। उनके नेतृत्व में 28-30 मार्च, 1942 ई. में टोक्यों में एक सम्मेलन हुआ जिसमें 'इंडियन नेशनल आर्मी' के गठन का निर्णय लिया गया। साथ ही एक इंडियन इंडिपेंडेंस लीग की भी स्थापना की गई जिसमें प्रवासी भारतीय सम्मिलित थे। इस लीग का अधिवेशन बैंकाक में जून, 1942 ई. में हुआ। विभिन्न प्रस्तावों में से एक के अनुसार सुभाष बोस को पूर्वी एशिया आने के लिए आमंत्रित किया गया। दिसंबर, 1941 ई. में अंग्रेजी सेना उत्तरी मलाया में हार गई और कप्तान मोहनसिंह एक छोटी सैनिक टुकड़ी के साथ एक जंगल में गिरफ्तार कर लिए गये। काफी चर्चा होने के बाद मोहनसिंह के नेतृत्व में आई.एन.ए. का गठन आरंभ हुआ। सिंगापुर के जापानियों के नियंत्रण में आने के पश्चात् बहुत से भारतीय सैनिकों ने आई.एन.ए. में सम्मिलित होना स्वीकार किया। औपचारिक रूप से आई. एन.ए. (आजाद हिंद फौज) की स्थापना 1 सितंबर, 1942 ई. को हुई।

8 फरवरी, 1943 ई. को सुभाष चन्द्रबोस जापान के लिए रवाना हुए। 4 जुलाई को सुभाष ने आई.एन.ए. और इंडिपेंडेंस लीग का नेतृत्व सँभाल लिया। 21 अक्टूबर,

1943 ई. को नेताजी सुभाष बोस ने अस्थाई भारत सरकार की स्थापना सिंगापुर में की। सुभाष बोस ने जापान के सेनाध्यक्षों को इस बात के लिए सहमत कर लिया कि आजाद हिंद फौज की चुनी हुई टुकड़ियाँ भारत-बर्मा सीमा पर युद्ध में जापानी सेना को सहयोग देगी। शाहनवाज खाँ आजाद हिंद फौज की पहली ब्रिगेड के कमांडर हुए। फरवरी, 1944 ई. से जून, 1944 ई. तक बड़ी सफलतापूर्वक आजाद हिंद फौज की तीन ब्रिग्रेडों ने जापानियों के साथ मिल कर अंग्रेजों के विरुद्ध युद्ध किया और अपनी बहादुरी तथा कौशल का परिचय दिया। इस बीच अमरीकी नौसेना ने प्रशांत महासागर में जापान की स्थिति को कठिन बनाना आरंभ किया। जापान को 1944 में विफलता का सामना करना पड़ा। उसे बर्मा से अपनी सेना हटानी पड़ी। आई. एन.ए. के सैनिकों तथा कमांडरों को अंग्रेजों ने 1945 ई. में बंदी बना लिया। 18 अगस्त, 1945 ई. को एक जहाज की दुर्घटना में सुभाष चन्द्र बोस जी का देहान्त हो गया।

आई.एन.ए. का योगदान : इस फौज ने बहुत कम क्षेत्रों में ही सही परन्तु बहुत कम समय में अपने कार्यों में प्रभावपूर्ण सफलता प्राप्त की। अंग्रेजों के पुनः बर्मा और पूर्वी एशिया पर नियंत्रण हो जाने के बाद इस फौज के सैनिकों को बंदी बना लिया गया। अंग्रेजों ने विद्रोहों के लिए उन सैनिकों तथा उनके कमांडरों पर दिल्ली के लाल किले में मुकदमा चलाया। इस घटना से शायद अंग्रेजों को यह आशा थी कि वे आजाद हिंद फौज को भारत में अपमानित कर सकेंगे। लेकिन उन्हें सबसे बड़ा धक्का उस समय लगा जबकि सारे भारत में उन सैनिकों की सराहना की गई। भारत के भिन्न विचारधाराओं वाले नेताओं ने एकजुट होकर अंग्रेजी शासन का विरोध किया जो राष्ट्र की एकता का स्वच्छ प्रतिबिम्ब है। इसके विपरीत उन भारतीय सैनिकों के प्रति (जिन्होंने अंग्रेज भक्ति के कारण आजाद हिंद फौज में सम्मिलित होना ठीक नहीं समझा) कोई सहानुभूति जनता द्वारा व्यक्त नहीं की गई। इससे अंग्रेजों को ज्ञात हो गया कि वह भारतीयों से अपने देश के प्रति गद्दारी कराकर देश में राज्य नहीं कर सकते। सेना में राष्ट्रीयता की भावना का प्रतीक आजाद हिंद फौज थी। संभवतः अंग्रेजों के भारत छोड़ने के निर्णय पर इस अनुभव का प्रभाव पड़ा।

विभाजन की भूमिका

राजगोपालाचारी (सी.आर.) फार्मूला (1944) : भारतीय स्वतन्त्रता संग्राम में राजगोपालाचारी का एक प्रमुख योगदान रहा। वे मद्रास (चेन्नई) राज्य के एक

यथार्थवादी तथा बहुत ही कर्मठशील नेता थे। 10 अप्रैल, 1942 ई. को पास किए गए कांग्रेस वर्किंग कमेटी के प्रस्ताव में भारत विभाजन के सिद्धांत को परोक्ष रूप में स्वीकार कर लिया गया था। वह इसे प्रत्यक्ष रूप से पास करना चाहते थे। इस प्रश्न पर मतभेद होने से 1943 ई. में उन्होंने कांग्रेस दल से तथा वर्किंग कमेटी से अपना त्यागपत्र भी दे दिया। लिनलिथगो के स्थान पर लार्ड वेवल अक्टूबर, 1943 ई. में भारत के गवर्नर जनरल बने। 10 जुलाई, 1944 को राजगोपालाचारी ने देश की सांप्रदायिक समस्या को सुलझाने के लिए एक फार्मूला प्रकाशित किया जो उनके नाम से प्रसिद्ध है। इस फार्मूल में निम्नलिखित तथ्य सम्मिलित थे–

1. देश विभाजन की स्थिति में आवश्यक विषयों–प्रतिरक्षा, संचार, आवागमन आदि–के लिए दोनों में कोई समझौता हो जाए।
2. ये बातें उसी स्थिति में स्वीकृत होंगी जब अंग्रेज पूर्ण रूप से भारत को स्वतंत्र कर देंगे।
3. मुस्लिम लीग भारतीय स्वतंत्रता की माँग का समर्थन करे।
4. युद्ध समाप्ति के पश्चात् एक कमीशन उत्तर-पश्चिमी तथा उत्तर-पूर्वी भारत में उन क्षेत्रों को निर्धारित करे जहाँ मुसलमान स्पष्ट बहुमत में हैं। उस क्षेत्र में एक जनमत द्वारा यह निर्णय किया जाए कि वे भारत से अलग होना चाहते हैं अथवा नहीं।

इस फार्मूला को उस समय नेताओं ने स्वीकार नहीं किया लेकिन अंततः उसी आधार पर भारत का विभक्तिकरण सुनिश्चित हुआ।

गाँधी-जिन्ना वार्ता (1944) : गाँधी और मुस्लिम लीग के नेता जिन्ना में भारत में व्याप्त सांप्रदायिक समस्या के सन्दर्भ में बातचीत शुरू हुई। परन्तु विचारों में मतभेद के कारण अत्यधिक समय तक चलने के बाद भी कोई निष्कर्ष नहीं निकल सका। गाँधीजी ने सी.आर. फार्मूला की भाँति पंजाब और असम के विभाजन की बात कही जिसे जिन्ना ने स्वीकार नहीं किया। जिन्ना द्वारा मुसलमानों के पृथक् कौम (नेशन) होने की बात गाँधीजी ने नहीं मान्नी। गाँधीजी बँटवारे को स्वीकार करने के लिए तैयार थे लेकिन उसी भाँति जैसे एक संयुक्त परिवार के सदस्य पारिवारिक संपत्ति का बँटवारा करा लेते हैं। दोनों नेताओं में इस बात पर भी मतभेद था कि बँटवारा स्वतंत्रता प्राप्ति के पूर्व हो अथवा बाद में। जिन्ना यह बँटवारा पहले चाहते थे गाँधीजी बाद में। गाँधीजी इस बात के इच्छुक थे कि दोनों राज्यों में कुछ सम्मिलित विषयों के प्रबंध की भी व्यवस्था हो। इस वार्ता के असफल होने से समस्त लाभ

जिन्ना को हुआ। जहाँ एक ओर देश विभाजन की समस्या अधिक चर्चा का विषय बनी दूसरी ओर गाँधीजी के साथ वार्ता के बाद जिन्ना का अखिल भारतीय महत्त्व अत्यधिक बढ़ा। जिन्ना के बढ़ते हुए महत्व के कारण मुस्लिम प्रांतों के अधिकांश नेताओं ने जिन्ना का नेतृत्व स्वीकारा।

शिमला सम्मेलन (1945) : लार्ड वेवल वे मार्च, 1945 ई. को इंग्लैंड पहुँचे और भारत की समस्याओं पर बातचीत करके जून में भारत आये 14 जून, 1945 ई. को वेवल ने भारतीय नेताओं के एक सम्मेलन के विषय में घोषणा की और 25 जून से शिमला सम्मेलन में भारतीय नेताओं को वार्ता के लिए बुलाया। साथ ही कांग्रेस वर्किंग कमेटी के सदस्यों को जेल से छोड़ने के आदेश भी प्रसारित कर दिए। सम्मेलन ने निम्नलिखित उद्देश्यों की घोषणा की–

1. सांप्रदायिक समस्या का हल जो भारत की संवैधानिक प्रगति में मुख्य बाधा थी।
2. गवर्नर जनरल की एक नई कार्यकारिणी कौंसिल का गठन जिसमें सभी राजनीतिक विचारधारा का प्रतिनिधित्व हो। इस कौंसिल में मुसलमानों और हिंदुओं (हरिजनों को छोड़कर) को समान प्रतिनिधित्व दिया जाएगा। गवर्नर जनरल और सेनाध्यक्ष को छोड़कर शेष सभी सदस्य भारतीय होंगे। विदेश विभाग भी भारतीय सदस्यों को सौंप दिया जाएगा। इस कौंसिल का कार्य युद्ध संचालन, प्रशासन तथा नए संविधान निर्माण पद्धति का निर्णय करना होगा।

25 जून, 1945 से 14 जुलाई, 1945 तक यह वार्ता सम्मेलन जारी रहा परन्तु कोई हल निष्कर्ष निकालने में असफल रहा। जिसका मुख्य कारण था कि जिन्ना ने यह दावा प्रस्तुत किया कि समस्त मुसलमान लीग द्वारा ही मनोनीत होने चाहिए। इस आधार पर कांग्रेस अध्यक्ष मौलाना अबुल कलाम आजाद भी कौंसिल के सदस्य नहीं हो सकते थे। अनुसूचित जातियों के प्रतिनिधियों ने कांग्रेस द्वारा प्रस्तुत सदस्यों के नाम पर आपत्ति की और पृथक् नामांकन करने का अधिकार माँगा। इन मतभेदों के अतिरिक्त वेवल ने विभिन्न दलों से नामों की एक सूची प्रस्तुत करने के लिए कहा और उसमें से निर्धारित संख्या में चयन का अधिकार अपने लिए सुरक्षित रखा। इस पर लीग सहमत नहीं हुई।

इस विफलता का कारण जिन्ना से अधिक विवेल थे। तो उसे पहले जिन्ना और कांग्रेस अध्यक्ष से समझौता कर लेना चाहिए था। जिस प्रकार शिमला सम्मेलन में विचार-विमर्श हुआ उसका परिणाम जिन्ना को एक ऐसा 'वीटो' का अधिकार

प्रदान करना था जिससे उसका महत्त्व अत्यधिक बढ़ा। इस सम्मेलन से केंद्र में हिंदू-मुस्लिम समानता भी जिन्ना को उपलब्ध हो गई। अब भारत विभाजन और निकट दिखाई देने लगा। वेवल ने मुसलमानों के नामों की सूची स्वयं तैयार की थी और इसमें कांग्रेस का एक भी मुसलमान सदस्य नहीं था। चार मुस्लिम लीग के और एक युनियनिस्ट दल का सदस्य था। जिन्ना ने इसे स्वीकार नहीं किया। सम्मेलन असफल रहा।

शिमला सम्मेलन के निर्णय को, लीग द्वारा अस्वीकृत कर दिए जाने पर वेवल ने सम्मेलन को समाप्त घोषित कर दिया। इसका एक कारण यह था कि इंग्लैंड में मंत्रिमंडल में कुछ परिवर्तन हो रहे थे। लेबर दल अलग हो चुका था। चर्चिल सत्ताधारी था और उसे आगामी निर्वाचनों में सफल होने की पूरी आशा थी। वह लीग के बिना कांग्रेस द्वारा मंत्रिमंडल बना लेने पर सहमत नहीं था। इसलिए भारत सचिव ने 14 जुलाई को सम्मेलन समाप्त करने की सलाह दी।

शिमला सम्मेलन में हिस्सा लेने का औचित्य कांग्रेस अध्यक्ष मौलाना आजाद ने यह बताया था कि युद्ध खत्म होने के बाद इंग्लैंड को भारतीय सहयोग की कोई विशेष आवश्यकता न होती। लेकिन यह तर्क भ्राँतिपूर्ण है। जहाँ एक ओर कांग्रेसी नेताओं ने 1942 ई. में क्रिप्स प्रस्तावों के समय इंग्लैंड की स्थिति को अत्यधिक निराशाजनक समझने में गलती की वहाँ 1945 ई. में उसकी स्थिति को दृढ़ समझने में भी भूल की। वास्तव में इंग्लैंड में आर्थिक संकट तथा अंतर्राष्ट्रीय स्तर पर इंग्लैंड के घटते हुए प्रभाव के विषय में भारतीय नेताओं को पर्याप्त ज्ञान नहीं था। कंजर्वेटिव बल का जाते जाते यट उगटार था कि उसने कांग्रेस-लीग समानता को मनना लिगा तथा कांग्रेस को केवल एक हिंदू संस्था के रूप में प्रस्तुत कर दिया। क्रिप्स प्रस्तावों की अपेक्षा शिमला सम्मेलन में कम सुविधाओं का आश्वासन होते हुए भी कांग्रेस का बातचीत के लिए तैयार होना कुछ अप्रासंगिक ही था।

1946 के निर्वाचन : इंग्लैंड में जुलाई 1945 ई. में चुनाव हुआ जिसमें लेवर पार्टी को बहुमत प्राप्त हुआ। उसने भारत की प्रांतीय तथा केंद्रीय विधान सभाओं के लिए आगामी शरद ऋतु से निर्वाचन कराने की घोषणा की। दिसंबर, 1945 ई. में केंद्रीय विधान सभा के निर्वाचन का परिणाम आ गया। कांग्रेस को सामान्य स्थानों पर और लीग को मुसलमानों के लिए आरक्षित स्थानों पर भारी सफलता मिली। 1934 ई. में हुए निर्वाचन की तुलना में नेशनलिस्ट मुसलमानों तथा स्वतंत्र सदस्यों को करारी हार मिली।

	कांग्रेस	मुस्लिम लीग	स्वतंत्र	नेशनलिस्ट दल	यूरोपियन	सिक्ख	योग
1934	36	25	21	10	8	0	100
1945	57	30	5	0	8	2	102

इसी प्रकार प्रांतों में मुस्लिम लीग को मुसलमानों के लिए 492 स्थानों में 425 (86% से अधिक) स्थान मिले।

चुनावी निष्कर्षों से ज्ञात हो गया कि कांग्रेस अथवा नेशनलिस्ट दल का मुसलमानों में कोई विशेष प्रभाव नहीं था और भारतीय मुसलमानों का वास्तविक प्रतिनिधित्व मुस्लिम लीग ही करती थी। 18 फरवरी, 1946 ई. को भारतीय नौसेना के एक भाग ने प्रजातीय विभेद तथा अन्य असुविधाओं के लिए विद्रोह कर दिया और उसके तुरंत बाद ही बंबई शहर में एक विद्रोह हुआ। अगले ही दिन लेबर दल के नेताओं ने उच्चस्तरीय मंत्रिमंडल का एक शिष्टमंडल (केबिनेट मिशन) भारतीय नेताओं से विचार-विमर्श के लिए भारत भेजने की घोषणा की। बल्लभ भाई पटेल ने नौसेना के विद्रोह के कारण को समझा तथा उसका समाधान किया। केबिनेट मिशन मार्च, 1946 ई. में भारत पहुँचा। इस मिशन के सदस्य थे—स्टेफर्ड क्रिप्स (अध्यक्ष, बोर्ड ऑफ ट्रेड), पैट्रिक लारेंस (भारत सचिव), ए. वी एलेक्जेंडर (नौसेना मंत्री)। इस मिशन के स्वागत के लिए भारत में उचित वातावरण था। इंग्लैंड के प्रधान मंत्री एटली ने 15 मार्च, 1946 ई. को हाउस आफ कामंस में कहा, 'हमें अल्पसंख्यकों के हितों का ध्यान है। उन्हें भय से मुक्त रहने का अवसर होना चाहिए लेकिन बहुसंख्यकों की प्रगति को रोकने को अल्पसंख्यकों को अधिकार नहीं दिया जा सकता।' यह 1940 ई. के प्रस्ताव से बिल्कुल भिन्न था। भारतीय स्वतंत्रता की समस्या इतनी जटिल होने का कारण इंग्लैण्ड सरकार द्वारा अल्पसंख्यकों को अधिक महत्व देना था।

संविधान बनाने हेतु केबिनेट मिशन प्रस्ताव : केबिनेट मिशन 24 मार्च, 1946 को भारत की वर्तमान राजधानी दिल्ली में विराजमान हुआ। पहले तीन सप्ताहों में विभिन्न राजनीतिक पक्षों, सरकार के अधिकारियों आदि से विचार-विमर्श होता रहा—जिन्ना को पहली बार यह अनुभव हुआ कि अंग्रेजी सरकार उसकी सहमति के बिना भी सत्ता हस्तांतरित करने को तैयार थी। 16 मई, 1946 ई. को मिशन ने अपने प्रस्ताव प्रकाशित कर दिए। विभिन्न दलों में समझौता न होते हुए भी मिशन ने भावी संविधान बनाने के लिए कुछ प्रस्ताव प्रकाशित किए जो अग्रलिखित हैं—

1. संविधान निर्माण के लिए एक संविधान सभा का गठन किया जाए जिसमें प्रत्येक प्रांत को उसकी जनसंख्या के अनुपात में स्थान दिए जाएँ (10 लाख पर एक स्थान) अल्पसंख्यकों का अधिप्रतिनिधित्व समाप्त कर दिया गया। इस प्रकार कुल सदस्यों की संख्या 389 होगी जिसमें 93 भारतीय राज्यों के प्रतिनिधि होंगे।
2. भारतीय संघ की स्थापना की जाए जिसमें भारतीय राज्य तथा प्रांत सम्मिलित हों और इस संघ के पास प्रतिरक्षा, विदेशी संबंध तथा संचार व्यवस्था का उत्तरदायित्व रहे। संघ को स्पष्ट रूप से दिए हुए विभागों के अतिरिक्त समस्त अधिकार प्रांतों अथवा राज्यों को उपलब्ध रहेंगे।
3. प्रांतों को तीन समूहों में रखा गया, ग्रुप 'ए' में मद्रास, बंबई, यू.पी., बिहार सी.पी. और उड़ीसा थे। ग्रुप 'बी' में पंजाब, उत्तर-पश्चिमी सीमा प्रांत तथा सिंध थे। ग्रुप 'सी' में बंगाल और असम थे। तीनों ग्रुपों के प्रांतों के प्रतिनिधि अपने-अपने ग्रुप के लिए तथा अपने प्रांत के लिए संविधान बनाएँगे। यदि कोई प्रांत एक ग्रुप से निकलकर दूसरे ग्रुप में आना चाहे तो नए संविधान के अंतर्गत हुए निर्वाचनों के पश्चात् ऐसा कर सकेगा। दस वर्ष पश्चात् संविधान को पुनः संशोधित करने का अवसर होगा।
4. इस प्रकार से तैयार किए हुए संविधान को अंग्रेज सरकार पूरी तरह लागू करेगी।
5. पाकिस्तान की माँग के प्रति कुछ आपत्तियाँ थीं जिसके कारण मिशन ने इसे स्वीकार नहीं किया। सांप्रदायिक समस्या का हल पाकिस्तान के बनने से नहीं हो सकेगी क्योंकि दोनों राज्यों में सांप्रदायिक अल्पसंख्यक बड़ी मात्रा में रहेंगे। प्रत्येक वह तर्क जो पाकिस्तान बनने के पक्ष में था वह ही हिंदू बहुसंख्यक जिलों अथवा क्षेत्रों को पाकिस्तान से अलग रखने के लिए भी दिया जा सकता था। पंजाब और बंगाल के विभाजन के बिना पाकिस्तान की रचना नहीं हो सकती थी। इन दोनों प्रांतों में जनमत विभाजन के विरुद्ध था। इसके अतिरिक्त सिक्ख दोनों राज्यों में विभक्त हो जाएँगे। प्रशासनिक, आर्थिक तथा सैनिक आधारों पर पाकिस्तान की माँग न्यायोचित नहीं थी।
6. पैरामाउंट्सी (भारतीय राज्यों के प्रति अंग्रेजी नियंत्रण का अधिकार) भारतीय संघ को नहीं दी जाएगी न ही वह अंग्रेजों के पास रहेगी।

कैबिनेट मिशन प्रमुख विशेषता यह रही कि इसने कांग्रेस तथा लीग दोनों के

दृष्टिकोण के मध्य एक मार्ग निकालने का प्रयत्न किया। कांग्रेस को संतुष्ट रखने के लिए संगठित भारत की व्यवस्था की गई और मुस्लिम लीग तथा भारतीय नरेशों को संतुष्ट करने के लिए उस संघ को दुर्बल रखा गया। संवैधानिक सभा का जनसंख्या के अनुपात में गठन किया गया। इसमें यूरोपियन सदस्यों को सम्मिलित नहीं किया गया। अंतरिम सरकार में समस्त उत्तरदायित्व भारतीयों को सौंप दिया गया और संविधान सभा को पूर्ण स्वतंत्रता तथा अधिकार दिए गए।

कैबिनेट मिशन की इस रूपरेखा में सबसे बड़ा दोष प्रांतों का विभाजन था इस विभाजन के सन्दर्भ में दोनों राजनीतिक दलों में सबसे बड़ा मतभेद था। कांग्रेस के अनुसार प्रांतों को ग्रुप में रहना अथवा ग्रुप के संविधान को मानना आवश्यक नहीं था। मुस्लिम लीग के अनुसार प्रांतों को ग्रुप के बाहर रहने का अधिकार नहीं था। कैबिनेट मिशन तथा अंग्रेजी सरकार ने मुस्लिम लीग की व्याख्या को उचित ठहराया। कांग्रेस ने इस आधार पर इस योजना को स्वीकार नहीं किया।

16 जून, 1946 की घोषणा

कैबिनेट मिशन की सभी योजना भारत हेतु भावी संविधान से जुड़ी थी। तुरंत सत्ता हस्तांतरण के लिए एक अंतरिम सरकार की व्यवस्था की गई जिसमें 14 मंत्री—6 कांग्रेस (1 अनुसूचित जाति), 5 मुस्लिम लीग, 1 सिक्ख, 1 पारसी, 1 भारतीय ईसाई होंगे। कांग्रेस किसी मुसलमान सदस्य को मनोनीत नहीं करेगी। (आजाद ने स्वयं इस आशय का पत्र वेवल को लिखा था)। लेकिन कांग्रेस वर्किंग कमेटी ने इस योजना को अस्वीकृत कर दिया।

29 जून को कैबिनेट मिशन के सदस्य इंग्लैंड लौट गए। कांग्रेस ने 16 मई की योजना को स्वीकार कर लिया। 10 जुलाई को नेहरू ने एक वक्तव्य दिया जिसमें प्रांतों के ग्रुप की व्यवस्था की। इस प्रकार से व्याख्या की गई कि 16 मई की योजना का अर्थ ही बदल गया। 29 जुलाई को मुस्लिम लीग कौंसिल ने इन योजनाओं को अस्वीकृत कर दिया और 16 अगस्त को 'डायरेक्ट एक्शन डे' के रूप में मनाने का निर्णय लिया। भारत सचिव ने मुस्लिम लीग के मना करने पर भी कांग्रेस को अंतरिम सरकार बनाने के लिए आमंत्रित किया। 8 अगस्त को कांग्रेस वर्किंग कमेटी के कांग्रेस अध्यक्ष नेहरू को मंत्रिमंडल बनाने के निमंत्रण को स्वीकार करने के आदेश दिए। लीग ने कांग्रेस के साथ मंत्रिमंडल में सम्मिलित होकर कार्य करने से मना कर दिया। 16 अगस्त से देश में सांप्रदायिक उपद्रवों हुऐ जिसमें लाखों जानों और

करोड़ों की संपत्ति की हानि हुई। अंग्रेज सरकार ने विभिन्न प्रांतों में आवश्यक सुरक्षा कार्यवाही नहीं की। बंगाल में जहाँ मुस्लिम लीग मंत्रिमंडल था सबसे अधिक उपद्रव हुए। 24 अगस्त, 1946 ई. को घोषणा की गई कि 2 सितंबर को अंतरिम मंत्रिमंडल को शपथ दिलाई जाएगी।

अंतरिम सरकार : 24 अगस्त, 1946 के बाद वेवल ने मुस्लिम लीग के पक्ष में बोलना प्रारंभ कर दिया और उधर वेबल और भारत के सचिव में मनमुटाव तीव्रगति से बढ़ने लगा। वेवल का कहना था कि मुस्लिम लीग को उसकी शर्तों पर शीघ्र मंत्रिमंडल में सम्मिलित कर लिया जाए। वेवल ने लीग को खुश करने के लिए संवैधानिक सभा का अधिवेशन स्थगित करने की सोची लेकिन उसका समर्थन भारत सचिव ने नहीं किया। लीग कौंसिल के 29 जुलाई, प्रस्ताव को वापस लिए बिना वेवल ने लीग को अंतरिम सरकार में सम्मिलित कर लिया। दोनों दलों के सम्मिलित हो जाने के बाद वेवल ने संयुक्त उत्तरदायित्व को स्थापित करने का कोई प्रयत्न नहीं किया। देश में मुस्लिम लीग द्वारा एक कठिन परिस्थिति पैदा की जा रही थी। एक ओर उसने संविधान सभा में भाग नहीं लिया, दूसरी ओर वह अंतरिम सरकार में सम्मिलित होकर कांग्रेस की नीतियों को समाप्त करना चाहती थी। लीग को वित्त विभाग का दायित्व सौंपा गया था। नया बजट प्रस्तुत करते समय लियाकत अली ने 1 लाख से अधिक आय पर 25 प्रतिशत आय कर लगाया गया। कहने के लिए ये कर कांग्रेसी उद्देश्यों—समाज में आर्थिक विषमताओं को दूर करना—की पूर्ति के लिए लगाए गए थे लेकिन इसमें सांप्रदायिक कारण छिपे हुए थे। क्योंकि अधिकतर व्यापारी और उद्योगपति हिन्दू समुदाय के थे। इसके अतिरिक्त भाषा तथा आंतरिक व्यवस्था के संबंध में दोनों दलों में भारी मतभेद था। नवम्बर 1946 से मार्च 1941 तक का अनुभव इस तथ्य को स्पष्ट करने में पर्याप्त था कि कांग्रेस तथा लीग मिलकर कार्य नहीं कर सकती थीं। इस अनुभव से बहुत सीमा तक कांग्रेस में देश विभाजन के लिए जनमत बनना आरंभ हुआ।

एटली की 20 फरवरी, 1947 की घोषणा : भारत की अराजक स्थिति से ब्रिटिश मंत्रिमंडल भली-भांति परिचित था। वेवल कांग्रेस-लीग मतभेद को इसी स्थिति में रखना चाहता था। एटली ने समस्या को हल करने का एकमात्र तरीका यह निकाला कि इंग्लैंड को भारत से अपना अधिकार समाप्त करने की एक निश्चित तिथि निर्धारित कर देनी चाहिए। इसलिए 20 फरवरी, 1947 ई. को एटली ने घोषणा की कि जून, 1948 ई. के पूर्व अंग्रेजी सरकार भारतीयों को सत्ता सौंप देगी और इस

कार्य के लिए माउंटबेटन को भारत का गवर्नर जनरल बनाकर भेजा गया। एटली की इस नीति की कंजर्वेटिव दल ने संसद में भारी आलोचना की लेकिन अंततः यह नीति स्वीकृत हुई। माउंटबेटन 24 मार्च 1947 ई. में गवर्नर जनरल बना।

भारत विभाजन : भारत का गवर्नर जनरल बनते ही माउंटबेटन यह समझ गया कि कांग्रेस और मुस्लिम लीग में किसी एक संयुक्त नीति पर सहमति होने की संभावना नहीं के समान थी। बहुत विचार-विमर्श के पश्चात् माउंटबेटन ने 3 जून, 1947 ई. को भारत विभाजन की योजना प्रकाशित कर दी। उसी दिन एटली ने इस योजना को इंग्लैंड की संसद के समक्ष देश किया जिसमें निम्नलिखित विशेषताएँ सम्मिलित थीं–

1. संविधान सभा द्वारा पारित संविधान भारत के उन भागों में नहीं लागू किया जाएगा जो इसे स्वीकार करने हेतु राजी न हों।
2. बंगाल और पंजाब में हिंदू तथा मुसलमान बहुसंख्या जिलों के प्रांतीय विधान सभा के सदस्यों की अलग-अलग बैठक बुलाई जाए और उसमें यदि कोई भी पक्ष प्रांत विभाजन की मन्सूबा बनाता है तो विभाजन हो जायेगा।
3. उत्तर-पश्चिमी सीमा प्रांत में जनमत द्वारा यह पता लगाया जाए कि वह भारत के किस भाग के साथ रहना चाहेगा।
4. असम के सिलहट जिले से भी इसी प्रकार जनमत द्वारा निर्णय कराया जाए।
5. भारतीय नरेशों के प्रति पुरानी नीति रहेगी कि पैरामाउंटसी के अधिकार उन राज्यों को वापस लौटा दिये जाएँगे।

कांग्रेस और मुस्लिम लीग दोनों के नेताओं ने इस योजना या प्रस्ताव को मान लिया और देश के बंटवारे की तैयारी की। बंगाल, पंजाब में जिलों में विभाजन तथा सीमा निर्धारण का कार्य एक कमीशन के अधीन सौंपा गया जिसकी अध्यक्षता रेडक्लिफ ने की।

उपर्युक्त योजनानुसार एक कानून का निर्माण किया गया जिसे ब्रिटेन की संसद ने 16 जुलाई 1947 ई. को पारित कर दिया। इसके अनुसार देश को 15 अगस्त, 1947 ई. को दो डोमिनियनों में–भारत और पाकिस्तान–बाँट दिया जाएगा। दोनों डोमिनियनों को पूरी स्वतंत्रता तथा प्रभुसत्ता सौंप दी गई। बहुत बार यह प्रश्न पूछा जाता है कि राष्ट्रीय नेताओं ने देश विभाजन क्यों स्वीकार किया। इसका उत्तर उस अनुभव में निहित है जो 1937 और 1947 ई. के मध्य राष्ट्रीय नेताओं को हुआ। राष्ट्रीय नेताओं का 1946 ई. के पूर्व यह तर्क था कि पहले स्वतंत्रता मिलनी चाहिए

और बाद में कांग्रेस और मुस्लिम लीग अपने झगड़ों को निपटा लेंगे। अंग्रेजी शासकों ने झगड़े को तय करने की पूर्व शर्त रखी थी। मुस्लिम लीग किसी भी शर्त पर बहुमत का नियंत्रण स्वीकार करने के लिए तैयार नहीं थी। इसलिए राष्ट्रीय नेताओं के समक्ष एक विकल्प अंग्रेजी नियंत्रण को और अधिक लंबी अवधि तक स्वीकार करने का था। शायद यह विकल्प भी स्वीकृत होता लेकिन 1946-47 ई. के मध्य कांग्रेस लीग की मिली-जुली सरकार का अनुभव इतना अप्रिय था कि दोनों दलों में मिलकर सरकार संचालन की समस्त संभावनाएँ समाप्त हो गईं। सरदार पटेल ने यह स्पष्ट किया कि यदि भारत विभाजन पर कांग्रेस सहमत न होती तो एक पाकिस्तान के स्थान पर कई पाकिस्तान होते। अंग्रेजों के विशेषाधिकारों, भारतीय राज्यों पर पैरामाउंटसी के प्रयोग तथा लोकसेवाओं पर अंग्रेजी नियंत्रण ने भारतीय नेताओं को देश विभाजन स्वीकार करने पर बाध्य किया। पंजाब में उपद्रव के समय कुछ जिलाधीशों ने सांप्रदायिक दंगों को प्रोत्साहन दिया। गृहमंत्री होते हुए भी पटेल उन्हें स्थानांतरित नहीं करवा सके। भारतीय नरेशों पर नियंत्रण से राज्यों के साधनों का दुरुपयोग आरंभ हो चुका था। ऐसी स्थिति में अंग्रेजी साम्राज्य को शीघ्रतम समाप्त करवाना ही भारत के हित में था। देश विभाजन को स्वीकार करने में विलंब करने से देश का ही नाश हो जाता।

भारत को स्वतन्त्रता तो मिल गयी परन्तु उसके सामने दो प्रमुख समस्याएँ थीं—पहली, राज्यों का विलय और दूसरी, भारत हेतु नवीन संविधान की रचना।

भारतीय राज्यों की समस्या

सर्वप्रथम भारतीय राज्यों की समस्याओं पर गोलमेज अधिवेशन में वार्तालाप हुई। 1935 ई. के अधिनियम में उन्हें भारतीय संघ में सम्मिलित होने का अधिकार भी दिया गया। लेकिन 1937 ई. में जब संघीय व्यवस्था को लागू करना चाहा तब भारतीय राज्यों की जटिल समस्या ने उसमें बाधा खड़ी कर दी। 1946 ई. में कैबिनेट मिशन ने यह घोषणा कर दी थी कि पैरामाउंटसी समाप्त कर दी जाएगी और भारतीय नरेश अपने संबंध स्थापित करने में पूरी तरह स्वतंत्र होंगे।

सम्पूर्ण भारत में कुछ 562 राज्य स्थापित थे। इन राज्यों में भारत के 2/5 क्षेत्रफल पर 1/4 आबादी निवास करती थी। राज्यों में विषमताओं का कारण भिन्न क्षेत्रफल वित्तीय साधन तथा जनसंख्यायें 20 राज्यों में कुल राज्यों की जनसंख्या का 2/3 और 542 राज्यों में शेष 1/3 जनसंख्या थी। 1858 ई. तक ईस्ट इंडिया कंपनी

के राज्यों से संबंधों का विकास संधियों, सैनिक विजयों तथा परंपराओं के आधार पर था। 1858 ई. के पश्चात् क्राउन के साथ वह संबंध अस्पष्ट रहा। इस संबंध को पैरामाउंटसी से संबोधित किया जाता है। अंग्रेजी प्रशासन के सदा बढ़ते हुए हस्तक्षेप के लिए कोई न कोई औचित्य प्रस्तुत किया जाता था। राज्य के हित, समस्त भारत के हित, सामान्य जनता की भलाई, नए आदर्शों के लिए प्रयत्न आदि ऐसे तर्क थे जो किसी भी हस्तक्षेप को उचित सिद्ध कर सकते थे। कई बार वायसराय (गवर्नर जनरल का वह नाम जो भारतीय राज्यों के संदर्भ में प्रयोग होता था) ने इन राज्यों को उनकी वास्तविक स्थिति से अवगत कराया। सैद्धांतिक रूप में भारतीय राज्य आंतरिक मामलों में स्वतंत्र कहे जाते थे लेकिन वास्तव में प्रत्येक क्षेत्र में वे अंग्रेजी नियंत्रण में थे।

1946 ई. के पश्चात् ब्रिटिश प्रशासन के द्वारा जब यह घोषणा किया गया कि पैरामाउंटसी का अधिकार भारत के राज्यों पर से खत्म हो जायेगा परन्तु यह अधिकार भारतीय प्रशासन को नहीं सौपा जायेगा। तब भारतीय नरेशों ने यह स्वप्न देखने आरंभ किए कि वे पूरी तरह स्वतंत्र हो जाएँगे और फिर वे किन्हीं भी शर्तों पर भारत अथवा पाकिस्तान अथवा अन्य किसी राज्य के साथ संबंध स्थापित करने के लिए स्वतंत्र होंगे। इस प्रकार अंग्रेज प्रशासकों ने भारतीय समस्या को जटिलतम बनाने में कोई कसर शेष नहीं रखी। एक अन्य समस्या यह थी कि इन राज्यों में वहाँ की जनता को कोई अधिकार नहीं थे। 1937 ई. के पश्चात् कुछ राज्यों में प्रजामंडल आंदोलन आरंभ हुए थे लेकिन कोई विशेष सफलता किसी राज्य में नहीं मिली। कैबिनेट मिशन ने भारतीय राज्यों को भी संविधान सभा में प्रतिनिधित्व उसी आधार पर देने का प्रस्ताव रखा जिस प्रकार प्रांतों को था अर्थात 10 लाख जनसंख्या के आधार पर 1 प्रतिनिधि। 3 जून, 1947 ई. की माउंटबेटन योजना के अंतर्गत राज्यों के प्रति नीति का विकास अत्यंत आवश्यक हो गया।

सरदार पटेल और भारतीय राज्यों के प्रति नई नीति : 5 जुलाई सन् 1947 को स्टेट विभाग की स्थापना की गई जिसका अध्यक्ष सरदार पटेल को बनाया गया। उन्होंने राज्य नरेशों से अपील की कि भारत के सामूहिक हितों को ध्यान में रखते हुए वे देश की अखंडता को बनाए रखने में मदद करें। प्रतिरक्षा, विदेशी संबंध और संचार व्यवस्था–इन तीन विषयों के संबंध में ही राज्यों को संघ में सम्मिलित होने के लिए कहा गया। उन्होंने नरेशों को विश्वास दिलाया कि कांग्रेस किसी प्रकार से राज्यों के आंतरिक मामलों में हस्तक्षेप करने को तैयार नहीं थी। उन्होंने मैत्री और

सद्भावना का हाथ बढ़ाया। सांस्कृतिक तथा आर्थिक हितों की सामान्यता पर बल दिया।

1937-39 ई. के समय काल में भी यह राज्य संघ में सम्मिलित नहीं हुये। इसके अतिरिक्त 1947 ई. में दो अन्य कठिनाइयाँ भी थीं—एक जिन्ना द्वारा राज्यों को पथभ्रांत करना और दूसरा कुछ नरेशों का अपने आपको पूर्ण स्वतंत्र घोषित करने तथा दोनों डोमिनियनों से कूटनीतिक संबंध स्थापित करने का प्रयत्न, जैसे भोपाल के नवाब द्वारा किया गया। लार्ड माउंटबेटन ने राज्य नरेशों को भौगोलिक तथा ऐतिहासिक बंधनों का स्मरण दिलाया और राज्यों को दो दस्तावेजों पर हस्ताक्षर करने का सुझाव दिया जो निम्नलिखित हैं—

(1) इंस्ट्रूमेंट आफ एक्सेशन

(2) स्टेंडस्टिल एग्रीमेंट।

यह इंस्ट्रूमेंट ऑफ एक्सेशन अथवा प्रवेशपत्र एक ऐसा पत्र था जिस पर कोई नरेश हस्ताक्षर करके भारतीय संघ में शामिल हो सकता था और प्रतिरक्षा, विदेशी मामले तथा यातायात एवं संचार व्यवस्था का उत्तरदायित्व संघीय सरकार को सौंप देता था। स्टेंडस्टिल एग्रीमेंट के अनुसार उस व्यावहारिक स्थिति को स्वीकृति प्रदान करना होता था जो अंग्रेजी साम्राज्य में केंद्रीय सरकार को उपलब्ध थी। सरदार पटेल ने 15 अगस्त, 1947 ई. के पूर्व जूनागढ़, हैदराबाद और कश्मीर को छोड़कर अन्य सब राज्यों को भारतीय संघ में सम्मिलित होने के लिए सहमत करा लिया। उनकी सहमति का कारण सरदार पटेल द्वारा उनके हृदय में भौगोलिक, आर्थिक, तथा जनता की इच्छाओं को ध्यान में रखकर कार्य करना को लेकर प्रेरणा जगाता था। जूनागढ़ के शासक ने 15 अगस्त, 1947 ई. को पाकिस्तान में सम्मिलित होने की घोषणा की लेकिन जनता का असंतोष इतना अधिक बढ़ा कि उसे अपनी जान बचाने के लिए पाकिस्तान भाग जाना पड़ा और जूनागढ़ भारत में सम्मिलित हुआ। हैदराबाद का निजाम भी स्वयं को पूरी तरह स्वतंत्र समझता था। निजाम की सबसे बड़ी महत्त्वाकांक्षा अधिक से अधिक सोना, जवाहरात एकत्र करने की थी। कहा जाता है कि उसकी व्यक्तिगत संपत्ति 300 करोड़ की थी। उसने राजसत्ता का अपने हाथों में केंद्रीयकरण किया हुआ था। उसके विचार से राजा का अधिकार एक अच्छी प्रद्धति है एवं लोकतंत्र खराब पद्धति का प्रतीक है।

नवंबर, 1947 ई. में निजाम ने भारत के साथ स्टेंडस्टिल एग्रीमेंट पर हस्ताक्षर किए। कश्मीर की स्थिति अच्छी नहीं थी। स्वतंत्रता प्राप्ति के शीघ्र बाद ही पाकिस्तान

की ओर से कुछ कबाइलियों ने उस पर आक्रमण कर दिया। वहां का शासक आक्रमणकारियों को रोक न सका, वे आगे बढ़ते गए। आक्रमणकारी तेजी से आगे बढ़ते चले गए। राज्य को सुरक्षित रखने के लिए वहाँ के महाराजा ने 26 अक्टूबर, 1947 ई. को भारतीय संघ में सम्मिलित होना स्वीकार किया। भारतीय सेनाओं ने कश्मीर की सुरक्षा की उचित व्यवस्था की और आक्रमणकारियों को हटाकर पीछे धकेल दिया। 31 दिसंबर, 1947 ई. को भारत ने संयुक्त राष्ट्र संघ से अनुरोध किया कि वह पाकिस्तान को उत्तर-पश्चिमी कबाइलियों को भारत आक्रमण में सहायता देने से रोके। सुरक्षा परिषद इस समस्या को सुलझाने में पूर्णतया असमर्थ रही। 1 जनवरी, 1949 ई. को भारत पाकिस्तान में युद्ध विराम पर हस्ताक्षर हुए। सुरक्षा परिषद द्वारा इस समस्या को सुलझाने में कोई प्रगति नहीं हुई।

भारतीय राज्यों में लोकतंत्र : नरेशों के भारत के राज्यों में शामिल होने के बाद सरदार पटेल इन भारतीय राज्यों में लोकतंत्र व्यवस्था चाहते थे। उन्होंने नरेशों को परामर्श दिया कि अंग्रेजी नियंत्रण को केवल जन आंदोलन के माध्यम से ही समाप्त किया गया था। इसलिए राजसत्ता का प्रयोग जनता द्वारा ही होना चाहिए। नरेशों के निरंकुश अधिकारों को अंग्रेजों द्वारा समर्थन मिलता था इसलिए वे बचे रहते थे। भारत सरकार ने नरेशों की निरंकुशता का समर्थन करने से इनकार कर दिया। साथ ही वह चेतावनी भी दी कि वह देश में अशांति तथा अव्यवस्था फैलने भी नहीं देगी। इस प्रकार राज्यों के नरेशों को उनकी विबशता स्पष्ट दिखाई दी। दूसरी ओर सरदार पटेल ने नरेशों की सहमति प्राप्त करने के लिए उनकी व्यक्तिगत संपत्ति तथा अधिकारों को सुरक्षित रखने का आश्वासन दिया। उनकी बात को सहमति दो रक्तहीन क्रान्ति में सहयोग दिया।

प्रजातंत्रीय प्रणाली की स्थापना से एक परिवर्तन होना स्वाभाविक ही था कि हर राज्य में यह क्षमता नहीं थी कि वह जनकल्याण के लिए साधन उपलब्ध करा सकें। इसलिए छोटे राज्यों के अस्तित्त्व का औचित्य नहीं था। सरदार पटेल ने दो प्रकार की पद्धतियों को प्रोत्साहन दिया—बाह्य विलय तथा आंतरिक संगठन। बाह्य विलय में छोटे-छोटे राज्यों को मिलाकर अथवा पड़ोसी प्रांतों में विलय करके एक बड़ा राज्य बनाना। आंतरिक संगठन के आधार पर इन राज्यों में प्रजातंत्रीय प्रणाली की स्थापना जिससे सामान्य जनता का सहयोग दैनिक प्रशासन में उपलब्ध हो सके। दिसंबर, 1947 ई. में उड़ीसा और छत्तीसगढ़ के 39 राज्यों का उड़ीसा तथा सी.पी. में विलय हुआ। बंबई प्रदेश के साथ 17 दक्षिणी राज्यों का फरवरी 1948 ई. में और

गुजरात तथा काठियावाड़ राज्यों का जून, 1948 ई. में विलय हुआ। पूर्वी पंजाब, पटियाला तथा पहाड़ी राज्यों का एक संघ बनाया गया जिसे पेप्सू कहा गया। इसी आधार पर मत्स्य, विंध्य प्रदेश, राजस्थान का निर्माण किया गया। राजस्थान संघ बनाने में सबसे पहले दक्षिणी पूर्वी राज्यों ने–बाँसवाड़ा, बूंदी, डूँगरपुर, झालावाड़, किशनगढ़, कोटा, प्रतापगढ़, शाहपुरा और टोंक–भाग लिया। इसकी स्थापना 25 मार्च, 1948 ई. को हुई। उदयपुर भी इस संघ में अप्रैल, 1948 ई. में सम्मिलित हुआ। शीघ्र ही राजस्थान के चार बड़े राज्यों– जयपुर, जोधपुर, बीकानेर, जैसलमेर–ने भी इस संघ में सम्मिलित होना स्वीकार कर लिया और 30 मार्च 1949 ई. को सरदार पटेल ने राजस्थान संघ का उद्घाटन किया। 15 मई, 1949 ई. को मत्स्य संघ भी राजस्थान में सम्मिलित हो गया।

भारतीय राज्यों को संघ में सम्मिलित करना सरदार पटेल का एक महत्वपूर्ण योगदान था। केवल हैदराबाद में शांति स्थापना के लिए सेना को हस्तक्षेप करना पड़ा और वह भी इसलिए कि निजाम ने अपनी सेना के बल पर राज्य में अत्याचार आरंभ कर दिए थे। भारत विभाजन से जितने क्षेत्र तथा जनसंख्या की हानि हुई भारतीय राज्यों के विलय से वह क्षति पूरी हुई।

6

स्वतंत्रता से पूर्व भारतीय राष्ट्रीय काँग्रेस के प्रसिद्ध नेता

दादाभाई नौरोजी और भारतीय राष्ट्रीय काँग्रेस

दादाभाई नौरोजी का भारतीय राष्ट्रीय आंदोलन में विशेष योगदान है वह इस आंदोलन से जुड़े प्रारम्भिक नेताओं में से एक हैं। 4 सितम्बर, 1825 को उनका जन्म मुम्बई के एक पारसी परिवार में हुआ था। वे भी फिरोजशाह और गोखले की भाँति अंग्रेजी साम्राज्य को न्याय और नैतिकता पर आधारित मानते थे। 1892 ई. में वे इंग्लैंड संसद के सदस्य भी निर्वाचित हुए। उनके राजनीतिक जीवन का काफी समय इंग्लैंड में व्यतीत हुआ। तीन बार वह इंडियन नेशल कांग्रेस के अध्यक्ष चुने गए। अपने अन्य समकालीन नेताओं में सबसे लंबी अवधि तक वे भारतीय राजनीति में योगदान देते रहे। दादाभाई नौरोजी की अद्वितीय देन अंग्रेजी साम्राज्य के आर्थिक दुष्परिणामों को स्पष्ट करना था। वे स्वयं भी अर्थशास्त्र के अच्छे ज्ञाता थे। उन्होंने पहली बार यह तर्क प्रस्तुत किया कि अंग्रेजी साम्राज्य की नीतियों का परिणाम भारत को निर्धन बनाना था। उन्होंने यह स्पष्ट किया कि भारत से अतिरिक्त निर्यात किया जाना वास्तव में धन निष्कासन का एक साधन था। उन्होंने बड़ी सावधानी और धैर्य के साथ आँकड़ों की सहायता से यह स्पष्ट किया कि किस प्रकार यह धन निष्कासन हो रहा था। उनकी अंग्रेजों के प्रति अटूट श्रद्धा थी इसलिए अपनी मौलिक पुस्तक का नाम उन्होंने 'पावर्टी ऐंड अनब्रिटिश रूल इन इंडिया' रखा जिसका अभिप्राय यह था कि अंग्रेजी नीति अंग्रेजी लक्ष्य के अनुरूप नहीं थी। इनके द्वारा धन निष्कासन

का भारतीय निर्धनता के लिए उत्तरदायी बताया जाना अंग्रेज प्रशासक इतिहासकारों के लिए एक भारी समस्या थी। अंग्रेज लेखक भारतीय जनसंख्या में वृद्धि, कृषकों का रूढ़िवादी होना तथा पुरानी सामाजिक व्यवस्था को व्यापक निर्धनता के लिए उत्तरदायी बताते थे। दादाभाई नौरोजी ने इन सब तर्कों को निरर्थक तथा ऊपरी बताया। उन्होंने कहा कि विश्व के अन्य देशों में जनसंख्या में वृद्धि औद्योगिक क्रांति का कारण अथवा परिणाम हुई लेकिन भारत गें ऐसा कुछ नहीं हुआ। कृषि उत्पादन 1800 ई. कि अगेक्षा कहीं अधिक होता था लेकिन सब निर्यात हो जाता था।

द्वारा आर्थिक नीति के दुष्परिणामों को समझकर उनमें परिवर्तित करना इस पुस्तक का प्रमुख उद्देश्य था। उनका विश्वास था कि अंग्रेज अनजाने में उस नीति का अनुसरण कर रहे थे। 1880 ई. से सदी के अंत तक दादाभाई ने हर प्रकार के प्रचार का प्रयत्न करके यह देख लिया कि अंग्रेज शासकों को वास्तविकता बता देने पर भी नीति में परिवर्तन नहीं हुआ। इसलिए 1900 ई. के बाद उनके विचारों में कुछ परिवर्तन दिखाई पड़ा। 1906 ई. के कांग्रेस अध्यक्षीय भाषण में उन्होंने भारतीय जनता में तीन मौलिक अधिकारों का वर्णन किया। ये अधिकार थे—लोक सेवाओं में भारतीय जनता की अधिक नियुक्ति, विधान सभाओं में भारतीयों का अधिक प्रतिनिधित्व और भारत और इंग्लैंड में उचित आर्थिक संबंध स्थापित हों। अपने जीवन के अंतिम वर्षों में वे भारत में सेल्फ गवर्नमेंट के समर्थक हो गए थे। हालांकि इन्होंने 1906 में कांग्रेस के मंच से पहली बार स्वराज्य की माँग की थी।

दादाभाई नौरोजी की सबसे बड़ी देन अंग्रेजी आर्थिक नीति की वास्तविकता को स्पष्ट करना था। साथ ही वे राजनीति का औचित्य नैतिकता को मानते थे। इसलिए प्राकृतिक अधिकारों और प्राकृतिक न्याय की बात करते थे। 1917 ई. में उनकी मृत्यु हो गई।

सुरेन्द्रनाथ बनर्जी

उदारवादी विचारों से परिपूर्ण सुरेन्द्रनाथ बनर्जी का जन्म बंगाल के एक कुलीन ब्राह्मण परिवार में 1848 में हुआ था। 1868 में इन्होंने स्नातक की शिक्षा प्राप्त की तथा वे पहले भारतीय थे जिन्होंने 1869 में भारतीय जन सेवा (I.C.S) की परीक्षा पास की, परन्तु चार वर्ष बाद ही उनके विरुद्ध कुछ झूठे आक्षेप लगाकर उन्हें सेवा से निवृत्त कर दिया गया। 1876 ई. में वह अंग्रेजी के प्राध्यापक नियुक्त हुए और बाद में वह शिक्षा संस्थाओं से ही संबद्ध रहे। 1876 ई. में ही उनका राजनीतिक

जीवन आरंभ हुआ जब उन्होंने इंडियन एसोसिएशन की स्थापना की। इसी संस्था को 1883 ई. और 1885 ई. में अखिल भारतीय राजनीतिक संस्था बनाने का प्रयत्न किया। लेकिन 1885 ई. में कांग्रेस स्थापना के पश्चात् इंडियन एसोसिएशन का अस्तित्त्व दुर्बल और 1886 ई. में समाप्त हो गया। सुरेंद्रनाथ अंग्रेजी साम्राज्य को दैवी तथा उनकी राजनीतिक सत्ता का नैतिक आधार मानते थे। इसलिए अंग्रेजी साम्राज्य से यह आशा करते थे कि वह भारत में व्याप्त सामाजिक तथा नैतिक बुराइयों को दूर करें एवं भारत में स्वायत्त शासन की स्थापना करें। 1881-84 ई. के मध्य उन्होंने सारे भारत का दौरा करके सिविल सर्विस में प्रवेश की अधिकतम आयु की सीमा बढ़ाने के पक्ष में एक व्यापक आंदोलन आरम्भ किया। 1895 तथा 1902 ई. में उन्होंने इंडियन नेशनल कांग्रेस के अधिवेशन की अध्यक्षता की। कांफ्रेंस के विभिन्न अधिवेशनों में वह काफी प्रभावशाली वक्ता थे। बंगाल में उस समय राजनीतिक जागरण में उनका काफी महत्त्वपूर्ण योगदान था। यद्यपि वह कांग्रेस के नेताओं में फ़िरोजशाह मेहता और गोखले के बाद आते थे लेकिन फिर भी वह अधिवेशन की मुख्य आत्मा समझे जाते थे। उनके जीवन की सबसे अधिक ख्याति और प्रसिद्धि बंगाल विभाजन के विरुद्ध आंदोलन के समय तक हो चुकी थी। वह 'बंगाली' पत्र के संपादक थे लेकिन बंग विभाजन आंदोलन में तोड़-फोड़ और असवैधानिक तरीकों के विरुद्ध थे। बनर्जी की अपेक्षा अन्य बंगाली नेता—अश्विनीकुमार दत्त, अरविंद घोष, विपिनचंद्र पाल आदि अधिक लोकप्रिय हो रहे थे। बरिसाल सम्मेलन में बंदी बना लिए जाने के बाद बनर्जी की लोकप्रियता में कुछ वृद्धि हुई लेकिन शीघ्र ही वह समाप्त हो गई। 1907 ई. में कांग्रेस की सूरत फूट के समय बनर्जी नरम दल के नेता थे। 1909 ई. में वह इंग्लैंड गए और सुधार अधिनियम के लिए कृतज्ञता प्रकट की लेकिन वह बंग-भंग की समाप्ति चाहते थे।

1911 ई. में बंगाल विभाजन समाप्त कर दिए जाने के पश्चात् बनर्जी अंग्रेज सरकार के और भी अधिक भक्त बन गए। उन्होंने इस निर्णय को नरम दल वाले नेताओं के सवैधानिक आंदोलन का परिणाम समझा। 1913 ई. में उन्हें बंगाल लेजिस्लेटिव कौंसिल और इंपीरियल लेजिस्लेटिव कौंसिल का सदस्य चुन लिया गया। यह निर्वाचन उसी समय वैध हुआ जब गर्वनर जनरल ने उन पर लगी अयोग्यता को समाप्त कर दिया। (एक पदच्युत किया हुआ सरकारी कर्मचारी चुनाव नहीं लड़ सकता था) उसके बाद सुरेंद्रनाथ बनर्जी का उत्तरोत्तर राष्ट्रीय जीवन से प्रभाव समाप्त होता गया। 1919-20 ई. में उन्होंने गाँधीजी के आंदोलन का समर्थन नहीं

किया। 1921 ई. उन्हें 'सर' की उपाधि अंग्रेज सरकार द्वारा दी गई। उस समय भारत में सरकारी उपाधियों के त्याग की बात सामान्यतः थी। 1921-23 ई. में वह बंगाल सरकार में मंत्री थे।

सुरेंद्रनाथ बनर्जी अपने जीवन के अंतिम वर्षों में अंग्रेज सरकार के कृपापात्र बन गए और राष्ट्रीय आंदोलन की क्षमता और महत्त्व को बहुत कम समझ सके। वह 1918-19 ई. में भी 1895 ई. के स्तर पर सोचते थे। वह 1921 ई. में अंग्रेजी सरकार को उग्र राष्ट्रवादियों के विरुद्ध कठोर नीति अपनाने के लिए कह रहे थे। जब 1921 ई. में एक मंत्री की भाँति उन्होंने बंगाल का दौरा किया तो अधिकांश स्थानों पर हड़ताल से उनका स्वागत किया गया। 1923 ई. के चुनाव में विधानचंद राय जो उस समय स्वराजिस्ट दल के सामान्य सदस्य थे, ने उन्हें भारी मतों से पराजित किया। बनर्जी का 1923 का चुनाव अन्तिम चुनाव माना गया क्योंकि इसी सन् 1923 का चुनाव उनके जीवन का आखिरी चुनाव था उसके बाद जिंदगी ने उन्हें चुनाव लड़ने का मौका नहीं दिया सन् 1925 में इनका स्वर्गवास हो गया।

सुरेन्द्र नाथ बनर्जी उदारवादी विचारधारा के थे। वे क्रान्तिकारी या असहयोग की कार्यवाही में तनिक भी विश्वास नहीं करते थे। वे वैधानिक साधनों में विश्वास करते थे और इन्हीं साधनों के जरिए विभिन्न क्षेत्रों में सुधार लाने में सफल हुए।

सुरेन्द्रनाथ बनर्जी ब्रिटिश सभ्यता और शासन के प्रति निष्ठावान होते हुए भी उसके भारत विरोधी स्वरूप और कार्यों के कट्टर विरोधी थे। उनके उदारवादी राजनीतिक विश्वासों का सार यह था कि वे ब्रिटिश साम्राज्य के भाग के रूप में भारत हेतु स्वशासन चाहते थे और भारत में इंग्लैण्ड के महान् लक्ष्य तथा उसके साथ भारत के स्थाई सम्बन्धों की आवश्यकता एवं स्वशासन के लक्ष्य की ओर धीमी तथा क्रमिक प्रगति में विश्वास करते थे। उग्रवादी और हिंसक साधनों में उनकी कोई आस्था न थी।

मानव-स्वभाव की अच्छाई तथा नैतिक पुनर्निर्माण द्वारा राजनीतिक प्रगति में विश्वास

बनर्जी का दिल और मस्तिष्क उदारवादी तथा मानवतावादी था। मानव-स्वभाव की अच्छाई में उनका सम्पूर्ण विश्वास था। उनका कहना था—"मनुष्य-स्वभाव में एक दैवी तत्त्व विद्यमान है और जब हम अधःपतन के गर्त में गिरने लगते हैं तो वह अपनी चेतावनी के माध्यम से हमें सहसा रोक देती है और कहता है—बस तुम यहीं

तक जाओगे, इससे आगे नहीं बढ़ सकोगे। मनुष्य-स्वभाव अपनी गरिमा के कारण जिस प्रतिष्ठा के योग्य है, उसकी रक्षा करने में वह हमेशा सफल होता है। मनुष्य-स्वभाव विकृत, अपवित्र और दूषित हो सकता है, परन्तु उसकी दैवी प्रतिभा का विनाश कभी सम्भव नहीं है, उसे कभी मिटाया नहीं जा सकता।" कर्त्तव्य और नैतिकता के सिद्धान्तों का अतिक्रमण मनुष्य-स्वभाव के उल्टा है और यही कारण है कि मनुष्य-स्वभाव को नैतिकता ऐसे गलत मार्ग से हमें बचाने हेतु तन कर खड़ी होती है।

मनुष्य-स्वभाव की अच्छाई में पूरा विश्वास रखते हुए बनर्जी ने कहा कि नैतिक पुनरुत्थान में ही भारत के पुनरुद्धार का रहस्य निहित है। राजनीतिक क्षेत्र भी नैतिकता से रहित नहीं होना चाहिए, राजनीति को उच्च आदर्शों पर प्रतिष्ठित किया जाना चाहिए तथा क्रान्ति और विप्लव के स्थान पर नैतिक एवं सांविधानिक संघर्ष द्वारा ब्रिटिश शासकों की वुद्धि में अपेक्षित बदलाव लाया जाना चाहिए। बनर्जी के राजनीतिक जीवन पर इटली के महान् राष्ट्रभक्त मैजिनी का स्थाई प्रभाव पड़ा था और नैतिक तथा आध्यात्मिक पुनर्निर्माण के माध्यम से राजनीतिक प्रगति में उनका विश्वास आजीवन बना रहा। उनका कहना था कि यह भारतवासियों का कर्त्तव्य है कि वे अपने राष्ट्र हेतु संकटों और कठिनाइयों को धैर्यपूर्वक सहन करें, सदाचार के माध्यम आत्मा की शुद्धता बनाए रखें और राष्ट्रीयता के उच्च आदर्शों का परिपालन करें। गतिशील व्यक्तित्व राष्ट्रीयता को सच्चे रूप में प्राप्त करने के पहले जरूरी शर्त है।

अपने समय के अन्य नेताओं की भाँति श्री बनर्जी की राजनीतिक आदर्शों पर भी ब्रिटिश उदारवादियों का गहरा असर पड़ा था। उन्हें अंग्रेजों की सद्भावना पर गहरा विश्वास था और राजनीतिक जीवन के प्रबल झंझावत भी उनकी आस्था को नहीं हिला पाए। बंग-विभाजन ने भारत के अनेक उदारवादी राष्ट्रभक्तों को उग्रवाद की ओर मोड़ दिया, परन्तु बनर्जी का उदारवादी और सांविधानिक मार्ग पर विश्वास पूर्ववत् बना रहा।

लन्दन में एक छात्र के रूप में सुरेन्द्रनाथ ने बर्क, मैकाले, मिल, स्पेन्सर आदि का गहन अध्ययन किया था, अतः नैतिक आदर्शवाद तथा उदारवादी व्यक्तिवाद से वे बड़े प्रभावित थे। इंग्लैण्ड के अपने छात्र-जीवन में उन्होंने तर्क, स्वतन्त्रता और प्रजातान्त्रिक आदर्शों को बड़े मनपूर्वक सीखा। बर्क से सांविधानिकतावाद और रोमान्टीसिज्म ने उन पर गहरा असर डाला। बर्क के प्रति उनके दिल में एक विशेष

अनुराग था। इंग्लैण्ड की सांविधानिक परम्पराओं की छाप बनर्जी पर पूरी ज़िन्दगी बनी रही। उनकी मान्यता थी कि ब्रिटिश सांविधानिक इतिहास के महत्त्वपूर्ण अध्यायों में 'स्वतन्त्रता की धारणा' का स्थान सबसे ऊपर था और इंगलैण्ड का संसदीय प्रजातन्त्र अंग्रेजों के 'नागरिक स्वतन्त्रता' के प्रति असीम प्रेम का निशानी है। बनर्जी चाहते थे कि ब्रिटेन अपनी शानदार साँविधानिक परम्परा को भारत में भी कायम रखे तथा भारत में प्रशासनिक सुधारों की जरुरतों को उन्मुक्त दिल से स्वीकार करे। यदि ब्रिटिश सरकार देश की उन्नति के विषय में सोचकर कार्यरत् होती तो वह भारत वासियों के प्रेम की पात्र बनती तथा भारत में अपना स्थायित्व रखती।

फिरोजशाह मेहता (1884–1915)

फिरोजशाह मेहता का जन्म सन् 1884 में हुआ था। मेहता जी आधुनिक भारत के राजनीतिक विकास में महत्वपूर्ण भूमिका निभायी। लंदन में वकालत पढ़ते समय वह दादाभाई नौरोजी के प्रभाव में आए। उनका सार्वजनिक जीवन 1870 ई. के पश्चात ही आरंभ हुआ। 1872 ई. में वह बंबई कारपोरेशन के सदस्य बने और 1886 ई. में उन्हें बंबई लेजिस्लेटिव कौंसिल का सदस्य नियुक्त किया गया, जहाँ वह 15 वर्षों तक सदस्य रहे। 1890 ई. में वह इंडियन नेशनल कांग्रेस के अध्यक्ष चुने गए। वह अत्यंत प्रभावशाली वक्ता तथा तर्क-वितर्क में निपुण थे। राजनीतिक दृष्टि से वह अंग्रेजी साम्राज्य के भारी समर्थक तथा उसे ईश्वरीय समझते थे। समस्त इतिहास की घटनाओं को वे ईश्वर की इच्छाओं की पूर्ति मानते थे।

19वीं सदी में प्रचलित विचारधारा 'प्रोगरेस' (प्रगति) के वह भारी अनुयायी थे। वह समझते थे कि इतिहास दोहराता नहीं है। बल्कि निरंतर प्रगति की ओर बढ़ता रहता है। अंग्रेजी साम्राज्य को भी वे 'प्रगति' का सूचक और ईश्वरीय मानने के परिणामस्वरूप उसको नैतिकता पर आधारित समझते थे। इंगलैंड की संसद में दादाभाई नौरोजी का निर्वाचन फिरोजशाह के अंग्रेजी संविधान में विश्वास दृढ़ करने में सहायक हुआ। वे अंग्रेजी साम्राज्य के साथ भारतीय संबंध स्थाई मानते थे। भारतीय जनता के सुख, समृद्धि के लिए अंग्रेजी साम्राज्य की छत्रछाया वह अत्यंत आवश्यक मानते थे। इंडियन नेशनल कांग्रेस को वे वैधानिक पद्धति से कार्य करने तक ही सीमित रखना चाहते थे। 1886 ई. में उन्होंने अपने लक्ष्य को स्पष्ट किया। उन्होंने बताया कि यदि हम लेजिस्लेटिव कौंसिलों में तथा सिविल सर्विस में भारतीयों के लिए प्रवेश की अधिक सुविधाएँ चाहते हैं तो वह इसीलिए कि अंग्रेज अपना कार्य

कुशलता से कर सकें। जब तक भारतीय सदस्य कौंसिलों में तथा लोक सेवाओं में उनका साथ नहीं देंगे उस समय तक अंग्रेज देश में कुशल प्रशासन के अपने लक्ष्य में अधिक सफलता प्राप्त नहीं कर सकेंगे। वे अंग्रेजी शिक्षा के भारी समर्थक थे और शिक्षित भारतीयों को ही देश की प्रगति में सहायक समझते थे। फिरोजशाह मेहता अत्यंत व्यावहारिक व्यक्ति थे। वे बहुत दूर तक सोचने के अभ्यस्त नहीं थे। भारतीयों के लिए लेजिस्लेटिव कौंसिलों में अधिक प्रतिनिधित्व और लोक सेवाओं में अधिक स्थान की आलोचना अंग्रेज नौकरशाही द्वारा की गई कि इसका कालांतर में अभिप्राय अंग्रेजों को भारत से निकालना होगा। फिरोजशाह ने उनका प्रतिवाद किया और अपनी नीति का औचित्य इस आधार पर रखा कि उनका लक्ष्य निकट भविष्य तक ही सीमित था। वे आदर्शों की चर्चा नहीं कर रहे थे।

भारतीय राष्ट्रीय राजनीतिक नेताओं में फिरोजशाह मेहता अत्यधिक प्रतिभाशाली नेता थे। उनमें अपने विरोधियों को सहमत करा लेने की अपूर्व क्षमता थी। उनके विचारों का महत्त्व 19वीं सदी के उत्तरार्ध में मध्यम वर्ग की आकांक्षाओं का प्रतिनिधित्व करने में था।

गोपालकृष्ण गोखले (1866–1915)

गोपाल कृष्ण गोखले का जन्म 9 मई, 1866 को कोल्हापुर (महाराष्ट्र) के एक ब्राह्मण परिवार में हुआ था। वे 13 वर्ष के ही थे कि उनके पिता का देहांत हो गया। इनका अध्ययन काल गरीबी की परिस्थितियों में व्यतीत हुआ। उन्हें कई बार छात्रावास का खर्च भरने के लिए भूखे रहना पड़ा तथा तेल पर खर्च बचाने के लिए सड़क के बल्ब की रोशनी में पढ़ना होता था। उनकी स्मरण शक्ति विलक्षण थी। वे फरगूसन कॉलेज पूना में इतिहास और अर्थशास्त्र के प्राध्यापक नियुक्त हुए और वर्षों तक वे पूना सार्वजनिक सभा की पत्रिका 'सुधारक' का सम्पादन करते रहे। 1902 ई. में इंडियन लेजिस्लेटिव कौंसिल के सदस्य बने और मरते समय तक सदस्य बने रहे। वे कई बार इंग्लैंड गए और 1909 ई. के सुधार अधिनियम के निर्माण में उनका काफी योगदान रहा। वित्तीय प्रश्नों पर उनके विचारों का बड़ा महत्त्व था। वे 1905 ई. में कांग्रेस के बनारस अधिवेशन के अध्यक्ष थे। गाँधी जी उनके सत्यवादिता एक मानवतावादी गुणों से बहुत प्रभावित थे इसलिए वह उन्हें अपना राजनीतिक गुरु मानते थे। गोखले ने 1905 ई. में सर्वेंट्स आफ इंडिया सोसायटी की स्थापना की जो उनकी सबसे बड़ी देन है।

गोखले के राजनीतिक चिंतन का मुख्य आधार यह था कि अंग्रेजी नियंत्रण भारत पर ईश्वर की कृपा से स्थापित हुआ। वे अंग्रेजों के प्रति भक्ति को ही राष्ट्रभक्ति के समान समझते थे। राजभक्ति का अर्थ केवल इतना ही नहीं था कि अंग्रेजी सरकार की आलोचना न की जाए बल्कि सरकार का समर्थन भी तत्परता से किया जाए। वे अंग्रेजी सरकार को राष्ट्रीयता की भावना से प्रेरित मानते थे। वे सरकार के नियंत्रण का नैतिक औचित्य मानते थे। वे विरोध, शमन तथा समझौते की नीति के सर्वश्रेष्ठ वक्ता थे। हिंदू-मुसलमानों में, अंग्रेज भारतीयों में और कांग्रेस की विभिन्न विचारधाराओं में वे समन्वय कराने के पक्ष में थे। भारतीय समाज में वे जातीय भेदभाव को समाप्त कराने के पक्ष में थे लेकिन वे चाहते थे कि वह कार्य भी सहमति और सरलता से हो जाए। फिरोजशाह मेहता की भाँति उनकी दृष्टि भी बहुत दूर तक नहीं थी। वे तत्कालीन परिस्थितियों से बहुत प्रभावित थे। उनका लक्ष्य अंग्रेजी साम्राज्य में स्वशासन की स्थापना था। अंग्रेजी साम्राज्य को चुनौती देने के दुष्परिणामों की कल्पना करके ही वे अंग्रेजी साम्राज्य के भारी समर्थक बन गए। वे संवैधानिक संघर्ष के ही समर्थक थे। संवैधानिक संघर्ष से उनका अभिप्राय था कि वह स्थापित संस्थाओं के माध्यम से ही विरोध अथवा अपने पक्ष का समर्थन करे बाहरी माध्यमों से नहीं।

वह ब्रिटिश शासन के प्रशंसक थे एवं उसकी ताकत को अतुलनीय मानते थे। उनके अनुसार भारत अंग्रेजी शासक के बिना उन्नति की ओर अग्रसर नहीं हो सकता। हार्डिंग ने गोखले की मृत्यु के पश्चात् उनके साथ हुई अपनी एक वार्ता को संस्मरण के रूप में लिखा। गोखले ने उनसे कहा था कि यदि अंग्रेज भारत छोड़कर चले गए तब उनके पहुँचने से पूर्व भारतीय नेता उनको लौट आने के लिए तार द्वारा आमंत्रित करेंगे। गोखले का अंग्रेजों की नेकनीयत में अटूट विश्वास था। जब कभी उस नीति की चर्चा की जाती वह उसको यह कहकर टाल देते थे कि वह नीति संभव नहीं थी। उनके लिए यह कहा जाता है कि वह 'संभव' का अनुमान लगाने में दक्ष थे। उनका कहना था कि वह भी अपने देश की स्वतंत्रता को तुरंत ही प्राप्त करना चाहते थे लेकिन वह उसे संभव नहीं मानते थे।

गोखले का सोचना था कि अंग्रेजों का भारत पर केवल नैतिक प्रभाव है इसी कारण वह उनके समर्थक थे परन्तु उदारवादी हृदय के कारण अपने राष्ट्र के लिए उन्नति की भावना रखते थे। वे बायकाट की नीति के विरुद्ध थे। यद्यपि उन्होंने स्वदेश का समर्थन किया लेकिन वे मन में उनके प्रति पूरी आस्था नहीं रखते थे। उनके समझौते की नीति का एक उच्च उदाहरण यह है कि 1906 ई. के कलकत्ता

कांग्रेस अधिवेशन में उन्होंने बायकाट के प्रस्ताव का समर्थन किया। हालाँकि प्रस्ताव के अर्थ लगाने पर गोखले तथा अन्य प्रस्ताव समर्थकों में भारी मतभेद था। गोखले 1914 ई. के पश्चात् इस बात के लिए इच्छुक रहे कि कांग्रेस के दोनों दलों में समझौता हो जाए। लेकिन यह समझौता उनके जीवन काल में नहीं हुआ। 1915 ई. में गोखले का देहान्त हो गया।

एनी बेसेन्ट

डॉ. एनी बेसेन्ट का जन्म 1846 ई. में एक ईसाई परिवार में हुआ था। एनी बेसेन्ट एक आयरिश महिला थीं। अपनी आयरिश माता का एनी बेसेन्ट पर बड़ा प्रभाव पड़ा था। इनके पिता का नाम विलियम पेज वुड़ था जो इंग्लैण्ड के एक विख्यात डॉक्टर थे। एनी बेसेन्ट एक समाज सुधारक महिला थीं। इनकी पढ़ाई-लिखाई जर्मनी और इंग्लैण्ड में हुई थी। एक ईसाई परिवार में जन्म लेने के बावजूद भी उनके मन में ईसाई धर्म के प्रति कई तरह की संदिग्ध सवालें उठ चुकी थीं। 1867 में उनका विवाह जो फ्रंक बेसेन्ट से हुआ, परन्तु ईसाई धर्म में संदिग्धता के कारण यह असफल रहा। एनी बेसेन्ट एक विदेशी महिला होते हुए भी हिन्दू धर्म के प्रति उनकी आस्था काफी थी और अन्ततः 1893 ई. में हिन्दुओं की सेवा के लिए भारत में बसने के लिए आ गईं।

1874 में एनी बेसेन्ट की माता का देहान्त हो गया। विवाह-विच्छेद और माता की मृत्यु—इन कठिन परिस्थितियों में भी उन्होंने साहस नहीं छोड़ा। 1874 में चार्ल्स ब्रेडलॉफ से प्रभावित होकर वे उनकी 'नेशनल सिक्यूलरिस्ट सोसाइटी' की सक्रिय सदस्या बन गईं। 10 मई, 1889 को वे थियोसोफिकल सोसाइटी की सदस्या बनी। 1891 में ब्लावत्सकी की मृत्यु के बाद एनी बेसेन्ट ने अपने आपको पूरी तरह थियोसाफिकल प्रचार में लगा दिया। भारत में प्रवेश करते ही यहां के लोगों का दिल जीत लिया। अपने जीवन्त व्यक्तित्व और शिक्षित भारतीयों को अपने सोसाइटी में ले आईं। भारत में रहते हुए श्रीमती बेसेन्ट ने विभिन्न सामाजिक संस्थाओं के माध्यम द्वारा वैदिक और उपनिषदिक सिद्धान्तों का प्रचार किया। उन्होंने हिन्दू धर्म को दूर-दूर तक फैलाने के लिए भगवत् गीता का अंग्रेजी में अनुवाद किया। वे पूरे भारत में घूमतीं हिन्दू धर्म का प्रचार करतीं एवं शिक्षा संस्थाएँ स्थापित करती थीं।

भारत में रहते हुए हिन्दूधर्म को सराहा तथा उसके प्रचार के लिये पूर्ण जीवन अर्पित कर दिया। उनके प्रयास भगवत्-गीता का अंग्रेजी अनुवाद एवं वेद तथा

उपनिषदों की शिक्षा के प्रचार के रूप में सामने आये। 1898 में उन्होंने बनारस में सेन्ट्रल हिन्दू कॉलेज और स्कूल की स्थापना की। आगे चलकर इसी महान् शैक्षणिक संस्था का नाम बनारस हिन्दू विश्वविद्यालय हो गया। 1907 में ऑलकाल मृत्यु के बाद वे थियोसोफिकल सोसाइटी की अध्यक्षा चुन ली गई। अपने आदर्शों के प्रचार के लिए 1914 में उन्होंने 'दी कॉमन-वील' (The Common Weal) और 'न्यू इण्डिया' (New India) नामक दो पत्र निकालने शुरू किए। 1914 में उन्होंने लन्दन में होम रूल लीग की स्थापना की और 1916 में मद्रास में आल इण्डिया होम रूल लीग का उद्घाटन किया। प्रेस और मंच की मदद से उन्होंने होम रूल आन्दोलन को प्रजोर वेग से चलाया। 1917 में वे भारतीय राष्ट्रसंघ काँग्रेस की सभापति चुनी गईं। राजनीतिक क्षेत्र में गरम दलों की अपेक्षा वे नरमदलों के अधिक निकट थीं। उन्हीं के प्रयासों से काँग्रेस के गरम और नरम काँग्रेस से हट गई जब महात्मा गाँधी ने अहिंसात्मक असहयोग आन्दोलन शुद्ध किया। श्रीमती बेसेन्ट की आकाँक्षा थी कि गरम दलों और नरम दलों के बीच मतभेदों की खाई को किसी तरह पाट दिया जाए। वे ब्रिटिश साम्राज्य में रहते हुए किसी प्रकार समझौते-समन्वय की बात सोचती थीं और इस नजर से उन्होंने काँग्रेस संगठन को मजबूत बनाने की भरसक कोशिश की, परन्तु उस समय की स्थितियों में यह प्रयास निरर्थक थे।

डॉ. एनी बेसेन्ट को भारतीय उनके महान् त्याग और भारतीय संस्कृति के प्रति उनकी अगाध प्रेम के कारण कभी नहीं भूल सकेंगे। भारत के लिए स्वशासन की कामना वे सच्चे दिल से करती थीं और इसकी प्राप्ति हेतु उन्होंने भारतीय जनता के दिल में राष्ट्रीय गरिमा और विश्वास जगाने में कोई कसर नहीं छोड़ी। डॉ. बेसेन्ट कलम की धनी थीं। उन्होंने कई पुस्तकें लिखी जिनमें 'ईविज्यन आइडियन्स' नामक पुस्तक ने भारतीय समाजशास्त्र के क्षेत्र में महत्वपूर्ण योगदान दिया। अपनी पुस्तकों में बेसेन्ट ने राष्ट्रवाद को धार्मिक दिशा देने पर जोर दिया। "अपनी रचनाओं में उन्होंने हिन्दुत्व का गुणगान किया और भारतीय सभ्यता को वर्तमान युग की बरसाती सभ्यताओं से अधिक उत्तम मानकर अभिनन्दित किया।"

श्रीमती बेसेन्ट ने धार्मिक और राजनीतिक दोनों ही क्षेत्रों में स्वतन्त्रता का गुणगान किया। शुरू से ही स्वतन्त्र चिंतन में उनकी अडिग आस्था थी। अपने जीवन के शुरुआती काल में ही उन्होंने चर्च के प्रतिबन्धों और मान्यताओं को ठुकरा कर चार्ल्स ब्रेडले के 'स्वतन्त्र मत आन्दोलन' में सक्रिय रूप से भाग लिया। उन्होंने घोषणा की कि–"स्वतन्त्र मत आन्दोलन के प्रति वे बहुत कृतज्ञ इसलिए थीं कि

उसने नए-नए सत्यों के लिए उनके मस्तिष्क को खुला छोड़ रखा था और साधारण सवालों से भी जूझने के लिए वह उन्हें उत्साहित करता था।'' स्वातन्त्र्य प्रेम से पीड़ित होकर ही श्रीमती बेसेन्ट ने भारत के होम रूल के मत का विकास किया, जिसके बारे में उनका दावा था कि यह आन्दोलन उन्होंने इंग्लैण्ड में 1877 में ही छेड़ दिया था। श्रीमती बेसेन्ट मत और अभिव्यक्ति की स्वतन्त्रता की समर्थक थीं। उनकी माँग थी कि प्रत्येक व्यक्ति को, चाहे उसकी मतधारा कुछ भी हो, ईमानदारीपूर्ण अभिव्यक्ति की स्वतन्त्रता होनी चाहिए। किसी भी व्यक्ति की सामाजिक तथा राजनीतिक स्थिति को नष्ट करने का अधिकार हम में से किसी को भी नहीं है। श्रीमती बेसेन्ट ने कहा कि स्वतन्त्रता आत्मा के समान है जो अमर, अनश्वर और शाश्वत है, जिसकी अन्तिम विजय निश्चित है। व्यक्ति को अपने आचरण और व्यवहार में ईमानदार होना चाहिए, अपने प्रति और दूसरे के प्रति सत्यनिष्ठ रहना चाहिए। उन्होंने कहा कि मानव की आत्मा का मुख्य तत्त्व स्वतन्त्रता ही है जिसकी प्राप्ति कठोर अनुशासन और आत्मसंयम से ही सम्भव है।

सचमुच में श्रीमती बेसेन्ट के लिए स्वतन्त्रता की धारणा एक नैतिक जरूरत थी। उनकी नजर में ''स्वतन्त्रता स्वेच्छाचार तथा उच्छृंखलता से सर्वाधिक दूर है और तभी उपलब्ध हो सकती है, जब मानव अपने नैतिक एवं आध्यात्मिक ताकतों का संरक्षण करके भावात्मक पूर्णता को प्राप्त कर ले। अतः बाहरी क्षेत्र में स्वतन्त्रता हासिल करने से पूर्व आत्मा की आन्तरिक स्वाधीनता जरूरी है। व्यावहारिक अहम् की वासनाओं का दमन करके ही स्वतन्त्रता के साक्षात्कार के लिए जरूरी चरित्र तथा अनुशासन हासिल किया जा सकता है।'' श्रीमती बेसेन्ट ने स्वतन्त्रता को एक अलौकिक देवी की संज्ञा दी जो शक्तिशाली और कठोर किन्तु करुणामयी होती है। स्वतन्त्रता रूपी देवी की सहानुभूति हम चीखने-चिल्लाने या हुल्लड़बाजी से अथवा तर्क-वितर्क द्वारा अथवा घृणा के द्वारा प्राप्त नहीं कर सकते, बल्कि पाशविक प्रवृत्तियों पर नियन्त्रण रखकर, दुर्गुणों से विमुक्त होकर ही कर सकते हैं। स्वतन्त्रता की अनुभूति पहले दिल में होती है और आत्म-संयम की आधारशिला पर ही स्वतन्त्रता का महल खड़ा किया जा सकता है।

श्रीमती बेसेन्ट ने भारत की स्वतन्त्रता के बारे में स्पष्ट शब्दों में कहा कि किसी भी राष्ट्र की स्वतन्त्रता और स्वशासन की माँग स्वार्थपूर्ण नहीं होती बल्कि यह तो मानवता की सेवा हेतु स्वयं अपनी प्रकृति, अपने स्वभाव के विकास के लिए माँग करना है। स्वतन्त्रता तो एक गहरी आध्यात्मिकता की माँग है जो विश्व को उत्कृष्ट

योगदान देने की कामना से ओत-प्रोत है। अतः यह माँग किसी भी भय या दमन से दब नहीं सकती और किसी भी लालच से भुलाई नहीं जा सकती। 1917 में काँग्रेस के कलकत्ता अधिवेशन में अपने अध्यक्षीय भाषण में उन्होंने गर्जना की—"गुलामी के ऐशोआराम से स्वतन्त्रता की कठोरताएँ अच्छी हैं यही होम रूल आन्दोलन की भावना है, इसलिए इसे दबाया नहीं जा सकता और न कुचला ही जा सकता है। वह सदाबहार आन्दोलन है; और नौकरशाही द्वारा दिए गए किसी प्रलोभन से इसे अपने जन्मसिद्ध अधिकार को किसी और चीज से बदलने के लिए फुसलाया भी नहीं जा सकता है।"

बाल गंगाधर तिलक

बाल गंगाधर तिलक को ही लोकमान्य तिलक के नाम से जाना जाता है। बाल गंगाधर तिलक का जन्म 1856 ई. में इतिहास के गौरवशाली पेशवाओं के खानदान में हुआ था। बचपन से ही तिलक जी बड़े कुशाग्र बुद्धि के थे। कम उम्र में ही उन्होंने अपनी शिक्षा पूरी कर ली। उनका कहना था कि दीन-दुखियों के प्रति वह बहुत भावुक प्रवृत्ति के थे। वह जीवन का संघर्ष के बिना अधूरा मानते थे।

अपने आम जीवन की शुरुआत के कम ही समय में उन्होंने जो ख्याति अर्जित की, प्रशंसनीय है। अपनी कठिन मेहनत के बदौलत शिक्षा के क्षेत्र में काफी नाम अर्जित किया। यहाँ तक की देश-विदेश में उनकी प्रसिद्धि फैल गई। उन्होंने एक शिक्षाशास्त्री के रूप में पूना न्यू इंगलिश स्कूल फरग्यूसन कॉलेज तथा दक्षिण शिक्षा समाज में व्यवस्थापिका के रूप में काम भी किया।

लोकमान्य तिलक ने आर्थिक शोषण के खिलाफ लोहा लिया। 1896 के सूखा में लोगों को अपने अधिकारों के प्रति जागरूक बनाने की दिशा में आर्थिक मामलों में सम्बन्धित अपने महत्त्वपूर्ण प्रस्ताव रखे, जैसे—स्थाई बन्दोबस्त, वित्तीय विकेन्द्रीकरण आदि के प्रस्ताव।

एक राजीनितिक कार्यकर्ता के रूप में 1889 में कांग्रेस में आए। उदारवादियों की सिद्धान्तों से असन्तुष्ट तिलक ने अपनी ताकत महाराष्ट्र के राष्ट्रीय आन्दोलन को सुदृढ़ करने में लगाई तथा भारतीय नवयुवकों में यह भाव भरने की चेष्टा की कि राष्ट्र अपनी स्वतन्त्रता किसी की दया के जोर पर नहीं अपितु अपनी सामर्थ्य के जोर पर हासिल करे। "अपने 'केसरी' और 'मराठा' नामक दो पत्र तथा शिवाजी और गणपति उत्सवों द्वारा उन्होंने जनता में राष्ट्रभक्ति की भावना पैदा की तथा उसमें

अपनी राजनीतिक अधिकारों के लिए संघर्ष करने की भावना पैदा की।" 19 दिसम्बर, 1893 के 'केसरी' में तिलक ने स्पष्ट घोषणा की–"भारत में अंग्रेजी नौकरशाही से अनुनय-विनय करके हम कतिपय भी नहीं पा सकते। ऐसे प्रयास करते रहना तो पत्थर पर सिर टकराने के समान है।" 1897 में तिलक बम्बई विधान-परिषद् के सदस्य चुने गए जहाँ उन्होंने बड़ी निर्भयता के साथ सरकारी रवैये की कटु आलोचना की। महाराष्ट्र में सूखा और पूना में प्लेग के समय जनता के कष्टों के प्रति सरकार के असंतोषजनक रवैये से क्षुब्ध होकर दो नवयुवकों ने पूना के प्लेग कमिश्नर रैड तथा एक अन्य अंग्रेज अधिकारी की हत्या कर दी। तिलक का इस हत्या-काण्ड से कोई सम्बन्ध नहीं था, परन्तु ब्रिटिश सरकार ने उन पर हिंसा और राजद्रोह भड़काने का आरोप लगाकर उन्हें गिरफ्तार कर लिया और 18 मास का कठोर कारावास का दण्ड दे दिया। तिलक की गिरफ्तारी ने न केवल महाराष्ट्र को वरन् सम्पूर्ण भारत को उग्र बना दिया वह कठोर कारावास को भी आम जीवन की तरह जीने वाले व्यक्ति थे।

1905 में बंगला विभाजन के समय तिलक का राजनीतिक कार्यक्षेत्र महाराष्ट्र से बढ़कर समूचे भारत में फैल गया। 'केसरी' के माध्यम से उन्होंने विदेशी बहिष्कार और स्वराज्य का सन्देश लोगों को घर-घर तक पहुँचाया। लाल-बाल-पाल ने राष्ट्र में वस्तुतः एक संगठित उग्रवादी और राष्ट्रवादी दल को राष्ट्रीय रंगमंच पर ला खड़ा किया। काँग्रेस के उदारवादी नेता तिलक के उग्र और यथार्थवादी मतों से सहमत नहीं हो सके, फलस्वरूप काँग्रेस के नरम और गरम दल में मतभेद की खाई चौड़ी होती गई और अन्ततः 1907 में 'सूरत की फूट' सामने आई। बाद में 1915 तक, जब तक कि मुख्यतः एनीबीसेन्ट के प्रयासों से दोनों दलों में पुनः एकता स्थापित न हो गई, आरोप में पुनः कैद करके 6 वर्ष के कठोर कारावास का दण्ड देकर माण्डले जेल में भेज दिया गया, जेल में रहकर अपनी विशिष्ट और अपार ज्ञान से दो ग्रंथों की रचना की जो 'गीता रहस्य एवं 'दि आर्कटिक होम इन दि वेदाज' के नाम से जनता के सामने आयी।

1914 में कारावास से छुटकारे पर तिलक दोबारा राष्ट्रीय संगठन के कार्य में पिल गए। 1916 से 1920 तक उन्होंने होम रूल लीग का प्रचार करके काँग्रेस के कार्य को—राष्ट्र के स्वाधीनता संग्राम को—आगे बढ़ाया। एनीबीसेन्ट के प्रयासों से तिलक पुनः काँग्रेस में शामिल हो गए और अन्त तक इसी में रहे। 1918 में वे सर्वसम्मति से काँग्रेस के अध्यक्ष चुने गए, परन्तु शिरोल केस के सिलसिले में इंग्लैंड

चले जाने से वे इस गौरवशाली पद को स्वीकार न कर सके। सितम्बर, 1920 में कलकत्ता-काँग्रेस के विशेष अधिवेशन में जब लोग तिलक ने सभापति चुने जान की आशा कर रहे थे तभी मृत्यु ने उन्हें आ घेरा। 21 जुलाई, 1920 को बम्बई में आकस्मिक बीमारी से स्वाधीनता संग्राम के इस विकट योद्धा का देहान्त हो गया। 'स्वराज्य हमार जन्मसिद्ध' का नारा देने वाले तिलक कांग्रेस के स्वरूप को बदल गए।

लाला लाजपत राय

1865 ई. में पंजाब के धरती पर जन्म लेने वाले लाला लाजपत राय पंजाब केसरी के नाम से विख्यात हुये। वे एक समाज सुधारक, परोपकारी, धार्मिक सुधारक, शिक्षा शास्त्री और राष्ट्रीय आन्दोलन के अग्रदूत थे। वे आर्य समाज के सदस्य थे। वे गरम दल के नेता थे और भगत सिंह सुखदेव के राजनीतिक गुरु थे। वे दयालु स्वभाव के थे। वे अपना सारा जीवन दीन-दुखियों की सेवा में लगाना चाहते थे। उनकी प्रेरणा से ही कांग्रेस का ध्यान शिक्षा सुधार और देशी उद्योग धन्धों की तरफ आकृष्ट हुआ। वे बाल गंगाधर तिलक और विपिनचन्द्र के साथ मिलकर कार्य किये थे। वे एक प्रसिद्ध वक्ता थे। वे स्वतंत्रता के प्रेमी थे। वे विदेशी शासन को भारत से हमेशा के लिए समाप्त कर देना चाहते थे। वे 1907-1908 में बिहार, बंगाल, उड़ीसा (पहले संयुक्त प्रान्त था) के अकाल पीड़ितों की उन्होंने सहृदय सहायता की जिसने विदेशी शासन को भी नतमस्तक होने के लिए मजबूर किया।

लाला लाजपत राय ने 1905 से राष्ट्र की राजनीति में सक्रिय से हिस्सा लेना प्रारम्भ कर दिया। उग्र राष्ट्रवाद के विकास में उन्होंने पंजाब में वही पद प्राप्त किया जो तिलक को महाराष्ट्र में प्राप्त था। 1905 की बनारस कांग्रेस ने उन्हें एक प्रमुख वक्ता और राष्ट्रवादी का दर्जा दिया गया। उन्होंने घोषणा की कि "भारत यदि आजादी प्राप्त करना चाहता है तो उसे अंग्रेजों से भिक्षावृत्ति की प्रवृत्ति का परित्याग करके अपने पैरों पर खड़ा होना पड़ेगा।" लाजपत राय ने पूँजीवाद और आर्थिक शोषण का जमकर खिलाफ किया तथा किसानों और मजदूरों की उन्नति की कामना की। सरदार अजीतसिंह के साथ मिलकर 1907 में उन्होंने 'कालोनाइजेशन बिल' के विरोध आन्दोलन बड़े वेग से चलाया। ब्रिटिश सरकार ने इन दोनों राष्ट्रभक्तों को बिना मुकदमा चलाए ही छः मास का राष्ट्र-निर्वासन देकर माण्डले जेल भेज दिया। नवम्बर 1907 में जेल से छूटने के पश्चात् लाजपत राय पुनः लाहौर आ पहुँचे और राष्ट्रीय आन्दोलन में सक्रिय हिस्सा लेने लगे। सूरत अधिवेशन में तिलक ने कांग्रेस

की अध्यक्षता के लिए उनका नाम प्रस्तावित किया, परन्तु गोखले आदि के विरोध पर लालाजी ने अपना नाम वापिस ले लिया। वे कांग्रेस में मतभेद रोकना चाहते थे परन्तु सूरत विच्छेदन को वह रोकने में असमर्थ रहे।

उन्होंने न केवल भारत में बल्कि अन्य देशों में भी अपने देश के लिए प्रशंसाजनक कार्य किए। इंगलैंड और अमेरिका की जनता के दिल में उन्होंने भारत के प्रति सहानुभूति पैदा करने के लिए प्रभावशाली प्रचार करने में कोई कसर न रखी। अमेरिका में उन्होंने 'इंडियन होम रूल लीग' तथा 'इंडियन इनफारमेशन ब्यूरो'-नामक संस्थाएँ स्थापित कीं और 'यंग इंडिया' नामक एक मासिक अमेरिका प्रवास के दौरान ही लाजपत राय ने 'यंग इंडिया' तथा 'इंग्लैण्ड्स डैट टू इंडिया' नामक विख्यात पुस्तकें लिखीं। महायुद्ध के बाद भारत लौटने पर पंजाब में मार्शल लॉ और अमृतसर में जलियाँवाला बाग के हत्याकांड से उनका दिल दहल उठा। सितम्बर, 1920 में उन्हें कलकत्ता में भारतीय राष्ट्रीय कांग्रेस के विशेष अधिवेशन का सभापति चुना गया। यह वह अधिवेशन था, जिसमें महात्मा गाँधी ने अपने असहयोग आन्दोलन का कार्यक्रम प्रस्तुत किया था। यद्यपि लालाजी इसके पक्ष में नहीं थे, परन्तु उसी वर्ष कांग्रेस के नागपुर अधिवेशन में उन्होंने महात्मा गाँधी से सहयोग का निश्चय कर लिया और पूरे दिल से वे इस आन्दोलन में कूद पड़े। चूँकि इस आन्दोलन का मुख्य कार्यक्रम स्कूलों और कॉलेजों का बहिष्कार था, अतः उन्होंने लाहौर में एक राष्ट्रीय कॉलेज (The National College) की स्थापना की और 'Tilak School of Politics' भी शुरू की जो London School of Economics जैसा ही कुछ था। इसके अलावा, उन्होंने तिलक स्वराज फण्ड के लिए दस ही दिनों में लगभग 9 लाख रुपए जमा कर दिखाए।

असहयोग आन्दोलन के दौरान लाला लाजपतराय को कैद कर लिया। रिहा होने पर वह विदेश चले गए। स्वदेश लौटने पर उन्होंने स्वराज्य दल के कार्यक्रम का समर्थन किया जिसके तहत कौंसिलों में प्रवेश करके अडंगे की नीति का अनुसरण करना पड़ा। लालाजी केन्द्रीय विधान-सभा में स्वराज्य दल के नेता चुने गए, परन्तु जब स्वराज्य दल मुसलमानों की अनुचित माँगों को मानने और हिन्दुओं के हितों की उपेक्षा करने को तैयार हो गया तो वे स्वराज्य दल से पृथक् हो गए और पंडित मदनमोहन मालवीय के साथ मिलकर उन्होंने हिन्दू महासभा के संगठन का कार्य किया। स्पष्ट है कि लाजपत राय सच्चे राष्ट्रवादी परन्तु मुसलमानों को खुश करने के लिए हिन्दुओं की उपेक्षा कर देना उन्हें रुचिकर नहीं था। वे राजनीति को

धर्म से अलग रखने के पक्ष में थे, पर यह नहीं चाहते थे कि भारतीय राष्ट्रीय आन्दोलन एक ऐसा रूप धारण करे जो हिन्दुओं के हितों हेतु घातक साबित हो। लाजपतराय की महान् राष्ट्र सेवाओं ने 1926 में उन्हें हिन्दू महासभा के अध्यक्ष के रूप में प्रतिष्ठित किया। लाला जी ने सारा जीवन राष्ट्र सेवा में अर्पित कर दिया। 1928 में साइमन कमीशन के बहिष्कार के लिए लाहौर में निकाले गए भारी जुलूस में एक गोरे सारजेंट की लाठियों के घातक प्रहारों से वे जख्मी हो गए। उन्होंने मर्मान्तक शब्दों में भविष्यवाणी की कि मेरे शरीर पर लगा हुआ लाठी का प्रत्येक प्रहार ब्रिटिश साम्राज्य के कफ़न में एक कील की तरह साबित होगा। यद्यपि घावों के कारण 17 नवम्बर, 1928 को लाला जी का देहान्त हो गया, परन्तु उनकी भविष्यवाणी अन्ततः साबित होकर रही। 'शेरे पंजाब' की उपाधि से नवाजा जाने वाला यह वीर अपने देश के लिए शहीद हो गया। लाला लाजपत राय ने केवल उच्च कोटि के राजनीतिक नेता ही नहीं वरन् ओजस्वी लेखक और उत्कृष्ट वक्ता थे। उन्होंने अपनी 'आत्मकथा' लिखी है जो हिन्दी में प्रकाशित हुई है। उन्होंने कृष्ण की शिक्षाओं पर भी एक पुस्तक लिखी। उन्होंने 'पंजाबी', 'वन्दे मातरम्' (उर्दू में) और 'द पीपल' इन तीन समाचार पत्रों की स्थापना की और उनके द्वारा स्वराज का सन्देश फैलाया। शायद भारत के राजनीतिक नेताओं में लालाजी ने ही सबसे अधिक लिखा है। विपिन चन्द्र पाल, लाजपत राय तथा मानवेन्द्रनाथ राय, ये तीन राजनीतिक नेता ऐसे हुए हैं, जिन्हें सबसे अधिक पुस्तकें लिखने का श्रेय है। लाजपत राय ने 'नेशनल एजूकेशन' (राष्ट्रीय शिक्षा) नामक पुस्तक भी लिखी। उसमें उन्होंने प्रचलित शिक्षा-प्रणाली में सुधार करने का सुझाव दिया। उन्होंने मिस कैथराइन मेयो की पुस्तक 'मदर इंडिया' के उत्तर में 'अनहैप्पी इंडिया' (दुखी भारत) नामक पुस्तक लिखी और मेयो को मुँहतोड़ जवाब दिया। उन्होंने उर्दू में 'तवारीखे हिन्द' नाम पुस्तक लिखी जिसका हिन्दी में अनुवाद हो चुका है। उन्होंने अशोक, श्रीकृष्ण, स्वामी दयानन्द, शिवाजी, गुरुदत्त, मत्सीनी तथा गैरीबाल्डी की संक्षिप्त जीवनियाँ भी लिखीं। इन जीवनियों से लालाजी की मनोवैज्ञानिक विश्लेषण की शक्ति तथा प्रभावकारी शैली का परिचय मिलता है। 1908 में उन्होंने 'द स्टोरी ऑफ माई डिपोर्टेशन' (मेरे निर्वासन की कहानी) लिखी। उससे बर्मा की जनता के रीति-रिवाज तथा तौर-तरीके पर प्रकाश पड़ता है।"

गोपाल कृष्ण गोखले

गोपाल कृष्ण गोखले का जन्म सन् 1866 को हुआ था। प्रारंभिक जीवन बड़ा

ही कष्टप्रद था। जब वे 13 वर्ष के थे तो उनके पिता का देहान्त हो गया। वे बचपन से ही प्रतिभाशाली के साथ-साथ संघर्षशील प्राणी थे। कठिन संघर्ष के फलस्वरूप शुरुआती शिक्षा प्राप्त की। जीवन में उन्हें कई कठिनाइयों का सामना करना पड़ा फिर भी वे हतोत्साहित नहीं हुए। वे अपने बुद्धिमत्ता का परिचय रहे। और अपने बलबूते पर बम्बई से बी.ए. की डिग्री हासिल की और बाद में जाकर विख्यात फर्ग्युसन कालेज में प्रिंसिपल पद पर सुशोभित हुए। गोपाल कृष्ण गोखले कांग्रेस के सक्रिय नेता थे। गाँधी जो उन्हें अपना राजनीतिक गुरु मानते थे। यह नरम दल के नेता थे। और अंग्रेजों से सहयोग करके स्वराज प्राप्त करना चाहते थे।

श्री गोखले ने 1889 में काँग्रेस में प्रवेश किया। 1895 में वे काँग्रेस के मन्त्री बन गए और वर्षों तक काँग्रेस की बम्बई शाखा के मन्त्री रहे। 1892 के एक्ट की कमियों पर उन्होंने तर्कपूर्ण ढंग से प्रकाश डाला। 1897 में दक्षिण शिक्षा समिति के प्रतिनिधि के रूप में वेलबी कमीशन के समक्ष गवाही देने के लिए वे इंग्लैण्ड गए। उन्होंने वहाँ यह महत्त्वपूर्ण सुझाव दिया कि भारत सरकार का बजट इम्पीरियल कौंसिल के पास होने के बाद लागू होना चाहिए। 1902 में गोखले केन्द्रीय विज्ञान विधान परिषद् के सदस्य बने। परिषद् में उनके बजट-भाषण बहुत ही तर्कपूर्ण और आकर्षक हुए। उन्होंने परिषद् के सदस्य के रूप में नमक-कर को हटाने, अनिवार्य प्रारम्भिक शिक्षा को शुरू करने, सरकारी नौकरियों में भारतीयों के साथ भेदभाव न बरतने, सरकारी खर्च कम करने आदि की दिशा में बड़े प्रभावी रूप में अपनी शक्ति लगाई। गोखले के देहावसान के बाद हाउस ऑफ लॉर्ट्स में बोलते हुए कर्जन ने कहा कि उन्हें कभी "किसी भी राष्ट्र का ऐसा व्यक्ति नहीं मिला जिसमें उनसे ज्यादा संसदीय प्रतिभा हो।"

1905 में गोखले बनारस काँग्रेस के सभापति निर्वाचित हुए। केवल 39 वर्ष की आयु में इस गौरवपूर्ण पद पर पहुँचने वाले वे प्रथम व्यक्ति थे। बनारस काँग्रेस के सभापति की हैसियत से उन्होंने राजनीतिक शास्त्र के रूप में बहिष्कार का समर्थन किया एवं कहा कि इसका उपयोग तभी करना चाहिए जब कोई रास्ता न रह गया हो और जबकि प्रजोर लोकभावनाएँ इसके अनुकूल हों। 1907 के सूरत-विच्छेद के बाद गोखले ने काँग्रेस के कार्यकलापों में महत्त्वपूर्ण भाग लिया। नरम दल के नेता के रूप में वे कई सालों तक काँग्रेस के कर्णधार का काम करते रहे। भारत के प्रतिनिधि के रूप में गोखले अनेक बार इंग्लैण्ड गए। जनता और सरकार दोनों के बीच उनकी स्थिति विषम रहती थी। इधर लोग उनकी नरमी की

निन्दा करते थे, उधर सरकार उनकी उग्रता को बुरा बताती थी। वास्तव में गोखले नरम और शिष्ट होने के साथ स्पष्ट भाषावादी भी थे। गोखले जनता की आकांक्षाओं को वायसराय तक पहुँचाते थे और सरकार की कठिनाइयों को काँग्रेस तक। 1904 पें गोखले को सी. आई. ई. का पुरूस्कार दिया गया।

गोपाल कृष्ण गोखले ने 1909 के सुधारों की प्रंशसा की परन्तु स्थिति से अवगत होने पर कटु आलोचना की। 1912 में वे दक्षिण अफ्रीका गए एवं रंग-भेद विरोधी आन्दोलन में उन्होंने गाँधी जी को भरपूर सहयोग दिया। 1914 में जब काँग्रेस के दोनों दलों को मिलाने की कोशिश की गई तब पहले तो गोखले ने इसे परान्द किया परन्तु बाद में अपना मत बदल दिया। वास्तव में गोखले सिद्धान्तवादी थे और अपने सिद्धान्तों से प्रतिकूल समझौता उन्हें पसन्द नहीं था। गोखले ने भारत सेवक समिति की स्थापना की। यह ऐसे राजनीतिक कार्यकर्त्ताओं की एक संस्था थी जिन्होंने नाम-मात्र के वेतन पर मातृभूमि की सेवा करने का प्रण लिया।

गोखले के अनुसार पुनर्निर्माण किसी क्रान्ति से नहीं बल्कि मंदगति से होता है। इस धीमी प्रक्रिया में समस्या का वास्तविक हल था—अंग्रेजों की प्रकृति के श्रेष्ठ पहलू पर विजय पाना और इस प्रकार उनकी मदद एवं समर्थन प्राप्त करना। लॉर्ड मॉर्ले ने गोखले का मूल्यांकन करते हुए कहा था कि उनका मस्तिष्क एक राजनीतिज्ञ का मस्तिष्क था और उनमें शासन के उत्तरदायित्व की भावना व्याप्त थी। वे लक्ष्य की पूर्ति के लिए मैकियावली की भाँति किसी भी साधन (नैतिक या अनैतिक का ध्यान न रखते हुए) को ठीक नहीं समझते थे, प्रत्युत् उनके जीवन का हर कार्य नैतिकता के आधार पर होता था। गोखले नौकरशाही के खिलाफ थे और जनतन्त्र सरकार के समर्थक। उन्होंने स्वदेशी आन्दोलन का समर्थन किया और यह माँग की कि भारत में भारतीयों की सरकारी सेवाओं में प्रवेश मिले, निर्वाचन प्रणाली का प्रारंभ हो एवं सत्ता का विकेन्द्रीकरण किया जाए। केन्द्रीय विधान परिषद् में उन्होंने जो भी भाषण दिए वे उनके अथक् अध्ययन, उदार दृष्टिकोण एवं ऐसी हर ममान के प्रति उनकी स्थाई रुचि के प्रत्यक्ष प्रमाण थे, जिनसे राष्ट्र के हित-साधन में मदद मिल सकती थी। ब्रिटिश सरकार गोखले को एक छिपा हुआ राजद्रोही (A Seditionist in Disguise) रामझती थी, चूंकि वे सरकार की निर्भीक आलोचना करने से नहीं चूकते थे। गोखले नरम राष्ट्रीयता के अनुयायी थे, अतः तिलक जैसे उग्रवादी नेता उन्हें एक कमजोर दिल का नरम नेता (A faint hearted moderate) कहते थे पर दृष्टिकोण न ब्रिटिश सरकार का सही था और न उग्रवादियों का। गोखले राजद्रोही

या क्रान्तिकारी नहीं थे परन्तु वे सरकार के खिलाफ किसी प्रकार का विद्रोह पैदा नहीं करना चाहते थे। वे संविधानिक आंदोलन द्वारा भारत की जनता को अधिकार दिलाना चाहते थे। अन्य उदारवादियों के समान वे भी भारत के लिए स्वशासन के आकांक्षी थे, परन्तु यह स्वशासन ब्रिटिश साम्राज्य के अन्तर्गत ही होना था। गोखले कमजोर दिल के नरम नेता इसलिए नहीं माने जा सकते कि ब्रिटिश सरकार की कटु आलोचना करने में वे कभी पीछे नहीं गये।

अपने जीवन के अन्त वर्षों में गोखले का ब्रिटिश हुकूमत पर से विश्वास हटने लगा। फिर भी उनका यह विश्वास बना रहा कि "राजनीतिक स्वतन्त्रता के आन्दोलन को गति मिलेगी और 25 वर्षों में उसे पूर्ण सफलता प्राप्त हो जाएगी।" गोखले ने भारत के सुधारों की एक योजना तैयार की जिसे 'गोखले की राजनीतिक वसीयत' कहा जाता है। यह उनकी मृत्यु के बाद प्रकाशित हुई। गोखले के अन्तिम दिन शिक्षा प्रचार और राष्ट्र सेवा में बीते।

महात्मा गाँधी

महात्मा गाँधी (1869-1948) का जन्म 2 अक्टूबर 1869 को पोरबन्दर (गुजरात) नामक स्थान पर हुआ था। इनका पूरा नाम मोहनदास करमचन्द गाँधी था। इनके पिता का नाम करमचन्द गाँधी जो पोरबन्दर रियासत के दीवान थे और माता का नाम पुतलीबाई था, जो एक धार्मिक विचारों की महिला थीं। जिससे गाँधी जी पूर्णतः प्रभावित हुए। गाँधीजी बचपन से सत्य और अहिंसा के पुजारी थे। वहा मातृ-पितृ भक्त थे।

गाँधी जी की प्रारम्भिक शिक्षा पोरबन्दर के प्राइमरी स्कूल में शुरू हुई। जब गाँधी जी सात वर्ष के थे तो उनके माता-पिता निवास के लिए पोरबन्दर से राजकोट चले गए। राजकोट के हाईस्कूल में गाँधी जी भर्ती हो गए और 1887 ई. में मैट्रिक परीक्षा पास की। स्कूल में गाँधी जी काफी संकोची, भीरु और झेंपू तबियत के थे। वे न तो पढ़ाई में तेज थे और न ही खेल में। वे औसत दर्जे के विद्यार्थी थे। एक साल वे परीक्षा में फेल हो गए, परन्तु अगले साल उन्होंने एक साथ दो कक्षाओं की परीक्षा देकर इस नुकसान को पूरा कर लिया। मैट्रिक पास करने के बाद उनको भावनगर शहर के कॉलेज में भर्ती कर दी गया जहाँ के अध्यापकों के व्याख्यान अंग्रेजी में होने के कारण उनकी समझ में नहीं आते थे। इसी बीच परिवार के एक मित्र, भाव जी दूबे ने सलाह दिया कि मोहन को इंग्लैण्ड जाकर कानून पढ़ना चाहिए।

गाँधी जी को यह सुझाव बहुत पसन्द आया। परन्तु घर की आर्थिक स्थिति अच्छी नहीं थी। पिताजी की मृत्यु पहले ही हो चुकी थी। उनके भाई ने रुपया इकट्ठा करके देने की हामी भर ली। बेचरजी स्वामी नामक एक जैन मुनि ने गाँधी जी से परराष्ट्र में औरत, शराब और माँस को न छूने की प्रतिज्ञा करवा ली। 4 सितम्बर, 1888 को गाँधी जी बम्बई (मुम्बई) से विदेश के लिए रवाना हो गए। वहां उन्होंने अंग्रेजी जीवन शैली को अपनाया, परन्तु शीघ्र ही उनका अन्तःकरण इसका विरोध कर बैठा और उन्होंने सादगी और कंजूसी का जीवन अपना लिया। 1891 ई. में उन्होंने बैरिस्टरी की परीक्षा पास की और वे भारत लौट आए।

गाँधी जी का विवाह तेरह वर्ष की उम्र में हो गया था। उनकी वधू पोरबन्दर के एक व्यापारी गोकुलदास मनकजी की पुत्री थी। नन्हीं वधू कस्तूरीबाई बड़ी ही शांत स्वभाव की लड़की थीं। गाँधी जी के जीवन पर उनकी पत्नी का भी प्रभाव पड़ा। इस बारे में उन्होंने लिखा है "पत्नी को अपनी इच्छा के आगे झुकाने की कोशिश में मैंने उससे अहिंसा का पहला पाठ सीखा। एक ओर तो वह मेरे विवेकहीन आदेशों का दृढ़ता से विरोध करती, दूसरी ओर मेरे अविचार से जो तकलीफ होती, उसे वह चुपचाप सह लेती थी। उसके इस आचरण से मुझे अपने-आप पर शर्म आने लगी और मैं इस मूर्खतापूर्ण भरे मन से अपना पीछा न छुड़ा सका कि पति होने के नाते मैं उस पर शासन करने के लिए जन्मा हूँ। इस तरह वह अहिंसा की शिक्षा देने वाली मेरी गुरु बनीं।"

गाँधी जी को भारतीय कानून और आदलतों से अवगत नहीं थे। राजकोट के देशी वकील को भारतीय कानून की ज्यादा जानकारी थी और वे बैरिस्टरों की अपेक्षा फीस भी कम लेता था। अतः गाँधी जी को उनके मित्रों ने सलाह दी कि वे बम्बई (मुम्बई) जाकर कानून का अध्ययन करें व अनुभव प्राप्त करें और इस बीच जो छोटे-मोटे मुकद्दमे मिलते जाएँ, उन्हें वहाँ की अदालत में लड़ें। गाँधी जी राजकोट छोड़कर बम्बई (मुम्बई) आ गए, परन्तु बम्बई (मम्बुइ) में भी वह रुक नहीं सके। अपने पहले मुकद्दमे में ही बुरी तरह असफल रहे। अन्त में वे अर्जी-दावे लिखने लगे और राजकोट वापस आ गए।

गाँधी जी की दक्षिणी अफ्रीका की एक फर्म 'दादा अब्दुल एण्ड कम्पनी' की ओर से उनके एक मुकद्दमे में मदद देने के लिए प्रस्ताव मिला। गाँधी जी ने यह प्रस्ताव मंजूर कर लिया और अप्रैल 1898 में वे दक्षिण अफ्रीका के लिए चल पड़े। मई में वे डरबन (Durban) पहुँच गए। यद्यपि वे एक वर्ष के लिए दक्षिण अफ्रीका

गए थे, परन्तु परिस्थितियों ने उन्हें सन् 1914 तक वहाँ रहने पर मजबूर कर दिया। इस बीच में दो बार भारत आए। दक्षिण अफ्रीका में गाँधी जी का प्रवास बड़ा महत्वपूर्ण था। वहाँ उन्होंने भारतीयों को अपमानित करने वाली रंग-भेद नीति के खिलाफ सत्याग्रह आन्दोलन को संगठित किया और उनका नेतृत्व किया। वे जेल भी गए। दक्षिण अफ्रीका में गाँधी जी को एक क्षण भी विश्राम नहीं मिला। गोरों की रंग-भेद नीति के खिलाफ उन्होंने जो लम्बी लड़ाई लड़ी, उससे उनके मतों को प्रौढ़ता मिली। उससे उन्हें राजनीतिक एवं सामाजिक आंदोलन की नयी योजना स्पष्ट हुई।

9 जनवरी, 1915 को गाँधी जी बम्बई (मुम्बई) पहुँचे। वहाँ उनका एक राष्ट्रीय वीर जैसे स्वागत किया गया। सर फिरोजशाह मेहता ने, जो गाँधी जी के दक्षिण अफ्रीका के आन्दोलन को सन्देह की नजर से देखते थे, गाँधी जी को 'भारतीय स्वतन्त्रता संग्राम का वीर' कहकर उनका अभिनन्दन किया। 1915 ई. में गाँधी जी व्यक्ति और समाज के सुधार और उन्नति के बारे में लिखते और बोलते रहे। भारत की राजनीतिक समस्याओं के बारे में उन्होंने एक शब्द भी नहीं कहा। इसके दो कारण थे--एक तो गोखले ने उनसे यह वचन ले लिया था कि वे एक साल तक भारत की राजनीतिक परिस्थिति पर अपनी राय जाहिर नहीं करेंगे; दूसरे वे कुछ भी कहने से पहले राष्ट्र की राजनीतिक स्थिति का पूरी तरह अध्ययन कर लेना चाहते थे। फरवरी, 1916 में गाँधी जी ने भारत की राजनीतिक रंगमंच में प्रवेश किया। 1916 के काँग्रेस के 'लखनऊ अधिवेशन' में उन्होंने दक्षिणी अफ्रीका पर एक प्रस्ताव रखा, परन्तु उस समय तत्कालीन राजनीति में तिलक का महत्व था। 1918 तक गाँधी जी भारतीय राजनीति से अलग-थलग से रहे, परन्तु उनके राजनीतिक सिद्धान्तों और नीतियों का निर्माण पहले ही हो चुका था। उन दिनों प्रथम महायुद्ध चल रहा था और उन्होंने युद्धकाल में किसी भी राजनीतिक आन्दोलन में भाग न लेने का निर्णय कर लिया था। इससे भी बढ़कर उन्होंने उस समय ब्रिटिश सरकार को पूरा सहयोग दिया और रंगरूट भर्ती का काम भी किया।

प्रथम महायुद्ध बाद भी अंग्रेजी हकूमत परिवर्तन न होने पर गाँधी जी की उम्मीदों पर पानी फिर गया। ब्रिटिश सरकार ने और भी अधिक सख्ती से काम लिया। रौलट एक्ट (Rowlatt Act) पास किया गया, जिसके खिलाफ स्थान-स्थान पर सभाएँ हुईं। जलियांवाला बाग के हत्याकाण्ड और उसके बाद सारे राष्ट्र में राजनीतिक कार्यकर्त्ताओं पर जो अत्याचार किए गए वे असहनीय थे जिसके कारण ब्रिटिश शासन पर से उनकी आस्था उठ गई और तब ब्रिटिश राज उन्हें एक नए रूप में दिखाई देने लगा।

कलकत्ता में 1920 के काँग्रेस अधिवेशन में असहयोग का प्रस्ताव पास कर दिया गया। गाँधी जी ने इस 'असहयोग आन्दोलन' का नेतृत्व किया।

1920 से 1947 तक गाँधी जी का जीवन राजनीतिक रूप से काफी व्यस्त था। भारत की स्वतन्त्रता की लड़ाई के वे अग्रणी नेता थे और इस दौरान (1920-1947) उन्होंने कई आन्दोलन शुरू किए। इनमें से मुख्य आन्दोलन इस प्रकार हैं–

(i) असहयोग आन्दोलन (1920-1922)

(ii) सविनय अवज्ञा आन्दोलन (1930-1934)

(iii) व्यक्तिगत सत्याग्रह आन्दोलन (1940-1941)

(iv) भारत छोड़ो आन्दोलन (1942-1944)

भारत में अंग्रेजी शासन की जड़ों को काट दिया और ब्रिटिश हुकूमत को यह महसूस करा दिया कि भारत में अब उनके लिए कोई जगह नहीं है। अतः भारतीय समस्या को सुलझाने के लिए अनेक योजनाएँ–क्रिप्स योजना, 1942 (*Cripps Mission, 1942*), वेवल योजना, 1945 (*Wavell Plan, 1945*), मन्त्रिमण्डल मिशन योजनाएँ, 1946 (*Cabinet Mission Plan, 1946*), तथा माऊंट बेटन योजनाएँ, 1947 (*Mount Batten Plan, 1947*) तैयार की गईं। अन्त में माऊंट बेटन योजना के आधार पर भारत को 15 अगस्त, 1947 को आजादी मिली और साथ ही उसका दो अधिराज्यों (*Dominious*) भारत तथा पाकिस्तान में बँटवारा हुआ।

गाँधी जी एकता के पुजारी थे। अतः वे भारत की एकता को सुदृढ़ करने के लिए आजीवन प्रयास करते रहे। उन्होंने ऐसे कोई भी प्रस्ताव को स्वीकार नहीं किया, जिससे भारत की एकता की भावना को ठेस पहुंचती हो वे भारत के विभाजन के कट्टर विरोधी थे। जून, 1947 को उन्होंने कहा था, "आज मैं स्वयं को अकेला पाता हूँ। सरदार (वल्लभभाई पटेल) और जवाहरलाल नेहरू का मत है कि मैंने स्थिति को गलत समझा है और विभाजन हो जाने पर राष्ट्र में शान्ति हो जाएगी। उनका मत है कि बढ़ती उम्र के साथ मेरी अक्ल सठिया गई है, परन्तु यदि मैं अपने को काँग्रेस का और भारतीय जनता का वफादार मित्र कहता हूँ तो मुझे जो मैं महसूस करता हूँ, बोलना चाहिए। मैं स्पष्ट रूप से देख सकता हूँ कि हम गलत तरीके से इस समस्या को सुलझा रहे हैं। हमें इसके प्रभाव का तुरन्त पता न चले परन्तु मुझे स्पष्ट दिखाई देता है कि इस कीमत पर खरीदी गई आज़ादी का भविष्य अन्धकारमय है, परन्तु हो सकता कि वे सब ठीक हों और मैं अकेला अन्धेरे में भटक रहा हूँ। शायद

मैं यह सब देखने के लिए जीवित रहूँ, यदि भारत पर यह मुसीबत आए और इसकी आजादी को खतरा पैदा हो जाए तो आने वाली पीढ़ियों को यह पता होना चाहिए कि इस बूढ़े की आत्मा को यह सब सोचने पर कितना कष्ट हुआ था। यह न कहा जाए कि गाँधी जी भारत के विभाजन से सहमत थे, परन्तु आज प्रत्येक व्यक्ति भारत की आज़ादी के लिए बेचैन है। अतः इसके सिवाए और कोई रास्ता नहीं है।

भारत विभाजन का फैसला होते ही देश में साम्प्रदायिक दंगे भड़क उठे। उस परिस्थिति में भी गाँधी जी राष्ट्र में भाईचारा कायम करने के लिए दृढ़ संकल्प रहे एवं शांति। के लिए प्रयास शुरू कर दिए। 7 अगस्त 1947 को वे नोआखाली के लिए चल दिए। रास्ते में वे कलकत्ता ठहरे। राष्ट्र में साम्प्रदायिक शान्ति लाने के लिए उन्होंने उपवास भी किया। उनके उपाय के बाद साम्प्रदायिक उपद्रवों का जोर घटने लगा। गाँधी जी ने अपना ध्यान राष्ट्र की सामाजिक और आर्थिक उन्नति की ओर लगाया, परन्तु 30 जनवरी, 1948 को जब वे बिड़ला भवन से प्रार्थन-स्थल की ओर बढ़ रहे थे तो नाथूराम गोडसे नामक एक व्यक्ति ने उन पर पिस्तौल से तीन फायर किए। गाँधी जी 'हे राम' कहते हुए वहीं गिर पड़े और इस प्रकार अहिंसा की हिंसा के हाथों मृत्यु हो गई।

गाँधी जी ने प्लेटो, अरस्तु, हाब्स, लाक तथा मार्क्स आदि विचारकों की भाँति कोई क्रमबद्ध मत प्रस्तुत नहीं किए और न ही राजनीतिक चिन्तन पर कोई प्रसिद्ध ग्रन्थ लिखा है। गाँधी जी के उन मतों को, जो वे समय-समय पर राष्ट्र के सामाजिक, धार्मिक, आर्थिक तथा राजनीतिक ढाँचे के बारे में प्रकट करते रहे, इकट्ठा करके लोगों ने उन्हें गाँधीवाद (*Gandhism*) का नाम दे दिया है। गाँधी जी ने स्वयं कहा था, "गाँधीवाद नाम की वस्तु नहीं है। मैं अपने बाद कोई वाद (*Ism*) नहीं छोड़ना चाहता।" गाँधी जी का पूरा जीवन प्रयोगशीलता और सत्य की खोज में बीता। यही कारण है कि उन्होंने अपने मतों के लिए कभी पूर्णता का दावा नहीं किया। गाँधी जी के मतों के बारे में जानकारी हमें उनकी निम्नलिखित कृतियों से प्राप्त होती है—

(क) दी साइन्स आफ सत्याग्रह बम्बई, 1957

(ख) हिन्द स्वराज्य और इण्डियन होमरूल अहमदाबाद, 1958

(ग) ट्रस्टीशिप अहमदाबाद, 1960

(घ) मोहनदास कर्मचन्द गाँधी—इण्डियन केस का स्वराज्य, 1932

(ड) मोहनदास कर्मचन्द गाँधी—दी स्टोरी आफ माई एक्सपेरिमेंट्स विद ट्रुथ, अहमदाबाद, 1940

(च) मोहनदास कर्मचन्द गाँधी–सत्याग्रह, 1935

(छ) मोहनदास कर्मचन्द गाँधी–इक्नोमिक्स एण्ड खादी, अहमदाबाद, 1949

इनके अतिरिक्त उनके मतों की जानकारी उनके द्वारा सम्पादित दो समाचार-पत्रों–यंग इण्डिया (*Young India*) तथा हरिजन (*Harijan*) से भी मिलती है।

अरविन्द घोष

अरविंद घोष एक अध्यात्मवादी होने के साथ एक कुशल लेखक भी थे। अरविन्द घोष का जन्म कोननगर (बंगाल) में 15 अगस्त 1872 को हुआ था। उनके पिता का नाम डॉक्टर कृष्णधन था, जो एक मेडिकल आफिसर थे। इनके पिता पाश्चात्य सभ्यता और संस्कृति से पूर्ण रूप से प्रभावित थे। इनके पिता इनको भी पाश्चात्य सभ्यता और संस्कृति के रंग ढंग में ढालना चाहते थे। चूँकि अरविन्द घोष का जन्म एक धनी परिवार में हुआ था अतः इनकी शुरुआती शिक्षा की प्रारंभ विदेशों से ही हुई। वे अपनी आयु के कम ही समय में इंग्लैण्ड में रहकर लन्दन, मानचेस्टर तथा कैम्ब्रिज में शिक्षा प्राप्त की और विभिन्न यूरोपीय भाषाओं में रचित प्राचीन साहित्य को पढ़ा। कैम्ब्रिज विश्वविद्यालय में ही उनकी रुचि भारतीय राजनीति व राष्ट्रवाद में होने लगी तथा वे भारत के कुछ युवा क्रान्तिकारियों के सम्पर्क में आए। इसी मध्य उन्होंने होमर तथा गैटे आदि की रचनाओं का भी अध्ययन किया तथा इन रचनाओं से प्रभावित होकर उन्होंने छोटी आयु में ही एक काव्य की रचना की जिससे उनकी छुपी प्रतिभा को निखार मिला।

1890 में पिता की इच्छानुसार अरविन्द इण्डियन सिविल सर्विस (*I.C.S.*) की परीक्षा में बैठे और उसमें कामयाबी भी प्राप्त की, परन्तु घुड़सवारी की प्रतियोगिता में असफल हो जाने के कारण वे आई. सी. एस. न बन सके। घुड़सवारी की परीक्षा उन्होंने जानबूझकर नहीं दी थी, क्योंकि वे सरकारी नौकरी करना ही नहीं चाहते थे।

अरविन्द की राष्ट्रभाषा—हालांकि अरविन्द का बचपन यहां तक की 14 वर्ष तक का जीवन एक अंग्रेज परिवार के देखरेख में बीता फिर भी उनके हृदय में राष्ट्र के प्रति एक भावना थी जिसने उनके जीवन की दिशा में एक अनोखा मोड़ ला दिया। इस क्षेत्र गें उनकी सबसे अधिक उनके पिता ने प्रभावित किया। उन्होंने अपने पुत्र को जो पत्र लिखे उनमें भारत में अंग्रेजों के माध्यम से किए जा रहे अत्याचारों का वर्णन किया, इसके अलावा पिता ने सुरेन्द्र नाथ बैनर्जी द्वारा संचालित

'बंगाली' नामक पत्र की कतरनें (*Cuttings*) भेजीं, जिनमें अंग्रेजों द्वारा भारतीयों पर किए गए अमानुषिक व्यवहार का वर्णन था। इसके अलावा आयरलैण्ड के स्वतन्त्रता-संग्राम के नेताओं तथा इटली के नेताओं जैसे मैजिनी, गैरीबाल्डी आदि की जीवनियों ने उन्हें प्रभावित किया तथा उनमें राष्ट्रीयता की भावना का विकास किया। इसी बीच जब वे कैम्ब्रिज में पढ़ रहे थे तो उनके सम्पर्क लोटस व डैगर (*Lotus and Dagger*) नामक क्रान्तिकारी संस्था से हुए और वे इस गुप्त संस्था के सदस्य बन गए। इस संस्था के प्रभाव में आकर उन्होंने ब्रिटिश साम्राज्यवाद के खिलाफ कई क्रान्तिकारी भाषण दिए जिनके आधार पर उन्हें क्रान्तिकारी कहा जाने लगा। इस संस्था में रहकर उन्होंने भारत को स्वतन्त्र कराने की प्रतिज्ञा की। इसलिए भारत लौटने से पहले वे पाश्चात्य सभ्यता को विदेश में ही छोड़ आये।

अरविन्द की भारत में वापसी—21 वर्ष की अवस्था में अरविन्द इंग्लैण्ड से वापिस भारत आये। अगले लगभग 13 वर्ष (1893-1905) तक उन्होंने बड़ौदा राज्य में कई पदों पर सेवा काल के रूप में बिताए। वे इस काल में बड़ौदा के नरेश गायकवाड़ के राजस्व के सचिवालय में सलाहकार तथा राजा के निजी सचिव के पदों पर रहे। उन्होंने कुछ बड़ौदा के महाविद्यालय में फ्रांसीसी तथा अंग्रेजी के शिक्षक के पद पर भी कार्य किया। इस काल में अरविन्द ने भारतीय इतिहास, दर्शन और साहित्य से जुड़े ग्रन्थों का अच्छी तरह अध्ययन किया। साथ ही उन्होंने बांग्ला, गुजराती और मराठी भाषाओं का अध्ययन किया। उन्होंने बाल्मीकि की रामायण, कालिदास की कृतियों और बंकिम चन्द्र चटर्जी के युग प्रवर्तक उपन्यासों का भी अध्ययन किया। इस तरह से शीघ्र ही भारत की आत्मा को अच्छी तरह जान गए। बड़ौदा में रहकर योगाभ्यास करना भी शुरू किया एवं विष्णु भास्कर को अपना गुरु बना लिया। योगाभ्यास के कारण उनका ध्यान परमात्मा की ओर आकर्षित हुआ और पूरी तरह अध्यात्मवादी बन गए। अध्यात्मवाद में रुचि लेने के साथ-साथ अरविन्द जी को भारतीय राजनीति में रुचि बढ़ गई, परन्तु बड़ौदा सरकार की नौकरी में रहते हुए सक्रिय राजनीति में भाग लेना उनके लिए मुश्किल था, इसलिए उन्होंने अपने-आप को कुछ लेख लिखने तक ही सीमित रखा। उनके लेख (*New Lamps for Old*) नामक शीर्षक के अन्तर्गत 'इन्द प्रकाश' नामक पत्रिका में प्रकाशित होते थे। इन लेखों ने लोगों के मन में एक सनसनी पैदा कर दी। इन लेखों में उन्होंने उदारवादियों की भिक्षावृत्ति की नीति की आलोचना की। अपने लेखों में उन्होंने भारतीयों को राजनीतिक बुराई से जगाने तथा उनमें देश की भावना को भरने का

प्रयास किया। इन लेखों ने जनता में जबरदस्त जागृति पैदा कर दी। इस कारण से रानाडे जैसे व्यक्तियों ने 'इन्द प्रकाश' के मालिक को चेतावनी दी कि वे इस प्रकार की सामग्री न छापें। प्रकाशकों को क्षमा याचना करनी पड़ी। यहाँ पर उल्लेखनीय है कि उनके ये लेख किसी और व्यक्ति के नाम से पत्रिका में छपते थे। बड़ौदा में नौकरी करते हुए भी उन्होंने कुछ क्रान्तिकारी दावों से अपना रिश्ता स्थापित किया, यद्यपि उन्होंने क्रान्तिकारी कार्यों मे कोई सक्रिय भाग नहीं लिया। जून 1902, 1904 तथा 1905 में हुए कांग्रेस अधिवेशनों में भाग लिया। उग्रवादी मतधारा होने के कारण जून 1906 में उन्होंने बड़ौदा राज्य की नौकरी से त्यागपत्र दे दिया तथा सक्रिय राजनीति में कूद पड़े।

सक्रिय राजनीति में प्रवेश—अरविन्द 1905 ई. में बंगाल विभाजन के दौरान राजनीति में सक्रिय रूप से हिस्सा लिया। उन्होंने उस समय राजनीति में सक्रिय रूप से हिस्सा लिया जब देश में राष्ट्रीय भावना की एक लहर चल रही थी। यह उनके जीवन का तीसरा चरण (1905-1910 ई.) था, जो कि बहुत संक्षिप्त रहा। 1906 ई. उन्होंने कांग्रेस के कलकत्ता अधिवेशन में सक्रिय भाग लिया। विपिन चन्द्र पाल तथा बाल गंगाधर तिलक के नेतृत्व में उनकी आस्था थी तथा इस अधिवेशन में स्वराज्य सम्बन्धी प्रस्ताव पर उन्होंने इन नेताओं को पूर्ण सहयोग दिया। सन् 1906 में उन्होंने बड़ौदा रियासत की सेवा को छोड़ दिया तथा अपने आन्दोलन सम्बन्धी लोगों को जागरूक करने के लिए अर्पित किया। बंगाल के सभी राष्ट्रवादियों ने उनके नेतृत्व में कार्य करने का प्रण लिया। उन्होंने बंगाल के सभी प्रमुख नेताओं की एक बैठक बुलाई, जिनके सामने उन्होंने पूर्ण स्वतन्त्रता का आदर्श रखा। इसे पूरा करने के लिए उन्होंने स्वदेशी, बहिष्कार (*Bocott*), राष्ट्रीय शिक्षा (*National Education*) तथा निष्क्रिय विरोध (*Passive Resistance*) जैसे साधनों को अपनाए जाने पर जोर दिया, श्री अरविन्द का यह कार्यक्रम बिल्कुल उल्टा था। परन्तु फिर भी उन्होंने अपने इस प्रोग्राम को 1906 में कांग्रेस के कलकत्ता अधिवेशन में पास करवा लिया। यह कांग्रेस की नीति में इस कार्यक्रम में एक महान् बदलाव था।

सन् 1907 में हुए काँग्रेस के सूरत अधिवेशन में जब काँग्रेस का बँटवारा हुआ तो अरविन्द घोष में उग्रवादी नेताओं—बाल गंगाधर तिलक, लाला लाजपतराय तथा विपिनचन्द्र पाल के साथ मिलकर उदारवादियों की योजनाओं पर पानी फेर दिया। इस काल में उन्होंने देश के साथ जुड़े विषयों पर अनेक लेख लिखे। 6 दिसम्बर,

1907 को बंगाल के गवर्नर की गाड़ी उड़ाने की कोशिश की, परन्तु गवर्नर बच गया। 1908 में गलती से दो महिलाओं की मृत्यु हो गई। इसके लिए उनको व उनके भाई को गिरफ्तार कर लिया गया। उन्हें अलीपुर जेल में रखा गया। उन पर मुकद्दमा चला, दोष साबित न होने के कारण उन्हें छोड़ना पड़ा। सरकार बहुत निराश हुई। असल में गवर्नर-जनरल उन्हें राष्ट्र से निकालना चाहते थे, परन्तु इंग्लैण्ड स्थित भारत मन्त्री ने उन्हें ऐसा करने से रोक दिया। परन्तु फिर 1908 ई. में मानिकटोला बम कांड में फँसाकर उन्हें गिरफ्तार कर लिया गया, तथा जमानत पर भी नहीं छोड़ा गया और अलीपुर जेल में रखा गया। एक वर्ष तक मुकद्दमे की कारवाई चली। राष्ट्रबन्धु चितरंजनदास ने उनकी पैरवी की तथा 1909 ई. में उन्हें बरी कर दिया गया। जेल से बाहर आकर कुछ समय तक उन्होंने अपने साप्ताहिक पत्रों 'कर्मयोगी' व 'धर्म' के माध्यम से राष्ट्रवासियों में राष्ट्रीय चेतना को जागृत किया।

राजनीति से सन्यास--1909 ई. में जब वे जेल से रिहा हुए तो उन्होंने देखा कि देश का राजनीति वातावरण काफी परिवर्तित हो चुका है। अतः वे फिर से राजनीतिक क्षेत्र में भूचाल पैदा करना चाहते थे, परन्तु वे बंगाल के महान स्वतंत्रता सेनानी थे। वे बंगाल स्वतंत्रता सेनानी के प्रणेता थे। वे याचना में विश्वास नहीं करते थे। सरकार की दमनकारी नीति के कारण ज्यादातर राष्ट्रवादी छिपे हुए (*underground*) थे तथा अन्य को सरकार ने अलग जेलों में बन्द कर रखा था। श्री अरविन्द घोष अपने संघर्ष को जारी रखना चाहते थे, परन्तु सरकार ने उन्हें ऐसा नहीं करने दिया। ऐसी स्थिति में वह चन्द्रनगर चले गए जहाँ पर कुछ समय ठहरने के बाद 4 अप्रैल 1910 को वह एक फ्रांसीसी जहाज द्वारा पाण्डिचेरी (*Pondicherry*) चले गए। पाण्डिचेरी पहुँचकर उनका जीवन राजनीतिक दिशा को छोड़कर आध्यात्मिक दिशा के प्रति पूरे रूप से लीन हो गया। वहाँ पर उनका जीवन एक तपस्वी योगी का जीवन रहा और वहाँ पर ही उन्होंने अपने महान ग्रन्थों की रचना की और अध्यात्मवादी बन गए।

सुभाषचन्द्र बोस

जब-जब भारत में स्वतंत्रता सेनानियों को याद किया जाता है सुभाषचन्द्र बोस का नाम सम्मानपूर्वक लिया जाता है, सुभाष चन्द्र बोस का जन्म 1897 ई. में कटक (उड़ीसा) में हुआ था। इनका नाम भारत के अमर गाथाओं में सुनहले अक्षरों में लिखा है। सुभाष चन्द्र बोस उग्र विचारधारा के थे। इनके जीवन पर अरविन्द, विवेकानन्द

और बाल गंगाधर का काफी प्रभाव था। वे सच्चे राष्ट्रवादी थे। उन्होंने भारत की स्वतंत्रता के लिए अपना सम्पूर्ण जीवन न्यौछावर कर दिया। सुभाष चन्द्र बोस बचपन से कुशाग्र थे। इन्होंने अपनी प्रतिभा का परिचय उस समय दिया जब उन्होंने अपने पिताजी के आग्रह पर आई.सी.एस. की परीक्षा पास की। सुभाष चन्द्र बोस स्वाभिमानी पुरुष थे, वे ब्रिटिश की गुलामी नहीं करना चाहते थे। अतः 1921 ई. में उन्होंने आई.सी.एस. से त्यागपत्र दे दिया। आई. सी. एस. से त्यागपत्र देकर इन्होंने स्वतंत्रता संग्राम में भाग लिया। यह कांग्रेस के कई बार अध्यक्ष भी चुने गये। इस बीच गाँधीजी से मतभेद होने पर वह कांग्रेस से पृथक् हो गए तथा 'फारवर्ड ब्लाक दल' की स्थापना की। 1942 में यह भारत छोड़कर जर्मनी और जापान चले गए। भारत के स्वतंत्र कराने के लिए उन्होंने सिंगापुर में आजाद हिन्द फौज की स्थापना की जो द्वितीय विश्व-युद्ध में अंग्रेजों के विरुद्ध लड़ी। कहते हैं कि 1945 में एक विमान दुर्घटना में इनका निधन हो गया।

सुभाषचन्द्र बोस महात्मा गाँधी के विचारों से कमी सहमत न हो सके। इसका कारण यह था कि गाँधी जी हमेशा अपनी आत्म शक्ति से काम करते थे। सुभाष जी हमेशा तर्क एवं विवेक से काम करते थे। नेताजी ने हर वक्त यह अनुभव किया कि गाँधी जी अपनी स्थिति दशा से दूर थे। वह अपने अगले कार्यक्रम को बना ही रहे थे तभी उनकी एक योग्य नेता चितरंजन दास से मुलाकात हुई। सुभाष बोस की कार्य कुशलता एवं योग्यता और कार्य संगठन क्षमता अद्वितीय थी। सरकार ने उन्हें अपनी ओर मिलाने का भरसक प्रयास किया पर कुछ सफलता नहीं मिली। सुभाष की गतिविधियों से आतंकित सरकार ने उन्हें खुला रखना मुनासिब न समझते हुए नजरबन्द करके 1925 में माण्डले भेज दिया। वास्तव में तिलक को छोड़कर अन्य किसी नेता ने इतना कष्ट सहन नहीं किया जितना कि सुभाष ने। उन्हें दस बार कारागार में डाला गया और कुल मिलाकर जीवन के आठ बहुमूल्य वर्ष उन्हें जेल में बिताने पड़े। सुभाष को समझौतावादी रवैया पसन्द न था, वे प्रवृत्ति से विद्रोही थे।

जब महात्मा गाँधी (बापू) ने 1921 ई. में असहयोग आन्दोलन चलाया तो सुभाष इस आन्दोलन से उनसे खुश नहीं थे, फिर भी उन्होंने देशभक्ति का परिचय देते हुए गाँधीजी का साथ दिया और जेल भी गए। पर जब 1934 में गाँधीजी ने आन्दोलन को वापिस ले लिया तो सुभाष बोस ने बड़े क्षुब्ध, किन्तु आक्रोश भरे शब्दों में कहा—"हमारा यह स्पष्ट मत है कि राजनीतिक नेता के रूप में गाँधीजी फेल रहे हैं।" कारावास में श्री बोस का स्वास्थ्य बहुत खराब हो गया था, अतः सरकार ने

उन्हें यूरोप जाकर दवा कराने की अनुमति दी। यूरोप में सुभाष बोस ने विविध राजनीतिज्ञों से भेंट की और उनके समक्ष भारत की वास्तविक दशा का चित्र पेश किया। भारत वापस लौटने पर 1938 में उन्हें हरिपुरा काँग्रेस का सभापति निर्वाचित किया गया। परन्तु अन्य नेताओं से उनका मतभेद ही रहा 1939 में सुभाष का विरोध अपनी पराकाष्ठा पर पहुँच गया, परन्तु फिर भी उन्होंने डॉ. पट्टाभि सीतारमैया को परास्त कर काँग्रेस का सभापतित्व ग्रहण किया। जब सुभाष का विरोध बढ़ता ही गया, उन्होंने पद से त्यागपत्र देकर 'फारवर्ड ब्लाक' नामक दल का संगठन किया। यह संगठन शीघ्र नवयुवकों की शक्ति से भर गया। सरकार ने, जो सुभाष की ओर से निरन्तर सशंकित रहती थी, उन्हें नजरबन्द कर लिया। इस पर उन्होंने सरकार को चेतावनी भरा पत्र लिखा—"हमें आजाद कर दीजिए, नहीं तो मैं जिन्दा रहने हेतु इन्कार कर दूंगा। इस बात का निश्चय करना मेरे वश में है कि मैं जीवित रहूँ या मर जाऊँ। शहीदों का खून धर्म का बीज होता है। मुझे आज जरूर मर जाना चाहिए जिससे भारत स्वतन्त्र और प्रतापी हो। अपने राष्ट्रवासियों को मुझे यही कहना है—भूलना मत कि दासता मानव हेतु सबसे पहला पाप है।" इस पत्र का सरकार पर असर पड़ा। सुभाष के अनशन से पैदा स्थिति और जबर्दस्त जन-आन्दोलन के डर से उन्हें आजाद कर दिया गया।

कारागार से आजाद होते ही सुभाष पुनः जन-आन्दोलन को संगठित करने में लग गए। द्वितीय विश्व युद्ध का विस्फोट होने पर उन्होंने आन्दोलन हेतु जनता का आह्वान किया और यह माँग रखी कि अस्थायी राष्ट्रीय सरकार स्थापित की जाये जिसे गोरी सरकार तुरन्त अपनी सम्पूर्ण ताकत (शक्तियाँ) हस्तान्तरित कर दे। बोस के इन कार्यों से भयभीत होकर ब्रिटिश सरकार ने उन्हें मकान में ही नजरबन्द कर दिया और बड़ा कठोर पहरा बैठा दिया, फिर भी सुभाष अपनी चतुराई से वहां से भाग निकले। बाद में यह रहस्य खुला कि वे घर से छद्मवेश में गायब होकर काबुल होते हुए फारस, रूस, जर्मनी और जापान गए हैं। यह यह समय था जब सुदूर पूर्व में जापान की मदद से भारत पर आक्रमण करने के उद्देश्य से सुभाष ने आजाद हिन्द फौज या भारतीय राष्ट्रीय सेना का संगठन किया जो उनके जीवन का महत्वपूर्ण कार्य था। इसमें उनके उदात्त चरित्र, अद्भुत नेतृत्व और संगठन क्षमता के दर्शन हुए। 'जय हिन्द', 'दिल्ली चलो' और 'लाल किला हमारा है' आदि उनके नारे थे। सुभाष के सेनापतित्व में आजाद हिन्द फौज ने फरवरी, 1944 में भारत पर उत्तरपूर्व की ओर से आक्रमण किया और अधिक परेशानियों एवं कमियों के अलावा इम्फाल पर अपना

सत्ता स्थापित कर ली, किन्तु मानव के हाथों में कर्म करना है और विधाता के हाथ में फैसला करना। आजाद हिन्द फौज इम्फाल से आगे न बढ़ सकी और उधर जापान की पराजय ही पराजय होने लगी। अगस्त, 1945 में जापान ने अणुबमों की संहारक शक्ति के समक्ष घुटने टेक दिए और जापान के अधीन सभी प्रदेशों पर दुबाराः अंग्रेजों का शासन हो गया। सुभाष को टोकियो भागना पड़ा, किन्तु रास्ते में वायुयान दुर्घटना से उनका प्राणान्त हो गया। भारतमाता का यह वीर पुत्र अपना कार्य अपूर्ण छोड़कर इस विश्व से चल बसा, परन्तु अपने कार्यों द्वारा वह अपना नाम हमेशा हेतु अमर कर गया।

सुभाष ने जो योगदान स्वतंत्रता क्षेत्र में दिया वह अविस्मरणीय है जो देश प्रेम का दीप बनकर हमारे हृदय में सदैव जलेगा। उनका विश्वास था कि "नालायक एवं बुझ दिलों के नहीं, हिम्मत व्यक्तियों के कार्य ही सफल होते हैं।" उनमें हिम्मत थी और उन्होंने अथक् कार्य भी किये, किन्तु अत्यधिक प्रतिकूल परिस्थितियों के कारण और विशेषकर अपने ही राष्ट्र में उन्हें वाँछित मदद न मिल पान से उनको अधिक सफलता प्राप्त नहीं हुई, परन्तु प्रत्येक भारतीय के हृदय में आज भी सुभाष हैं।

पं. मदन मोहन मालवीय

सन् 1857 के प्रथम स्वतंत्रता संग्राम के दमन के पश्चात् अंग्रेज यह समझ बैठा था कि अब भारत में आजादी का नाम लेने वाला नहीं रहा। उनका ऐसा सोचना किसी सीमा तक उचित भी था। इसका कारण भारतीयों पर उनके द्वारा किए गए अमानवीय अत्याचार थे। परंतु वे अंधकार में थे। भारत भूमि पर पं. मदन् मोहन मालवीय जी सरीखे अनेक सुपुत्रों को जन्म दिया जिसने सन् 1857 के स्वतंत्रता संग्राम के असफल होने के कारणों को दृष्टि में रखकर भारत के नव-निर्माण हेतु पत्रकारिता की जिसने सामाजिक, साहित्यिक, धार्मिक एवं राजनैतिक अर्थात् समग्र राष्ट्रीय चेतना को आत्मसात् किया।

मालवीय जी ने देश सेवा हेतु शिक्षण और संपादन कला को चुना। उन्होंने सन् 1885 से 1887 तक 'इण्डियन ओपिनियन' नामक पत्र का सम्पादन किया। तत्पश्चात् कांग्रेस के मंच पर उनकी भेंट राजा रामपालसिंह से हुई। राजा साहब ने उनसे अपने पत्र का सम्पादन भार लेने की प्रार्थना की। मालवीय जी ने उनकी प्रार्थना स्वीकार कर दैनिक 'हिन्दोस्तान' का सम्पादन सन् 1887 से 1889 तक किया।

उन्होंने संपादक की कुर्सी सम्हालते समय राजा रामपालसिंह से अपनी शर्त तय कर ली थी कि राजा साहब उनके सम्पादन-कार्य में कोई हस्तक्षेप नहीं करेंगे। इस प्रकार मालवीय जी इस प्रथम हिन्दी दैनिक का सम्पादन कुशलतापूर्वक करते रहे। इस सम्पादन कार्य में कई उद्‌भट विद्वानों गोपालराम गहमरी, अमृतलाल चक्रवर्ती, बाबू बालमुकुन्द गुप्त तथा पं. प्रतापनारायण मिश्र आदि के नाम उल्लेखनीय हैं। बाबू बालमुकुन्द गुप्त को मालवीय जी ने लाहौर में प्रकाशित होने वाले कोहेनूर नामक उर्दू पत्र के सम्पादन पद से त्यागपत्र दिलाकर दैनिक हिन्दोस्तान में सम्पादक नियुक्त किया। यद्यपि उन दिनों बाबू बालमुकुन्द गुप्त हिन्दी भली प्रकार नहीं जानते थे, परन्तु मालवीय जी ने उनका मार्गदर्शन किया।

सन् 1908 में बसंत पंचमी के दिन मालवीय जी ने प्रयाग से क्रांति का अगुवा 'अभ्युदय' नामक साप्ताहिक पत्र निकाला-जिसका सम्पादन कुछ दिनों तक बाबू पुरुषोत्तम दास टंडन ने भी किया। इस पत्र का संपादन उनके भतीजे स्वं. कृष्णकांत मालवीय ने भी किया। इसका संचालन और सम्पादन उनके पौत्र श्री पद्‌मकांत मालवीय ने भी किया।

'अभ्युदय' के पश्चात् मालवीय जी ने 'मर्यादा' मासिक पत्रिका का संचालन भी किया। उन्होंने 24 अक्टूबर, 1909 को विजय दशमी के दिन 'लीडर' नामक दैनिक पत्र का शुभारम्भ किया। मालवीय जी की देख-रेख में हिन्दी दैनिक 'भारत' भी निकलता था। इन दिनों आर्थिक स्थिति अच्छी न होने के कारण पत्रों के लिए मालवीय जी को अपनी पत्नी के गहने तक बेचने पड़े।

मालवीय जी के अंदर भरी देश प्रेम की भावना उनकी पत्रकारिता में सहयोगी थी। ताकि वे देश का मार्ग-दर्शन ठीक प्रकार से कर सकें। इस उद्देश्य की पूर्ति के लिए उन्होंने अकालियों से 'हिन्दुस्तान टाइम्स' पत्र खरीद कर इसे एक लिमिटेड कम्पनी को सौंप दिया। आज नई दिल्ली से 'हिन्दुस्तान टाइम्स' (अंग्रेजी में) और 'हिन्दुस्तान' (हिन्दी में) प्रकाशित हो रहे हैं। बहुत से छोटी-मोटी पत्र-पत्रिकाओं को मालवीय जी का संरक्षण और सहयोग भी प्राप्त होता रहा। दिल्ली से प्रकाशित होता रहा। दिल्ली से प्रकाशित होने वाले 'गोपाल' साप्ताहिक के संरक्षक मालवीय जी थे। इस पत्र के आर्थिक संकट को दूर करने के लिए मालवीय जी ने बड़े-बड़े उद्योगपतियों से सहयोग मांगा।

मालवीय जी ने 20 जुलाई 1933 की गुरु पूर्णिमा को सनातन धर्म नामक साप्ताहिक पत्र प्रकाशित किया। इसमें विशेषतः उनके धार्मिक विचार प्रकाशित होते

थे। वे सभी कार्य संकलनपत्र का मेकअप, गैटअप, करेक्शन, प्रूफ रीडिंग आदि में सिद्धहस्त थे।

मालवीय जी ने राष्ट्र सेवा का उत्तरदायित्व पत्रकारिता के माध्यम से निभाया। यद्यपि भारत भूमि वीरों की भूमि है तथापि मालवीय जी सरीखे बिरले ही हो सकते हैं। उन्होंने देश और समाज के लिए करोड़ों रुपया संग्रह किया और उनमें से एक कौड़ी भी अपने व्यक्तिगत कार्य में नहीं खर्ची। वर्तमान पीढ़ी को उनके महान प्रेरणादायक जीवन से प्रेरणा मिलती रहेगी।

25 दिसम्बर 1861 में मालवीय जी का जन्म इलाहाबाद के विद्वान ब्राह्मण परिवार में हुआ था। इनके पिता का नाम पं. बैजनाथ मालवीय था। बी.ए.एल.एल. बी. परीक्षा उत्तीर्ण करके अध्यापक रूप में जीवन क्षेत्र में उतरे। परन्तु देश की तत्कालीन सामाजिक, आर्थिक, राजनैतिक, शैक्षिक-शिक्षा तथा धार्मिक परिस्थितियों में उन्हें देश व समाज सेवा के लिए विवश किया, अतः अध्यापन कार्य छोड़ सेवा के क्षेत्र में कूद पड़े एवं आजीवन देश सेवा की।

सिस्टर निवेदिता

सिस्टर निवेदिता के रूप में प्रख्यात इनका पूरा नाम मार्ग्रेट एलिज़ाबेथ नोबॅल था। 1885 में भारतीय राष्ट्रीय कांग्रेस की स्थापना और राष्ट्रीय चेतना, एकता, पुनर्जागरण व राष्ट्रीय स्वाधीनता के नए विचार, जो 1947 में भारत की स्वतंत्रता में फलीभूत हुए, को बढ़ावा देने वाले प्रखर वक्ताओं में से एक थी।

अपने स्वास्थ्य और आराम की परवाह किए बिना वह निर्धनों की सेवा करती थीं। बंगाल में प्लेग, अकाल और बाढ़ के दौरान उनकी निःस्वार्थ सेवा को बहुत सराहा गया। रवींद्रनाथ टैगोर ने उन्हें *जननी* की संज्ञा दी। धीरे-धीरे निवेदिता का ध्यान भारत की राजनीतिक मुक्ति की ओर गया। विवेकानंद का दृढ़ विश्वास रामकृष्ण संघ परंपरा के शुद्ध आध्यात्मिक और मानवतावादी उद्देश्यों और आदर्शों में था, जिनका राजनीति से कोई लेना देना न था, उनके इस विश्वास का मान रखते हुए उन्होंने विवेकानंद की मृत्यु के बाद संघ से त्यागपत्र दे दिया।

भारतीय कला के पुनरुद्धार से निवेदिता गहरे रूप से जुड़ी थीं और इसे वह राष्ट्रीय पुनर्निर्माण का अभिन्न हिस्सा मानती थीं। भारतीय नेताओं द्वारा राष्ट्रीय पुनर्निर्माण और राजनीतिक स्वतंत्रता प्राप्त करने की कोशिशों को ब्रिटिश सरकार द्वारा कुचले जाने से उन्हें बहुत नाराज़गी थी। निवेदिता ने प्रत्यक्ष रूप से कभी किसी

आंदोलन में भाग नहीं लिया, लेकिन उन्होंने भारतीय युवाओं के हृदय में प्रेरणा का एक दीप जलाया इसी कारण उन्हें रूमानी राष्ट्रीयता और प्रबल भारतीयता का दर्शनशास्त्री मानते थे।

1895 में मार्ग्रेट स्वामी विवेकानंद से उनकी इंग्लैंड यात्रा के दौरान मिलीं। वह वेदांत के सार्वभौम सिद्धांतों, विवेकानंद की मीमांसा और वेदांत दर्शन की मानववादी शिक्षाओं की ओर आकर्षित हुईं तथा उन्होंने विवेकानंद को 1896 में उनकी इंग्लैंड से रवानगी से पहले ही अपना गुरु स्वीकार कर लिया। जनवरी 1898 में भारत आने से पहले तक वह इंग्लैंड में वेदांत आंदोलन के लिए काम करती रहीं।

उनके संपूर्ण समर्पण के कारण विवेकानंद ने उन्हें निवेदिता नाम दिया, जिसका अर्थ है, 'जो समर्पित है।' आरंभ में वह एक शिक्षिका के रूप में भारत आई थीं, ताकि विवेकानंद की स्त्री-शिक्षा की योजनाओं को पूर्ण कर सकें। उन्होंने कलकत्ता (वर्तमान कोलकाता) के एक छोटे से घर में स्थित स्कूल में कुछ महीनों तक पश्चिमी विचारों को भारतीय परंपराओं के अनुकूल बनाने के प्रयोग किए। 1899 में स्कूल बंद करके धन इकट्ठा करने के लिए वह पश्चिमी देशों की यात्रा पर चली गईं। 1902 में लौटकर उन्होंने फिर से स्कूल की शुरुआत की। 1903 में निवेदिता ने आधारभूत शिक्षा के साथ-साथ युवा महिलाओं को कला व शिल्प का प्रशिक्षण देने के लिए एक महिला खंड भी खोला। उनके स्कूल ने शिक्षण और प्रशिक्षण जारी रखा।

रेवरेड सैमुअल रिचमंड नोबॅल और उनकी पत्नी मेरी की तीन संतानों में मार्गेट सबसे बड़ी थीं। 17 वर्ष की आयु में वह शिक्षिका बनीं और आयरलैंड तथा इंग्लैंड के विभिन्न विद्यालयों में अध्यापन का कार्य किया। अंततः उन्होंने 1892 में विंबलडन में अपने विद्यालय की शुरुआत की। वह एक अच्छी पत्रकार तथा वक्ता थीं। उन्होंने सेसमि क्लब में दाख़िला लिया, जहां उनकी मुलाक़ात जॉर्ज बर्नार्ड शॉ और टॉमस हक्सले से हुई।

निवेदिता की मृत्यु दार्जिलिंग में 44 वर्ष की आयु में हुई। भारतीयों के साथ उनके घनिष्ठ संपर्क के कारण भारतीयों ने उन्हें पूर्ण स्नेह दिया। उनकी समाधि पर अंकित है—'यहां सिस्टर निवेदिता का अस्थि कलश विश्राम कर रहा है, जिन्होंने अपना सर्वस्व भारत को दे दिया।'

वल्लभभाई पटेल

सरदार वल्लभभाई पटेल का जन्म 31 अक्टूबर 1875 को नाडियाड (गुजरात)

में हुआ था। इनका उपनाम सरदार पटेल, यह भारतीय बैरिस्टर और राजनेता थे। भारत के स्वाधीनता संग्राम के दौरान भारत राष्ट्रीय कांग्रेस के नेताओं में से पटेल 1947 में भारत की आज़ादी के बाद पहले तीन वर्ष वह उप-प्रधानमंत्री, गृह मंत्री, सूचना मंत्री और राज्य मंत्री रहे। मरणोपरांत उन्हें 1991 में भारत का सर्वोच्च नागरिक सम्मान 'भारत रत्न' दिया गया।

1917 में मोहनदास करमचंद गाँधी से प्रभावित होने के बाद पटेल ने पाया कि उनके जीवन की दिशा बदल गई। पटेल गाँधी के सत्याग्रह (अहिंसा की नीति) के साथ तब तक जुड़े रहे, जब तक यह अंग्रेज़ों के ख़िलाफ़ भारतीयों के संघर्ष में कारगर रहा। लेकिन उन्होंने कभी भी खुद को गाँधी के नैतिक विश्वासों व आदर्शों के साथ नहीं जोड़ा और उनका मानना था कि उन्हें सार्वभौमिक रूप से लागू करने का गाँधी का आग्रह, भारत के तत्कालीन राजनीतिक, आर्थिक व सामाजिक परिप्रेक्ष्य में अप्रासंगिक है। फिर भी गाँधी के अनुसरण और समर्थन का संकल्प करने के बाद पटेल ने अपनी शैली और वेशभूषा में परिवर्तन कर लिया। उन्होंने गुजरात क्लब छोड़ दिया, भारतीय किसानों की भांति सफ़ेद वस्त्र पहनने लगे और भारतीय खान-पान अपना लिया।

1917 से 1924 तक पटेल ने अहमदाबाद के पहले भारतीय निगम आयुक्त के रूप में सेवा प्रदान की और 1924 से 1928 तक वह इसके निर्वाचित नगरपालिका अध्यक्ष रहे। 1918 में पटेल ने अपनी पहली छाप छोड़ी, जब भारी वर्षा से फ़सल तबाह होने के बावजूद बंबई सरकार द्वारा पूरा सालाना लगान वसूलने के फ़ैसले के विरुद्ध उन्होंने गुजरात के कैरा ज़िले में किसानों और काश्तकारों के जनांदोलन की रूपरेखा बनाई।

1928 में पटेल ने बढ़े हुए करों के ख़िलाफ़ बारदोली के भूमिपतियों के संघर्ष का सफलतापूर्वक नेतृत्व किया। बारदोली के कुशल नेतृत्व के कारण उन्हें *सरदार* की उपाधि मिली और उसके बाद से देश भर में राष्ट्रवादी नेता के रूप में उनकी पहचान बन गई। उन्हें व्याबहारिक, निर्णायक और यहां तक कि कठोर भी माना जाता था। तथा अंग्रेज़ उन्हें एक ख़तरनाक शत्रु मानते थे।

पटेल क्रांतिकारी नहीं थे। 1928 से 1931 के बीच इंडियन नेशनल कांग्रेस के उद्देश्यों पर हो रही महत्त्वपूर्ण बहस में पटेल का विचार था (गाँधी और मोतीलाल नेहरू के समान, लेकिन जवाहरलाल नेहरू ओर सुभाषचंद्र बोस के विपरीत) कि भारतीय राष्ट्रीय कांग्रेस का लक्ष्य स्वाधीनता नहीं, बल्कि ब्रिटिश राष्ट्रकुल के भीतर

अधिराज्य का दर्जा प्राप्त करने का होना चाहिए। जवाहरलाल नेहरू के विपरीत, जो स्वतंत्रता के लिए संघर्ष में हिंसा की अनदेखी करने के पक्ष में थे, पटेल नैतिक नहीं, व्यावहारिक आधार पर सशस्त्र आंदोलन को नकारते थे। पटेल का मानना था कि यह विफल रहेगा और इसका ज़बरदस्त दमन होगा। गाँधी की भांति पटेल भी भविष्य में ब्रिटिश राष्ट्रकुल में स्वतंत्र भारत के भागीदारी में लाभ देखते थे, बशर्ते भार को एक बराबरी के सदस्य के रूप में शामिल किया जाए। वह भारत में आत्मनिर्भरता और आत्मविश्वास क़ायम करने पर ज़ोर देते थे, इसलिए वह हिंदू-मुस्लिम एकता को स्वतंत्रता की पूर्व शर्त नहीं मानते थे।

बलपूर्वक आर्थिक और सामाजिक बदलाव लाने की आवश्यकता के बारे में पटेल जवाहरलाल नेहरू से असहमत थे। पारंपरिक हिंदू मूल्यों से उपजे रूढ़िवादी पटेल ने भारत की सामाजिक और आर्थिक संरचना में समाजवादी विचारों को अपनाने की उपयोगिता का उपहास किया। वह मुक्त उद्यम में यक़ीन रखते थे। इस प्रकार, उन्हें रूढ़िवादी तत्त्वों का विश्वास प्राप्त हुआ तथा उनसे प्राप्त धन से ही भारतीय राष्ट्रीय कांग्रेस की गतिविधियाँ संचालित होती रहीं।

भारतीय राष्ट्रीय कांग्रेस के 1929 के लाहौर अधिवेशन में पटेल, गाँधी के बाद अध्यक्ष पद के दूसरे उम्मीदवार थे। गाँधी ने स्वाधीनता के प्रस्ताव को स्वीकृत होने के रोकने के प्रयास में अध्यक्ष पद की दावेदारी छोड़ दी और पटेल पर भी नाम वापस लेने के लिए दवाब डाला। इसका प्रमुख कारण मुसलमानों के प्रति पटेल की हठधर्मिता थी। अंततः जवाहरलाल नेहरू अध्यक्ष बने। 1930 में नमक सत्याग्रह के दौरान पटेल को तीन महीने की जेल हुई। मार्च 1931 में पटेल ने इंडियन नेशनल कांग्रेस के कराची अधिवेशन की अध्यक्षता की। जनवरी 1932 में उन्हें गिरफ़्तार कर लिया गया। जुलाई 1934 में वह रिहा हुए और 1937 के चुनावों में उन्होंने कांग्रेस पार्टी के संगठन को व्यवस्थित किया। 1937-38 में वह कांग्रेस के अध्यक्ष पद के प्रमुख दावेदार थे। एक बार फिर गाँधी के दबाव में पटेल को नाम वापस लेना पड़ा और जवाहरलाल नेहरू निर्वाचित हुए। अक्टूबर 1940 में कांग्रेस के अन्य नेताओं के साथ पटेल भी गिरफ़्तार हुए और अगस्त 1941 में रिहा हुए। पुनः अगस्त 1942 से जून 1945 तक उन्हें कारावास में रखा गया। द्वितीय विश्व युद्ध के दौरान, जब जापानी हमले की आशंका हुई, तो पटेल ने गाँधी की अहिंसा की नीति को अप्रासंगिक बताकर रद्द किया। सत्ता के हस्तांतरण के मुद्दे पर भी पटेल का गाँधी से इस बात पर मतभेद था कि उपमहाद्वीप का हिंदू भारत तथा मुस्लिम पाकिस्तान के रूप में

विभाजन गलत है जबकि पटेल ने ज़ोर दिया कि पाकिस्तान दे देना भारत के हित में है।

1945-46 में भारतीय राष्ट्रीय कांग्रेस के अध्यक्ष पद के लिए पटेल एक प्रमुख उम्मीदवार थे, लेकिन गाँधी ने एक बार फिर हस्तक्षेप करके नेहरू को अध्यक्ष बनवा दिया। कांग्रेस अध्यक्ष के रूप में नेहरू को ब्रिटिश वाइसरॉय ने अंतरिम सरकार के गठन के लिए आमंत्रित किया। इस प्रकार, यदि घटनाक्रम सामान्य रहता, तो पटेल भारत के पहले प्रधानमंत्री होते। स्वतंत्र भारत के पहले तीन वर्ष पटेल उप-प्रधानमंत्री, गृह मंत्री, सूचना मंत्री और राज्य मंत्री रहे। भारतीय राजनीतिक एकीकरण के कारण वह बहुत प्रसिद्ध वह बहुत प्रसिद्ध हुआ।

पटेल का जन्म लेवा पट्टीदार जाति के एक समृद्ध ज़मींदार परिवार में हुआ था। पारंपरिक हिंदू माहौल में पले-बढ़े पटेल ने करमसद में प्राथमिक विद्यालय और पेटलाद स्थित उच्च विद्यालय में मिडिल की शिक्षा प्राप्त की, लेकिन उन्होंने अधिकांश ज्ञान स्वाध्याय से अर्जित किया। 16 वर्ष की आयु में उनका विवाह हो गया, 22 साल की उम्र में उन्होंने मैट्रिक की परीक्षा पास की और ज़िला अधिवक्ता कार्यालय की स्थापना की और दो साल बाद खेड़ा ज़िले के बोरसद नामक स्थान पर चले गए।

वकील के रूप में पटेल ने एक कमज़ोर मुकदमे को मजबूत बनाकर प्रस्तुत किया और पुलिस के गवाहों तथा अंग्रेज़ न्यायाधीशों को चुनौती देकर विशेष स्थान अर्जित किया। 1908 में पटेल की पत्नी की मृत्यु हो गई। उस समय उनके एक पुत्र एक पुत्री थी। इसके बाद उन्होंने विधुर जीवन व्यतीत किया। वकालत के पेशे में तरक़्क़ी करने के लिए कृतसंकल्प पटेल ने मिडल टेंपल में अध्ययन करने के लिए अगस्त 1910 में लंदन की यात्रा की। वहां उन्होंने मनोयोग से अध्ययन किया और अंतिम परीक्षा में उच्च प्रतिष्ठा के साथ सफलता प्राप्त की।

फरवरी 1913 में भारत लौटकर वह अहमदाबाद में बस गए और तेज़ी से उन्नति करते हुए अहमदाबाद बार में अपराध क़ानून के अग्रणी बैरिस्टर बन गए। गंभीर और शालीन पटेल अपने जीवन शैली के लिए जाने जाते थे। वह अहमदाबाद के फ़ैशनपरस्त गुजरात क्लब में ब्रिज के चैंपियन होने के कारण भी विख्यात थे। 1917 तक वह भारत की राजनीतिक गतिविधियों के प्रति उदासीन रहे।

अरुणा आसफ़ अली

यह राजनीतिक कार्यकर्ता, ब्रिटिश शासन के विरुद्ध मोहनदास करमचंद गाँधी

के भारत छोडो आंदोलन के दौरान सुर्ख़ियों में आईं। स्वतंत्रता के बाद कांग्रेस पार्टी में लौटने से पहले अरुणा कांग्रेस, समाजवादी और कम्युनिस्ट पार्टियों में रहीं। वह 1958 में दिल्ली की महापौर चुनी गईं और अंत तक सार्वजनिक तौर पर सक्रिय बनी रहीं। उन्होंने समाचार पत्र *पेट्रियट* और पत्रिका *लिंक* भी प्रकाशित किए। अंतर्राष्ट्रीय सद्भावना के लिए उन्हें 1992 में नेहरू पुरस्कार प्रदान किया गया और 1997 में मरणोपरांत सर्वोच्च नागरिक सम्मान भारत रत्न से सम्मानित किया गया।

बंगाली ब्राह्मण परिवार में जन्मी अरुणा की शिक्षा कलकत्ता (वर्तमान कोलकाता) में हुई। उन्होंने अपने अभिभावकों की इच्छा के विरुद्ध अपने से 20 वर्ष बड़े एक जाने-माने मुसलमान वकील आसफ़ अली से शादी की। महात्मा गाँधी और भारतीय राष्ट्रीय कांग्रेस के अन्य नेताओं से प्रभावित होकर वह 1930 के सविनय अवज्ञा आंदोलन में सम्मिलित हुईं और ब्रिटिश सरकार ने उन्हें लाहौर में एक वर्ष के लिए बंदी बना लिया। वह भारत छोड़ो आंदोलन के दौरान पुलिस को चकमा देकर बंबई (वर्तमान मुंबई) में सार्वजनिक तौर पर भारतीय ध्वज फहराने में कामयाब हो गईं। वह गिरफ़्तारी से बच निकलीं और भूमिगत रहकर उन्होंने स्वतंत्रता आंदोलन में महत्त्वपूर्ण योगदान दिया।

मौलाना अबुल कलाम आज़ाद

मौलाना अबुल कलाम आजाद भारतीय राष्ट्रीय आंदोलन के नेताओं में से एक थे। कांग्रेस के अन्य नेताओं के साथ मौलाना आज़ाद स्वतंत्रता संघर्ष में कई बार बंदी बनाए गए। 1924 और बाद में 1940 से 1946 तक वह भारतीय राष्ट्रीय कांग्रेस के अध्यक्ष रहे। मौलाना देश के विभाजन के कट्टर विरोधी थे और उन्होंने अपनी आत्मकथा *इंडिया विन्स फ्रीडम* में इसके लिए कांग्रेसी नेताओं और मुहम्मद अली जिन्ना को बराबर का ज़िम्मेदार ठहराया। मौलाना आज़ाद भारत की स्वतंत्रता के बाद जवाहरलाल नेहरू मंत्रिमंडल में शिक्षा मंत्री थे। वह अपनी ईमानदारी व मज़हबपरस्ती के साथ-साथ उदारता व विवेकशीलता के लिए विख्यात् थे। मौलाना अबुल कलाम आज़ाद को 1992 में मरणोपरांत भारत रत्न से सम्मानित किया गया।

मौलाना आज़ाद के पिता एक प्रतिष्ठित भारतीय विद्वान् और मां अरब मूल की थीं। उन्होंने पारंपरिक इस्लामी तरीके से कलकत्ता (वर्तमान कोलकाता) में तालीम हासिल की, लेकिन बग़ैर किसी को बताए उन्होंने अंग्रेजी भी सीखी। मौलाना ने मध्य-पूर्व तथा पश्चिमी व मध्य एशिया की यात्रा की और राष्ट्रीय तथा क्रांतिकारी विचारों के संपर्क में आए। कलकत्ता लौटने पर मौलाना आज़ाद ने एक साप्ताहिक

समाचार पत्र *अल हिलाल* निकाला, जिसमें उन्होंने ब्रिटिश सरकार के प्रति भारतीय मुसलमानों के एक वर्ग की वफ़ादारी की कड़ी आलोचना की। बाद में मौलाना ने भारतीय राष्ट्रीय कांग्रेस के भीतर नेशनलिस्ट मुस्लिम पार्टी बनाई और मुस्लिम लीग केस दावे को चुनौती दी कि वह सभी मुसलमानों का प्रतिनिधित्व करती है।

चित्तरंजन दास

इन्हें देशबंधु के नाम से पुकारा जाता है। वे एक राजनेता और ब्रिटिश शासन के अंतर्गत बंगाल की स्वराज पार्टी के नेता थे। चित्तरंजन दास भारत में ब्रिटिश शासन के घोर कट्टर विरोधी थे और इससे पूरी तरह असहमत थे कि भारत का राजनीतिक या आर्थिक विकास पाश्चात्य पद्धति पर आधारित हो। प्राचीन भारतीय इतिहास में ही स्वर्ण युग को देखते थे। महात्मा गाँधी द्वारा ब्रिटिश सरकार के ख़िलाफ़ चलाए गए असहयोग आंदोलन का उन्होंने समर्थन किया और 1921 में राजनीतिक अपराधी के तौर पर उन्हें छह महीने की जेल हो गई। 1922 में वह भारतीय राष्ट्रीय कांग्रेस के अध्यक्ष बने। कांग्रेस ने उनकी अध्यक्षता में ब्रिटेन द्वारा प्रायोजित प्रांतीय परिषदों के चुनावों का बहिष्कार करने का इरादा छोड़ दिया और निर्णय लिया कि वह इन चुनावों में हिस्सा लेकर पद हासिल करेंगी। ताकि सरकार के भीतर रहकर सरकारी कामकाज में रुकावट डालने का मौका मिल सके।

बाद में, जब बंगाल में स्वराज पार्टी सबसे बड़ी पार्टी के रूप में जीतीं, तो दास ने यह कहकर मुख्यमंत्री पद अस्वीकार कर दिया कि उनका उद्देश्य मौजूदा सरकार को तोड़ना था, उसके साथ सहयोग करना नहीं। 1924 में वह कलकत्ता (वर्तमान कोलकाता) के महापौर चुने गए और उन्होंने शहर की उपेक्षित भारतीय जनता की हालत सुधारने के प्रयास किए। 1925 में दास और भारत राज्य सचिव लॉर्ड बर्केनहेड के बीच समझौते के आसार दिखाई दिए, लेकिन समझौता होने से पहले ही दास की मृत्यु हो गई।

ब्रिटिश नागरिकों के आधिक्य वाली इंडियन सिविल सर्विस की प्रतियोगी प्रवेश परीक्षा में अनुत्तीर्ण होने के बाद दास वकालत के पेशे में चले गए। उन्होंने राजनीतिक अपराधों के आरोपियों की पैरवी की और राष्ट्रवादी पत्रकारिता में सक्रिय हिस्सा लिया।

मोतीलाल नेहरू और भारतीय राष्ट्रीय कांग्रेस

इनका पूरा नाम पंडित मोतीलाल नेहरू था। इनका जन्म 6 मई 1961 को

दिल्ली (भारत) में हुआ था। भारतीय स्वंतत्रता आंदोलन के यह नेता, स्वराज पार्टी के सह-संस्थापक और भारत के पहले प्रधानमंत्री जवाहरलाल नेहरू के पिता थे।

1919 तक उन्हें नरमपंथी (जो उग्रपंथियों के आंदोलनकारी तरीक़ों के बजाय संवैधानिक सुधारों की वकालत करते थे) माना जाता था, इसके बाद उन्होंने अपने द्वारा संस्थापित दैनिक पत्र *द इंडिपेंडेंट* ज़रिए के नए आमूल सुधारवादी विचार सामने रखे।

1919 में अमृतसर में अंग्रेज़ों द्वारा सैकड़ों भारतीयों की हत्या ने मोती को गाँधी के असहयोग आंदोलन में शामिल होने, वकालत का पेशा छोड़ने और साधारण, ग़ैर अंग्रेज़ी, जीवन शैली अपनाने के लिए प्रेरित किया। 1921 में अंग्रेज़ों ने उन्हें और जवाहरलाल, दोनों को गिरफ़्तार कर छह महीने के लिए जेल भेज दिया।

कश्मीरी मूल के एक समृद्ध ब्राह्मण परिवार में जन्मे मोतीलाल का कैरियर वकालत से शुरू हुआ। और 1896 में इलाहाबाद उच्च न्यायालय से जुड़े। मध्यवय तक वह राजनीति से दूर रहे, फिर उन्होंने भारत को अधिराज्य का दर्जा प्रदान करने पर आधारित स्वाधीन भारत का भावी संविधान था। इन प्रस्तावों को अंग्रेज़ों द्वा ख़रिज कर देने के बाद मोतीलाल ने 1930 के सविनय अवज्ञा आंदोलन में हिस्सा लिया, जिसके लिए उन्हें कारावास की सज़ा हुई। रिहा होने के कुछ ही समय बाद 6 फरवरी 1931 को लखनऊ में इनका स्वर्गवास हो गया।

सरोजिनी नायडू

वे एक प्रख्यात राजनीतिक कार्यकर्ता, नारीवादी, कवयित्री-लेखिका और पहली भारतीय महिला हैं जो भारतीय राष्ट्रीय कांग्रेस की अध्यक्ष तथा किसी भारतीय राज्य की राज्यपाल बनीं। इन्हें 'भारत कोकिला' की उपाधि से सम्मानित किया गया सरोजिनी नायडू साहित्यिक जीवन में भी सक्रिय थीं। उन्होंने बंबई स्थित अपने विख्यात अतिथि कक्ष में कई उल्लेखनीय भारतीय बुद्धिजीवियों को आमंत्रित किया। उनकी कविताओं के पहले संग्रह *द गोल्डेन थ्रेशोल्ड* (1905) के बाद *द बर्ड ऑफ़ टाइम* (1912) का प्रकाशन हुआ और 1914 में वह रॉयल सोसाइटी ऑफ़ लिटरेचर में फ़ेलो चुनी गईं। सरोजिनी अंग्रेज़ी में ही कविताएँ लिखती थीं और उनकी समग्र कविताएँ *'द सेप्टर्ड फ़्लूट* (1928) तथा *द फ़ेदर ऑफ़ डॉन* (1961) शीर्षकों से प्रकाशित हुईं।

इंग्लैंड में नारी मताधिकार अभियान के कुछ अनुभवों के बाद वह भारत के

कांग्रेस आंदोलन तथा महात्मा गाँधी के असहयोग आंदोलन की ओर आकर्षित हुईं। 1924 में उन्होंने पूर्वी तथा दक्षिणी अफ़्रीका में भारतीयों के हित के लिए वहां की यात्रा की और इसके बाद के वर्ष में वह भारतीय राष्ट्रीय कांग्रेस की पहली भारतीय महिला अध्यक्ष बनीं। इससे आठ वर्ष पूर्व अंग्रेज़ नारीवादी एनी बेसेंट इस पद पर रह चुकी थीं। सरोजिनी ने 1928-29 में उत्तरी अमेरिका में कांग्रेस आंदोलन पर व्याख्यान दिए। भारत में उनकी ब्रिटिश विरोधी गतिविधियों के कारण उन्हें कई बार जेल (1930, 1932, और 1942-43) जाना पड़ा। गोलमेज़ सम्मेलन के दूसरे सत्र (1931) में भाग लेने के लिए वह महात्मा गाँधी के साथ लंदन गईं। द्वितीय विश्व युद्ध शुरू होने पर उन्होंने कांग्रेस पार्टी की नीतियों का समर्थन किया, जो पहले उदासीनता और फिर मित्र देशों के लिए स्वीकृत प्रतिरोध की थीं। 1947 में वह संयुक्त प्रांत (वर्तमान उत्तर प्रदेश) की राज्यपाल बनीं और जीवनपर्यंत इस पद पर रहीं। सरोजिनी नायडू, हैदराबाद के निज़ाम कॉलेज के प्राचार्य एक बंगाली ब्राह्मण अघोरनाथ चट्टोपाध्याय की सबसे बड़ी बेटी थीं। वह 12 वर्ष की आयु में मद्रास विश्वविद्यालय में दाख़िल हुईं और उन्होंने किंग्स कॉलेज, लंदन (1895-98) तथा बाद में गिरटन कॉलेज, कैंब्रिज में अध्ययन किया।

7

स्वतंत्र भारत के प्रथम प्रधानमंत्री

कितने ही राजनीतिक, संवैधानिक व व्यावहारिक संघर्षों के बाद 15 अगस्त सन् 1947 को अन्ततः भारत को स्वतंत्रता मिली, जो भारतवासियों के लिए अपार हर्ष का विषय था, जैसे तिरंगे के साथ-साथ उनकें हृदय की भावनाओं को भी सम्मान मिल गया हो। स्वतंत्र भारत की राजनीतिक सत्ता को संभालने के लिए भारतीय राष्ट्रीय कांग्रेस ने नेहरू जी को अपने प्रथम प्रधानमंत्री के रूप में चुना।

जवाहरलाल नेहरू

जवाहर लाल नेहरू का जन्म 1889 ई. में हुआ था। इनके पिता का नाम मोतीलाल नेहरू जो अपने जमाने के प्रसिद्ध बैरिस्टर थे। इनकी माता का नाम स्वरूप रानी था। इनके पूर्वज कश्मीरी पण्डित थे। चूंकि जवाहर लाल नेहरू धनी परिवार में पैदा हुए थे अतः उन्हें अल्प आयु में ही अध्ययन हेतु इंग्लैण्ड भेजा गया। कानून की पढ़ाई पूरी करते ही वे स्वदेश लौट आए। यहां उन्होंने वकालत शुरू की परन्तु वे इस पेशा से सन्तुष्ट नहीं थे। इनके पिता मोतीलाल नेहरू अंग्रेजी शासन के विरोध में कोई कार्य नहीं करना चाहते थे। अतः वे देश के राजनीति में भी हिस्सा नहीं लेते थे। परन्तु वे देश की राजनीति में हिस्सा लेना चाहते थे। इसके लिए पिता ने उन्हें कई बार रोका फिर भी वे नहीं माने और गाँधीजी के असहयोग आन्दोलन में जमकर राष्ट्रीयता की भावना बढ़ती गयी और भारत को अन्ततोगत्वा अंग्रेजी दासता से छुटकारा दिलाया।

भारत लौटने के बाद जवाहरलाल ने वकालत शुरू की, परन्तु शीघ्र ही वे राजनीतिक सरगर्मियों की तरफ बढ़ चले। 1912 में उन्होंने राष्ट्रीय काँग्रेस के अधिवेशन में भाग लिया। 1916 में काँग्रेस के लखनऊ अधिवेशन के समय उनके जीवन में एक क्रान्तिकारी मोड़ आया। महात्मा गाँधी से उनकी पहली मुलाकात हुई जो आगे चलकर इस रूप में फलीभूत हुई कि गाँधी ने जवाहर को अपना उत्तराधिकारी घोषित किया और यह भविष्यवाणी कर दी कि "मेरे मरने के बाद जवाहरलाल मेरी ही भाषा बोलेगा।" 1916 में ही उनका विवाह कमला कौल से हुआ। उनके एक पुत्री भी हुई इन्दिरा प्रियदर्शिनी, जो लाल बहादुर शास्त्री के देहान्त के पश्चात् भारत के प्रधान मंत्री बनीं 1918 में नेहरू होम रूल लीग के सचिव बने और "1920 का साल नेहरू के राजनीतिक जीवन में निर्णयात्मक मोड़ का था।" भारत की गरीब जनता की छवि उनके हृदय में उतर चुकी थी। 1923 में वे भारतीय राष्ट्रीय काँग्रेस के महासचिव बने। 1927 में अन्तर्राष्ट्रीय गणतान्त्रिक आन्दोलन के साथ उनके व्यापक और दीर्घकालीन सम्पर्कों की शुरुआत हुई। ब्रुसेल्स में हुए पीड़ित राष्ट्र सम्मेलन में उन्होंने भारतीय राष्ट्रीय काँग्रेस के प्रतिनिधि के रूप में भाग लिया। 1928 में साइमन कमीशन के खिलाफ लखनऊ में प्रदर्शनों में उन्होंने पुलिस की लाठियाँ खाईं। 1929 में वे राष्ट्रीय काँग्रेस के लाहौर अधिवेशन के अध्यक्ष चुने गए। उनकी अध्यक्षता में ही इस दिन अर्द्धरात्रि को पूर्ण स्वराज्य का ऐतिहासिक प्रस्ताव पास किया गया। जवाहरलाल नेहरू 1936, 1937 और 1946 में पुनः काँग्रेस के अध्यक्ष निर्वाचित हुए।

अगर देखा जाए तो जवाहर लाल नेहरू 1930 ई. तक भारतीय राजनीति क्षेत्र में अपना महत्वपूर्ण स्थान पा चुका था। नेहरू ने राष्ट्र का कई बार तूफानी दौरा किया और भारतीयों में स्वाधीनता प्राप्ति हेतु एक भावना जागृत की। राष्ट्रीय आन्दोलन के दौरान उनका 9 वर्ष से ज्यादा का समय कारागारों में कटा। 1946 में उन्होंने भारत की अन्तरिम सरकार का निर्माण किया और 15 अगस्त, 1947 को जब बँटवारे की कीमत पर राष्ट्र को आजादी मिली तो जवाहरलाल स्वतन्त्र भारत के प्रथम प्रधानमन्त्री बने। उस पवित्र अर्द्ध-रात्रि को, भारत की आजादी की बेला में, जवाहरलाल ने अपने दिलस्पर्शी भाषण में कहा—

"आधी रात के घण्टे के साथ, जबकि विश्व सो रहा है, भारत जीवन और स्वाधीनता की ओर जागेगा। एक क्षण आता है, जो इतिहास में कभी ही आता है, जब हम प्राचीन से नए की ओर बढ़ते हैं, जब एक युग समाप्त होता है, और जब

बहुत दिनों तक दबाई हुई राष्ट्र की आत्मा बोल उठती है। यह उचित ही है कि इस पवित्र मौका पर भारत की और उनके वासियों की और उससे भी बड़ी मानवता की सेवा का संकल्प लें।" नेहरू रुके और तब फिर बोले, "भारत की सेवा के अभिप्राय होते हैं उन लाखों लोगों की सेवा जो कि दुःख सह रहे हैं, इसके अभिप्राय हैं गरीबी और अज्ञान और रोग और अवसर की असमानता को खत्म करना।"

जवाहरलाल नेहरू 15 अगस्त, 1947 से लेकर 27 मई, 1964 के दिन तक अर्थात् अपनी मृत्यु के समय तक भारत के प्रधानमंत्री रहे। अपने 17 वर्ष के कार्यकाल में देश को आर्थिक और राजनीतिक रूप से मजबूत बनाने का अथक प्रयास किया। अन्तर्राष्ट्रीय क्षेत्र में भारत की प्रतिष्ठा को जमाने का योगदान उन्हीं को जाता है। यह दुर्भाग्य की बात थी कि अक्टूबर, 1962 में साम्यवादी चीन के हमले का सदमा नेहरू को झेलना पड़ा, परन्तु उसके बाद तो वे राष्ट्र को हर तरह से जगाने हेतु निकल पड़े। उन्हें यह अहसास हो गया कि शान्ति में पूर्ण आस्था रखते हुए भी भारत को सैनिक नजर से एक सबल देश बनना होगा। यह राष्ट्र का दुर्भाग्य था कि उनका कुशल नेतृत्व अधिक समय तक न बना रहा और 27 मई, 1964 को दोपहर को लगभग 2 बजे उनका जीवन दीप बुझ गया।

इस तरह जवाहरलाल नेहरू विश्व प्रसिद्ध राजनीति और स्वतंत्रता सेनानी थे। उनमें राष्ट्रभक्त की भावना रोम-रोम में भरी हुई थी। वे शान्ति दूत थे और इसके लिए उन्होंने पंचशील सिद्धांत विश्व के सामने रखा। वे बुद्धिमान और युगदृष्टा पुरुष थे जिन्हें साहित्य, दर्शन व प्रकृति से भारी प्रेम था। उन्होंने कई ग्रन्थों की रचना की जैसे—डिस्कवरी ऑफ इण्डिया, ग्लिम्पसेज ऑफ वर्ल्ड हिस्ट्री बचन ऑफ गोल्ड लेटर आदि।

नेहरू के विचारों के दार्शनिक आलंबन

नेहरू पर इन सभी उनके पिता मोतीलाल नेहरू, महात्मा गाँधी, ऐनीबीसेन्ट, ब्रुक्स, रसेल, कार्ल मार्क्स, कॉन्ट, स्पेन्सर, आइन्सटीन, ऑक्करवाइल्ड, मिल, बर्नार्ड शॉ लोगों का पूर्ण प्रभाव था। मोतीलाल नेहरू अपने स्वभाव और मतों से तार्किक और यथार्थवादी थे। इसी कारण नेहरू जी पर इसका प्रभाव अटूट था। नेहरू के चिन्तन और व्यवहार को प्रभावित करने में सबसे अधिक निर्णायक भूमिका महात्मा गाँधी की रही। गाँधी से उन्होंने सत्याग्रह, अहिंसा, शान्ति और नैतिकता से परिपूर्ण राजनीति का पाठ पढ़ा। गाँधी की शिक्षाओं के प्रति उनमें जीवन भर गहरा आकर्षण

रहा, परन्तु वह गाँधी जी के सिद्धांतों को नहीं अपना सके। मृत्युपर्यन्त नेहरू मानवतावादी भावना से ओतप्रोत रहे, बड़े भावुक और संवेदनशील रहे, परन्तु गाँधी की आध्यात्मिकता उनमें पूरी तरह प्रवेश नहीं कर पाई। नेहरू विलक्षण बने रहे। न वे पूर्ण नास्तिक रहे न पूर्ण आध्यात्मिकतावादी और न पूर्ण भौतिकवादी। कार्ल मार्क्स के भौतिकवादी मतों का असर उन पर जरूर पड़ा, परन्तु वे पूर्ण भौतिकवादी कभी नहीं बन सके। उन्होंने भौतिक पदार्थ को ही अन्तिम सत्य नहीं माना। भौतिक विज्ञान के प्रति, रुचि एवं इसका छात्र होने के कारण आइंस्टीन, प्लैंक तथा हैंसेनबर्ग के भौतिकवादी शोधों का प्रभाव उनके चिन्तन पर पड़ा, परन्तु नजर से उन्हें हम कॉण्ड की अपेक्षा स्पेन्सर के अधिक निकट पाते हैं। नेहरू ने यह नहीं माना कि कोई ऐसा जगत भी है जो हमारी नजर अथवा हमारे मस्तिष्क के चिन्तन से परे है। 'भारत की खोज' में उन्होंने लिखा—

"हमेशा मैं इस संसार की ओर देखता हूँ तो मुझे अज्ञात गहराइयों और रहस्यों का आभास होता है पर वह रहस्यमय वस्तु क्या है यह मैं नहीं जानता। मैं उसे ईश्वर नहीं कहता क्योंकि ईश्वर का बहुत कुछ मतलब ऐसा है, जिसमें मेरा विश्वास नहीं है। मैं किसी देवता अथवा किसी अज्ञात सर्वोच्च सत्ता जिसका स्वरूप मनुष्य जैसा हो, की कल्पनाओं की क्षमता अपने में नहीं पाता। एक व्यक्तिगत और सगुण ईश्वर का मत मुझे बड़ा अजीब लगता है। बौद्धिक नजर से मैं कुछ सीमा तक अद्वैतवादी मतधारा का समर्थन करता हूँ और वेदान्त के अद्वैतवाद की ओर भी मेरा आकर्षण है, किन्तु वेदान्त तथा इस प्रकार के अदृश्य जगत के विषय में मत मेरे मनुष्य में डर पैदा करते हैं।"

जवाहर लाल नेहरू गौतम बुद्ध और ईसा मसीह के विचारों से काफी प्रभावित थे। वे अपने जीवन में बुद्ध और ईसा के आदर्शों को अपनाना चाहते थे। नेहरू शांति एवं नैतिकता के प्रतीक थे। नेहरू तो एक संघर्षमय जीवन के उपासक थे, जिन्होंने अपने जीवन में कर्म को हमेशा प्रधानता दी। बौद्ध-दर्शन से प्रभावित होते हुए भी नेहरू ने इस बात का कभी समर्थन नहीं किया कि हम विश्व का परित्याग कर दें या मोक्ष की प्राप्ति हेतु शरीर को यातनाएँ दें।

जवाहर लाल नेहरू प्रकृति प्रेमी थे। वे धर्म के विधि-विधानपूर्ण स्वरूप, रूढ़िवाद औरं साम्प्रदायिक पक्ष के खिलाफ थे। उनका दृष्टिकोण वैज्ञानिक था और वे सत्य को अनुभूति के द्वारा प्राप्त करना चाहते थे।" अन्त में, नेहरू मूलतः एक राजनीतिज्ञ थे, हॉब्स या रूसो या सिसरों की भाँति राजनीतिक दार्शनिक नहीं।

राजनीतिक-शक्ति-सम्पन्न होने के कारण ही उन्हें अवसर मिला कि वह अपने मतों को प्रस्तुत कर सकें पर उन्होंने ऐसा नहीं किया। डॉ. वी. पी. वर्मा के अनुसार, "ज्यादा से ज्यादा हम उन्हें एक सामाजिक आदर्शवादी कह सकते हैं जो साधारण व्यक्ति की भावनाओं हेतु एक नेहरू के जीवन पर धार्मिक ग्रन्थों का काफी प्रभाव था। उन्होंने गीता के कर्म सन्देश को अपने जीवन में अपनाया था। गीता के कर्म के सन्देश को उन्होंने अपने जीवन में पिरोया था और निभाया था। नेहरू ने अपने जीवन, मतों और कार्यों से राष्ट्रवासियों और सम्पूर्ण मानव जाति को यही सन्देश दिया कि फलाफल की चिन्ता किए बिना हम यत्नपूर्वक अपने कर्म में लगे रहें।"

नेहरू का मानवता से अटूट संबंध

नेहरू एक राजनीतिज्ञ थे, परन्तु नैतिक आदर्शवाद में उनकी गहन आस्था जीवन भर बनी रही। पीड़ित और शोषित लोगों के प्रति उनके दिल में अगाध प्रीति और सहानुभूति थी। "एक मानव के रूप में उनके चिन्तन में सुकुमारता, भावना की अद्वितीय मधुरता तथा महान् एवं उदार प्रवृत्तियों का अद्भुत सम्मिश्रण था।" नेहरू जीवन-पर्यन्त मनुष्य जीवन के उच्चतर स्तरों हेतु संघर्षशील रहे। उनका सन्देश था कि व्यक्ति को व्यावहारिक और ज्ञान प्रधान, नैतिक एवं सामाजिक, परोपकारी तथा मानवतावादी होना चाहिए। उनकी नजर में मानवतावाद वर्तमान समय का सर्वोत्तम आदर्श होना चाहिए था। मेकियावलीय राजनीति, शोषण, अनाचार और कमी को देखकर उनके दिल को गहरी वेदना पहुँचती थी। नेहरू का मानव-अस्तित्व और उसकी सत्ता में गहन विश्वास था। उनकी अनुभूति थी कि मान्व को आत्म-बलिदान की शक्ति अपने भीतर विद्यमान किसी दिव्य शक्ति से प्राप्त होती है। वास्तव में यदि नेहरू की अनुभूति आध्यात्मिक क्षेत्र की ओर मुड़ जाती तो वे एक बहुत बड़े योगी या सन्त होते।

नेहरू मानव के गौरव में विश्वास करते थे, इसीलिए, परिस्थितियों के अनुकूल होते हुए भी, वे एक तानाशाह नहीं बनना चाहते थे। वे लोकतान्त्रिक समाजवादी बने रहे, मानवीय मूल्यों में उनकी आस्था कभी नहीं डगमगाई और साम्यवाद के हिंसक तथा अनैतिक साधनों के प्रति उन्हें कभी कोई आकर्षण नहीं रहा। जीवन भर उन्होंने अन्याय और शोषण से यथाशक्ति संघर्ष किया। नेहरू के मानवतावादी सेवावृत्ति जीवन का विवरण करते हुए डॉ. राधाकृष्णन ने लिखा है–"उन्होंने जनता के जीवन में ही अपने जीवन को सौप दिया और उनके जीवन को समृद्ध तथा सम्पूर्ण

बनाने का प्रयास किया। वे महान् आत्मा थे और असली महानता इसी बात को समझने में है कि व्यक्ति केवल अपने लिए उत्पन्न नहीं होता बल्कि वह अपने पड़ोसियों तथा अपनी जनता हेतु भी होता है। नेहरू मात्र राष्ट्र के महान् मुक्तिदाताओं में ही नहीं थे बल्कि उसके महान् निर्माताओं में भी थे। उन्होंने अपने जीवन में हम लोगों की राजनीतिक स्वतन्त्रता हेतु ही प्रयास नहीं बल्कि सामाजिक और आर्थिक उन्नति हेतु भी प्रयास किया। उन्होंने कभी अपने आराम का ख्याल नहीं किया, सम्पदा-धन का ख्याल नहीं किया।"

नेहरू दूरदर्शी थे। अपने राष्ट्र तथा विश्व की ऊँची नियति में उन्हें विश्वास था। जीवन-भर मानवता हेतु उन्हें गहरा स्नेह रहा। अन्धविश्वासों, धार्मिक संकीर्णताओं, ईर्ष्या-द्वेष आदि दुर्गुणों से वे हमेशा मुक्त रहे। राष्ट्र की राजनीतिक बाधाओं हेतु उन्होंने यथाशक्ति नैतिक सिद्धान्तों का प्रयोग करने का प्रयास किया। दीन-हीन जनता से उन्हें सदा प्यार रहा। वे सदा उसके उद्धार के लिये कार्यों में लगे रहे।

अहिंसा का समर्थक

वे हिंसा को नकारते थे परन्तु आवश्यकता पड़ने पर उसका आश्रय लिया जा सकता है। वे एक राजनीतिक और राजनेता थे। अतः उन्होंने यह अनुभव किया कि अहिंसा एक देश के लिए उपयोगी हो सकती है, परन्तु समय पड़ने पर उसका त्याग भी संभव है। गाँधीजी के समान उन्होंने यह नहीं माना कि अहिंसा ही सत्य है। उन्होंने गाँधी जी द्वारा प्रतिपादित एक पूर्णतया अहिंसात्मक समाज के आदर्श को कभी स्वीकार नहीं किया। उनका कहना था कि व्यक्ति अहिंसा को अपना धर्म बना सकता है, परन्तु सरकार नहीं। अहिंसा को एक ऐसी नीति के रूप में स्वीकार किया जा सकता है, जिसे जरूरत के अनुसार परिवर्तन किया जा सके और छोड़ा जा सके। अहिंसा की उपयोगिता को मानते हुए भी नेहरू इस बात से पूर्ण रूप में सहमत नहीं हुए कि अहिंसा के शस्त्र के माध्यम से सभी राष्ट्रीय और अन्तर्राष्ट्रीय समस्याओं का निराकरण सम्भव है। उनका यह विश्वास था कि राष्ट्रीय और अन्तर्राष्ट्रीय समस्याओं के निदान हेतु अहिंसा का प्रयोग उपयोगी साधन है, तथापि परिस्थितिवश हिंसा का आश्रय भी लिया जा सकता है। इस तरह महात्मा गाँधी की अहिंसा का सिद्धान्त जहाँ अडिग था, वहाँ नेहरू का अहिंसा का सिद्धान्त लचीला था। अहिंसा के प्रति नेहरू का आकर्षण आजीवन बना रहा, अहिंसा के नैतिक तत्त्व ने उन्हें बहुत अधिक आकृष्ट किया परन्तु उनका विचार था कि केवल अहिंसा रूपी शस्त्र से सारी लड़ाई नहीं जीती जा सकती।

राष्ट्रीयता के रूप में नेहरू का संदेश

नेहरू का सन्देश था कि राष्ट्रीयता एक परम्परागत शक्ति है जिसे प्रत्येक राष्ट्रवासी स्वेच्छा से स्वीकार करता है। लोगों को यह नहीं समझना चाहिए कि राष्ट्रीयता की भावनाएँ उन पर लादी जा रही हैं, क्योंकि राष्ट्रीयता तो वह मशाल है जो स्वयं लोगों के हृदय में जलती है। राष्ट्रवाद को नेहरू ने एक भावात्मक वस्तु बताया और विश्वास प्रकट किया कि विदेशी शासन के दौरान राष्ट्रीयता की भावना ज्यादा महत्त्वपूर्ण हो जाती है तथा राष्ट्रीय आन्दोलन को गतिशील बनाए रखने हेतु शक्तिशाली प्रेरणा का काम करती है। जब कभी किसी राष्ट्र पर मुसीबत उपस्थित होती है तो राष्ट्रवाद अपना प्रभुत्व स्थापित कर लेता है।

नेहरू को धार्मिक राष्ट्रवाद की सहानुभूति न थी। दयानन्द, विवेकानन्द, पाल और अरविन्द के राष्ट्रवाद सम्बन्धी धार्मिक दृष्टिकोण में उन्हें कोई आकर्षण नहीं था। 'धार्मिक राष्ट्रीयता' की धारणा उन्हें खराब लगती थी। जिन्ना ने धर्म को लेकर 'मुस्लिम राष्ट्रीयता' हेतु पैरवी की थी और इस आधार पर उन्होंने भारत से अलग एक 'मुस्लिम राष्ट्रीयता' की माँग की थी। नेहरू को यह जानकर दुःख हुआ था और उन्होंने कहा था कि "यदि राष्ट्रीयता का आधार धर्म है तो भारत में न केवल दो वरन् तमाम राष्ट्र मौजूद है। भारत की राष्ट्रीयता न हिन्दू राष्ट्रीयता है, न मुस्लिम, वरन् यह विशुद्ध भारतीय है।"

नेहरू यद्यपि संशयवादी थे, परन्तु अत्यधिक भावुक और संवेदनशील होने के नाते उन्हें भारत माता के रोमांसपूर्ण आदर्श ने अत्यधिक प्रभावित किया। के लिए राष्ट्रवाद वास्तव में आत्म-विस्तार का ही एक रूप था। उन्हीं के शब्दों में "राष्ट्रवाद तत्त्वतः अतीत की उपलब्धियों, परम्पराओं और अनुभवों की सार्वजनिक स्मृति है, और राष्ट्रवाद जितना बलशाली आज है, उतना कभी नहीं था। जब कभी मुसीबत आयी है, तभी राष्ट्रवादी भावना का उत्थान हुआ है और लोगों में अपनी परम्पराओं से ताकत तथा सांत्वना प्राप्त करने का प्रयास किया है। अतीत और राष्ट्र का पुनरान्वेषण आधुनिक समय की एक आश्चर्यजनक प्रगति है।"

जवाहर लाल नेहरू का मानना था कि हर राष्ट्र को आत्म-निर्णय के सिद्धांत पर बल देना चाहिए साथ ही लोकतंत्र को अपनाना चाहिए। उन्होंने कहा कि राष्ट्रीय स्वतन्त्रता हेतु संघर्षशील राष्ट्र में एक स्वस्थ ताकत होती है, परन्तु राष्ट्र के स्वतन्त्र हो जाने के बाद वही राष्ट्रीयता प्रतिक्रियावादी और विकीर्ण भी बन सकती है, अतः ऐसी संकीर्ण राष्ट्रीयता से सदैव बचना चाहिए। नेहरू ने राष्ट्रवाद में मानवता का

समावेश किया। उन्होंने कहा कि राष्ट्रवाद के नाम पर धर्म, जाति और संस्कृति का सहारा नहीं लेना चाहिए। नेहरू ने एक सच्चे राष्ट्रवादी के रूप में हर राष्ट्र की स्वतंत्रता को समर्थन दिया। उन्होंने मिस्त्र, मोरक्को, इन्डोनेशिया, अल्जीरिया, काँगो आदि राष्ट्रों को आजादी के वास्तु हुए राष्ट्रीय आन्दोलनों का अभिनन्दन किया। अरब राष्ट्रवाद के अभ्युदय को उन्होंने बहुत ही शुभ लक्षण बताया। उन्होंने कहा—"हर गुलाम राष्ट्र हेतु राष्ट्रवाद की भावना से ओत-प्रोत होना सर्वथा स्वाभाविक है।" पुनश्च, "एक पराधीन राष्ट्र हेतु शान्ति का कोई मतलब नहीं है क्योंकि शान्ति तो आजादी के उपरान्त ही स्थापित हो सकती है। इसलिए साम्राज्यों को मिटाना ही चाहिए। उनका जमाना बीत चुका है।" नेहरू ने राष्ट्रवाद के आदर्श रूप को ग्रहण किया और ऐसे राष्ट्रवाद को ठुकरा दिया जो अन्तर्राष्ट्रीय शान्ति में बाधक हो। उनका यह विश्वास आजीवन बना रहा कि उग्र राष्ट्रवाद मानव दिल को संकीर्ण बना देता है तथा राष्ट्रभक्ति की भावना को इतना उभार देता है कि राष्ट्रों में पृथक्-पृथक् रहने की प्रवृत्ति पैदा हो जाती है। उनका कहना था कि उग्र राष्ट्रवाद के फलस्वरूप अराजकता सम्बन्धी तत्वों का प्रादुर्भाव होता है जो अन्तर्राष्ट्रीय शान्ति में बाधक सिद्ध होता है।

नेहरू की अन्तर्राष्ट्रीयतावाद की सोच

नेहरू का दिल सर्वोदय की भावना से परिपूर्ण था। वे कहा करते थे—हम सबके मित्र हैं और हमारा कोई दुश्मन नहीं है। अन्तर्राष्ट्रीयता में उनकी आस्था सभी राष्ट्रों को स्पष्ट थी। जून, 1955 में मास्को विश्वविद्यालय में उनका स्वागत करते हुए कहा था कि नेहरू ने सदैव छोटे और बड़े राष्ट्रों के मूल अधिकारों की मान्यता हेतु अन्तर्राष्ट्रीय नियमों और सिद्धान्तों की रक्षा की है और वे एशिया तथा संसार में तनाव को कम करने हेतु सच्चे हृदय से प्रयासशील रहे हैं। नेहरू को अन्तर्राष्ट्रीयता की प्रेरणा विवेकानन्द, रवीन्द्रनाथ ठाकुर और महात्मा गाँधी जैसे महान् व्यक्तियों से प्राप्त हुई थी। गाँधी की भाषा बोलते हुए नेहरू ने कहा था—"मेरी राष्ट्रीयता अन्तर्राष्ट्रीयता पर निर्भर है और वर्तमान जगत, विज्ञान, व्यापार और यातायात के साधनों के कारण अन्तर्राष्ट्रीयता की नींव पर खड़ा है। कोई भी राष्ट्र विश्व से विमुख नहीं रह सकता।" पर, नेहरू की यह भी स्पष्ट मान्यता थी कि अन्तर्राष्ट्रीयता की भावना सिर्फ एक स्वतन्त्र राष्ट्र में ही पनप सकती है, और उसकी वजह यह है कि किसी भी गुलाम राष्ट्र का सम्पूर्ण दिमाग एवं सम्पूर्ण शक्ति

स्वतन्त्रता लाने में प्रयास में लगा रहता है। उस राष्ट्र की सोच गुलाम होकर रह जाती है।

नेहरू का राष्ट्रवाद जब संकीर्ण और अनुदार नहीं था तो इसका स्वाभाविक अर्थ है कि नेहरू अन्तर्राष्ट्रीयतावाद के पोषक थे। उन्होंने अपने राष्ट्र को, काँग्रेस को और पूरे मनुष्य समाज को एक व्यापक अन्तर्राष्ट्रीय दृष्टिकोण प्रदान किया। उन्होंने काँग्रेस को महसूस कराया कि स्वतन्त्रता हेतु भारतीय संघर्ष वास्तव में एक वैश्विक संघर्ष का भाग था, तथा अन्तर्राष्ट्रीय घटनाओं को ध्यान में रखते हुए इसे सफल बनाया जा सकता था। वस्तुतः "विश्व शान्ति और विश्व सम्प्रदाय के मत में नेहरू का बड़ा विश्वास था। उन्होंने संयुक्त राष्ट्र के उद्देश्य-पात्र के प्रति जितनी आस्था दिखाई उतनी शायद ही किसी और ने दिखाई हो।" अन्तर्राष्ट्रीय मामलों में नेहरू जी की धारणा थी कि "हम एक ऐसे समय में रह रहे हैं जबकि विराष्ट्री मामले जैसा शब्द ही अप्रासंगिक है। हम एक-दूसरे पर ज्यादा-से-ज्यादा अवलम्बित होते जा रहे हैं। संसार में हम राष्ट्र और उस राष्ट्र जैसे संकीर्ण दृष्टिकोण के स्थान पर विश्व के दृष्टिकोण को अपना रहे हैं। संकीर्ण राष्ट्रीयता भी राजनीतिक कट्टरता का एक रूप है। उनका विश्वास था कि युद्ध अवश्यम्भावी नहीं है और न शान्ति ही अव्यावहारिक है। इसलिए उन्होंनें गुटो से पृथक् रहने की नीति को अपनाया।" पर गुटों से पृथक् रहने की नीति से नेहरू का आशय यह नहीं था कि 'अलगाववाद' के मार्ग पर चला जाए। संसार में शान्ति की स्थापना हेतु नेहरू भारत को अपनी शक्ति भर विश्व के मामलों में सहायक बनाना चाहते थे। अन्तर्राष्ट्रीयता के प्रोत्साहन हेतु वे प्रत्येक सम्भव उपाय करने को तत्पर थे।

नेहरू महान् अन्तर्राष्ट्रीयतावादी थे। न केवल राजनीतिक क्षेत्र में वरन् आर्थिक क्षेत्र में भी उन्होंने अन्तर्राष्ट्रीयतावादी आदर्श का समर्थन किया। उनका कहना था कि "शायद जिस चीज को भली-भाँति नहीं समझा जाता वह उद्योगवाद का अन्तर्राष्ट्रीय स्वभाव है। उसने राष्ट्रीय सीमाओं को ध्वस्त कर दिया है और हर राष्ट्र को, वह कितना ही बड़ा क्यों न हो, दूसरे राष्ट्रों पर आश्रित बना दिया है। राष्ट्रवाद की भावना आज भी लगभग उतनी ही प्रबल है जितनी कि पहले थी, और उसके पवित्र नाम पर युद्ध लड़े गए हैं तथा दसियों लाख लोगों की हत्या की गई है, किन्तु वह एक मिथ्या विश्वास है जिसका वास्तविकता से कोई सम्बन्ध नहीं है। विश्व का अन्तर्राष्ट्रीयकरण हो चुका है, उत्पादन अन्तर्राष्ट्रीय है, बाजार अन्तर्राष्ट्रीय है तथा परिवहन अन्तर्राष्ट्रीय है। केवल मानव के मतों पर उन मतदाताओं का शासन है,

जिनका आज कोई अर्थ नहीं रह गया है, कोई राष्ट्र वास्तव में स्वाधीन नहीं है, सभी एक-दूसरे पर आधारित हैं।''

नेहरू का अन्तर्राष्ट्रीयतावादी दृष्टिकोण कोरा आदर्शवादी नहीं था। उन्होंने उसे व्यावहारिक बनाना चाहा। ज्यों-ज्यों उनकी अन्तर्राष्ट्रीय ख्याति बढ़ती गई, वे अन्तर्राष्ट्रीय मतों को मूर्त रूप देते गए। उन्होंने अन्तर्राष्ट्रीय क्षेत्र में राज्यों के आचरण का एक नया मौलिक सिद्धान्त दिया जो 'पंचशील' के नाम से विख्यात है। इसमें निम्नलिखित पाँच सिद्धान्त प्रतिपादित किये गए–

1. समानता और पारस्परिक लाभ, एवं
2. शान्तिपूर्ण सहअस्तित्व तथा आर्थिक सहयोग।
3. एक-दूसरे की प्रादेशिक अखण्डता और सर्वोत्तम सत्ता हेतु पारस्परिक सम्बन्ध,
4. अनाक्रमण,
5. एक-दूसरे के आन्तरिक मामलों में हस्तक्षेप।

जवाहरलाल नेहरू शान्ति के संदेश वाहक थे। उन्होंने अन्तर्राष्ट्रीय स्तर पर शान्ति स्थापित करने के लिए पंचशील के सिद्धांतों की घोषणा की। पंचशील के माध्यम से नेहरू ने स्पष्ट कर दिया कि अन्तर्राष्ट्रीय राजनीति में वे नैतिक मार्ग का अनुसरण करने में विश्वास करते हैं। इस सिद्धान्त द्वारा उन्होंनं मेकियावलीय राजनीति और शक्ति-राजनीति में अपनी अनास्था प्रकट की और देशों के मस्तिष्क में यह बात बैठाने की कोशिश की कि यदि अन्तर्राष्ट्रीय क्षेत्र से हम बल प्रयोग की पूरी तरह बहिष्कृत नहीं कर सकते तो उसे न्यूनतम जरूर ही कर सकते हैं। पंचशील के सिद्धान्त के मूल में धारणा यह रही कि राष्ट्र एक-दूसरे के दृष्टिकोण को समझने का प्रयास करें और एक-दूसरे के अधिकारों तथा दावों का शान्तिपूर्वक और सच्चाई के साथ मूल्याँकन करें। किन्तु "नेहरू किसी भी रूप में शक्ति के सामने झुकने को तैयार नही थें। फिर भी नेहरू के कुछ आलोचकों का कहना था कि कश्मीर, गोआ, पाकिस्तान तथा तिब्बत के सम्बन्ध में नेहरू का नैतिक और मानवतावादी अन्तर्राष्ट्रीयवाद विकृत होकर तुष्टिकरण की नीति में बदलाव हो गया।'' कतिपय राजनीतिक क्षेत्रों में भारत पर पाकिस्तान और चीन के आक्रमण के आधार पर पंचशील सिद्धान्त की व्यावहारिकता की चुनौती दी गई है। परन्तु हम इस सिद्धान्त को गलत या अनुचित नहीं ठहरा सकते। सत्य बोलना ठीक है पर यदि हम सत्य के सिद्धान्त पर आचरण न करें तो इसमें सिद्धान्त का क्या दोष ? क्या हम इस तथ्य से इन्कार कर सकते हैं कि आज के आणविक काल में शान्तिपूर्ण सहअस्तित्व

ही एकमात्र ऐसा विकल्प है जिससे मानव सभ्यता की रक्षा हो सकती है। पंचशील कोई जादू की छड़ी नहीं है जिसके उल्लेख मात्र से कलह, संघर्ष और अन्तर्राष्ट्रीय तनाव दूर हो जायेंगे। परन्तु यदि पंचशील के सिद्धान्तों पर ईमानदारी से अमल किया जाए तो अन्तर्राष्ट्रीय तनावों का प्रभाव कम होगा एवं संघर्ष के कारणों का उन्मूलन भी किया जा सकेगा।

नेहरू के राजनीतिक विचार

जवाहरलाल नेहरू युगदृष्टा थे—साथ ही कर्म प्रधान व्यक्ति भी। उन्होंने इस राष्ट्र को स्वाधीनता, समृद्धि, सौहार्द और सुरुचि के ढाँचे में ढालने का आजीवन प्रयास किया। जवाहरलाल केवल राजनीतिक स्वतन्त्रता को ही राष्ट्र की आशा-आकांक्षाओं का कल्पवृक्ष नहीं मानते थे। प्रारंभ से ही उन्होंने राजनीतिक स्वतन्त्रता के साथ आर्थिक स्वावलम्बन और बौद्धिक विकास पर भी पूर्ण रूप से जोर दिया तथा कहा बिना इनके राजनीतिक आजादी नहीं मिल सकती। नेहरू राष्ट्र को, एक चतुर कर्णधार की तरह, लोकतन्त्र और समाजवाद की दिशा में खेते रहे। उन्होंने युद्ध का तिरस्कार करते हुए शान्ति और असंलग्नता की नीति में अपना गहन विश्वास प्रकट किया। आजाद भारत में उन्होंने एक कल्याणकारी राज्य की नींव डाली। नेहरू के राष्ट्रीयता, अन्तर्राष्ट्रीयता आदि से सम्बन्धित मतों का उल्लेख हम कर चुके हैं। उनके राजनीतिक मतों के कई पहलुओं का अध्ययन करते समय, हमें यह सदैव ध्यान रखना होगा कि नेहरू एक राजनीतिज्ञ थे, राजनीतिक मतक या राजनीतिक दार्शनिक नहीं। उन्होंने किसी व्यवस्थित राजनीतिक चिन्तन को प्रस्तुत नहीं किया। उनके भाषणों, लेखों और उनके कार्यों से राजनीतिक विचार ज्ञात होते हैं।

युद्ध, शान्ति और तटस्थता सम्बन्धी महत्वपूर्ण सुझाव

जवाहरलाल नेहरू 'सर्वोदय' अर्थात् सबका कल्याण हो में आस्था रखते थे। उन्होंने शांति, अहिंसा को मानव-कल्याण की डगर बताया। उन्होंने अपने प्रधानमन्त्रित्व काल में अपने मतों और कार्यकलापों से विश्व-शान्ति के प्रसार की दिशा में बड़ा प्रभावशाली और सराहनीय कार्य किया। इतिहास में नेहरू ने गहरी रुचि ली थी। उन्होंने उन कारणों की खोज की जो युद्धों को जन्म देते हैं। उनका कहना था कि किसी न किसी कारणवश हर राष्ट्र, काल और परिस्थिति में युद्ध होते रहे हैं। नेहरू ने युद्ध के कारणों और स्वरूप का जो चित्र खींचा वह संकेत रूप में इस तरह है—

1. युद्ध का एक स्वरूप राजनीतिक भी रहा है। उदाहरणार्थ, सिकन्दर महान् की विजय का स्वरूप धार्मिक या आर्थिक अथवा सामन्तवादी न होकर राजनीतिक ही था। ऐथेन्स और स्पार्टा के बीच जो युद्ध हुए वे भी अपने चरित्र में विशेष रूप से राजनीतिक ही थे।
2. वर्तमान युग में युद्धों का कारण प्रधानतः आर्थिक है। यद्यपि राजनीतिक तथा अन्य कारण भी पर्याप्त प्रभावकारी हैं तथापि आर्थिक कारणों के समक्ष अन्य सभी कारण गौण हैं। राष्ट्रवाद और साम्राज्यवाद आर्थिक परिस्थितियों से जितने प्रभावित रहे हैं, उतने अन्य किसी कारण से नहीं।
3. युद्धों का एक महत्वपूर्ण कारण विभिन्न राजनीतिक और आर्थिक व्यवस्थाओं के बीच उपस्थित वैचारिक मतभेद है। इन वैचारिक और सैद्धान्तिक मतभेदों के फलस्वरूप ही शीतयुद्ध इतना प्रबल है कि वह कभी भी सशस्त्र युद्ध का रूप ले सकता है। नेहरू ही के शब्दों में, "शीत युद्ध का अभिप्राय सदैव युद्ध का चिन्तन करना है, युद्ध की तैयारी करना है, जो गर्म युद्ध की विद्यमानता है।"
4. एक समय वह था जब मानव की धर्मान्धता युद्ध का स्त्रोत था। यूरोप के धर्म युद्ध (Crusades) इसके प्रमाण हैं। भारत पर मुस्लिम आक्रमण भी बहुत कुछ धार्मिक भावना से ही प्रेरित थे। बहुत से यूरोपीय राष्ट्रों में प्रोटेस्टेंट और कैथोलिक मतावलम्बियों के बीच जो संघर्ष हुए उनका स्वरूप भी धार्मिक ही था।
5. युद्धों का दूसरा स्वरूप सामन्तवादी रहा था। उदाहरणार्थ, भारत में राजपूत नरेशों के बीच होने वाले युद्ध अपने चरित्र में मुख्यतः सामन्तवादी ही थे।
6. मानव इतिहास में प्रत्येक युग में राजनीतिक सत्ता और गौरव हेतु युद्ध होते रहे हैं तथा आज भी हो रहे हैं।

नेहरू ने युद्ध के कारणों और इतिहास का विवेचन करते हुए अपना यह विश्वास व्यक्त किया है कि चाहे अन्य मानव युद्ध के अभिलाषी हों, परन्तु सत्य यही है कि कोई भी राष्ट्र युद्ध नहीं चाहता। नेहरू ने कहा कि कई राजनीतिक और आर्थिक व्यवस्थाओं वाले राष्ट्र परस्पर शान्ति और सहयोग से न रह सकें—इसका कोई तर्कसंगत कारण नजर नहीं आता। कई देशों में शान्तिपूर्ण सहअस्तित्व की भावना मुख्यतः इसलिए नहीं पनप पाती कि हर देश के दिल में एक दूसरे देश के प्रति भ्रम एवं डर है। यदि इस डर को संशय और घृणा को छोड़ दें तो शान्ति का

पर्यावरण बनने में पूर्ण सहयोग मिलेगा। नेहरू ने प्रार्थना किया कि विश्व के हर देश एक दूसरे को बूझने का प्रयास करे एवं अन्तर्राष्ट्रीय लड़ाइयों का फैसला ताकत की जगह पर वार्ता एवं पंच फैसला के शान्तिपूर्ण उपायों से किया जाए। नेहरू ने युद्धों की निरर्थकता में विश्वास प्रकट करते हुए संविधान सभा में अपने एक भाषण में कहा कि वास्तव में इस बात का कोई महत्त्व नहीं है कि विश्व-युद्ध में विजय किसकी होती है क्योंकि ऐसे किसी भी युद्ध का निष्कर्ष केवल घोर विनाश होगा जिसमें उन सभी बातों का अन्त होगा जिन्हें हम मानवता की उन्नति और प्रगति हेतु जरूरी मानते हैं। नेहरू की निश्चित धारणा थी कि युद्ध-नीति से साम्राज्यवादी प्रभुत्व और शासक जाति के मतो को सहारा मिलना है। अपनी शान्तिवादी नीति के कारण ही नेहरू ने अन्तर्राष्ट्रीय क्षेत्र में गुटों से अलग रहने की नीति को स्वतन्त्र भारत की विराष्ट्र नीति की आधारशिला बताया। उनका विश्वास था कि तटस्थता अथवा असंलग्नता की नीति पर चलकर ही अन्तर्राष्ट्रीय तनाव को कम किया जा सकता है, सहयोग का वातावरण पैदा कर विश्व में शान्ति स्थापित करने की दिशा में ठोस योग दिया जा सकता है। नेहरू ने स्पष्ट शब्दों में कहा–"हमारी ध्येय में शान्ति तथा स्वतन्त्रता अविभाज्य है और किसी भी स्थान में स्वतन्त्रता को दबाए जाने से दूसरे स्थान की स्वतन्त्रता को मुसीबत उपस्थित हो जाता है और इसके परिणामस्वरूप मतभेद तथा युद्ध की स्थिति पैदा होती है। औपनिवेशिक एवं दूसरे के अधीन राष्ट्रों और लोगों को आजाद कराने एवं सिद्धान्त तथा व्यावहारिक रूप से सभी जाति के लोगों हेतु समान अवसरों को मान्यता देने में हमारी विशेष रुचि है। हम दूसरों पर शासन करना नहीं चाहते और न हम अन्य लोगों से अधिक ऊँचे स्थान का दावा करते हैं।"

नेहरू ने लड़ाई एवं शान्ति के बारे में अपना पक्ष दिया। सहअस्तित्व और असंलग्नता की नीति को समझाया, उससे हमें यह निष्कर्ष नहीं निकालना चाहिए कि वे एक ऐसे शान्तिवादी थे अहिंसा को हर हाल में अपनाते नेहरू का आदर्शवाद यद्यपि बहुत ऊँचा था, परन्तु एक यथार्थवादी राजनीतिज्ञ के रूप में उन्होंने अवसर पड़ने पर शत्रु का अथवा विद्रोह का यथासम्भव अपनी सम्पूर्ण शक्ति से मुकाबला करने में विश्वास प्रकट किया। पाकिस्तानी आक्रमण का, चीनी आक्रमण का मुकाबल करने में नेहरू ने जिस नीति का और जिस दृढ़ता का परिचय दिया वह हम भुला नहीं सकते। नेहरू ने एक ओर तो सम्पूर्ण सैनिक शक्ति के जोर पर आक्रमण का सामना किया और दूसरी ओर बुराई का प्रतिकार करने हेतु बुरे मार्ग

का सहारा नहीं लिया। उनका कोई भी कदम नैतिकता से गिरा हुआ नहीं रहा, उनकी निष्ठा समस्या के सम्मानपूर्ण और शान्तिपूर्ण समाधान में बनी रही। नेहरू की विचारधारा का सही चित्रण हमें उन्हीं के इन शब्दों से होता है कि–"हमें अपनी रक्षा करनी है और अपने आपको प्रत्येक संकटकालीन स्थिति हेतु तैयार रखना है। हमें आक्रमण और अन्य प्रकार के अनाचार का सामना करना है। बुराई के सामने झुकना सदा बुरा होता है किन्तु बुराई का प्रतिरोध करते समय हमें मस्तिष्क का सन्तुलन नहीं खो देना चाहिए और भावावेश तथा उत्तेजना में आकर या भयभीत होकर कोई ऐसा कार्य नहीं करना चाहिए जो स्वयं बुरा हो। बुराई और आक्रमण का प्रतिरोध करते समय भी हमें सदैव शान्ति के स्वभाव को बनाए रखना चाहिए और अपने विरोधियों के सामने मित्रता का हाथ बढ़ाए रखना चाहिए।"

जवाहर लाल नेहरू वैसे शांति के साथ-साथ कर्त्तव्य पालन को भी महत्व देते थे। उनका दृष्टिकोण कितना व्यावहारिक और सन्तुलित था–इसका आभास हमें नेहरू के उन शब्दों से होता है जो उन्होंने 12 जून, 1945 को भारत की शान्तिवादी नीति के सन्दर्भ में कहे थे–"हमारी पहली नीति तो यह होनी चाहिए कि हम ऐसी भीषण आपत्ति (तृतीय महायुद्ध जैसी) को घटित होने से रोकें। दूसरी नीति इससे बचने की होनी चाहिए और तीसरी नीति ऐसी स्थिति बनाने की होनी चाहिए कि यदि युद्ध छिड़ जाए तो हम इसे रोकने में सफल हो सकें।" इस सन्दर्भ में नेहरू की चिन्तनधारा का और भी स्पष्टीकरण हमें उनके भाषण के निम्नलिखित अवतरणों से होता है।

"हर सरकार को राष्ट्र की सुरक्षा हेतु महत्वपूर्ण विशेष ध्यान देना चाहिए परन्तु सुरक्षा का अर्थ क्या है। अधिक से अधिक लोग इस अर्थ को समझते हैं कि सुरक्षा का अर्थ असंख्य जन अशलहा लिए एक जगह से दूसरे जगह आने-जाने से है। यह सच है कि सशस्त्र व्यक्ति तथा अस्त्र आदि रक्षा के अंग हैं, किन्तु रक्षा का सम्बन्ध अन्य अनेक चीजों से भी हो सकता है। इसके अन्तर्गत राष्ट्र की औद्योगिक क्षमता, राष्ट्र का नैतिक चरित्र आदि भी आते हैं। इन सबके और राष्ट्र की क्षमता तथा संसाधनों के बीच सन्तुलन स्थापित करना होता है और आप इस सन्तुलन को बहुत अधिक अस्त-व्यस्त नहीं कर सकते।"

पुनश्च, "हमें आक्रमण का सामना और प्रतिकार करना है तथा इस हेतु लगाई गई शक्ति पर्याप्त होनी चाहिए, किन्तु आक्रमण का सागना करने की तैयारी करते समय भी हमें अपना उद्देश्य–शान्ति-समझौता तथा मेल-मिलाप का उद्देश्य–कभी

नहीं भुलाना चाहिए और हमारा दिल तथा मस्तिष्क इसी महान् उद्देश्य की पूर्ति में लगा रहना चाहिए, न कि यह घृणा अथवा भय से घिरा हुआ या आच्छादित रहे।"

लोकतंत्र के प्रबल समर्थक

नेहरू प्रजातंत्र में विश्वास करते थे। वे प्रजातंत्र के महान पुजारी थे और तानाशाही और अधिनायक के घोर विरोधी थे। समाजवादी लोकतंत्र की स्थापना करना चाहते थे। वह जनता पर जनता के द्वारा ही शासन चाहते थे। अगर देखा जाए तो प्रजातंत्र की नींव नेहरू जी ने ही रखी थी। संविधान सभा में प्रजातान्त्रिक संविधान का निर्माण नेहरू जी के संकेतों पर ही हुआ था। नेहरू ने लोकतन्त्र को केवल राजनीतिक क्षेत्र तक सीमित नहीं रखा, अपितु आर्थिक और सामाजिक क्षेत्र को भी प्रजातंत्र की परिधि में लिया। उनका कहना था कि नागरिकों को केवल राजनीतिक स्वतन्त्रता देना ही पर्याप्त नहीं है, उन्हें अवसरों की समानता दी जानी चाहिए, आर्थिक विषमताओं का अन्त किया जाना चाहिए। सामाजिक अस्पृश्यताओं और घोर आर्थिक असमानताओं से पूर्ण समाज कभी लोकतान्त्रिक नहीं हो सकता। भूखे व्यक्ति के आगे मताधिकार कोई महत्त्व नहीं रखता। यदि समाज में ऊँच-नीच, छुआछूत के भेदभाव हो, दरिद्रों की कतार हो, धन का न्यायपूर्ण वितरण न हो, वर्गभेद का प्रसार हो और मुट्ठी भर शिक्षित लोग निरक्षर जन-साधारण को अपने पैरों तले दबाए हों तो ऐसे राष्ट्र या समाज में लोकतन्त्र की बात करना मूर्खता का संकेत है।

नेहरू महात्मा गाँधी की राजनीतिक उत्तराधिकारी थे, साधनों की पवित्रता के सिद्धान्त में श्रद्धा रखते थे। "उन्हें सत्तावाद तथा हिंसा से नफरत थी। फासीवाद, नाजीवाद तथा कठोर नियन्त्रण के साथ जिस उजड्डपन और कमीनेपन का संयोग पाया जाता है, उससे उनके संवेदनशील मन को आघात पहुँचता था। वे चाहते थे कि भारत पश्चिम के उन्नत औद्योगिक राष्ट्रों के समकक्ष स्थान प्राप्त कर ले, किन्तु इस आदर्श को साक्षात्कृत करने हेतु उन्होंने अधिनायकतन्त्रीय यन्त्रीकृत हिंसा के मार्ग का परित्याग कर दिया। स्वतन्त्रता संग्राम के दीर्घ और कष्टपूर्ण काल में उन्होंने ब्रिटिश साम्राज्यवाद का जो ज्ञान हुआ था उसने नागरिक विमुखता के प्रति उनके प्रेम तथा गम्भीर अनुराग की ओर भी दृढ़ कर दिया था।" नेहरू को जनता से प्यार था, जन-सम्पर्क को वे लोकतान्त्रिक प्रक्रिया का महत्त्वपूर्ण हिस्सा मानते थे। अपने प्रधानमन्त्रित्व समय में भी नेहरू ने अविराम यात्राओं के माध्यम से अगणित भाषाओं

के माध्यम से जनता से सम्पर्क स्थापित करने की प्रणाली विकसित की। वह अपनी जनता से संपर्क बनाते तथा उनकी समस्या को सुनते। उन्होंने, इस प्रकार, यह बताया कि शासकों और शक्तियों के मध्य निरन्तर खुला और निकट सम्बन्ध लोकतान्त्रिक प्रक्रिया हेतु परिपूर्ण फायदाकारी अत्यन्त लाभकारी सिद्ध होता है। नेहरू ने जनता को निरन्तर अनुशासन और भ्रातृत्व की प्रेरणा दी। उनका उद्देश्य था कि जनता में उस सामुदायिक भावना को दृढ़ किया जाए जिसे मेकाइवर ने लोकतान्त्रिक व्यवस्था का आधार बताया है।

नेहरू लोकतन्त्र को नैतिक मानदण्डों और मान्यताओं की योजना मानते थे। उन्होंने कहा था कि "मेरे मत में गणतन्त्र का अर्थ अमुक प्रकार की सरकार तथा किसी सम-कानून-संस्था से कुछ ज्यादा है। यह जरूरी रूप से जीवन के नैतिक मानदण्डों तथा मान्यताओं की एक योजना है। आप गणतान्त्रिक हैं अथवा नहीं, यह इस बात पर आधारित करता है कि आप एक व्यक्ति या एक वर्ग के रूप में किस प्रकार से आचरण तथा चिन्तन करते हैं। गणतन्त्र हेतु अनुशासन, सहिष्णुता तथा पारस्परिक सद्भावना अत्यन्त जरूरी है। अपनी स्वतन्त्रता हेतु दूसरों की स्वतन्त्रता हेतु आदर-भाव होना जरूरी है। गणतन्त्र में बदलाव पारस्परिक विचार-विमर्श तथा समझाने-बुझाने से किए जाते हैं, हिंसक तरीकों से नहीं। गणतन्त्र का अर्थ यदि कुछ है तो समानता है, समानता केवल मत देने के अधिकार की ही नहीं, बल्कि आर्थिक तथा सामाजिक क्षेत्र की भी समानता है।" पुनश्च, "मैं किसी भी मत-मतान्तर या धर्म से बंधा हुआ नहीं हूँ, किन्तु मैं मनुष्य की नैसर्गिक आध्यात्मिकता में विश्वास अवश्य करता हूं—इसको कोई चाहे धर्म कहे, अथवा न कहे, मैं व्यक्ति की सहज गरिमा में विश्वास रखता हूँ। मेरा यह विश्वास है कि हर मनुष्य को समान अवसर दिया जाना चाहिए। मुझे ऐसे सम-समाज में पूरा विश्वास है (एक आदर्श के रूप में इस उद्देश्य को पूरा करना हो सकता है), जिसमें अधिक अन्तर न हो, धनी व्यक्तियों की बेहूदगी और साथ ही निर्धनों की दरिद्रता नहीं भाती।"

नेहरू के मतों का यदि हम विश्लेषण करें तो स्पष्ट होता है कि लोकतन्त्र से उनका अर्थ 'समाज का आत्मानुशासन' था। अपने भाषण में उन्होंने कहा कि "आप लोकतन्त्र की सैकड़ों परिभाषाएँ दे सकते हैं, किन्तु इसकी एक परिभाषा निश्चित रूप से ही समाज का आत्मानुशासन है। उनका मानना था कि देश का विकास शिक्षित जनता के द्वारा होता है।" समाज में आत्मानुशासन के विकास हेतु ही नेहरू ने शिक्षा-व्यवस्था पर पूरा जोर दिया। उनका मत था कि कोई भी राजनीतिक

या सामाजिक ढाँचा या संगठन तब तक सफल नहीं हो सकता जब तक कि नागरिकों का मानसिक स्तर ऊँचा न उठे और यह मानसिक स्तर समुचित शिक्षा के प्रसार से ही ऊँचा उठ सकता है।

लोकतन्त्रवादी के नाते व्यक्ति के महत्व में नेहरू का विश्वास था। मानवता के कूड़े-कर्कट के ढेर पर किसी भी व्यक्ति को नहीं फेंक देना चाहिए। उसे महत्त्वपूर्ण, लक्ष्यपूर्ण माना जाना चाहिए और किसी को भी—चाहे वह राज्य हो अथवा कोई संगठन—व्यक्ति को दबाने का प्रयास नहीं करना चाहिए। उनका मुख्य सिद्धान्त यह था कि राज्य व्यक्ति हेतु है न कि व्यक्ति राज्य हेतु। नेहरू अपने विरोधियों के मतों के प्रति सहनशीलता और सम्मान की भावना रखते थे। उनकी नजर में हठवादिता और रूढ़िवादिता की प्रवृत्ति लोकतन्त्र हेतु घातक थी। लोकतन्त्र तो एक गतिशील विचारधारा है और समयानुकूल बदलावों तक लचक के साथ-साथ लोकतन्त्र का क्षेत्र भी अधिकाधिक विकसित होता जाता है। प्रजातंत्र के अंदर हम अपनी परेशानियों का निराकरण आपसी विचार-विमर्श, तर्क-वितर्क और शान्तिपूर्ण उपायों से करें। नेहरू संसदीय सरकार को ज्यादा अच्छा इसलिए समझते थे कि वह समस्याओं को हल करने का एक शान्तिपूर्ण ढंग है। उन्हीं के शब्दों में, "इस प्रकार की सरकार में वाद-विवाद, विचार-विमर्श और निर्णय करने की, और उस निर्णय को तब भी स्वीकार करने की पद्धति अपनाई जाती है, जबकि कुछ लोग असहमत होते हैं। फिर भी, संसदीय सरकार में अल्पसंख्यकों को बहुत महत्त्वपूर्ण स्थान रहता है। यह स्वाभाविक है कि बहुसंख्यकों को, मात्र इस कारण कि वे बहुसंख्यक हैं, अपने मार्ग पर चलने को आजाद होना चाहिए, परन्तु अल्पसंख्यकों की उपेक्षा करने वाला बहुसंख्यक दल अपना काम संसदीय गणतन्त्र की सही भावना के साथ नहीं कर रहा होता।" नेहरू हर काम को लोकतान्त्रिक ढंग से करते थे। वे समुचित साँविधानिक साधनों द्वारा अपनी माँगें मनवाने और निर्णयों में बदलाव कराने के प्रयासों के पक्ष में थे, परन्तु प्रत्यक्ष कार्यवाही जैसी कोई भी आन्दोलनात्मक तकनीक उनकी नजर में अलोकतान्त्रिक थी। सर्वाधिकारवाद और हिंसात्मक साधनों के प्रति उनका विरोध इतना उग्र था कि उन्होंने एक ऐसे समय मुसोलिनी और हिटलर से मिलने तक से मना कर दिया जब संसार के बड़े से बड़े राजनीतिज्ञ इन तानाशाहों से मिलने में अपना गौरव समझते थे।

नेहरू का दृढ़ विश्वास था कि लोकतन्त्र की बुराइयों को सरलता से दूर किया जा सकता है। यदि उत्कृष्ट नैतिक चरित्र का पालन किया जाए तो लोकतन्त्र के

सफल संचालन में कोई सन्देह नहीं। एक व्यक्ति के लोकतन्त्रीय होने की कसौटी यह है कि वह अपने जीवन में कैसा सोचता है, कैसा व्यवहार करता है, समाज और राष्ट्र के प्रति उसका कैसा आचरण है।

एकता और धर्म निरपेक्षता के पार्थक

जवाहरलाल नेहरू धार्मिक स्वतंत्रता में विश्वास करते थे। उनके अनुसार सभी धर्मों को समान अधिकार मिलना चाहिए। सभी धर्मों के लोग उनके मित्र थे। वे भारत को धर्म निरपेक्ष बनाना चाहते थे और ऐसा ही उन्होंने किया। यहां के नागरिकों को भी धर्म पालने का अधिकार है, जिसमें कोई हस्तक्षेप नहीं कर सकता है। इसी धर्म निरपेक्षता के आधार पर भारत में हिन्दू, मुसलमान, ईसाई, बौद्ध, जैन, सिख, पारसी आदि पाए जाते हैं, और सभी इस धार्मिक स्वतन्त्रता का आनन्द प्राप्त कर रहे हैं। उनका कहना था कि साम्प्रदायिकता की विष-बेला के कारण ही भारत अपने महान् गौरव को गंवा बैठा है। भारत ने, आन्तरिक कलहों में डूब कर अपनी महान् शक्ति को गंवा दिया था। नेहरू का विश्वास था कि एकता में कमी से राष्ट्र अपनी आजादी को सही ढंग से नहीं रख सकता। एकता को खोने का अर्थ है राष्ट्र को खोना और राष्ट्र को भुलाना। यदि हम दल-राज्य, भाषा, जाति जैसी अन्य बातों को महत्त्व देंगे और राष्ट्र अपने राष्ट्र को भूल जाएँगे तो हम निश्चय ही अपने सर्वनाश को आमन्त्रित करेंगे। इन सब बातों का अपना-अपना उचित स्थान है, परन्तु यदि हम राज्य-भाषा और दल को राष्ट्र से अधिक महत्त्व देंगे तो यह राष्ट्र का विनाश होगा। नेहरू ने राष्ट्र के राजनीतिक एकीकरण की अपर्याप्त मानते हुए राष्ट्र की भावात्मक एकता पर जोर दिया। विविधता को खत्म करना जरूरी नहीं है, परन्तु छोटे-छोटे पारस्परिक कलहों में उलझ कर अपनी शक्ति को खो देना मूर्खता है। विविधता में एकता को बनाए रखने में ही राष्ट्र और समाज का कल्याण है। फूट डालने वाली गतिविधियों को समाज से हटाकर एकतापूर्ण गतिविधियों को अपनाना चाहिए। भारत में अनुशासन और एकता को पहला स्थान दिया जाना जरूरी है—''मात्र पैरों के अनुशासन को नहीं बल्कि दिल और दिमाग के अनुशासन को, दिल और दिमाग की एकता को।''

नेहरू ने राष्ट्रवासियों को जगाया और एकता को बांधाने का चुनौतिभरा मुकाबला करने का सन्देश दिया। उन्होंने कहा—''निश्चित रूप से वह समय आ गया है, जब हर भारतीय को अपने दिल को टटोलना चाहिए तथा स्वयं से यह सवाल

करना चाहिए कि वह राष्ट्र के साथ है, अथवा किसी विशेष दल के साथ। यह हमारे समय की एक चुनौती है जिससे हर पुरुष, महिला तथा बच्चे को निपटना है।" स्पष्ट है कि नेहरू अस्वस्थ दलबन्दी को राष्ट्र हेतु विघटनकारी मानते थे। उनका कहना था कि देशवासी राष्ट्र के लिये कार्य करे किसी वर्ग विशेष के लिए नहीं। अपना-अपना दल होता है, अपना-अपना वर्ग होता है, परन्तु जहाँ इनके प्रति निष्ठा और अपने राष्ट्र के प्रति निष्ठा में टकराहट आई वहाँ राष्ट्र के प्रति निष्ठा को सर्वोपरि महत्त्व देना होगा। नेहरू ने राजनीतिक एकीकरण की अपेक्षा भावनात्मक एकीकरण पर ज्यादा जोर दिया। उन्होंने कहा कि–"राजनीतिक एकीकरण कुछ सीमा तक हो ही चुका है, किन्तु मैं जो चाहता हूँ वह इससे अधिक है–भारतीय लोगों का भावनात्मक एकीकरण, जिससे हम सब मिलकर संयुक्त हो सकें और एक शक्तिशाली राष्ट्रीय इकाई बन जाएँ।"

जवाहरलाल नेहरू ने धर्म-निरपेक्षता के प्रति अपने सुविचार और भावनाऐं प्रस्तुत कीं। उनका अभिमत था कि धर्म-निरपेक्षता का मार्ग एकता को सुदृढ़ करने वाला है। धर्म-निरपेक्षता पर मत व्यक्त करते हुए अपने एक भाषण में उन्होंने कहा–"भारत एक धर्म-निरपेक्ष राज्य है, इसका अर्थ धर्म-हीनता नहीं, इसका अर्थ सभी धर्मों के प्रति समान आदर भाव तथा सभी व्यक्तियों हेतु समान मौका है–चाहे कोई भी व्यक्ति किसी भी धर्म का अनुयायी क्यों न हो। इसलिए हमें अपने दिमाग, अपनी सँस्कृति के इस आदर्शमय पहलू को ही सदा ध्यान में रखना चाहिए जिसका वर्तमान के भारत में सबसे अधिक महत्त्व है।" पुनश्च, "हम राष्ट्र में किसी भी तरह साम्प्रदायिकता सहन नहीं करेंगे। हम एक ऐसे स्वतन्त्र धर्म निरपेक्ष राज्य का निर्माण कर रहे हैं, जिसमें हर धर्म तथा मत को पूरी स्वतन्त्रता तथा समान आदर भाव प्राप्त होगा और हर नागरिक को समान स्वतन्त्रता तथा समान मौका की सुविधा प्राप्त होगी।"

नेहरू की धर्म निरपेक्षता से यह धर्म निकालना भ्रामक होगा कि वे अधार्मिक थे या धार्मिक प्रवृत्ति के, नेहरू की प्रवृत्ति सत्य को ग्रहण करने की, संकीर्णता और अन्धविश्वास से आजाद रहने की थी। धर्म और ईश्वर के सही अर्थों में उन्हें विश्वास था और यह कारण था कि सत्य तथा करुणा के आध्यात्मिक मूल्यों में उनकी निष्ठा जीवन-पर्यन्त रही। नेहरू ने जीवन में गाँधी के धार्मिक दृष्टिकोण को अपनाया। धर्म के वैज्ञानिक और स्वस्थ दृष्टिकोण से उन्हें कोई नफरत न थी। पर उन्हें यह देखकर अवश्य ही कष्ट होता था कि धर्म के नाम पर मानव-द्वेषी रुख अपनाया जाए,

संगठित धर्म की अवधारणा पर चलकर असहिष्णुता का प्रसार किया जाए। स्पष्ट है कि एक औपचारिक अथवा संस्थाबद्ध धर्म में नेहरू को आस्था न थी। वह अन्धविश्वास, कट्टरता, कर्मकाण्ड और संस्कारवाद से घृणा करते थे। धर्म को वे सामाजिक हितों का महान् साधन मानते थे। धर्म से उनका मतलब था निष्ठापूर्वक सत्य की खोज करना, सत्य हेतु सब कुछ बलिदान करने को तैयार रहना। अपने स्वस्थ स्वरूप में धर्म असंख्य व्याकुल आत्माओं को शान्ति देने वाली महौषधि है–ऐसा नेहरू का विश्वास था। नेहरू का मन्तव्य उनके इन शब्दों में स्पष्ट है–"मैं कोई धार्मिक व्यक्ति नहीं हूँ, परन्तु मैं किसी वस्तु में विश्वास जरूर करता हूँ–आप उसे धर्म कह सकते हैं या जो चाहे सो कह सकते हैं–जो मानव को उसके सामान्य स्तर से ऊँचा उठाती है और मानव के व्यक्तित्व को आध्यात्मिक गुण तथा नैतिक गहराई का एक नवीन प्रमाण प्रदान करती है। अब जो भी वस्तु मानव को उसकी क्षुद्रताओं से ऊपर उठाने में मदद देती है, चाहे वह कोई देवता हो या कोई पाषाण प्रतिमा हो, वह शुभ है और उसे ठुकराया नहीं जाना चाहिए।"

समाजवादी विचारधारा

जहां तक आर्थिक, राजनीतिक व सामाजिक विचारधारा से समन्वय का प्रश्न है नेहरू द्वारा प्रदत्त समाजवाद से अच्छा रूप 20वीं शताब्दी में नहीं मिल सकता है। यद्यपि समाजवाद की परिकल्पना बहुत पुरानी है, क्योंकि 'ओल्ड टेस्टामेंट', रिपब्लिक आदि पुस्तकों में इसकी विस्तृत व्याख्या है। लेकिन सच्चे एवं व्यवहारिक रूप में समाजवाद इतिहास में प्रथम बार 19वीं शताब्दी में आया है। नेहरू जी ने समाजवाद को अपनाया और से नया रूप दिया। उन्होंने समाजवादी समाज के ढांचे का सृजन किया। उन्होंने समाजवाद को प्रजातंत्रिक पद्धति से प्रचलित रूप देने का प्रयास किया। वे प्रजातांत्रिक समाजवाद के प्रणेता थे। नेहरू जी का समाजवाद विशेष प्रकार का था। इसमें पूंजीवाद और समाजवाद दोनों का मिश्रण था। अतः भारत की अर्थव्यवस्था मिश्रित अर्थव्यवस्था बन गई। इसका अर्थ यह हुआ कि भारत की सरकार योजना के आधार पर प्रजातान्त्रिक अधिनियमों के बल से समाजवाद स्थापित करेगी जो यहां के पूंजीपतियों को भी स्वीकार होगा। यहां सार्वजनिक क्षेत्र का विकास होगा। इस तरह नेहरू जी का समाजवाद राज्य समाजवाद तथा व्यक्तिवादी समाजवाद का समन्वय है जो आज भी चल रहा है।

अपनी समाजवादी अवधारणा पर चलते हुए नेहरू ने नियोजित विकास के अन्तर्गत मिश्रित अर्थव्यवस्था को प्रश्रय दिया। तीव्र आर्थिक विकास हेतु न केवल

औद्योगिक विकास को गति दी बल्कि कृषि और भूमि सुधार के माध्यम जमींदारों के शोषण से दबी ग्रामीण अर्थ-व्यवस्था में भी क्रान्तिकारी बदलाव लाने की चेष्टा की। उनका उद्देश्य एक ऐसे आर्थिक ढाँचे का निर्माण करना था जो बिना व्यक्तिगत एकाधिकार तथा पूँजी के केन्द्रीयकरण के अधिकतम उत्पादन प्रदान कर सके और शहरी और ग्रामीण अर्थ-व्यवस्था में उपयुक्त सन्तुलन उत्पन्न कर सके। नेहरू ने जीवन, समाज और सरकार के सम्बन्ध में समाजवाद तथा लोकतान्त्रिक साधनों को संयुक्त किया और 'मध्यम मार्ग' अपनाया। उन्होंने लोकतान्त्रिक साधनों के द्वारा समाजवादी समाज की स्थापना में निष्ठा प्रकट की। 1958 में 'समाजवाद' पर मत प्रकट करते हुए उन्होंने स्पष्ट शब्दों में कहा–"मैं उस उग्र प्रकार का समाजवाद नहीं चाहता जिसमें राज्य सर्वशक्ति सम्पन्न होता है और प्रायः सब कार्य-कलापों का संचालन करता है। राजनीतिक नजर से राज्य बहुत शक्ति सम्पन्न होता है अतः मैं आर्थिक शक्ति के विकेन्द्रीयकरण की योजना के आदर्श रूप को भारतीय जन-जीवन हेतु व्यावहारिक स्वरूप प्रदान करना चाहता हूँ।" अपने समाजवाद की स्थापना हेतु नेहरू ने हिंसात्मक साधनों का विरोध किया। "हमारे सामने प्रश्न यह है कि शान्तिपूर्ण तथा न्यायोचित उपायों से गणतन्त्र और समाजवाद को एक साथ कैसे संयुक्त किया जाए। भारत के सामने यही समस्या उपस्थित है। हम इस लक्ष्य को बलपूर्वक या दबाव से पूरा नहीं कर सकते। हमें लोगों की सद्भावना तथा सहयोग प्राप्त करना है।"

नेहरू के समाजवाद में कमियों से जनता परेशान थी।, जीवन के सभी क्षेत्रों में सभी हेतु समानता की कामना थी। नेहरू ही के शब्दों में, "हमारा उद्देश्य भारत में समाजवादी समाज की स्थापना करना है। हमारा उद्देश्य यह है कि भारत में प्रत्येक पुरुष, महिला तथा बच्चे को समान मौका प्राप्त हो और बड़ी-बड़ी विषमताएँ दूर हो जायें। यह कोई सरल उद्देश्य नहीं है, क्योंकि इससे हमारा तात्पर्य प्रशिक्षण, शिक्षा तथा अन्य सैकड़ों प्रयासों से मानव का सुधार करने से है। समाजवाद इस बात पर निर्भर करता है कि हम किस तरह सोचते तथा विचारते हैं, हम अपने पड़ोसी के साथ कैसा आचरण करते हैं और मिल-जुल कर एक साथ काम करने हेतु अपनी क्षमता का किस तरह विकास करते हैं।"

राज्य एवं व्यक्ति सम्बन्धी नेहरू की अवधारणा

नेहरू गाँधी जी से प्रभावित थे तथा उनकी शिक्षाओं का आदर करते थे फिर

भी, उनमें गाँधी के समान अराजकतावाद से कोई सहानुभूति न थी। राज्य की जरूरत पर उनका असीम विश्वास था। नेहरू की मान्यता थी कि व्यक्ति और समाज हेतु राज्य का अस्तित्व अपरिहार्य है। मानव स्वभाव अच्छाइयों का घर है, किन्तु उनमें बुराइयाँ भी कम नहीं हैं और इन बुराइयों पर नियंत्रण हेतु राज्य अनिवार्य है। मानव स्वभाव में अन्तर्निहित हिंसा और स्वार्थपरता की व्यवस्थित सीमा के भीतर रखने वाली ताकत मात्र राज्य ही है। केवल थोड़े से ही व्यक्ति जो एक उच्च आध्यात्मिक स्तर पर पहुँच चुके हों, मानव स्वभाव की बुराइयों के अपवाद हो सकते हैं, अन्यथा बहुसंख्यक सामान्य जनता तो इन बुराइयों की शिकार है और इस बात का पूरा डर है कि यदि राज्य रूपी संस्था का अस्तित्व न हो तो ये बुराइयाँ घोर अराजकता से परिणित होकर मानव-सभ्यता की ओर मानव-जीवन की सुरक्षा को संकट उत्पन्न कर देंगी। राज्य ही वह संस्था है, जो अपनी बाध्यकारी सत्ता के माध्यम मानव में व्याप्त नफरत, स्वार्थपरता, अराजक प्रवृत्ति और हिंसा पर नियन्त्रण लगा सकती है। हमारा सम्पूर्ण जीवन संघर्ष और हिंसा से भरा हुआ है जिसे केवल राज्य जैसी नियन्त्रणकारी शक्ति ही सही रास्ते पर रख सकती है। राज्य की बाध्यकारी सत्ता के बिना कर वसूल नहीं होंगे, जमींदारों को उनका लगान नहीं मिलेगा और व्यक्तिगत सम्पत्ति का लोप हो जायेगा। "कानून, अपनी सशस्त्र सेनाओं की मदद से दूसरों को व्यक्तिगत सम्पत्ति का प्रयोग करने से रोकता है। राष्ट्रीय राज्य का अस्तित्व ही आक्रामक और सुरक्षात्मक हिंसा पर निर्भर है।" राज्य में मूल में हिंसा छिपी है, इस तर्क के आधार पर वे राज्य को छोड़ने के लिए सहमत नहीं थे। नेहरू को विश्वास था कि हिंसा वर्तमान राज्य और सामाजिक व्यवस्था का प्राण है। बिना कारण अंहिसा को सकारात्मक एवं हिंसा को नकारात्मक नहीं कहा जा सकता।

नेहरू का कहना था कि राज्य का कार्य केवल रक्षात्मक ही नहीं है, बल्कि व्यक्ति और समाज के पोषण का भार भी बहुत-कुछ राज्य पर है। नेहरू कल्याणकारी राज्य के सिद्धान्त के प्रति निष्ठावान थे। तदनुसार राज्य को केवल पुलिस कार्यों तक ही सीमित न रख कर वे जीवन के हर क्षेत्र में राज्य के कार्यों के स्वस्थ विस्तार के पोषक थे। नागरिकों के जीवन को सुखी बनाने हेतु वर्तमान राज्यों को विविध उत्तरदायित्वों और कार्यो को वहन करना चाहिए, राष्ट्रीय धन के न्यायपूर्ण वितरण की व्यवस्था करनी चाहिए, व्यक्ति और समाज के कल्याण हेतु हर अनिवार्य और अधिकाधिक कार्य करना चाहिए—इस प्रकार के मत नेहरू के थे।

नेहरू ने आधारभूत और भारी उद्योगों के राष्ट्रीयकरण का समर्थन किया

क्योंकि उनका विश्वास था कि राष्ट्रीयकरण के बिना राज्य अपना पूर्ण स्वरूप ग्रहण नहीं कर सकता। पर नेहरू राष्ट्रीयकरण की बुराइयों से अपरिचित नहीं थे। वे जानते थे कि राष्ट्रीयकरण शासन में अधिक से अधिक केन्द्रीयकरण को उत्पन्न करता है। नेहरू शासन के केन्द्रीयकरण को इस हद तक नहीं बढ़ाना चाहते थे कि वह व्यक्ति की स्वतन्त्रता हेतु खतरा बन जाए। इस समस्या के समाधान हेतु ही उन्होंने सामुदायिक विकास योजना और पंचायती राज का समर्थन किया ताकि लोकतान्त्रिक विकेन्द्रीकरण के क्षेत्र का प्रसार हो सके और व्यक्ति की स्वतन्त्रता को संरक्षण मिले। नेहरू को प्रशासन के अलोकतान्त्रिक रवैये से बड़ा क्षोभ होता था। शक्ति का केन्द्रीयकरण तब निश्चित रूप से व्यक्तिगत स्वतन्त्रता हेतु भारी खतरा बन जाता है जब शासन-व्यवस्था अलोकतान्त्रिक हो। नेहरू की मान्यता थी कि यदि निष्ठापूर्वक इस सिद्धान्त का अनुपालन किया जाए कि–"राज्य व्यक्तियों हेतु है, व्यक्ति राज्य हेतु नहीं" तो सत्ता के केन्द्रीयकरण से भी व्यक्ति की स्वतन्त्रता का हनन नहीं हो सकता। यदि नागरिक सतर्क होकर अपने अधिकारों हेतु लड़ने की क्षमता रखे तो केन्द्रीयकरण चाहे वह कितना ही प्रबल हो, नागरिकों को कोई नुकसान नहीं पहुँच सकता।

जवाहरलाल ने नागरिकों के अधिकारों के साथ-साथ कर्त्तव्यों पर भी पूर्ण जोर दिया। बिना कर्त्तव्यों के अधिकारों का कोई मूल्य नहीं रह जाता। यदि राज्य व्यक्तियों को अपनी महानता और शक्ति हेतु साधन मात्र नहीं बना सकता तो व्यक्ति भी राज्य को अपनी इच्छापूर्ति का साधन मात्र नहीं मान सकते। राज्य और व्यक्ति साध्य और साधन दोनों हैं, दोनों के हित और लक्ष्य परस्पर अन्योयाश्रित हैं। यौगिक रूप में राज्य और व्यक्ति एक सम्पूर्ण इकाई है। समुचित और स्वस्थ रूप से संगठित राज्य और उसके नागरिकों के बीच कोई संघर्ष नहीं हो सकता। राज्य तो "सामाजिक रूप से कार्य करने वाला एक अवयव है", जिसे ऐसी संस्था या समुदाय नहीं माना जाना चाहिए जो केवल ऐसे व्यक्तियों से मिलकर बना हुआ हो जिसमें हर व्यक्ति अपनी व्यक्तिगत इच्छा की पूर्ति को अपना लक्ष्य मानता हो। नेहरू ने किसी भी सरकार की अच्छाई और कुशलता का मापदण्ड यही माना कि वह जनता के जीवन-स्तर को कितना ऊँचा उठाती है। इस 'जीवन स्तर' में मात्र भौतिक वस्तुएँ ही नहीं बल्कि जीवन के बौद्धिक और नैतिक मूल्य भी समाविष्ट हैं। जीवन का सर्वांगीण विकास करना एक अच्छे राज्य की कसौटी है। पर इस उद्देश्य में राज्य की सफलता अपने नागरिकों की चारित्रिक श्रेष्ठता पर निर्भर है क्योंकि

मानव जीवन से सम्बन्धित सभी समस्याओं का समाधान अन्तिम रूप में मानव-चरित्र पर ही निर्भर करता है। राज्य का निर्माण व्यक्तियों से होता है और यदि ये निर्णायक इकाइयाँ ही चरित्रवान न होंगी तो उनके द्वारा स्थापित राजनीतिक संस्था की सफलता निश्चित नहीं।

साम्यवादी नेहरू

जवाहर लाल नेहरू द्वितीय विश्व युद्ध तक साम्यवाद के प्रबल समर्थक रहे। "जैसे-जैसे नेहरू की आयु बढ़ी, प्रशासन की जिम्मेदारियाँ आईं और अन्तर्राष्ट्रीय साम्यवाद की विनाशकारी कार्य-प्रणाली प्रकट हुई, वैसे-वैसे उनके मन में ब्रिटिश साम्राज्यावाद के खिलाफ उनकी प्रतिक्रिया के कारण साम्यवाद के प्रति जो झुकाव पैदा हो गया था वह यदि पूर्ण रूप से नष्ट नहीं हुआ तो बहुत-कुछ कम अवश्य हो गया। इसलिए पश्चिम के अनेक उत्तरदायी राजनीतिज्ञ नेहरू को भारत तथा एशिया के अन्य भागों में साम्यवाद की प्रगति के खिलाफ सबसे बड़ा अवरोध मानने लगे थे।"

इस पृष्ठभूमि से स्पष्ट है कि नेहरू ने मार्क्सवादी-साम्यवादी चिन्तन पर हमें दो भागों में विचार करना होगा—प्रथम द्वितीय महायुद्ध तक का चिन्तन एवं दूसरे, महायुद्ध का उत्तरवर्तीय चिन्तन।

द्वितीय महायुद्ध तक मार्क्सवाद-साम्यवाद के प्रति नेहरू का आकर्षण बहुत अधिक रहा और यदि हम 'विश्व इतिहास की झलक', 'भारत की खोज' आदि ग्रन्थों को लें तो हमें नेहरू पर मार्क्सवादी विचारधारा का असर अत्याधिक दिखाई देता है। 'नेहरू और मार्क्सवाद' के लेखक शशि भूषण के अनुसार, "मार्क्सवाद में यकीन करने वाली किसी पार्टी का सदस्य न होने के अलावा नेहरू ने मार्क्सवादी विचारधारा के प्रचार हेतु इतना अधिक काम किया जितना काम तथाकथित मार्क्सवादी पार्टियाँ मिलकर भी नहीं कर सकीं।" मार्क्सवाद की ऐतिहासिक भूमिका के सम्बन्ध में नेहरू ने लिखा—"यह इतिहास, राजनीति, अर्थशास्त्र, मानव जीवन और मानव उमंगों की व्याख्या करने का ढंग है। यह मत भी है और असली कार्यवाही करने का एक ढंग भी है।" नेहरू ने मार्क्स की विश्व तथा अन्धविश्वास विरोधी दृष्टिकोण ने उन्हें विशेष रूप से प्रभावित किया। ऐतिहासिक व्याख्या का मार्क्सवादी सिद्धान्त और उसका विकास सम्बन्धी दृष्टिकोण नेहरू को पसन्द आया। नेहरू ने मार्क्सवादी दर्शन के एकात्मक तथा चिन्तन और पदार्थ की अद्वैतता, पदार्थ की निरन्तर

गतिशीलता, तत्त्वों के पारस्परिक संघर्ष एवं संयोग घटनाओं के कारण तथा उनके व्यापक प्रभाव, क्रिया, प्रतिक्रिया और उनके संयोग के माध्यम से उनके क्रमिक विकास तथा छलांग भरे बदलावों के माध्यम से समाज में आने वाली क्रान्तियों का मूल्यांकन करके द्वन्द्वात्मकता के सिद्धान्तों के प्रति अपनी आस्था प्रकट की।"

मार्क्सवादी दर्शन का प्रभाव उन पर पड़ा परन्तु उनके हृदयों को जागृत प्रश्नों का उत्तर उन्हें इससे ज्ञात न हुआ। स्वयं नेहरू ही के शब्दों में–'मेरे मन में प्रायः अनजाने एक अस्पष्ट प्रत्ययवादी चिन्तन पद्धति कार्य करने लगती थी जो बहुत कुछ वेदान्ती दृष्टिकोण के सदृश्य थी। इसके अलावा आचार नीति की पृष्ठभूमि भी थी। मैंने अनुभव किया कि नैतिक धारणा विकासशील मन पर तथा अग्रगामी सभ्यता पर निर्भर होती है, वह बहुत कुछ युग के मानसिक वातावरण से निर्धारित होती है। किन्तु इसके अतिरिक्त कुछ और भी है, कुछ आधारभूत प्रेरणाएँ हैं जो अधिक स्थाई हैं। अन्य लोगों की भाँति साम्यवादियों के व्यवहार तथा इन आधारभूत प्रेरणाओं अथवा सिद्धान्तों के बीच सामान्यतः जो भेद देखने को मिलता है वह मुझे पसन्द नहीं है।.....सामान्य मार्क्सवादी दृष्टिकोण ने, जो वैधानिक जानकारी की वर्तमान स्थिति के न्यूनाधिक अनुरूप है, मुझे बहुत कुछ मदद दी। किन्तु उस दृष्टिकोण को स्वीकार करते हुए भी उनके निष्कर्ष तथा उनके आधार पर की गई अतीत तथा वर्तमान की घटनाओं की व्याख्या कभी स्पष्ट रूप से मेरी समझ में नहीं आई। सामाजिक विकास के सम्बन्ध में मार्क्स का सामान्य विश्लेषण असाधारण तौर पर सही जान पड़ता है, फिर भी बाद में अनेक ऐसी ही घटनाएँ घटी हैं, जो निकट भविष्य को ध्यान में रखते हुए उसके दृष्टिकोण से मेल नहीं खातीं।"

समाज-व्यवस्था और वर्गों की राजनीति के सम्बन्ध में नेहरू मार्क्सवादी दर्शन पर विश्वास रखते हैं। शोषण और वर्ग संघर्षों की चर्चा करते हुए उन्होंने लिखा, "हम में से बहुतेरे चौतरफा अन्याय को देखकर क्रोध और आवेश में भर जाते हैं। पर मार्क्स के मतानुसार न तो यह बात क्रोध करने की है और न नेक राय देने की है। शोषण की व्यवस्था में शोषण करने वाले व्यक्ति का दोष नहीं है। एक वर्ग पर दूसरे वर्ग की प्रभुता इतिहास की प्रगति का लाजिमी नतीजा है। वक्त आने पर दूसरी व्यवस्था उसकी जगह ले लेती है। अगर कोई आदमी प्रभुताधारी वर्ग का है और उस हैसियत से दूसरों का शोषण करता है तो उसमें वह कोई भयंकर पाप नहीं करता, वह एक ढाँचे का अंग है और उसे गालियाँ देना बेकार की बात है। व्यक्तियों और ढाँचे के मध्य का यह अन्तर हम बहुत करके भूल जाते हैं। भारत में ब्रिटिश साम्राज्यशाही

है, मगर जो अंग्रेज वर्तमान भारत में इस ढाँचे को थामे हुए हैं, उनका दोष नहीं है, वे बेचारे तो एक बड़ी सारी मशीन के सिर्फ छोटे-छोटे पुर्जे हैं। जमींदारी प्रथा को हम पुराने जमाने की चीज और कृषक वर्ग हेतु बहुत ज्यादा नुकसान पहुँचाने वाली समझ सकते हैं क्योंकि इससे उनका भयंकर शोषण हो रहा है। मगर इसका भी यह मतलब नहीं कि कोई जमींदार निजी तौर पर कसूरवार है। पूँजीपतियों पर अक्सर शोषक होने का दोष लगाया जाता है। मगर उनकी बात भी ऐसी ही है। कसूर सदा ढाँचे का होता है, व्यक्तियों का नहीं।" स्पष्ट है कि नेहरू ने समाज की व्यवस्थाओं, वर्ग-संघर्ष और वर्गीय राजनीति के बारे में एक कट्टर मार्क्सवादी की भाँति अपने मत अभिव्यक्त किए।

नेहरू जी का कहना था कि मार्क्सवादी के सिद्धांत वर्ग संघर्ष को जन्म देता है। अमीरी-गरीबी का मतभेद उभरने लगता है। जो लोग मार्क्सवाद की आलोचना नहीं करते वह उस पर यह दोष समाज में अशान्ति उत्पन्न करता है या वर्ग-संघर्ष को पैदा करता है उन्हें मुँहतोड़ जबाव देते हुए नेहरू ने कहा कि–"मार्क्स ने वर्ग-संघर्ष का मत नहीं किया, उसने यह साबित किया है कि असल में वर्ग-संघर्ष तो पहले से स्थित है और किसी न किसी रूप में सदा चला आ रहा है। अपनी लिखी हुई पुस्तक 'पूँजी' में उसका लक्ष्य था, आजकल के समाज की गति के आर्थिक नियम को नंगा करके दिखा देना और ऊपर की चादर हटा देने से समाज की सदैव वर्ग-संघर्षों जैसी दिखाई न देने वाली ये जबर्दस्त लड़ाइयाँ सामने आ गईं। ये लड़ाइयाँ सदैव वर्ग-संघर्षों जैसी दिखाई नहीं देतीं, क्योंकि प्रभुत्ताधारी वर्ग हमेशा अपने असली रूप को छिपाने की प्रयास करता है, परन्तु जब यह चालू व्यवस्था ही खतरे में पड़ जाती है, तब यह वर्ग हर दिखावे छोड़ देता है और उसका असली रूप जाहिर हो जाता है। फिर वर्गों के बीच खुला युद्ध होने लगता है। जब यह होता है तब लोकतन्त्र के रूप में, और मामूली कानूनी व कायदे सब ताक में रख दिए जाते हैं। कुछ लोग कहते हैं कि ये वर्ग-संघर्ष गलतफहमी से या बैचेनी फैलाने वालों की शरारत से होते हैं मगर इसके विरुद्ध ये तो समाज के अन्दर ही छिपे हुए होते हैं और जब लोग स्वार्थों की टक्कर को अच्छा समझने लगते हैं तब तो वर्ग-संघर्ष वास्तव में और भी बढ़ जाते हैं।" नेहरू ने यह भी मान्यता प्रकट की कि साम्यवाद और पूँजीवाद के बीच जो संसारव्यापी संघर्ष चल रहा है उसी का एक हिस्सा भारत का स्वाधीनता संग्राम भी है।

मार्क्सवाद के प्रति नेहरू का आर्कषण युद्ध के दौरान कम होता गया। 1952

में उन्होंनें यह घोषणा करके साम्यवादियों को लगभग दिवाला बना दिया था कि दर्शन-विज्ञान तथा आर्थिक चिन्तन के क्षेत्र में पिछले 100 वर्षों की प्रगति ने मार्क्सवाद को पुराना सिद्ध कर दिया है। मार्क्सवादियों की सहानुभूति पाने हेतु उन्होंने कभी उसका गलत नहीं किया और न ही साम्यवादियों ने उन्हें अपनी आलोचना से हमेशा परे रखा। वास्तव में मार्क्स के वाक्य नेहरू हेतु ईश्वर-वाक्य कभी नहीं बन सके। साम्यवादी रूप में हिंसा का जो खुला प्रदर्शन हुआ उससे नेहरू के दिल और मस्तिष्क को बड़ा आघात पहुँचा। रूस में मानव-जीवन को जिस तरह कठोर शिंकजे में जकड़ दिया गया उसे नेहरू का लोकतान्त्रिक दिल सहन नहीं कर सका। नेहरू के मन और मस्तिष्क में गहरी प्रतिक्रिया हुई और वे मार्क्सवाद-साम्यवाद के पूर्ववर्ती असर से आजाद होते चले गए। साम्यवादी दर्शन की इतिहास के व्याख्या के प्रति उनका आकर्षण बना रहा, रूस की महान् उपलब्धियों का उन्होंने सम्मान किया, परन्तु साम्यवादियों की मतान्धता, हिंसात्मक और क्रान्तिप्रियता उन्हें कभी नहीं भायी। नेहरू पूरे जीवन काल में यह कभी विश्वास न कर सके कि शुभ साध्यों की प्राप्ति हेतु बुरे साधनों की शरण ली जाये या बुराई का दमन बुराई से किया जाये। साम्यवादियों के हिंसा और हथकण्डों की पद्धति से उन्हें भारी चिढ़ मची रही। पूँजीवाद के प्रति उनके मार्क्सवादी दृष्टिकोण में भी महत्त्वपूर्ण बदलाव आया। और उन्हें यह देखकर बड़ा सन्तोष हुआ कि पूंजीवाद अधिकाधिक सभ्य बनता जा रहा है, उसकी शोषण प्रवृत्ति संयत हो गई है। यथा 'यद् भाव्यम् (Laissez Faire) पर आधारित पूँजीवाद मर रहा है। और उसमें वास्तविक लोकतन्त्र के लक्षण प्रकट हो रहे हैं। उन्होंने यह भी देखा कि कई पूँजीवादी राष्ट्रों की अर्थव्यवस्था में समाजवादी पुट दिया जा रहा है। और औद्योगिक क्षेत्र में सरकार का पक्ष नियन्त्रण होने लगा है। इन सभी बातों को देखकर पूँजीवाद के प्रति नेहरू का विरोध कम हो गया और स्वतन्त्र भारत के प्रधानमंत्री के हैसियत से उन्होंने मिश्रित अर्थव्यवस्था को भारत के सबसे ज्यादा समयानुकूलित माना। वह जन-कल्याणकारी राज्य की स्थापना हेतु निरन्तर प्रयासशील रहे। उन्होंने इस बात पर जोर दिया कि राज्य का लक्ष्य लोगों को कुछ देना है, वंचित करना नहीं। राज्य का कर्त्तव्य है कि वह वर्तमान अभाव को भावी समृद्धि में बदल दें। समाज के प्रगति में जो परेशानी आए उन्हें राज्य से दूर करने का प्रयास करें।

नेहरू का कहना था कि मार्क्स के कई आर्थिक सिद्धान्त ऐसे हैं जो भारत जैसे अर्द्ध-विकसित राष्ट्रों की समस्याओं के समाधान में विशेष मदद नहीं हो सकते।

नेहरू ने मार्क्स के इस तर्क से भी असहमति प्रकट की कि साम्यवाद द्वन्द्ववादी प्रक्रिया का तार्किक पग्णिाम है और ऐतिहासिक शक्तियों की उपज है तथा इसलिए अपरिहार्य है। नेहरू ने कहा कि साम्यवाद जनसाधारण के कष्टों और धनिकों द्वारा सामान्य जनता के शोषण की उपज है। इसके प्रतिरोध का उपाय उन परेशानियों का निवारण करना है जिन्होंने इसे पैदा किया है। हिंसा इसका समाधान नहीं है।

नेहरूजी के नैतिक दृष्टिकोण

नेहरू जी के नैतिक विचार का ताना-बाना एक ओर उनके वैज्ञानिक दृष्टिकोण दूसरी ओर उनके एकात्मवाद और तीसरी ओर गाँधीजी के व्यावहारिकतावादी अध्यात्मवाद से बुना गया। पं. नेहरू यथार्थवादी आदर्शवादी थे और वह विश्व कल्याण की भावना रखते थे। वह बुद्धिवादी थे और तात्विक समस्याओं की अपेक्षा तात्कालिक समस्याओं के समान ढूंढ़ने के पक्षधर थे। उनके मानव प्रेम ने उन्हें परार्थवादी, आत्मत्यागी, संचयी और पीड़ितों का सेवक बना दिया। कारण यह था कि वह इस विश्व में रुचि रखते थे और उसी के कल्याण का स्वप्न देखते थे। नेहरूजी साध्य के लिये साधन की पवित्रता पर गाँधीजी की भांति ही विश्वास रखते थे। मानव उनके लिये परम साध्य था।

लोक हित में नेहरू की अर्थव्यवस्था

पंडित जवाहरलाल नेहरू ने भारत के लिए मिश्रित अर्थव्यवस्था को सर्वाधिक अनुकूल समझा। उनका कहना था कि मिश्रित अर्थव्यवस्था के जरिए ही भारत विकास की चरम सीमा को छू सकते हैं। वे आजीवन स्तर पर भारत को जन कल्याणकारी राज्य बनाने हेतु जीवनपर्यन्त प्रत्यनशील रहे। समाजवादी ढंग का कल्याणकारी राज्य वर्षों से, निश्चय ही 1927 से, नेहरू का भारत हेतु आदर्श रहा। इनका विचार था कि स्वतंत्रता के लिए लोगों को समझाना होगा, उसमें रचनात्मक कार्यों के प्रति तीव्र आकर्षण उत्पन्न करना होगा, नियोजित मार्ग अपनाना होगा और राष्ट्रवासियों में यह भावना शुरूआत करनी होगी कि योजना के लिए और उनके द्वार हैं। पंचवर्षीय योजनाओं को चालू करने में नेहरू की सरकार ने लोकतान्त्रिक प्रक्रियाओं का सावधानी से पालन किया।

स्वतन्त्रता के पूर्व नेहरू जी ने राष्ट्र को सम्बोधित करते हुए कहा था कि भारत की सबसे बड़ी सम्पत्ति जनशक्ति है और इसका पूरा उपयोग करना चाहिए। 1948

में नेहरू ने अपने राष्ट्रवासियों से प्रार्थना की, "हमें काम में लगे रहना चाहिए, कड़े काम में। हमें उत्पादन करना चाहिए, परन्तु हम जो उत्पादन कर रहे हैं कि वह विशेष क्षेत्रों हेतु नहीं, किन्तु राष्ट्र हेतु, लोगों और साधारण आदमी के स्तर को उठाने हेतु होना चाहिए। अगर हम यह करते हैं तो हम भारत को शीघ्र ही प्रगति करता पाएँगे और आज जो बहुत से सवाल हमारे सामने हैं वे ठीक हो जायेंगे। भारत का पुनर्निर्माण हमारे लिये सरल कार्य नहीं है। यह बहुत बड़ी समस्या है, यद्यपि हम संख्या में बहुत हैं और भारत में साधनों की कमी नहीं है, क्षमता वाले, समझदार और कड़ी मेहनत करने वाले लोगों की कमी नहीं है। हमें इन साधनों का और इन जनजोर का भारत में उपयोग करना चाहिए।" नेहरू ने जिस प्रकार कल्पना की थी राजनीतिक रूप से भारत स्थायित्व से प्रगति की ओर बढ़े उसी प्रकार नेहरू ने आर्थिक रूप से प्रक्रिया को उन्हीं ढंगों से सोचा था। "यदि प्रथम पंचवर्षीय योजना स्थायित्व का प्रतिरूप थी तो द्वितीय प्रगति को उपस्थापित करती थी।" 1952 में प्रथम पंचवर्षीय योजना के सन्दर्भ में नेहरू ने कहा था कि—"हमारे आदर्श ऊँचे और हमारे उद्देश्य महान् हैं। उनकी तुलना में पंचवर्षीय योजना साधारण प्रारंभ लगती है। परन्तु हमें याद रखना चाहिए कि यह अपने ढंग का अपना महान् प्रयास है और यह आज की वास्तविकताओं पर निर्भर है, न कि हमारी इच्छाओं पर। इसलिए इसे हमारे आधुनिक साधनों से सम्बन्धित रखना होगा, नहीं तो यह अवास्तविक रहेगी। यह भविष्य से अधिक बड़ी और अच्छी योजना की नींव सोची गई है। हमें अच्छी तरह नींव डालना है और शेष चीजें अनिवार्यतः आएँगी।" नेहरू ने इन शब्दों में हमें उनकी चिन्तन शैली का, कार्यशैली का, व्यावहारिक बुद्धि का संकेत मिलता है।

पंडित जवाहर लाल नेहरू मिश्रित अर्थव्यवस्था के जरिए प्रतिरक्षा सम्बन्धी उद्योगों का राष्ट्रीयकरण करना चाहते थे। उनका कहना था कि जो उद्योग व्यक्तिगत स्वामित्व के देखरेख में चालाया जाता है, उसे चलने दें, परन्तु नये कारखाने की स्थापना का अधिकार राज्य के पास सुरक्षित रखा जाये। नेहरू की नजर में भारत की बाधा थी—पूँजी के कर्म और मजदूरों का बाहुल्य। उनका कहना था कि उस जन-शक्ति का, जो कुछ भी उत्पादन नहीं कर रही है, उपयोग किया जाए। मशीनों का बड़े पैमाने पर उपयोग हो जिससे उत्पादन बढ़े तथा बेरोजगारी कम हो। नेहरू ने राष्ट्र में व्याप्त अनुचित आत्म-सन्तोष को कभी उचित नहीं माना। अपने प्रधानमन्त्रित्व काल के शुरुआती वर्षों में ही दिसम्बर, 1952 में नेहरू ने संसद में चेतावनी दी कि—"हमारा औद्योगीकरण कितना ही तीव्र क्यों न हो उसमें दस, बीस

या तीस वर्षों में इस राष्ट्रं की थोड़ी-सी आबादी से अधिक सम्भवतः खप नहीं सकती। लाखों लोग ऐसे रह जायेंगे जिन्हें प्रमुखतः कृषि में लगाना होगा। इसके अलावा, इन लोगों को छोटे उद्योग आदि के समान छोटे उद्योगों में काम देना होगा। यही ग्रामीण एवं छोटे उद्योगों का महत्त्व है। प्रायः बड़े उद्योगों और कुटीर उद्योगों के मुकाबले के बारे में जो चर्चा सुनी जाती है। वह गलत ढंग से सोची गई है। मुझे इस बात में सन्देह नहीं है कि इस राष्ट्र में प्रमुख उद्योगों के विकास से हम लोगों के जीवन का स्तर ऊँचा नहीं कर सकते हैं। मैं वास्तव में और आगे बढ़ कर कहूँगा कि बिना उनके हम स्वतन्त्र राष्ट्र के रूप में भी नहीं बन सकते। पर्याप्त प्रतिरक्षा के समान कहूँ चीजें स्वाधीनता हेतु जरूरी हैं और हम इन्हें बिना प्रमुख रूप से उद्योगों के विकास के नहीं रख सकते। परन्तु हमें यह हमेशा याद करना होगा कि भारी उद्योगों का विकास ही इस राष्ट्र में लाखों लोगों की परेशानी हल नहीं कर देगा। हमें ग्रामोद्योग और कुटीर उद्योग को बड़े पैमाने पर विकसित करना होगा। साथ ही साथ छोटे-बड़े उद्योगों का विकास करने में हमें मानवता को नहीं भूल जाना होगा। हमारा लक्ष्य ज्यादा धन कमाना और अधिक उत्पादन ही नहीं है, हमारा अन्तिम लक्ष्य अच्छे इन्सान है। अपने राष्ट्रवासियों हेतु हम बड़े-बड़े अवसर चाहते हैं। न केवल आर्थिक या भौतिक दृष्टिकोण से परन्तु अन्य स्तरों पर भी।''

राष्ट्र को आर्थिक स्तर पर जन-कल्याणकारी रूप देने से नेहरू ने सामुदायिक योजना को पर्याप्त महत्त्व दिया। सामुदायिक विकास का गाँवों का कार्यक्रम गाँधी के जन्म दिन के अवसर पर 2 अक्टूबर, 1952 को शुरू किया गया। कृषकों की एक भारी भीड़ को सम्बोधित करते हुए उन्होंने कहा, ''आज जो काम यहाँ शुरू हुआ है, यह उस क्रान्ति का प्रतिफलन है जिसके बारे में लोग इतने दिनों से शोर मचा रहे थे। यह अव्यवस्था और सर फोड़ने पर निर्भर क्रान्ति नहीं है, किन्तु निर्धनता दूर करने के लगातार प्रयास पर निर्भर है। यह भाषणों का अवसर नहीं है। हमें भारत को अपनी मेहनत से महान् बनाना है।'' यह देखकर नेहरू को खुशी होती थी कि ''सुधरे हुए स्वास्थ्य, बेहतर शिक्षा और समाज सेवा के बढ़ते हुए भाव से भारत शनैः-शनैः नवजीवन और विस्तृत दिगंत की ओर अग्रसर हो रहा है।'' भारत हेतु नेहरू जिस कल्याणकारी राज्य को चाहते थे उसमें 'निर्धनता' और 'पिछड़ेपन' का कोई स्थान न था। अपने मतों की एक झाँकी उन्होंने मई, 1952 में सामुदायिक योजना सम्मेलन में दी थी। उन्होंने कहा था—

हकीकत में जिसके लिए हम प्रतिबद्ध हैं वह अल्प सामुदायिक नहीं है, परन्तु

भारत में सबसे विशाल संघ हेतु विशेषकर उनके लिए जिनका बहुत बुरा हाल है, जो पीछे है। इस राष्ट्र में अधिक संख्या लोग पिछड़े हुए हैं। परिगणित जाति और परिगणित वर्ग के संगठनों के अतिरिक्त पिछड़े हुए वर्गों की लीग नाम का एक संगठन है। असल में आप आसानी से कह सकते हैं कि भारत के 96% लोग आर्थिक रूप से बहुत पिछड़े हुए हैं। सही बात यह है कि मुट्ठी भर आदमियों को छोड़कर बहुसंख्यक लोग पिछड़े हुए हैं। जो भी हो, हमें उन लोगों के बारे में अधिक मत करना है जो ज्यादा पिछड़े हुए हैं, क्योंकि हमें अवसर और दूसरी चीजों के क्रमशः बराबरी पैदा करने वाला मानदण्ड सोचना है। आधुनिक के वर्तमान विश्व में आप उन लोगों के मध्य जो ऊपर है अर्थात् बड़े लोग हैं। अधिक समय तक वह दिन नहीं रह सकते। यह सच है कि उनके बराबर सबको नहीं कर सकते परन्तु कम से कम सबको मौके की समानता दे सकते हैं।

फ्रैंक मोरेस ने लिखा है कि ''काँग्रेस ने अव्यवस्थित और उलझे हुए चिन्तन के ताने-बाने में नेहरू का आर्थिक चिन्तन पक्के धागे की तरह एक-सा चलता रहता था। तीस से भी अधिक वर्षों से उनके अर्थ-सम्बन्धी मत अपने पथ से अधिक नहीं हटे, यद्यपि कभी-कभी उन्होंने अपना जोर व्यापक या संकुचित कर दिया। गाँधी को छोड़कर, स्वतन्त्रता आने के समय नेहरू ही अकेले ऐसे नेता था जिसने अपने आप सोचकर एक निश्चित राजनीति, आर्थिक और सामाजिक दर्शन बना लिया था और जिसे सम्पन्न करने हेतु सत्ता ने उन्हें अपूर्व अवसर दिया।'' मार्क्सवाद ने इनके आर्थिक चिन्तन पर प्रभाव डाला, किन्तु उस पर अधिकार नहीं जमाया। नेहरू ने भारत में समाजवादी ढंग से समाज की कल्पना की और इसकी स्थापना हेतु अवाड़ी प्रस्ताव के प्रयोजन को समझाते हुए मार्च, 1955 में 'फैडरेशन ऑफ इण्डियन चेम्बर ऑफ कॉमर्स एण्ड इण्डस्ट्री' के समक्ष अपने भाषण में कहा–

''कल के नारों का आज बहुत कम अर्थ रह गया है, चाहे वे नारे पूँजीवादी, समाजवादी या साम्यवादी हों। इन सबको परमाणु युग के अनुसार बनना होगा। यह बात नहीं है कि वे गलत हैं। उसमें सच्चाई का कुछ अंश है, परन्तु उन्हें फिर से सोचना और युग के अनुकूल बनाना होगा। पूँजीवाद, समाजवाद, मार्क्सवाद सभी औद्योगिक क्रान्ति की सन्तानें हैं। हम लोग औद्योगिक क्रान्ति या शायद और बड़ी किसी चीज के पहले हैं। वह उत्पादन, वितरण, चिन्तन और शेष सभी चीजों पर प्रभाव डाल रहा है। इस सन्दर्भ में समाजवादी ढंग के समाज का निर्णय क्यों लिया गया ? यह लक्ष्य और उसके उपागम के निर्देश हेतु लिया गया है। हमें भारत को

अणु युग के अनुकूल बनाना है और ऐसा जल्दी करना है। दूसरे राष्ट्रों में शिक्षा ग्रहण करते हुए हमें यह भी याद रखना चाहिए कि हर राष्ट्र अपने अतीत पर बना है। भारत को जिन तत्त्वों ने बनाया है उन सबको याद रखना होगा।"

नेहरू ने देश से निर्धनता को समाप्त करने हेतु अथक प्रयास किए। वह आर्थिक विषमताओं को अधिकाधिक कम करने और इस प्रकार भारत को आर्थिक स्तर पर जन-कल्याणकारी राज्य बनाने हेतु ताकत भर संघर्ष करते रहे। इस उद्देश्य के मार्ग में आने वाली प्रत्येक बाधा का दूर करने का उन्होंने प्रयास किया—चाहे सौहार्द्रपूर्ण तथा सरकारी ढंग से अथवा सरकारी दबाव अथवा कानून से। उनका कहना था कि—"आपके तथा सामाजिक उद्देश्य की प्राप्ति के बीच कैसी भी बाधा नहीं आने देनी चाहिए।" पर रुकावटों को दूर करने में उन्होंने मार्क्सवादी-साम्यवादी हिंसात्मक और क्रान्तिपूर्ण साधनों को कभी नहीं अपनाया और न ऐसा करने की प्रेरणा ही दी। भौतिक स्तर पर लोगों की समृद्धि के साथ ही उन्होंने लोगों की सांस्कृतिक तथा आध्यात्मिक समृद्धि भी चाही। अपने एक भाषण में उन्होंने कहा—"आज हमारी परेशानी जनता के जीवन स्तर को उन्नत करने, उसकी जरूरतों को पूरा करने, सुन्दर तथा स्वस्थ जीवन व्यतीत करने हेतु, उसे जरूरी सुविधाएँ देने हेतु, मात्र भौतिक वस्तुओं के सम्बन्ध में ही नहीं बल्कि सांस्कृतिक और आध्यात्मिक नजर से उसे जीवन में प्रगति और विकास करने में मदद देने की है।"

नेहरू के विचारधारा की औचित्य

'नेशनल हैराल्ड' के भूतपूर्व तथा प्रसिद्ध राजनीतिक व्याख्याकार एम. चलपति राव ने भारत के चिन्तन को नेहरू की मौलिक देन और उनके चिन्तन तथा नीतियों की प्रासंगिकता का जो चित्रण किया है वह हमें नेहरू की महानता, आदर्शों, राष्ट्रप्रेम और उनकी व्यावहारिकता का दिग्दर्शन कराता है। इन्होंने यह लिखा है कि जवाहरलाल नेहरू इतिहास का अंग बन गए हैं, हालाँकि उन्हें गुजरे अभी बहुत वर्ष नहीं हुए हैं। इतिहास बड़ा सख्त दिल मालिक होता है, सो जवाहरलाल नेहरू की परीक्षा बारम्बार होती रहेगी। वे बहुत-सी परीक्षाएँ झेल चुके हैं और सम्भावना यही है कि भविष्य में भी बहुत-सी परीक्षाओं में खरे उतरेंगे। उनमें अचूक इतिहास-बोध था, सो इतिहास के माध्यम से जाँचा-परखा जाना निश्चय ही उन्हें बुरा न लगता। वे ऐतिहासिक ताकतों से दो-दो हाथ जूझे, इतिहास के उच्चतर उद्देश्यों को अपना उद्देश्य बनाकर चले, और यों तो किसी भी व्यक्ति के बारे में यह नहीं कहा जा सकता

कि वह पूरी तरह सफल रहा, पर वे अपनी उदारता और दृष्टिकोण की विशालता के कारण अपने समकालीनों में उठकर दिखते थे।

ऊँचे उद्देश्य और ऊँचे प्रयासों की खातिर वे अपने राष्ट्रवासियों, अपनी पार्टी और अपने गुण की सीमाओं से ऊपर उठने की कोशिश करते रहे और इस तरह उन्होंने अपने राष्ट्र के ही नहीं, बल्कि संसार के इतिहास में स्थाई स्थान बना लिया, मानों वे एक नहीं कई व्यक्ति थे—लेखक, स्वप्नदृष्टा, कर्मठ पुरुष, साहसी करुणार्द्र मानव, नाना गुणों का ऐसा संगम कि जिसने उन्हें ऐतिहासिक प्रक्रियाओं का उत्तम उपकरण बना दिया और उन्होंने अपने आपको बख्शा कभी नहीं।

गाँधी और नेहरू का अटूट सम्बन्ध है। उन्हें एक-दूसरे के खिलाफ खड़ा करने के सारे प्रयास विफल हुए हैं। बेशक दोनों की पृष्ठभूमियाँ पृथक्-पृथक् थीं, दोनों के दृष्टिकोण पृथक्-पृथक् थे। मगर जहाँ तक नीतियों की बात है, नेहरू ने गाँधी की मृत्यु के बाद ऐसा कुछ भी नहीं किया, जिसके बारे में दोनों ने गाँधी के जीवनकाल में आपस में चर्चा न कर ली हो। गाँधीजी की सबकी सब बातें किसी राष्ट्र-राज्य के कार्यकलाप में प्रतिबिम्बित हों, यह सम्भव ही नहीं है, और गाँधी के कुछ आदर्शों को नुकसान भी पहुँची, मगर 1931 की कराची काँग्रेस के समय से एक समन्वय उभरा था और अन्त तक नेहरू उस समन्वय का अनुसरण करते रहे। नेहरू का गाँधीजी से चाहे जो भी मतभेद रहा हो, मगर नेहरू ने जो नीतियाँ क्रियान्वित कीं, वे गाँधी के स्वतन्त्रता, अहिंसा, शान्ति, सर्वधर्म-स्वभाव और निर्धनता उन्मूलन के मतों पर ही निर्भर थीं। नेहरू की नीतियाँ साररूप में ये थीं—राष्ट्रीय स्वतन्त्रता, प्रजातंत्र, धर्म-निरपेक्षता, योजनाबद्ध विकास और समाजवाद, विश्व-शान्ति एवं गुट-निरपेक्षता।

भारत के राष्ट्रपिता महात्मा गाँधी, भारतीय जनमानस का एक अवचेतन अंश। यह भारतीय जनता पर है कि वह गाँधी को भगवान बना डालेगी या अपने लिये उन्हें संसद-विवेक का पैमाना बनाकर रखेगी। भारतीय प्रजातन्त्र का आधार और प्राणतत्व रहा है—सहिष्णुता, भारतीय संस्कृति के सम्मिश्रण रूप की सहज स्वीकृति और धर्म निरपेक्षता (जो कि धर्मों का निराकरण नहीं है बल्कि समस्त धर्मों का समान रूप से आदर है) तथा नस्ल, धर्म और मतवाद के छुआछूत के बिना सारे प्रजाजनों के माध्यम से नागरिक अधिकारों का उपयोग, सहिष्णुता और मेल-जोल की जिस स्पिरीट पर गाँधी ने इतना जोर दिया था, उसका प्रचार नेहरू से बढ़कर किसी ने नहीं किया। भारतीय संघ राज्य की जनता की एकता में नेहरू की जीवंत आस्था थी, हालाँकि वे उसकी नानारूपता से भी इनकार नहीं करते थे।

गाँधी को भारत में रहने वाले गरीब लोगों की अत्यधिक चिन्ता थी। उनकी अच्छाई और खुशहाली के हेतु गाँधी की खुली इच्छा था उसे नेहरू ने अपनी योजनाबद्ध विकास और समाजवाद की नीतियों में ठोस रूप दिया। अपनी नसीहतों और भाषणों के जरिए नेहरू ने राष्ट्रवासियों को यह बात भली-भाँति दिलंगम कराई कि भारत जैसे विकासरत राष्ट्र को विकसित राष्ट्रों की अपेक्षा अधिक योजना करनी होगी और भारत हेतु योजना का अर्थ है समाजवाद, आप उसे चाहें तो समाजवादी निर्गाण या अधिकतम सामाजिक, आर्थिक बदलाव भी कह सकते हैं या और कुछ। भले ही हमारी योजनाओं के अन्तर्गत कुछ त्रुटियाँ पैदा हो गई हों और अप्रत्याशित कठिनाइयों ने उसमें अड़चनें डाली हों, मगर हमारी जनता योजना की अभ्यस्त हो गई है और उसमें उसने पूरा सहयोग दिया।

स्वतंत्र राष्ट्र के प्रथम प्रधानमंत्री पं. जवाहरलाल नेहरू भारत के चिन्तक के रूप में भौतिक देन हैं—राष्ट्र के आन्तरिक विकास और अन्तर्राष्ट्रीय घटनाओं में घनिष्ठ सम्बन्ध। भले ही विराष्ट्र-नीति राष्ट्रीय नीति का ही प्रतिबिम्ब होती हो, पर विराष्ट्र-नीति कई बार राष्ट्रीय नीति को प्रभावित भी करती है। यह पाठ नेहरू ने राष्ट्र की जनता को क्रमेण सिखाया। अगर राष्ट्र के बाहर शान्ति न हो, तो राष्ट्र के भीतर भी शान्ति नहीं रह सकती, और भारत की स्वतन्त्रता का अर्थ दूसरों की स्वतन्त्रता भी होनी चाहिए। जिस दृढ़ लगन के साथ नेहरू ने स्वराष्ट्र और विराष्ट्र में शान्ति हेतु प्रयास किया, जिस ईमानदारी और निष्ठा के सथ उन्होंने सबकी आजादी हेतु काम किया, निःशस्त्रीकरण और खासकर न्यूक्लीय निःशस्त्रीकरण के लिए लगातार जो प्रयासों की, उनके कारण वे अपने जमाने के विशिष्ट व्यक्तियों में भी विशिष्ट हो उठे थे। दासमुक्ति, स्वतन्त्रता और निष्पक्षता हेतु गुट-निरपेक्षता निहायत जरूरी चीज थी। नेहरू उसके आद्य प्रतिपादक तो थे ही, साथ ही वे अपने जीवनकाल में यह भी देख पाए कि किस तरह गुट-निरपेक्षता का विस्तार होता चला गया और वह विश्व-शान्ति एवं विश्व-सुरक्षा में महत्वपूर्ण साबित हुई।

'गुट-निरपेक्षता' असल में एक सम्पूर्ण नीति के नकारात्मक पक्ष का नकारात्मक नाम था, मगर उसने व्यापक आशय ग्रहण किया और वह हमारी समूची विराष्ट्र नीति का पर्यायवाची बन गई। स्वतन्त्र भारत की विराष्ट्र-नीति गुलाम भारत की विराष्ट्र-नीति से उपजी थी, क्योंकि स्वतन्त्र होने से पूर्व ही भारत दुनिया की तमाम गुलाम समुदायों के मुक्ति-आन्दोलनों में दिलचस्पी लेता आया था और केवल विश्व-शान्ति का ही नहीं, बल्कि उपनिवेशवाद के सम्पूर्ण रूपों की समाप्ति का भी समर्थक रहा था।

इस तरह वे केवल भारत की ही नहीं, बल्कि समस्त परतन्त्र राष्ट्रों की आजादी के भी शिल्पी थे। उनके नेतृत्व में भारत ने मुख्यतः अपने प्रयासों के माध्यम गौण रूप से ऐतिहासिक ताकतों की सहायता से अपने आप आजादी हासिल की, बल्कि अपने उदाहरण से और संयुक्त राष्ट्रसंघ में व अन्यत्र अपने लगातार प्रयासों के माध्यम से दूसरे सभी परतन्त्र राष्ट्रों को स्वतन्त्र कराने में मदद दी। वे सीएटो, सेन्टों और दूसरी तमाम विभाजनकारी शक्तियों का समर्थन नहीं किया।

लाल बहादुर शास्त्री

लाल बहादुर शास्त्री कांग्रेस पार्टी से 19 महीने के लिये प्रधानमंत्री बने। इतने कम समय में उनकी लोकप्रियता इतनी बढ़ गयी कि जो आज भारतीय इतिहास में सुरक्षित है। इनका बाह्य व्यक्तित्व भी अन्य सभी प्रधानमन्त्रियों की अपेक्षा सर्वाधिक प्रभावहीन था। नाटे और दुबले श्री शास्त्री को पोशाक धोती-कुर्ता, जवाहर बंडी और गाँधी टोपी तथा जाड़े में बन्द गले के कोट तक सीमित थी।

उनकी शालीनता और सादगी तथा सुदीर्घ अनुभव ने ही उन्हें पंडित नेहरू के पश्चात् प्रधानमन्त्री की गद्दी पर बिठा दिया। 1964 की गरमियों में जब नेहरू का देहान्त हो गया, तो देश और विदेश के अधिकांश लोगों को यही लगा कि 'नेहरू के बाद कौन' का प्रश्न अब भारत के समक्ष उत्पन्न होगा। कांग्रेस पार्टी बहुमत में अवश्य थी, परन्तु नेहरू के उत्तराधिकारी के प्रश्न पर वह गुटबाजी के चलते खण्ड-खण्ड हो जायेगी और देश अराजकता की स्थिति में पहुँच जायेगा; यह आशंका जताई जा रही थी।

1937 और 1946 में शास्त्री संयुक्त प्रांत की विधायिका में निर्वाचित हुए। स्वतंत्रता के पश्चात् उन्होंने प्रदेश में गृह मंत्रालय और परिवहन मंत्रालय में मंत्री के रूप में अनुभव प्राप्त किया। 1952 में वह संसद के लिए निर्वाचित हुए और केंद्रीय रेलवे व परिवहन मंत्री बने। 1961 में गृह मंत्री के प्रभावशाली पद पर नियुक्ति के बाद उन्हें एक कुशल मध्यस्थ के रूप में प्रतिष्ठा मिली। तीन साल बाद जवाहरलाल नेहरू के बीमार पड़ने पर उन्हें बिना किसी विभाग का मंत्री नियुक्त किया गया और नेहरू की मृत्यु के बाद जून 1964 में वह भारत के प्रधानमंत्री बने। भारत की आर्थिक समस्याओं से प्रभावी ढंग से न निपट पाने के कारण शास्त्री जी की आलोचना हुई, लेकिन जम्मू-कश्मीर के विवादित प्रांत पर पड़ोसी पाकिस्तान के साथ वैमनस्य भड़कने पर (1965) उनके द्वारा दिखाई गई दृढ़ता के लिए उन्हें बहुत लोकप्रियता

मिली। ताशकंद में पाकिस्तान के राष्ट्रपति अयूब ख़ान के साथ युद्ध न करने के समझौते पर हस्ताक्षर करने के कुछ समय बाद वे इस संसार सागर से बिदा हो गये।

भारत में ब्रिटिश सरकार के ख़िलाफ़ महात्मा गाँधी द्वारा चलाए गए असहयोग आंदोलन के एक कार्यकर्ता लाल बहादुर थोड़े समय (1921) के लिए जेल गए। रिहा होने पर उन्होंने एक राष्ट्रवादी विश्वविद्यालय काशी विद्यापीठ (वर्तमान महात्मा गाँधी काशी विद्यापीठ) में अध्ययन किया और स्नातकोत्तर 'शास्त्री' (शास्त्रों का विद्वान्) की उपाधि पाई। उसके बाद वह गाँधी के अनुयायी के रूप में फिर राजनीति में लौटे, कई बार जेल गए और संयुक्त प्रांत, जो अब उत्तर प्रदेश है, की कांग्रेस पार्टी में प्रभावशाली पद ग्रहण किए।

पं. नेहरू की मृत्यु के तत्काल बाद ही संसदीय दल के नेता, अर्थात् प्रधानमन्त्री का चयन नहीं हो सकता था और प्रधानमन्त्री का पद भी रिक्त नहीं रखा जा सकता था। ऐसी स्थितियों में वरीयतम मन्त्री गुलजारी लाल नन्दा को कार्यकारी प्रधानमन्त्री मनोनीत किया गया। श्री नन्दा एक अनुभवी, पर अत्यन्त सीधे और अप्रभावी व्यक्ति थे। इसलिये उन्हें प्रधानमंत्री की गद्दी पर नहीं बिठाया जा सकता था। पार्टी ने अब पण्डित नेहरू का उत्तराधिकारी ऐसे व्यक्ति को बनाना चाहती थी जो योग्य और अनुभवी तथा कार्यकुशल होने के साथ सभी को मान्य हो। उस समय कांग्रेस पार्टी में एक विशेष गुट–जिसे 'सिंडिकेट' कहते थे–का वर्चस्व था। उसके नेता थे पार्टी अध्यक्ष श्री कामराज। शास्त्रीजी इस गुट की दृष्टि में वह व्यक्ति थे, जिसे इस पद पर आसीन किया जा सकता था। 'सिंडिकेट' उनका औपचारिक चयन पूर्ण करता, इसके पूर्व श्री मोरारजी देसाई ने भी प्रधानमन्त्री पद के लिए अपनी दावेदारी ठोक दी। कामराज एक मंजे हुए राजनीतिक खिलाड़ी थे। वह नहीं चाहते थे कि प्रधानमन्त्री पद के लिए चुनाव हो। इससे पार्टी की एकजुटता को खतरा होगा और विपक्ष को गलत सन्देश जाएगा।

कामराज ने पार्टी की एकजुटता बनाये रखने में सफल हुये। उन्होंने जल्दबाजी से सांसदों से विचार-विमर्श कर घोषित कर दिया कि बहुमत शास्त्रीजी के पक्ष में था। कोई कामराज की राय प्राप्त करने की प्रक्रिया का साक्षी नहीं था, पर यह स्पष्ट था कि शास्त्रीजी की सरलता और अहंकार-शून्यता ने अधिकांश सांसदों के उनके पक्ष में कर दिया होगा। शास्त्रीजी के ठीक विपरीत मोरारजी भाई अहंकारी, जिद्दी और कठोर थे। उनकी पृष्ठभूमि पर तब विस्तार से चर्चा करेंगे, जब उनके प्रधानमन्त्रित्व पर प्रकाश डालेंगे। अभी उन पर आने में देर है। खैर, बहुत ना-नुकुर करने के पश्चात्

मोरारजी देसाई ने अपनी उम्मीदवारी छोड़ दी और शास्त्रीजी सर्वसम्मति से संसदीय दल का नेता चुन लिए गए तथा 2 जून 1964 को शास्त्रीजी ने प्रधानमन्त्री के पद की शपथ ले ली। उन्होंने सबके साथ मिलकर काम करने की नीति अपनायी। इन सब के बावजूद उनका पद यह नहीं था कि वह पं. नेहरू की तरह सभी को अपने डण्डे से हाँक सकें। अन्ततः नेहरूजी की भी पकड़ चीन के हाथों पराजय के पश्चात् अपने सहयोगियों पर कमजोर पड़ गई थी। तभी उन्हें कामराज योजना का सहारा लेना पड़ा था। शास्त्रीजी ने फूँक-फूँककर पैर रखने में ही अपनी, पार्टी की तथा देश की भलाई देखी। क्योंकि उन्हें पार्टी की सब हरकतों की जानकारी मिल जाती थी।

शास्त्री जी ने नेहरू मन्त्रिमंडल में कोई फेर-बदल नहीं किया। हाँ, नेहरू की पुत्री श्रीमती इन्दिरा गाँधी को—जो कभी काँग्रेस पार्टी की सफल अध्यक्ष रह चुकी थीं—मन्त्रि-परिषद् में सूचना एवं प्रसारण मन्त्री के रूप में अवश्य सम्मिलित कर लिया। इस पर किसी ने कोई आपत्ति नहीं उठाई। प्रधानमन्त्रित्व के अपने आरम्भिक समय में श्री लाल बहादुर शास्त्री ने कोई सकारात्मक प्रभाव नहीं छोड़ा। उन्हें एक सीधा-सादा और बहुत सीमा तक एक अनिर्णय का आखेट प्रधानमन्त्री माना जाता रहा, जो किसी भी राष्ट्रीय समस्या के समाधान हेतु कोई दृढ़ कदम उठाने में असमर्थ था। प्रतीत होता था कि शास्त्री वह चाँद थे, जो नेहरू रूपी सूर्य से अपना प्रकाश ग्रहण करते थे और जब वह सूर्य ही अस्त हो गया, तो शास्त्रीजी की चमक ही गायब हो गयी।

हमारे देश में उस समय समस्याओं का भण्डार था। हालांकि ये समस्याएँ तो नेहरू काल से ही आ रही थीं लेकिन शास्त्रीजी के शासन काल में ये समस्याएँ सुरसा के मुख की तरह बढ़ने लगी थी और उसके समाधान के लिए जिस दृढ़ इच्छाशक्ति की आवश्यकता थी, उसका विकास देश के द्वितीय प्रधानमन्त्री में होना शेष था। पंजाबी सूबे की माँग पर पंजाब के सिख आन्दोलन कर रहे थे और यह आन्दोलन समय बीतने के साथ और हिंसक होता जा रहा था। इसी प्रकार गोआ (महाराष्ट्र) में विदर्भ का मामला भी निबटाया नहीं जा सका और यह आग सुलगती ही रही।

भाषाई समस्या शास्त्री जी के प्रधानमंत्रित्व काल में भयानक रूप लेकर आई। 1965 के आरम्भ में राजभाषा के लिये हिन्दी और अंग्रेजी में प्रतिस्पर्धा होने लगी। उसके समाधान हेतु सरकार के पास कोई स्पष्ट नीति नहीं थी। आवश्यक दृष्टि और दृढ़ निर्णय का अभाव था। वोट की राजनीति भी उसके और हिन्दी के प्रति अपेक्षाकृत अधिक प्रेम दिखाती, तो कांग्रेस अहिन्दी भाषी राज्यों में लोकप्रियता खो बैठती। इसी

चातुर्थ के अभाव में भाषा समस्या बद से बदतर हो गई। सरकार को हिन्दी भाषियों और अहिन्दी दोनों की नाराजगी झेलनी पड़ी।

शास्त्रीजी को प्रकृति की नाराजगी भी झेलनी पड़ी थी। 1965 में ही देश के कई प्रदेशों में सूखा पड़ गया। अन्न के भण्डारीकरण पर आवश्यक ध्यान नहीं दिया गया था, जिससे खाद्यान्न का आपातकालीन भण्डार न के बराबर था। राज्यों पर केन्द्र की पकड़ ढीली पड़ती जा रही थी, अतः जिन राज्यों में खाद्यान्न की मात्रा अधिक थी, उन्होंने कोई भी सहयोग करने से साफ इनकार कर दिया। फिर भी इस समस्या से निबटने के लिये शास्त्री सरकार ने खाद्य व्यापार निगम की स्थापना की। शास्त्रीजी ने 'हरित क्रान्ति योजना' का भी शुभारम्भ किया। शास्त्री जी किसान परिवार में पैदा हुए थे। अतः उन्हें कृषि की समस्याओं का पता था। उनके समाधान की दिशा में कार्य हुए। कृषकों को उचित सम्मान मिला तथा यह शास्त्रीकाल में ही हुआ कि कृषि एक निम्न पेशा नहीं रही और कृषक अब सिर उठाकर चलने में सफल हुए। 'हरित क्रान्ति' देश को खाद्यान्न की दृष्टि से स्वावलम्बी करने हेतु परिकल्पित की गई थी, लेकिन इसके परिणाम को देखने के लिये शास्त्री जी हमारे बीच में नहीं रहे।

एक प्रशासक के रूप में शास्त्रीजी की मूल समस्या यह थी कि उन्होंने अपने मन्त्रियों के विभागों में कोई हस्तक्षेप करना उचित नहीं समझा। यह उनकी सदाशयता कहें या अलोकप्रियता का भय, किन्तु वह मन्त्रालयों में कार्यों की नियमित समीक्षा करने से भी कतराते थे। परिणाम यह कि उनके मन्त्रियों की शिथिलता उनका शैथिल्य बन कर सामने आता था। थोड़े ही दिनों में उन्हें एक अनिर्णयग्रस्त और असफल तथा असहाय प्रधानमन्त्री माना जाने लगा था और उन्होंने अपने मंत्रिमंडल पर भी कोई खास पकड़ नहीं रख सके।

इंदिरा गाँधी

भारत के प्रथम प्रधानमंत्री पं. जवाहर लाल नेहरू और उनकी पत्नी श्रीमती कमला नेहरू की इकलौती सन्तान इन्दिरा प्रियदर्शनी का जन्म उत्तर प्रदेश के इलाहाबाद शहर में स्थित आनन्द भवन में 19 नवम्बर, 1917 को हुआ था। यही इन्दिरा प्रियदर्शनी बाद में इन्दिरा गाँधी के नाम से भारत ही नहीं पूरे विश्व में मशहूर हुईं। उनके दादा पंडित मोतीलाल नेहरू ने उनका नाम इन्दिरा रखा था। कुछ लोग क्या, बहुत लोग समझते हैं कि 'इन्दिरा' शब्द का कोई अर्थ नहीं होता और पं. मोतीलाल ने यों ही कोई छोटा-सा नाम दे दिया था। नहीं, पंडित मोतीलाल वस्तुतः

विद्वान् थे और उन्होंने बहुत सोच-समझकर अपनी पोती का नाम इन्दिरा रखा था। 'इन्दिरा' संस्कृत भाषा का शब्द है, जिसका अर्थ होता है—लक्ष्मी, कान्ति अथवा शोभा। बच्ची इन्दिरा बहुत सुन्दर तथा कान्तियुक्त थी, ठीक लक्ष्मी स्वरूपा। यही कारण है कि पंडित मोतीलाल को उनके लिए यही नाम उपयुक्त लगा। बाद में तो यह लक्ष्मी साक्षात् दुर्गा हो गयीं और आज भी उन्हें हम दुर्गा या चण्डी के रूप में ही जानते हैं।

इंदिरा जी लगातार तीन बार (1966-77) और फिर चौथी बार (1980-84) भारत की प्रधानमंत्री बनीं। सिक्ख आतंकवादियों ने उनकी हत्या कर दी। जनवरी 1966 में शास्त्रीजी की अचानक मृत्यु के बाद श्रीमती गाँधी पार्टी की दक्षिण और वाम शाखाओं के बीच सुलह के तौर पर कांग्रेस पार्टी की नेता (और इस तरह प्रधानमंत्री भी) बन गईं। लेकिन उनके नेतृत्व को भूतपूर्व वित्त मंत्री मोरारजी देसाई के नेतृत्व में पार्टी की दक्षिण शाखा से लगातार चुनौती मिलती रही। 1967 के चुनाव में वह कम बहुमत से जीत सकीं और उन्हें देसाई को उप-प्रधानमंत्री स्वीकार करना पड़ा लेकिन 1971 में उन्होंने रूढ़िवादी पार्टियों के गठबंधन को भारी बहुमत से पराजित किया। श्रीमती गाँधी ने 1971 के उत्तरार्द्ध में पूर्वी बंगाल (वर्तमान बांग्लादेश द्वारा पाकिस्तान से अलग होने के संघर्ष को ज़ोरदार समर्थन किया और भारत की सशस्त्र सेनाओं ने पाकिस्तान पर त्वरित और निर्णायक जीत हासिल की, जिसके परिणामस्वरूप बांग्लादेश का गठन हुआ।

मार्च 1972 में पाकिस्तान पर भारत की जीत के बाद श्रीमती गाँधी ने राष्ट्रीय चुनावों में अपनी नई कांग्रेस पार्टी की ज़ोरदार जीत का नेतृत्व किया। कुछ ही समय बाद उनके पराजित समाजवादी प्रतिद्वंद्वी ने उन पर चुनाव नियमों के उल्लंघन का आरोप लगाया। जून 1975 में इलाहाबाद उच्च न्यायालय ने उनके ख़िलाफ़ फैसला सुनाया, जिससे उनकी संसद की सदस्यता समाप्त हो जाती और उन्हें छह वर्ष के लिए राजनीति से अलग रहना पड़ता। प्रतिक्रियास्वरूप उन्होंने समूचे भारत में आपातकाल की घोषणा कर दी, अपने राजनीतिक प्रतिद्वंद्वियों को गिरफ़्तार करवा लिया और आपातकालीन शक्तियाँ हासिल करके व्यक्तिगत स्वतंत्रता सीमित करने संबंधी कई कानून बनाए। इस काल में उन्होंने कई अलोकप्रिय नीतियाँ लागू कीं, जिनमें बड़े पैमाने पर नसबंदी (जन्म नियंत्रण का एक उपाय) कार्यक्रम भी शामिल था। जब लंबे समय तक स्थगित राष्ट्रीय चुनाव 1977 में हुए, तो श्रीमती गाँधी और उनकी पार्टी की करारी हार हुई, और उसी समय जनता पार्टी की सरकार बन गयी।

1978 के आरंभ में श्रीमती गाँधी के समर्थक कांग्रेस पार्टी से अलग हो गए और कांग्रेस-इ (इ से इंदिरा) पार्टी की स्थापना की। सरकारी भ्रष्टाचार के आरोप में श्रीमती गाँधी कुछ समय तक जेल (अक्टूबर 1977 और दिसम्बर 1978) में रहीं। इन झटकों के बावजूद नवंबर 1978 में वह एक नई संसदीय सीट से चुनाव जीतने में सफल रहीं और उनकी कांग्रेस-इ पार्टी धीरे-धीरे फिर मज़बूत होने लगी। सत्तारूढ़ जनता पार्टी में अंतर्कलह के कारण अगस्त 1979 में सरकार गिर गई। जब जनवरी 1980 में लोकसभा (संसद का निचला सदन) के लिए नए चुनाव हुए, तो श्रीमति गाँधी और उनकी पार्टी भारी बहुमत से सत्ता में लौट आई। उनके प्रमुख राजनीतिक सलाहकार, उनके पुत्र संजय गाँधी भी लोकसभा की एक सीट पर विजयी रहे। इंदिरा और उनके पुत्र के ख़िलाफ़ चल रहे सभी क़ानूनी मुक़दमे समाप्त कर दिये गये।

जून 1980 में एक वायुयान दुर्घटना में संजय गाँधी की मृत्यु से भारत के राजनीतिक नेतृत्व को बहुत बड़ा झटका लगा। संजय की मृत्यु के बाद इंदिरा ने अपने दूसरे पुत्र राजीव गाँधी को पार्टी नेतृत्व के लिए तैयार किया। 1980 के दशक के आरंभ में इदिरा गाँधी को भारत की राजनीतिक अखंडता के ख़तरों से जूझना पड़ा। कई राज्य केंद्र सरकार से अधिक स्वतंत्रता की मांग करने लगे तथा पंजाब में सिक्ख आतंकवादियों ने स्वायत्त राज्य की मांग पर ज़ोर देने के लिए हिंसा का रास्ता अपना लिया। जवाब में श्रीमति गाँधी ने जून 1984 में सिक्खों के पवित्रतम धर्मस्थल अमृतसर के स्वर्ण मंदिर पर सेना के हमले के आदेश दिए, जिसके फलस्वरूप 450 से अधिक सिक्खों की मृत्यु हो गई। स्वर्ण मंदिर पर हमले के प्रतिकार में पांच महीने बाद ही श्रीमती गाँधी की सुरक्षा में तैनात सिक्ख अंगरक्षकों ने गोलीमार कर हत्या कर दी।

श्रीमती गाँधी अपने पिता द्वारा शुरू की गई औद्योगिक विकास की अर्द्ध समाजवादी नीतियों पर क़ायम रहीं। उन्होंने सोवियत संघ के साथ नज़दीकी संबंध क़ायम किए और पाकिस्तान-भारत विवाद के दौरान समर्थन के लिए उसी पर आश्रित रहीं।

स्वतंत्र भारत के प्रथग प्रधानमंत्री पं. जवाहर लाल की इकलौती पुत्री थीं। उन्होंने पश्चिम बंगाल में विश्वभारती विश्वविद्यालय और इंग्लैंड की ऑक्सफ़ोर्ड यूनिवर्सिटी में शिक्षा प्राप्त की तथा 1942 में भारतीय राष्ट्रीय कांग्रेस के एक सहयोगी सदस्य फ़िरोज़ गाँधी (मृ.–1960) से विवाह किया। 1955 से वह सत्तारूढ़ कांग्रेस पार्टी की कार्यकारी समिति की सदस्य रहीं और 1959 में पार्टी अध्यक्ष चुनी गईं।

नेहरू के बाद 1964 में प्रधानमंत्री बने लाल बहादुर शास्त्री ने उन्हें अपनी सरकार में सूचना और प्रसारण मंत्री बनाया।

विरोध, विद्रोह एवं गुटबाजी

श्रीमती इन्दिरा गाँधी ने अपने राष्ट्र (भारत) को वैभवशाली राष्ट्र बनाने में काई कसर नहीं छोड़ी। विदेशों में भी उनका मान थोड़े ही दिनों में अप्रत्याशित रूप से बढ़ा, पर देश के मोर्चे पर उनके विरोधी उन्हें सफल नहीं होने देने के लिए कटिबद्ध थे। ठीक है कि देश में विभिन्न समस्याएँ थीं, पर ये सभी तो उन्हें विरासत में मिली थीं, उनके द्वारा सृजित नहीं थीं। यह भी ठीक है कि प्रधानमन्त्री होने के कारण उनका समाधान उन्हीं का दायित्व था, पर जब विपक्ष तो विपक्ष, अपनी पार्टी के लोग भी विरोध में पर्वत की तरह आड़े हों, तो विकास की धारा को अबाध प्रवाहित करना कैसे सम्भव था? फिर प्राकृतिक शक्तियों पर तो किसी का नियन्त्रण नहीं है। अगर बरसात के मौसम में निरन्तर दो-दो वर्ष बादल नहीं बरसे और देश में अकाल की स्थिति पैदा हो जाये तथा उद्योगों के लिए कच्चे माल का भी उत्पादन सम्भव नहीं हो तथा इस सबके फलस्वरूप देश की अर्थव्यवस्था चरमरा जाये, तो उसमें प्रधानमन्त्री का क्या दोष है, विशेषकर तब जब सभी के प्रति दोष की भावना से ही भरे हों और उनके खिलाफ बिना मतलब के विद्रोह कर रहे हों।

देश में फैले हुये असंतोष को हल करने का कोई प्रयास नहीं कर रहा था, अपितु अपने और पराए इस अग्नि को हवा देने में ही लगे थे। उन्हें न देश प्रिय था न उसकी नेता। उनका एकमात्र उद्देश्य इस नेता को जड़-मूल से उखाड़ना था। जनता का यह आक्रोश इन्दिरा गाँधी के सत्ता में आने के पूर्व से ही कई रूपों में अभिव्यक्त हो रहा था। जिस समय वह प्रधानमन्त्री के रूप में शपथ ग्रहण कर रही थीं, उसी समय देश में जनान्दोलनों, प्रदर्शनों, दंगों, छात्रान्दोलनों, सरकारी कर्मचारियों द्वारा हड़ताल, विभिन्न प्रकार के जुलूसों आदि की बाढ़-सी आयी हुई थी। जिसका कारण महंगाई, बेरोजगारी थी तथा समाजवादी समाज की स्थापना के पं. नेहरू के स्वप्न के साकार नहीं हो पाने से पूँजीवादी पद्धति की प्रधानता के कारण देश के विभिन्न वर्गों, समूहों एवं वर्णों—जातियों में असमानता की खाई और गहरी और चौड़ी होती जा रही थी, पर इन समस्याओं से जूझने के लिए सरकार को जनता और विभिन्न पार्टियों का रचनात्मक सहयोग को महत्वपूर्ण समझना चाहिये था।

आन्दोलनकारियों ने हिंसा का मार्ग अपना लिया था। आगजनी तक आम हो गयी थी, सरकारी सम्पत्तियों को भीषण क्षति पहुँचाई जा रही थी। आन्दोलनकारी लोगों

के मन को राजनीतिक पार्टियों ने इतना बढ़ा दिया था कि वे पुलिस के साथ लाठी-से-लाठी भिड़ाने को उद्यत रहते थे। पुलिस से नियन्त्रण नहीं सम्भव हुआ, तो कई बार सेना भी बुलानी पड़ी। आन्दोलनकारियों में स्कूलों-कॉलेजों के अध्यापक, डॉक्टर, इंजीनीयर आदि भी विपक्षी पार्टियों और कांग्रेस पार्टी के तथाकथित असन्तुष्टों के उकसाने में आकर सम्मिलित होने लगे। ऐसे लोगों की माँग कि वेतन वृद्धि और अन्य सुविधाओं भी प्रदान की जायें।

कांग्रेस दल की गतिविधियों की तुलना दूसरे दलों से पहले करनी चाहिए। पार्टी में गुटबाजी और खेमेबन्दी बढ़ गयी थी। केन्द्र तो केन्द्र प्रायः हर राज्य में विक्षुब्ध गुटों का जन्म हो रहा था। पार्टी के जिन लोगों ने समझा था कि एक नयी उम्र की महिला प्रधानमन्त्री को अपनी उँगली के इशारे पर नचायेंगे, उन्हें असफलता मिली थी और जो लोग प्रधानमन्त्री के चुनाव के समय श्रीमती गाँधी के साथ थे, वे भी उनसे पृथक् हो असन्तुष्टों की जमात में आ चुके थे। ये लोग अपने पैर पर अपने आप ही कुल्हाड़ी मार रहे थे; क्योंकि 1967 का आम चुनाव समीप था और गुटबन्दी ग्रस्त पार्टी को चुनाव संग्राम जीतना टेढ़ी खीर होती है।

विपक्षी पार्टियों में खासकर साम्यवादी, समाजवादी पार्टियों के सांसदों ने तो संसद की गरिमा को ही भुला दिया था और संसद में अशोभनीय तरीक़ों, जैसे—गन्दे व्यक्तिगत आक्षेपों, यहाँ तक कि कामुक संकेतों से एक महिला प्रधानमन्त्री को उत्पीड़ित किया जाता था। संसदीय मर्यादाएँ उस तरह घोर पतन का आखेट हुईं।

इन्हीं पार्टियों में जनसंघ भी शामिल होकर हिंसक आन्दोलनों को गति प्रदान कर रही थीं, इस उम्मीद में कि प्रशासन को पंगु कर जनता को पूरी तरह सरकार के विरुद्ध कर ग़ैर-सवैधानिक तरीके से सत्ता पर अधिकार किया जा सकता है।

एक वरिष्ठ नेता और मंत्री होने के बावजूद उनको अन्तरिम प्रधानमंत्री बना दिया जाता था, इससे वो रुष्ट थे। इस बार तो वह प्रधानमन्त्री बने रहने का सपना पूरी तरह देख रहे थे, पर अपनी कमजोर स्थिति को देखते हुए वह चुनाव में नहीं उतरे। उतरते, तो मोरारजी के बराबर भी उन्हें वोट नहीं मिलते। एक महिला प्रधानमन्त्री, वह भी उम्र और अनुभव में उनसे बहुत कम के अन्तर्गत कार्य करना उन्हें अपना अपमान लग रहा था। गृह मन्त्रालय उनकी उदासीनता के फलस्वरूप प्रायः निष्क्रिय हो गया था, एक यह भी कारण था कि आन्दोलनों, हड़तालों और ज़ुलूसों पर पूर्ण नियन्त्रण प्राप्त करने में पुलिस असफल हो रही थी और बार-बार सेना की सहायता लेना पड़ती थी। अन्ततः श्रीमती गाँधी ने गृहमन्त्री नन्दा से

छुटकारा पा ही लिया। यहाँ उन्होंने अद्‌भुत दृढ़ता का परिचय दिया। हुआ यह कि जनसंघ के उकसाने पर साधुओं–जिनमें नग्न नागा साधु भी सम्मिलित थे–ने गो–हत्या रोकने के मुद्दे पर त्रिशूल, तलवार आदि के साथ दिल्ली में जुलूस निकाला। गृहमन्त्री नन्दा का साधु-प्रेम जग-ज़ाहिर था, अतः उन्होंने उनके विरुद्ध कोई सख्त रवैया अपनाने से परहेज़ किया। ये शस्त्रधारी हुड़दंगी साधु लोगों ने नंगा नाच किया। संसद भवन में घुसने का ज़ोरदार प्रयास किया तथा बसों, सरकारी इमारतों, कारों और दुकानों तक को आग के हवाले करना आरम्भ किया। हद तो तब हो गयी, जब इन्होंने हत्या के इरादे से कामराज के आवास को घेर लिया और अन्दर प्रवेश करने की कोशिश की। रोकती हुई पुलिस कर्मचारी और अधिकारी त्रिशूल-तलवार और भाले से घायल हुए। पुलिस को विवश होकर गोली चलानी पड़ी, जिसके परिणामस्वरूप 6 साधुओं की मृत्यु हो गयी।

इस घटना के कारण सरकार को बदनाम करने का अच्छा अवसर विपक्षी दलों के हाथ लग गया। इससे सरकार बदनाम भी हुई। प्रधानमन्त्री इन्दिरा भी उस मौके को कहाँ चूकने वाली थीं? उन्होंने नन्दा से इस्तीफा माँग लिया। नन्दा की उसी दिन राजनीतिक कब्र खुद गयी। संसद के दोनों सदनों में विपक्ष की पार्टियाँ अपने गन्दे और अमान्य व्यवहार का प्रदर्शन करते रहे। समाजवादी नेता राम मनोहर लोहिया–जो नेहरूजी के काल में उनके घोर आलोचक थे–ने उनकी पुत्री को भी नहीं बख्शा। श्रीमती गाँधी को 'गूँगी गुड़िया' की उपाधि दे डाली।

कांग्रेस पार्टी को उसकी आन्तरिक कलह से खोखला बनाने में कोई कसर नहीं छोड़ी। उसमें इन्दिरा गाँधी की ऊँचाई का कोई और नेता नहीं था, जिसे राष्ट्रीय स्तर पर मान्यता प्राप्त हो। चुनाव का समर उन्हीं के सेनापतित्व में लड़ा जा सकता था, इस तथ्य से पार्टी के नेता अनभिज्ञ नहीं थे, तथापि संगठन निरन्तर सरकार, मुख्यतः इन्दिरा गाँधी को हाशिए पर डालने का प्रयास करता रहा। 1967 का चुनाव सामने आ गया, पर उम्मीदवारों के चयन में भी पार्टी अध्यक्ष के. कामराज और उनके सहयोगियों ने इन्दिरा गाँधी से कोई विचार-विमर्श करना उचित नहीं समझा।

1967 का आम चुनाव

1967 में पूरे भारत में अराजकता का माहौल था, इसके बावजूद भी आम चुनाव की घोषणा कर दी गयी। पार्टी के लिए देशव्यापी दौरा श्रीमती गाँधी को ही करना था। पार्टी में उनके प्रबल प्रतिद्वन्द्वी पार्टी अध्यक्ष के. कामराज को तो अपनी मातृभाषा तमिल के अलावा किसी दूसरी भाषा का ज्ञान नहीं था। अपने महारथी को

ही दुर्बल कर पार्टी चुनाव में उतरी। श्रीमती गाँधी उस समय जनता में अत्यधिक अलोकप्रिय कर दी गयी थीं। रही-सही कसर विपक्षियों ने उनके विरुद्ध हवा बनाकर पूरी कर दी। उनकी अनेक जन-सभाओं में उनके विरुद्ध नारे लगाये गये, हंगामे हुए, काले झण्डे दिखाये गये। हद तो तब हो गयी, जब 8 फरवरी 1967 को भुवनेश्वर की एक आम-सभा में उन पर ईंट-पत्थरों की बौछार की गयी। उनकी नाक पर एक पत्थर लगा और वह घायल हो गयीं तथा उनकी नाक की हड्डी और होंठ पूरी तरह घायल हो गए।

इस कारण इन्दिरा जी को दो दिन तक अस्पताल में रहना पड़ा। इधर मीडिया वालों ने इस घटना का पूरे जोर-शोर से प्रचार किया। लोगों में यह चर्चा खूब चली कि श्रीमती गाँधी की नाक कट गयी। श्रीमती गाँधी की अलोकप्रियता और बढ़ी, पर उन्होंने हिम्मत नहीं हारी। हिम्मत, साहस और निर्भीकता ही उनके सम्बल रहे, भले ही अन्त में इन्हीं की क़ीमत उन्हें प्राण देकर चुकानी पड़ी।

इतना सब होने के बावजूद दुबारा सत्ता में वापस आ गयीं। परन्तु पहले की अपेक्षा मत बहुत कम मिले, यद्यपि मतदाताओं की संख्या इस चुनाव में बढ़कर 61% से अधिक हो गयी थी। पार्टी ने पुनः श्रीमती गाँधी के नेतृत्व में ही केन्द्र में सरकार का गठन किया, पर कई राज्यों में वह बुरी तरह पिट गयी। उनमें या तो क्षेत्रीय पार्टियाँ सत्ता में आयीं अथवा गठबन्धन सरकारें बनीं। राज्यों में कांग्रेस के बुरे प्रदर्शन का एक कारण क्षेत्रीय नेताओं की विलासितापूर्ण ज़िन्दगी भी थी। केन्द्रीय सत्ता दुर्बल हुई, तो क्षेत्रीय पार्टी-इकाइयों पर नियन्त्रण जाता रहा और उनके नेता उच्छृंखल हो गये। जनता उन्हें पूरी तरह उखाड़ फेंकती, पर उसकी विवशता यह थी कि कांग्रेस के अतिरिक्त कोई अन्य राष्ट्रीय पार्टी भी नहीं थी। विपक्षी पार्टियाँ एकजूट होकर लड़ी थीं, किन्तु दुर्भाग्य यह कि उनकी कोई नीति नहीं थी, न उसका कोई मुद्दा। एकमात्र मुद्दा था, तो कांग्रेस को हराना। इन्दिरा को पराजित एवं अपमानित करना, इसीलिए वे पूरी तरह जनता का विश्वास जीतने में असफल हुये।

प्रदेशों में कांग्रेस की हार की सबसे मुख्य वजह टिकट का सही ढंग से न बांटना था, जिस पर इन्दिरा गाँधी का नहीं, कामराज के नेतत्व में तथाकथित 'सिंडिकेट' का हाथ था। यहीं 'सिंडिकेट' सरकार में भी अपना वर्चस्व चाहती थीं और प्रधानमन्त्री को मात्र कठपुतली बनाकर रखना चाहती थीं। टिकट बँटवारे में अत्यन्त अदूरदर्शिता और पक्षपात से काम लिया गया। 'सिंडिकेट' के स्वार्थ को सर्वोपरि रखा गया। परिणाम वही हुआ, जिसका भय था, हज़ारों कांग्रेसी, जिन्हें टिकट से वंचित

किया गया, वे राज्यों के विक्षुब्ध गुटों से मिलकर स्वतन्त्र उम्मीदवारों के रूप में कांग्रेस के घोषित उम्मीदवारों के खिलाफ चुनाव लड़ने को विवश हो गये।

कई दलों ने मिलकर एक विचित्र गठबन्धन राजस्थान में भूतपूर्व राजों-रजवाड़ों की एक पार्टी स्वतन्त्र पार्टी के रूप में उभरी थी। इस पार्टी ने इन्दिरा गाँधी के राजस्थान की चुनाव-सभाओं में खुलकर हुड़दंग मचाया था। उन राजाओं-रजवाड़ों ने स्वतन्त्रता की लड़ाई में भी अंग्रेज़ों का ही साथ दिया था। ये विलासी, उच्छृंखल और निरंकुशता प्रिय थे। स्वतन्त्रता और शोषण इनके रक्त में ही थे। यह स्वाभाविक ही था कि इन्होंने अपनी पार्टी का नाम 'स्वतन्त्र' पार्टी रखा था। उसकी इकाइयाँ छोटी-सी ही सही, कई अन्य राज्यों में भी थीं।

विभिन्न दलों के इस गठबन्धन में कोई नीति व तालमेल का अभाव था। लोहियावादी समाजवादी, जो अपने आदर्शों, प्रतिबद्धताओं और सामाजिक संस्कारों का ढिंढोरा पीटते नहीं थकते थे, सर्वाधिक स्वार्थी निकले। अपने को धर्मनिरपेक्ष कही जाने वाली इस पार्टी ने हिन्दू सम्प्रदायवादी जनसंघ और घोर दक्षिणपन्थी स्वतन्त्र पार्टी से भी मिलने में कोई संकोच नहीं किया। आश्चर्य है कि कई राज्यों में अनीश्वरवादी साम्यवादियों और धर्मान्ध दक्षिणपन्थियों में भी तालमेल हो गया। पंजाब में जनसंघ ने अकाली तो अकाली सी.पी.एम. (कम्युनिस्ट पार्टी ऑफ इंडिया) से भी हाथ मिलाने में किसी संकोच का अनुभव नहीं किया। देश के विभाजन के लिए ज़िम्मेदार 'मुस्लिम लीग' को गले लगाने में भी कई पार्टियों ने भद्दा प्रदर्शन किया। इनमें केरल की सी.पी.एम. और तमिलनाडु की डी.एम.के. तथा स्वतन्त्र पार्टी आगे रहीं।

इस बार के चुनाव में कांग्रेस ने 520 संसदीय 'सीटों' में से केवल 284 पर ही विजयी रही। इस तरह पार्टी जहाँ 1962 में वह 228 सीटों की बहुमत से सरकार में आयी थी, वहीं 1967 में यह बहुमत मात्र 48 सीटों का रह गया। राज्यों की स्थिति यह थी कि पश्चिम बंगाल और केरल में साम्यवादियों का वर्चस्व रहा। अन्य राज्यों में दक्षिणपन्थी, सामन्ती, सम्प्रदायवादी और अन्य क्षेत्रीय पार्टियों ने अपनी स्थिति मज़बूत की। तमिलनाडु में डी.एम.के. तथा उड़ीसा में स्वतन्त्र पार्टी के नेतृत्व में बनी सरकारें ही स्थित रहीं। बाकी राज्यों की गठबन्धन सरकारों की स्थिति नाजुक हो गयी।

आम चुनाव में नेहरू जी समय में कांग्रेस की दशा इतनी नाजुक कभी नहीं हुयी। इसी समय गठबन्धन की राजनीति आरम्भ हुई, पहले तो वह राज्यों तक ही सीमित रही, बाद में केन्द्र को भी इस गठबन्धन की राजनीति ने अपने प्रभाव में ले

लिया। वर्तमान (2008) में भी केन्द्र में एक तरह से कांग्रेस के नेतृत्व में गठबन्धन सरकार ही है। ये गठबन्धन सरकारें पता नहीं भविष्य में भी कब इस देश का पिंड छोड़ेंगी? फिर भी 1967 के चुनावों ने प्रधानमन्त्री के रूप में इन्दिरा गाँधी की स्थिति को पहले से अत्यधिक मज़बूत कर दिया। 'सिंडिकेट' के उनके प्रमुख प्रतिद्वन्द्वी, जिन्होंने उन्हें कठपुतली बनाकर रखा था, इस चुनाव में धूल चाट गये। उनमें प्रमुख थे—के. कामराज (जिन्हें 'किंग-मेकर' की संज्ञा मिली हुई थी), अतुल्य घोष तथा एस. के. पाटिल। सिंडिकेट के कई वफादारों भी संसदीय और विधान सभायी चुनावों में हार का मुंह देखना पड़ा।

इन्दिरा जी की सरकार और पार्टी पर पूरा नियंत्रण हो गया था, वे अपनी इच्छा के अनुसार कोई भी महत्वपूर्ण निर्णय ले सकती थीं। मन्त्रिमंडल का गठन प्रधानमन्त्री के अधिकार क्षेत्र में पूरी तरह आता है। संविधान भी इस सम्बन्ध में पूरी तरह स्पष्ट है, जब वह कहता है कि प्रधानमन्त्री की नियुक्ति राष्ट्रपति करेगा और मन्त्रियों का चयन प्रधानमन्त्री, राष्ट्रपति के अनुमोदन से करेगा। आश्चर्य है कि इसके पूर्व अपने मन्त्रिमंडल के गठन और उसमें फेर-बदल करने का अधिकार भी 'सिंडिकेट' उन्हें नहीं प्राप्त करने देता था। गुलजारी लाल नन्दा को गृहमन्त्री के पद से हटाने में वह इसलिए सफल हुईं कि उनकी निष्क्रियता अथवा उदासीनता से 'सिंडिकेट' प्रमुख कामराज के जीवन पर ही संकट आ गया था। अब से अपने मन्त्रिमंडल को पूरी स्वतंत्रता से गठित कर सकती थीं। 'सिंडिकेटियों' में मात्र एक प्रमुख नेता मोरारजी देसाई चुनाव में विजयी हुए थे। वे स्पष्टतः श्रीमती गाँधी के प्रतिद्वन्द्वी थे, किन्तु सिंडिकेट के बिखर जाने से उनका मनोबल टूट गया। इन्दिरा गाँधी ने उन्हें उपप्रधानमन्त्री का पद देकर उन्हें अपना शुभचिन्तक बनाने का प्रयास किया, पर आगे की परिस्थितियों ने स्पष्ट किया कि इस व्यक्ति को वफ़ादार बनाना आसान नहीं है। वह अभी वित्त-मन्त्री भी थे।

कांग्रेस दल का प्रथम विभाजन

इन्दिरा जी अधिक दिनों तक सिंडिकेट पर अपना वर्चस्व नहीं रख सकीं, जिसका सबसे प्रमुख कारण यह था कि कामराज और एस. के. पाटिल उपचुनावों में विजयी होकर पुनः संसद में आ गये। ये लोग मोरारजी देसाई से मिल गये और 'सिंडिकेट' की स्थिति पुनः मज़बूत हो गयी। पार्टी और सरकार में दुबारा गतिरोध उत्पन्न हो गया। 'सिंडिकेट' का दावा था कि प्रधानमन्त्री पार्टी के ऊपर नहीं, बल्कि उसके नीचे हैं, पार्टी को सरकार की नीतियों के निर्धारण का पूर्ण अधिकार है।

सन् 1967 के आम चुनाव में कांग्रेस के प्रदर्शन को प्रभावित करने वाली आर्थिक तथा अन्य समस्याओं का कोई हल नहीं हो सका था। प्रधानमन्त्री मन-मुताबिक क़दम उठाने में अपने को असमर्थ पा रही थीं। आवश्यकता थी समाजवादी अथवा मध्यममार्गी विकासात्मक क़दम उठाने की। कृषि सुधारों को प्रभावी ढंग से लागू करने की। यथासम्भव आय और सम्पत्ति के वितरण में समानता लाने की, पर 'सिंडिकेट' वाले पूरी तरह दक्षिणपन्थी विचारधारा के थे। बड़े कृषकों, पूँजीपतियों और अमीर व्यवसायी वर्ग के पक्षधर थे। इन्दिरा गाँधी की स्थिति मात्र मूकदर्शक की हो गयी थी। इधर सरकार ही नहीं, पार्टी की स्थिति भी बद से बदतर हो रही थी। फलतः 1969 में जो राज्यों में मध्यावधि चुनाव हुए, उनमें कांग्रेस का प्रदर्शन अच्छा नहीं रहा।

इन्दिरा गाँधी का वस्तुतः कुछ नहीं चल पा रहा था। 1967 के अन्त में के. कामराज पार्टी अध्यक्ष के पद से अवकाश प्राप्त कर रहे थे। इन्दिरा गाँधी ने किसी उदार विचार वाले व्यक्ति को उनके स्थान पर लाना चाहा, पर उनका प्रयास असफल हुआ और 'साँपनाथ' की जगह आये भी, तो 'नागनाथ', अर्थात् पूर्व सिंडिकेटी और कट्टर अनुदारवादी एवं घोर महत्त्वाकांक्षी निजलिंगप्पा। 'सिंडिकेट' चाहता था कि इन्दिरा जी को प्रधानमंत्री पद से हटाकर किसी ऐसे व्यक्ति को सत्ता दी जाय जो उसके अनुसार कार्य करे, वस्तुतः ये लोग मोरारजी देसाई को प्रधानमन्त्री बनाना चाहते थे और वह भी इसके लिए राज़ी थे। यह तथ्य निजलिंगप्पा की दैनन्दिनी (डायरी) की 12 मार्च 1969 एवं 13 अप्रैल 1969 की प्रविष्टियों में स्पष्ट रूप से देखने को मिलता है।

इन्दिरा जी ने संकट को देखते हुये आर-पार की लड़ाई लड़ने का मन बना लिया था। इसकी भूमिका मई 1969 में तत्कालीन राष्ट्रपति डॉ. जाक़िर हुसैन की मृत्यु ने गढ़ दी। 'सिंडिकेट' वाले नीलम संजीव रेड्डी को राष्ट्रपति बनाना चाहते थे। उनका नामांकन पत्र भी कांग्रेस की ओर से दाख़िल हो गया। रेड्डी राष्ट्रपति चुने जाते, तो उनके माध्यम से इन्दिरा गाँधी को अपना पद छोड़ना पड़ता, यह पहले से ही निश्चित था। इन्दिरा गाँधी ने ऐसे सभी अवसरों पर निर्णायक क़दम उठाया। उन्होंने उपराष्ट्रपति वी.वी. गिरी को राष्ट्रपति के उम्मीदवार के रूप में खड़ा कर दिया। पार्टी के विरुद्ध जाने के लिए जनता के एक भाग में भी उनकी कटु आलोचना हुई। इन्दिरा गाँधी हवा को अपने अनुकूल करने की कला जानती थीं। उन्होंने 18 जुलाई को

मोरारजी देसाई से वित्त-मन्त्री के पद से इस्तीफ़ा ले लिया। वह सुधारवादी आर्थिक विचारधारा को लागू करने में किसी प्रकार की रुचि नहीं दिखा रहे थे और जनता के मध्य पूँजीवादियों के मसीहा के रूप में कुख्यात हो चुके थे। उन्हें हटाकर श्रीमती गाँधी ने वित्त-मन्त्रालय को अपने अधीन रखा और तत्काल कई महत्वपूर्ण निर्णय लिये।

1. उन्होंने अध्यादेश द्वारा 14 महत्त्वपूर्ण बैंकों का राष्ट्रीयकरण कर दिया।

2. भूतपूर्व राजाओं-रजवाड़ों की विशेष सुविधाओं को समाप्त कर दिया।

इन्दिरा जी द्वारा किये गये इस कार्य से कई लोग प्रभावित हुए। जनता में बहुत अच्छा सन्देश गया। समाजवादियों, साम्यवादियों एवं कांग्रेस में भी सुधारवादी नेताओं, सदस्यों ने इन्दिरा गाँधी के इन क़दमों के लिए उनकी जमकर प्रशंसा की। ग़रीबों, दलितों, मध्यवर्गीय लोगों तथा बुद्धिजीवियों में उनकी लोकप्रियता आसमान स्पर्श करने लगी। इसका परिणाम अगले चुनाव में मिलना तय था।

सिंडिकेट की इच्छा थी कि राष्ट्रपति के चुनाव में नीलम संजीव रेड्डी के लिये ह्विप जारी की जाय जिसके लिये इन्दिरा जी पर दबाव भी डाला गया, परन्तु उन्होंने मना कर दिया और आम घोषणा कर दी कि कांग्रेस पार्टी द्वारा खड़े किये गये उम्मीदवार के लिए वोट देना किसी की बाध्यता नहीं है, लोग स्वयं के विवेक से राष्ट्रपति का चुनाव करें। परिणाम स्पष्ट था। श्रीमती गाँधी के पक्ष में माहौल पूरी तरह बन चुका था, फलतः रेड्डी की हार हुई और वी.वी. गिरि 20 अगस्त को राष्ट्रपति चुन लिये गये। 'खिसियानी बिल्ली खम्भा नोंचे', 'सिंडिकेट' के नेताओं ने 12 नवम्बर 1969 को इन्दिरा गाँधी को अनुशासनात्मक आधार पर पार्टी से ही निष्कासित कर दिया। अब वे प्रधानमन्त्री कैसे रह सकती थीं? अतः इन्दिरा जी ने कांग्रेस दल को दो भागों में बांट दिया पहला–कांग्रेस (आई) और दूसरा कांग्रेस (ओ)। पहली कांग्रेस इन्दिराजी की थी, दूसरी 'सिंडिकेटियों' की। इन्दिरा गाँधी की पार्टी सदस्यों और सांसदों की संख्या कांग्रेस (ओ) से बहुत अधिक थी, अतः वह प्रधानमन्त्री बनी रहीं, साथ ही अपनी पार्टी की अध्यक्ष भी। अब उन पर दबाव डालने वाला कोई नहीं था। इन्दिरा जी ने मध्यावधि चुनाव का विचार बना लिया था इसलिये उन्होंने कुछ और साहसिक क़दम उठाये–

1. 1970 में उच्चतम न्यायालय ने बैंकों के राष्ट्रीयकरण को अवैध ठहरा दिया

था। इन्दिरा गाँधी को अब क्या दिक्कत थी? राष्ट्रपति अपने थे, अध्यादेश द्वारा बैंकों का पुनः राष्ट्रीयकरण कर लिया।

राष्ट्रीयकरण करने से आम लोगों को जैसे--छोटे व्यापारियों, किसानों, रिक्शावालों और टैक्सी चालकों को कर्ज देने की व्यवस्था की गई जिससे उनकी आर्थिक हालत में सुधार हुआ और श्रीमती गाँधी की लोकप्रियता ग़रीब और मध्यम वर्ग के लोगों में और बढ़ी।

2. राष्ट्रपति द्वारा जारी अध्यादेश से ही अगस्त, 1970 में राजाओं की मान्यता खत्म कर दी गयी, जिसके फलस्वरूप प्रिवीपर्स–जिसके भुगतान में सरकार के करोड़ों रुपये लगते थे–समाप्त हो गया। यह एक बहुत बड़ा जनवादी क़दम था, जिससे देश की जंनता इन्दिरा गाँधी को ग़रीबों और मध्यमवर्गीय लोगों का मसीहा समझने लगी।
3. भूमि-हदबंदी ज़ोर-शोर से लागू की गयी, जिससे किसानों को बहुत लाभ पहुँचा। देश की 80% जनता गाँव में बसती है। जिसमें 70% कृषि पर ही आधारित है। इन्दिरा गाँधी का वोट बैंक अप्रत्याक्षित रूप में बढ़ा।
4. इन्दिरा गाँधी ने अपने पिता पं. जवाहरलाल नेहरू द्वारा आरम्भ की गयी पंचवर्षीय योजनाओं को सफलतापूर्वक क्रियान्वित करना आवश्यक समझा। चौथी पंचवर्षीय योजना अधर में लटकी हुई थी। वह पुनः चालू की गयी। इसकी विशेषता यह रही कि इसके लिए वित्तीय व्यवस्था तीसरी पंचवर्षीय योजना की तुलना में दो गुनी कर दी गयी। इन्दिरा जी द्वारा किये गये इन कार्यों से चुनावी माहौल उनके पक्ष में हो गया। वर्तमान लोकसभा में इन्दिरा गाँधी के सांसदों की संख्या विधेयक आदि को पारित कराने के लिए पर्याप्त नहीं थी और दूसरी पार्टियों का सहारा लेना पड़ता था। इन्दिरा जी ने अपने साहस का परिचय देते हुए एक और महत्वपूर्ण क़दम उठाया और 27 दिसम्बर 1970 को ही लोकसभा भंग कर दी गयी और समय से एक वर्ष पूर्व ही लोकसभा का चुनाव कराने का निर्णय ले लिया गया।

1971 का आम चुनाव

इस आम चुनाव में की विशेषता यह थी कि विपक्षी दलों को इसका अनुमान

नहीं था कि एक वर्ष पूर्व ही चुनाव की घोषणा कर दी जायेगी। कांग्रेस (ओ), समाजवादी पार्टी, स्वतन्त्र पार्टी तथा जनसंघ ने एक सिद्धान्तहीन गठबन्धन बनाया, जिसका नाम उन्होंने 'ग्रैन्ड एलायन्स' दिया। यह एक अवसरवादी गठबन्धन के सिवा कुछ नहीं था। चुनावी प्रचार-प्रसार में इस प्रमुख गठबन्धन दल ने अपना एकमात्र नारा 'इन्दिरा गाँधी हटाओ' दिया तथा अपने भाषणों में इसके सदस्यों ने मात्र इन्दिरा गाँधी की आलोचना की तथा सारे राजनीतिक सिद्धान्तों को ताक़ पर रख गाली-गलौज की भाषा पर उतरे। उन्होंने श्रीमती गाँधी के चरित्र पर भी प्रश्नचिह्न लगा दिया। विपक्षी दलों के इन करतूतों के खिलाफ इन्दिरा जी और उनके अन्य प्रचारकों ने संयमित भाषा का सहारा लिया। विरोधियों के नारे 'इन्दिरा हटाओ' के बदले में 'ग़रीबी हटाओ' का नारा इन्दिरा गाँधी ने दिया। यह नारा लोगों को भा गया। ग़रीबी हटाने की दिशा में इन्दिरा गाँधी कई सकारात्मक क़दम उठा चुकी थीं।

सम्पूर्ण भारत की जनता इन्दिरा जी में ही विश्वास करती थी, जिसका परिणाम यह हुआ कि इन्दिरा जी व उनकी पार्टी पुनः चुनाव में विजयी हुई। संसद के 518 सीटों में उन्हें 352 सीटें प्राप्त हुईं। श्रीमती गाँधी को बहुप्रतीक्षित दो-तिहाई बहुमत संसद में प्राप्त हो गया। अब वह आवश्यक विधेयक ही नहीं पारित करा सकती थीं, बल्कि आवश्यकतानुसार संविधान में संशोधन भी कर सकती थीं। ऐसी स्थिति में उच्चतम न्यायालय भी उनके क्रान्तिकारी क़दमों में आड़े नहीं आ सकता था। तथाकथित 'ग्रैन्ड एलायन्स', जिसने चुनाव प्रचार के समय इन्दिरा गाँधी के प्रति घोर नकारात्मक रुख अपनाया था, जनता की दृष्टि में गिर गया और उसे भारी क्षति पहुँची। मगर कुछ पार्टियाँ अच्छा कर सकीं, तो वे थीं सी.पी.आई., सी.पी.एम. तथा डी.एम.के.। इनमें दो, अर्थात् सी.पी.आई. और डी.एम.के. इन्दिरा गाँधी के साथ ही थीं।

इस चुनाव में जनता ने जातिवाद, सम्प्रदायवाद और क्षेत्रवाद की संकीर्णता से हटकर इन्दिरा जी को वोट दिया। राज्यों में गठबन्धन सरकारों का आना-जाना भी जनता को नहीं पसन्द आया था और वह केन्द्र में एक स्थायी सरकार देना चाहती थी। श्रीमती गाँधी अब देश की, एक प्रकार से सर्वाधिक शक्ति सम्पन्न नेता बन चुकी थीं। अन्तर्राष्ट्रीय स्तर पर भी उनका स्तर और बढ़ा। गुटनिरपेक्ष देशों में भी भारत का मान बढ़ा और सभी नव-स्वतन्त्र तथा विकासशील एवं अविकसित देश इन्दिरा गाँधी को अपना आदर्श समझने लगे।

श्रीमती गाँधी का पुनरुत्थान

1980 में मध्यावधि चुनाव का प्रमुख कारण जनता पार्टी सरकार की आन्तरिक कलह थी। इसके पूर्व श्रीमती गाँधी 1978 में दूसरी बार पार्टी को विभाजित कर चुकी थीं। हुआ यह कि श्री वाई.बी. चौहान और ब्रह्मानन्द रेड्डी के नेतृत्व में कुछ कांग्रेसी नेताओं की एक भारी संख्या उनसे पृथक् हो गयी। इन लोगों को विश्वास था कि श्रीमती गाँधी अब चुक गयी हैं और पार्टी के लिए उनका उपयोग समाप्त हो गया है। इन्दिरा गाँधी ने अपनी पार्टी का नाम कांग्रेस (आई) दिया, दूसरे धड़े का नाम कांग्रेस (यू) पड़ा। इन्दिरा जी पार्टी विभाजन के बाद धीरे-धीरे शक्तिशाली होने लगीं जिससे उनकी खिलाफत करने वाले स्तब्ध रह गये, जनता सरकार ने बदले की भावना से इन्दिरा गाँधी के ऊपर अत्याचार एवं अन्यायपूर्ण क़दम उठाये थे। उनके विरुद्ध अनगिनत आरोप गढ़े गये। कई आयोग बैठाये गये। इन आयोगों में 'शाह कमीशन' सबसे अधिक प्रचारित हुआ। श्रीमती गाँधी पर आपातकाल की तथाकथित आपराधिक कार्यों के लिए मुक़दमा चलाने हेतु कई विशेष अदालतें गठित हुईं। उन्हें एक बार गिरफ्तार भी किया गया तथा जब वह दक्षिण भारत के चिंकमंगलूर से जीतकर संसद में आयीं, जिससे जनता पार्टी ने उन पर आरोप लगाकर उनकी सदस्यता ही समाप्त करवा दी। इन्दिरा जी पर हो रहे अत्याचार की खबर जनता के बीच भी पहुंच गयी, साथ ही जनता पार्टी ने देश के विकास के लिए कोई महत्त्वपूर्ण योजना नहीं बना सकी। इनके घटक दल आपस में लड़ते-झगड़ते ही समय बिताते रहे और 3 वर्ष लगते-न-लगते मध्यावधि चुनाव इसी पार्टी की सलाह पर राष्ट्रपति को घोषित करना पड़ा। स्पष्टतः जनता पार्टी की सरकार सभी मोर्चों पर नकारा सिद्ध हुई थी। श्रीमती गाँधी ने इस चुनाव में नारा दिया कि 'काम करने वाली सरकार' का गठन करें। इस चुनाव में इन्दिरा कांग्रेस ने 529 सीटों में से 353 सीटों पर जीत हासिल करके दो-तिहाई बहुत प्राप्त कर लिया।

इन्दिरा जी तीन वर्ष बाद पुनः प्रधानमंत्री बन गयीं। जनता पार्टी की सरकार ने एक ग़लत परम्परा की स्थापना करते हुए 1977 में राज्यों की सरकारों को इस तर्क के साथ विघटित कर दिया था कि संसद के चुनाव से स्पष्ट हो गया है कि जनता का रुझान कांग्रेस के साथ नहीं होकर जनता पार्टी के साथ था। इन्दिरा गाँधी ने भी यही किया और विपक्ष द्वारा शासित राज्यों की विधानसभाओं को भंग कर दिया। जून 1980 में राज्यों के जो चुनाव हुए, उसमें कांग्रेस को भारी विजय प्राप्त

हुई। अब इन्दिरा गाँधी की पार्टी 22 राज्यों में से 15 राज्यों में शासन का कार्य सम्पादित करने लगी।

1969 से 1977 के समय में इंन्दिरा जी का मुकाबला करना किसी के वश की बात नहीं थी। लेकिन अब उनकी प्रशासन और राजनीति पर पकड़ पहले से अधिक दुर्बल हो गयी थी। उनमें पहले जैसी दृढ़ता, निर्णय-शक्ति और शारीरिक, मानसिक ऊर्जा विद्यमान नहीं थी। निर्णय लेने में अब वह हिचकने लगी थीं और सावधानीपूर्वक क़दम उठाना सीख गयी थीं। इसका एक महत्त्वपूर्ण कारण यह था कि संजय गाँधी, जो अब राजनीतिक और प्रशासनिक कार्यों में श्रीमती गाँधी का कुशलतापूर्वक हाथ बंटाने लगे थे कि एक वायुयान उड़ाते समय मृत्यु को प्राप्त हो गये थे। यह घटना 23 जून 1980 की है। इन्दिरा गाँधी इस हादसे से अपने को सँभाल नहीं पा रही थीं। संजय के स्थान को भरने के लिए अपने बड़े बेटे राजीव गाँधी क़ो उन्होंने 'पॉयलेट' की नौकरी से इस्तीफा कराकर राजनीति में उतार लिया था, किन्तु राजीव को संजय का साहस एवं अनुभव प्राप्त करने में समय लगता। इसी बीच इन्दिरा शासन के दौरान कांग्रेस शासित राज्यों के मुख्यमन्त्री बात-बात पर बदलते रहे। उसने राज्यों में अस्थिरता का वातावरण बना रहा और विकास के साथ-साथ प्रशासन भी प्रभावित होता रहा। राज्य ही नहीं, केन्द्र स्तर पर भी पार्टी और संगठन पर श्रीमती गाँधी की पकड़ ढीली पड़ती गयी। संसद में प्रचण्ड बहुमत के बावजूद श्रीमती गाँधी की अनिर्णयात्मकता और अदृढ़ता के फलस्वरूप उनकी ही पार्टी में विक्षुब्धों और विरोधियों की संख्या बढ़ती रही। इधर कई राज्यों में आन्दोलन और विद्रोह उग्र से उग्रतर हो रहे थे, विशेषकर कश्मीर, असम और पंजाब में भगानह अशान्ति थी। आतंकवाद की समस्या पर नियन्त्रण पाना कठिन हो रहा था। साम्प्रदायिक दंगे अब केवल उत्तर भारत की ही पहचान नहीं थे, अपितु दक्षिण के राज्य भी उसकी चपेट में आ रहे थे।

देश का दक्षिणी हिस्सा हमेशा से कांग्रेस के लिए महत्वपूर्ण रहा था, परन्तु इसमें भी दरार पड़ने लगी थी। इस क्षेत्र में कांग्रेस पार्टी अलोकप्रियता के शिखर पर पहुँच चुकी थी और 1983 में विधानसभाओं के लिए हुए चुनावों में आन्ध्र प्रदेश और कर्नाटक में ये नयी क्षेत्रीय पार्टियों के हाथों पराजित हो गये।

राजीव गांधी

पूरा नाम राजीव रत्न गाँधी, (जन्म 20 अगस्त 1944, बंबई (वर्तमान मुंबई),

भारत; मृत्यु 21 मई 1991, श्रीपेरुंबुदूर, तमिलनाडु), इंदिरा गाँधी के पुत्र ये भारत की कांग्रेस (इ) पार्टी के अग्रणी महासचिव (1981 से) और अपनी मां की हत्या के बाद भारत के प्रधानमंत्री (1984-89) बने। 1991 में उनकी हत्या हो गई।

जहां संजय को राजनीतिक रूप से 'निर्मम' और 'स्वेच्छाचारी' माना जाता था (1975-77) में उनकी मां द्वारा आपातकाल की घोषणा में उनकी भूमिका प्रमुख मानी जाती है), वहीं राजीव को सौम्य व्यक्ति माना जाता था, जो पार्टी के अन्य नेताओं से विचार-विमर्श करते थे और जल्दबाज़ी में निर्णय नहीं लेते थे। जब 31 अक्टूबर 1984 को उनकी मां की हत्या हुई, तो राजीव को उसी दिन प्रधानमंत्री पद की शपथ दिलाई गई और उन्हें कुछ दिन बाद कांग्रेस (इ) पार्टी का नेता चुन लिया गया। दिसंबर 1984 के आम चुनाव में उन्होंने पार्टी की ज़बरदस्त जीत का नेतृत्व किया और उनके प्रशासन ने सरकारी नौकरशाही में सुधार लाने तथा देश की अर्थव्यवस्था के उदारीकरण के लिए ज़ोरदार क़दम उठाए लेकिन पंजाब और कश्मीर में अलगाववादी आंदोलन को राजीव प्रभावित नहीं कर सके तथा कई वित्तीय साज़िशों में उनकी सरकार के उलझने के बाद उनका नेतृत्व धीरे-धीरे कमजोर होने लगा। 1989 में उन्होंने प्रधानमंत्री पद से इस्तीफ़ा दे दिया, लेकिन वह कांग्रेस (इ) पार्टी के नेता पद पर बने रहे। आगामी संसदीय चुनाव के लिए तमिलनाडु में चुनाव प्रचार के दौरान एक आत्मघाती महिला के बम विस्फोट में उनकी मृत्यु हो गई। कहा जाता है कि यह महिला तमिल अलगाववादियों से संबद्ध थी।

संजय जी जब तक मौजूद थे, तब तक राजीब गाँधी ने राजनीति से बाहर रहना ही उचित समझा; लेकिन एक शक्तिशाली राजनीतिक व्यक्तित्व के धनी संजय की 23 जून 1980 को एक वायुयान दुर्घटना में मृत्यु हो जाने के बाद तत्कालीन प्रधानमंत्री इंदिरा गाँधी राजीव को राजनीतिक जीवन में ले आईं। जून 1981 में वह लोकसभा उपचुनाव में निर्वाचित हुए और इसी महीने युवा कांग्रेस की राष्ट्रीय कार्यकारिणी के सदस्य बन गए। फ़िरोज तथा इंदिरा गाँधी के पुत्र राजीव तथा उनके छोटे भाई संजय (1946-80) की शिक्षा-दीक्षा देहरादून के प्रतिष्ठित दून स्कूल में हुई थी। इसके बाद राजीव ने लंदन के इंपीरियल कॉलेज में दाख़िला लिया तथा कैंब्रिज विश्वविद्यालय से इंजीनियरिंग पाठ्यक्रम पूरा किया (1965)। भारत लौटने पर उन्होंने व्यावसायिक पायलट का लाइसेंस प्राप्त किया और 1968 से इंडियन एयरलाइंस में काम करने लगे।

राजीव को सांसद बने हुये लगभग चार वर्ष ही हुये थे कि, उनकी माता और भारत की प्रधानमन्त्री इन्दिरा गाँधी की हत्या उन्हीं के अंगरक्षकों द्वारा 31 अक्टूबर, 1984 को कर दी गयी। उसके पीछे के कारणों का विस्तृत उल्लेख इन्दिरा गाँधी सम्बन्धी आलेख में किया जा चुका है। वित्तमन्त्री प्रणव मुखर्जी और राजीव गाँधी उस समय पार्टी के कार्यवश कलकत्ता (कोलकाता) गये हुए थे। दोनों श्रीमती गाँधी पर घातक हमले की सूचना पाते ही उसी दिन दिल्ली के लिए चल पड़े। यद्यपि इन्दिरा गाँधी उस समय 'एम्स' (दिल्ली का सर्वाधिक महत्त्वपूर्ण सरकारी अस्पताल) में थीं, पर उन दोनों को सूचना मिल गयी थी कि उनके जीवित रहने की आशा न के बराबर थी। राजीव गाँधी और प्रणव मुखर्जी साथ ही वायुयान में बैठे थे।

अब तक की यही परिपाटी रही थी कि प्रधानमन्त्री का पद रिक्त होने पर वरीयतम मन्त्री को अन्तरिम प्रधानमन्त्री बनाया जाता था। गुलज़ारी लाल नन्दा उसी व्यवस्था के अन्तर्गत पं. नेहरू और लाल बहादुर शास्त्री के पश्चात् अन्तरिम प्रधानमन्त्री बने थे। कुछ समय के पश्चात् पार्टी संसदीय दल विधिवत् अपना नेता चुनता था और उसी को राष्ट्रपति प्रधानमन्त्री की शपथ दिलाते थे।

वित्तमंत्री श्री पी.वी. नरसिम्हा राव के अलावा प्रणव मुखर्जी ही वरिष्ठ नेता थे। अतः राजीव गाँधी को पक्ष में करने के लिए वह बोल पड़े, 'अब तो मेरी ही बारी प्रधानमन्त्री बनने की है।' उन्होंने शायद यह भी सोचा था कि वह एक बार प्रधानमन्त्री बन गये, तो उनकी वरीयता और योग्यता के आधार पर संसदीय दल उन्हें ही अपना नेता चुन लेगा और वह प्रधानमन्त्री के पद पर विधिवत् स्थापित हो जायेंगे। युवा और प्रथम-प्रथम सांसद बने राजीव गाँधी से तो उन्हें किसी प्रकार के विरोध का डर नहीं था। जो हो, राजीव गाँधी को श्री मुखर्जी का यह उतावलापन खल गया। कहाँ उनकी माता अभी अस्पताल में जीवन-मृत्यु के बीच झूल रही थीं, कहाँ इस व्यक्ति को प्रधानमन्त्री बनने की पड़ी थी। श्री मुखर्जी का पासा यहीं पर निश्चित ही उल्टा पड़ गया।

राजीव गाँधी और मुखर्जी विमान से सीधे उस अस्पताल पहुंचे जहां पर श्रीमती इन्दिरा गाँधी को भर्ती किया गया था, लेकिन ये लोग वहां पर पहुंचे तब तक इन्दिरा जी की मृत्यु हो चुकी थी। माँ की मृत्यु पर किसे दुःख नहीं होगा, वह भी उसके आकस्मिक और अमानुषिक निधन पर? राजीव अत्यन्त शोक-सन्तप्त हो उठे। राष्ट्रपति ज्ञानी जैल सिंह, जो उसी दिन विदेश यात्रा से

लौटे थे, कुछ और ही निर्णय लेने में व्यस्त थे। वह बहुत बड़ी 'डिग्री' चाहे न रखते हों, उन्हें अपने अधिकारों का पूर्ण ज्ञान था। वह गृहमन्त्री भी रह चुके थे। उन्होंने संविधान प्रदत्त अपने अधिकार—'प्रधानमन्त्री की नियुक्ति राष्ट्रपति करेगा और वही प्रधानमन्त्री की अनुशंसा पर मन्त्रियों की नियुक्ति करेगा'—का प्रयोग करने का मन बनाया और संसदीय दल के निर्णय की प्रतीक्षा किये बिना उसी सन्ध्या राजीव गाँधी को विधिवत् प्रधानमन्त्री के रूप में शपथ दिला दी। संसदीय दल की बैठक इतनी शीघ्र हो भी नहीं सकती थी और अन्तरिम प्रधानमन्त्री के उपयुक्त कोई दिखाई नहीं पड़ रहा था।

राजीव गाँधी भी विधिवत् के बदले अन्तरिम प्रधानमन्त्री बनाये जा सकते थे, पर जब एक राष्ट्रपति ने अब तक के भारतीय गणतन्त्र के इतिहास में पहली बार परम्परा को वरीयता दिये बगैर अपने संविधान प्रदत्त अधिकार का प्रयोग किया, तो ऐसा करने से उसे कौन रोक सकता था? और बाद में कांग्रेस संसदीय दल ने भी विधिवत् राजीव गाँधी को ही अपना नेता चुन लिया। और बातों के अतिरिक्त कांग्रेस पार्टी को शीघ्र ही आम चुनाव का भी सामना करना था और उन्हें पता था कि इस महासंग्राम को जीतने के लिये नेहरू नेता के परिवार की आवश्यकता है।

राजीव के प्रधानमन्त्रित्व काल को रद्द नहीं माना जा सकता है। देश के विकास के लिए उन्होंने जो सोची-समझी रणनीति अपनाई और ठोस कार्यक्रम चलाए, उनको रेखांकित करना, उसके प्रति न्याय का तकाजा है। यह निर्विवाद है कि राजीव गाँधी के दिमाग में भारत के सर्वांगीण विकास का एक सुनहरा सपना था। युवा होने के कारण उनमें कुछ कर गुजरने की तमन्ना थी। वह परिवारवाद की उपज भले हों, पर उनकी निजी योग्यता और देश के प्रति वफादारी में कोई कमी नहीं थीं। वह अनुभव और प्रशिक्षण दोनों से एक 'तकनीशियन' थे और उनका विश्वास था, जो सही था कि उच्च तकनीक के आधार पर ही देश आगे बढ़ सकता है और 21वीं सदी में एक ताकतवर राष्ट्र के रूप में प्रवेश कर सकता है। हम श्री राजीव गाँधी द्वारा देश के विकास की दिशा में उठाए गए हर कदम का सविस्तार वर्णन करेंगे। राजीव ने सत्ता ग्रहण करते ही पंजाब, असम आदि की समस्याओं के समाधान के लिए सुलह-शान्ति का मार्ग अपनाया था। इस शीघ्रता में किए गए समझौतों को लोकलुभावन कदम भी बताए गए। उनमें कहीं आरम्भिक सफलता मिली, मीडिया ने उसे खूब उछाला भी, पर दूरगामी परिणाम उत्साहवर्द्धक नहीं रहे। विकास-सम्बन्धी चर्चा के पूर्व उन समझौतों पर संक्षिप्त प्रकाश डालना आवश्यक है; क्योंकि प्रधानमन्त्री का पद

संभालते ही युवा प्रधानमन्त्री देश की आर्थिक स्थिति को सुधारने के लिये दृढ़सकल्प थे।

श्री पी. वी. नरसिम्हा राव

29 मई, 1991 को चुनाव प्रचार के दौरान जब राजीव गाँधी की हत्या कर दी गई तब श्री पी.वी. नरसिम्हा राव को प्रधानमंत्री बनने का अवसर प्राप्त हुआ था। मानना पड़ेगा कि इस हत्याजनित हमदर्दी से कांग्रेस को निश्चित लाभ हुआ था और इस चुनाव में यद्यपि उसने बहुमत नहीं प्राप्त किया, किन्तु 232 सीटें प्राप्त कर, वह सबसे बड़ी पार्टी के रूप में उभरी। नरसिम्हा राव कांग्रेस संसदीय दल के नेता चुने गए और उन्होंने सरकार बनाने का दावा पेश किया। 21 जून 1991 को उन्होंने प्रधानमन्त्री के पद की शपथ ले ली। सरकार अल्पमत में थी, किन्तु धीरे-धीरे कई सांसद इससे मिलते गए, जिससे नरसिन्हा राव की सरकार पूरे पाँच वर्षों तक चली। इसकी उपलब्धियाँ भी रहीं। जिनकी चर्चा हम आगे करेंगे।

भारत के स्वतंत्रता सेनानी श्री पी.वी. नरसिम्हा राव का जन्म आन्ध्रप्रदेश के वांगरा ग्राम, करीम नगर में 28 जून 1921 को हुआ था। श्री नरसिम्हा राव ने स्वतन्त्रता संग्राम में खुलकर भाग लिया था। स्वतन्त्रता के पश्चात् वह पूरी तरह राजनीति में आ गए थे। वह 1962 से लेकर 1971 तक आन्ध्रप्रदेश के मन्त्रिमण्डल में भी थे। 1971 से लेकर 1973 तक, वह आन्ध्रप्रदेश के मुख्यमन्त्री भी रहे।

नरसिम्हा राव के पिता का नाम पी.वी. रंगाराव था। राव ने उस्मानिया विश्व-विद्यालय तथा मुम्बई और नागपुर के विश्वविद्यालयों से शिक्षा ग्रहण की थी, जहाँ से उन्होंने कानून में स्नातक और स्नातकोत्तर की उपाधि प्राप्त की। श्री नरसिम्हा राव की एक प्रमुख विशेषता यह थी कि वे बहुभाषाविद् थे तथा ऐसी मान्यता है कि वे 17 भाषाएँ बोलते थे। उर्दू, मराठी, हिन्दी, तेलुगू और अंग्रेजी में इस प्रकार धारा-प्रवाह भाषण कर सकते थे, जैसे ये भाषाएँ इनकी मातृ भाषाएँ हों। श्री नरसिम्हा राव ने एक द्विपाक्षिक पत्रिका भी सम्पादित की थी। इसका नाम 'काकतिया' था तथा इनके सम्पादकीय सहकर्मी देवलापल्ली रामानुजाराव तथा श्री कलोलजी नारायण राव थे। यह पत्रिका मानव अधिकारों से सम्बन्धित थी।

नरसिम्हा राव को भाषाओं को सीखने में पागलपन की हद तक रुचि थी। उन्होंने कुछ ऐसी यूरोपीय भाषाएँ भी सीखीं, जो हिन्दुस्तान में प्रायः नहीं के बराबर बोली जाती हैं, जैसे फ्रांसीसी तथा स्पेनिश।

श्री पी.वी नरसिम्हा राव राजनीतिक जीवन की शुरुआत से ही गाँधी परिवार के वफादार बने रहे। कांग्रेस पार्टी का विभाजन हुआ, तो नरसिम्हा राव इन्दिरा गाँधी के साथ रहे, इस कारण उन्हें बहुत राजनीतिक फायदा मिला। जब 1975-77 में इन्दिरा गाँधी ने आपातकाल लागू किया, तब श्री नरसिन्हा राव श्रीमती गाँधी के वफादार बने रहने में ही भलाई समझी।

श्री नरसिम्हा राव 1972 में ही राष्ट्रीय स्तर के नेता बन चुके थे, जब उन्होंने अनेक मन्त्रालयों में मन्त्री-पद सँभाला, जिनमें महत्त्वपूर्ण मन्त्रालय थे–

(1) गृह

(2) सुरक्षा

(3) विदेश मन्त्रालय।

श्री राव इन्दिरा गाँधी और राजीव गाँधी दोनों के प्रिय रहे। दक्षिण और आन्ध्र प्रदेश के प्रथम मुख्यमंत्री बनने का गौरव श्री नरसिम्हा राव को ही प्राप्त हुआ था तथा उनके भाग्य ने भी उनका पूरा साथ दिया। यह उल्लेखनीय है कि सन् 1991 में राजीव गाँधी के बाद जब कांग्रेस पार्टी ने उन्हें संसदीय दल का नेता चुनकर प्रधानमन्त्री बनाना चाहा, तो यह जरा भी इच्छुक नहीं थे। वस्तुतः इनका स्वास्थ्य उस समय ठीक नहीं था, किन्तु पार्टी नेताओं के दबाव में आकर उन्होंने अनमने भाव से प्रधानमन्त्री का पद ग्रहण किया। इसके पश्चात् इनका स्वास्थ्य अनुकूल होने लगा और फिर कभी वह अपने दायित्व से अलग नहीं हटे। एक तरह से यह इनके लिए अच्छा ही हुआ; क्योंकि जहाँ 1991 में ही इन्हें अपने जीने की आशा कम ही थी, वह 2004 के अन्त तक जीवित रहे।

नरसिम्हा राव के 5 वर्षों का शासनकाल में काफी संघर्ष देखने को मिला। दुर्भाग्यवश इनके ऊपर भ्रष्टाचार और हवाला के कई आरोप भी लगे। हर्षद मेहता कांड के रूप में एक बड़ा कांड प्रचारित हुआ, जिसमें मेहता ने यह दावा किया कि उसने एक बोरे में भरकर उन्हें एक करोड़ रुपयों की घूस दी। कांग्रेस पार्टी ने अपने प्रधानमन्त्री के बचाव में यह दलील दी कि एक करोड़ रुपए एक बोरे में आ ही नहीं सकते। आश्चर्य तब हुआ जब हर्षद मेहता ने टी.वी. पर एक बोरे में एक करोड़ रुपये भरकर दिखा दिए।

हर्षद मेहता द्वारा श्री नरसिम्हा राव पर घोर इल्जाम लगाया गया और श्री नरसिम्हा राव के इस पर कोई प्रतिक्रिया प्रकट नहीं की तो इस पर देश को काफी

आश्चर्य हुआ कि आखिर क्या बात थी जो नरसिम्हा राव ने हर्षद मेहता पर कोई कार्रवाई नहीं की। नरसिम्हा राव ने जिस समय प्रधानमंत्री के रूप में शपथ ली थी, उस समय उनकी सरकार अल्पमत में थी। अतः अपनी सरकार को बहुमत में लाने के लिए झारखण्ड मुक्ति-मोर्चा के सांसदों को अपनी तरफ मिलाया। इस बात की चर्चा बहुत रही कि ये सांसद खरीदे गए हैं। बाद में श्री राव पर आपराधिक मामला भी दर्ज हुआ, जिसमें निचली अदालत ने दोषी करार दिया लेकिन हाईकोर्ट ने उनको बरी कर दिया।

पी.वी. नरसिम्हा राव का काल दुर्भाग्यवश उनके व्यक्तिगत चरित्र के लिए बहुत बुरा रहा, यूँ उनके शासन की उपलब्धियाँ भी सराहनीय थीं, जिन पर हम बाद में चर्चा करेंगे। पहले हम जिन विपरीत स्थितियों से श्री राव को गुजरना पड़ा, उनका उल्लेख कर लें। हर्षद मेहता कांड एवं झारखण्ड मुक्ति-मोर्चा कांड के अतिरिक्त एक और भ्रष्टाचार में श्री राव को संलिप्त करने का प्रयास हुआ, इसको 'सेंट किट्स' जालसाजी कांड की संज्ञा प्राप्त है। हुआ यह कि वी.पी. सिंह ने बोफोर्स कांड में राजीव गाँधी को फँसाने का जो प्रयास किया, उसके बदले काँग्रेस पार्टी ने वी.पी. सिंह को भी भ्रष्टाचार में लिप्त होने का सन्देश देना चाहा। 'सेंट किट्स' द्वीप के एक बैंक में वी.पी. सिंह के पुत्र के नाम पर एक खाते का प्रचार हुआ, जिसमें एक भारी राशि जमा दिखाई गई। इस हेतु एक पत्र का भी मीडिया में वितरण हुआ। अन्ततः यह पाया गया कि यह पत्र जाली था। ऐसा कोई खाता वी.पी. सिंह के बेटे के नाम से नहीं था। इस जाली पत्र को जारी करने का आरोप नरसिम्हा राव पर लगाया गया। इसके अतिरिक्त लखु भाई पाठक-कांड भी श्री राव के सिर मंढ़ा गया। इसमें भी मुद्रा के हेर-फेर की बात थी। श्री राव ऐसे सारे आरोपों को धैर्यपूर्वक झेल गए। सेंट किट्स जालसाजी कांड में भी केस चला था। इसमें भी वह न्यायालय द्वारा बरी कर दिए गए।

प्रधानमंत्री राव की आलोचना अयोध्या (बाबरी मस्जिद) को गिरवाने में अपनी सलाह दी गयी। आलोचकों का कहना था कि केन्द्र सरकार यदि चाहती, तो तत्काल हवाई जहाज से केन्द्रीय-बल भेजकर ढाँचे को ध्वस्त होने से बचा सकती थी। इसके पश्चात् पूरे देश में दिसम्बर 1992 में साम्प्रदायिक दंगे हुए। इन्हें कठिनाई से नियन्त्रित किया जा सका। श्री राव पर समय से दंगा नहीं रोक पाने का यह कोई पहला उदाहरण नहीं था। इन्दिरा गाँधी की 1984 में जो हत्या हुई थी, उसके पश्चात् तीन दिनों तक हिन्दू-सिख दंगे हुए थे, उस समय श्री राव ही गृहमन्त्री थे। उनका

यह दायित्व बनता था कि वे इन दंगों को किसी प्रकार रोकें, चाहे इसके लिए कड़े-से-कड़े कदम क्यों न उठाने पड़ें। श्री राव की इसमें कोई विवशता हो सकती थी, लेकिन इस पर कौन ध्यान देता है? कहने वाले तो यही कहेंगे कि गृहमन्त्री के रूप में वह निष्क्रिय बैठे रहे और हजारों लोगों की जानें जाती रहीं और करोड़ों की सम्पत्ति स्वाहा होती रही।

डॉ. मनमोहन सिंह

भारत के चौदहवें प्रधानमन्त्री डॉ. मनमोहन सिंह ने देश के चौदहवें प्रधानमन्त्री के रूप में 22 मई, 2004 को शपथ ली थी। इनका जन्म 26 सितम्बर, 1932 में पश्चिमी पंजाब के गाह नामक स्थान पर हुआ था। इनके पिता का नाम गुरुमुख सिंह और माता का नाम श्रीमती अमृतकौर था। डॉ. मनमोहन सिंह 10 भाई थे जिनमें से वे सबसे बड़े हैं।

भाजपा नेता श्री अटल बिहारी वाजपेयी के सम्बन्ध में इस बात का उल्लेख किया गया है कि उनके तीसरी बार प्रधानमन्त्री बनने के पश्चात् जो सरकार बनी, वह कांग्रेस की थी। श्री वाजपेयी के प्रथम प्रधानमन्त्रित्व काल के पश्चात् जनता दल ने देवगौड़ा और इनके पश्चात् इन्द्र कुमार गुजराल प्रधामन्त्री बने थे। श्री वाजपेयी पुनः दूसरी बार प्रायः 14 महीनों के लिए और तत्काल तीसरी बार पूरी अवधि के लिए प्रधानमन्त्री के पद पर आसीन हुए। आत्मविश्वास के अतिरेक में भाजपा ने निर्धारित अवधि के प्रायः छह महीने पूर्व ही अप्रैल, मई 2004 में लोक-सभा का चुनाव करा दिये। 22 मई 2004 को डॉ. मनमोहन सिंह ने प्रधानमन्त्री के पद और गोपनीयता की शपथ ली; क्योंकि भाजपा की आशाओं पर पानी फिर गया और वह सरकार बनाने भर बहुमत नहीं प्राप्त कर सकी। कॉंग्रेस ने अपने सहयोगी दलों का गठबंधन बनाया, इसका नाम पड़ा संयुक्त प्रगतिशील गठबंधन—सं.प्र.ग.। इस गठबंधन का नेता चुनी गयी कॉंग्रेस की श्रीमती सोनिया गाँधी। सोनिया गाँधी का प्रधानमन्त्री बनना प्रायः तय था, किन्तु विरोधी पार्टियों, विशेषकर भाजपा एवं समाजवादी पार्टी ने श्रीमती सोनिया गाँधी के विदेशी मूल को लेकर भारी हो-हल्ला मचाया। घटना-क्रम में आश्चर्यजनक रूप से परिवर्तन हुआ। सोनिया गाँधी ने खुलेआम एलान कर दिया कि मैं प्रधानमन्त्री के पद की दावेदार नहीं हूँ। तत्काल श्री मनमोहन सिंह कांग्रेस संसदीय दल के नेता चुने गये और उन्होंने कॉंग्रेस अध्यक्ष श्रीमती सोनिया गाँधी के साथ राष्ट्रपति के यहाँ उपस्थित होकर प्रधानमन्त्री पद के

लिए अपनी दावेदारी पेश की। फलतः राष्ट्रपति डॉ. ए.जी.जे. अब्दुल कलाम ने डॉ. मनमोहन सिंह को प्रधानमंत्री की शपथ दिलायी। अपने प्रथम कार्य काल को सफलता पूर्वक पूरा करने के बाद दूसरी बार वे पुनः भारत के प्रधान मंत्री के रूप में चुने गये।

मनमोहन सिंह सोनिया गाँधी ने कांग्रेस पार्टी को अधिक प्रभावशाली बनाया है। जब कांग्रेस पार्टी अपने सबसे मुश्किल दौर से गुजर रही थी, देश को मजबूत करने के साथ ही साथ मनमोहन सिंह ने कांग्रेस पार्टी को भी विकास की एक नई दिशा प्रदान की है।

8

काँग्रेसी प्रधानमंत्रियों के कार्यकाल की विदेश नीति

नेहरू युग में भारतीय विदेश नीति (1947-1964)

भारत को स्वतंत्रता मिलने के बाद पं. जवाहरलाल नेहरू को प्रधानमंत्री बनाया गया। उन्होंने विदेशों से सम्बन्ध सुधारने के लिये नीति अपनायी जिसे विदेश नीति कहा गया। भारत के विदेश मंत्री रहते हुये उन्होंने कुछ नियमों का निर्धारण किया जो इस प्रकार हैं–

1. सभी राष्ट्रों से मैत्री स्थापित करने का प्रयास।
2. संयुक्त राष्ट्र से सक्रिय सहयोग।
3. शान्ति स्थापना हेतु पश्चिमी गुट और साम्यवादी गुट के बीच सेतुबन्ध का प्रयास।
4. पराधीन राष्ट्रों की स्वतन्त्रता के संघर्ष का समर्थन।
5. जातीय भेदभाव, रंगभेद का विरोध।
6. राष्ट्रीय हितों की सुरक्षा का कार्य।

सभी राष्ट्रों में मैत्री स्थापित करने का प्रयास

भारत के प्रथम प्रधानमंत्री का ऐसा विश्वास था कि विदेशों से मित्रता करके

स्थिति में सुधार हो सकता है। द्वितीय विश्व युद्ध के बाद विश्व अमरीका और सोवियत रूस के नेतृत्व में दो विरोधी गुटों में विभाजित हो गया था। भारत ने दोनों में से किसी भी गुट से असंलग्न रह कर दोनों से ही मैत्री सम्बन्ध स्थापित करने का प्रयास किया। शुरू में दोनों ही विश्व शक्तियाँ भारतीय विदेश नीति के मूल सिद्धांतों को समझ नहीं सकीं। अमरीका ने भारत को साम्यवाद का मित्र समझा तथा रूस ने भारत को अमरीका का एजेण्ट समझा। इससे समय-समय पर गम्भीर मतभेद–भ्रान्तियाँ पनपती रहीं परन्तु दिसम्बर 1959 में अमरीका के राष्ट्रपति आइजनहावर की भारत की यात्रा के बाद भारत और अमरीका के सम्बन्धों में एक नया मोड़ आया। अमरीकन उपराज्य सचिव डगलस ढिल्लो ने 22 मार्च 1960 को सीनेट की विदेश सम्बन्धों की समिति के सामने कहा है कि भारत का आर्थिक विकास "अमरीकन विदेश नीति का एक मुख्य उद्देश्य बन गया है।"

भारत और रूस के बीच भी जून 1955 में नेहरू की रूस यात्रा और नवम्बर दिसम्बर 1955 में ख्रुश्चेव और बुल्गानिन की भारत यात्रा से मतभेद समाप्त हो गये हो गई। इस प्रकार भारत-अमेरिकन तथा भारत-रूसी सम्बन्ध प्रगाढ़ होते गए। एशिया और अफ्रीका के नये राष्ट्रों से भारत ने मैत्री सम्बन्धों को मजबूत किया। इन राष्ट्रों ने भी भारत के समान असंलग्नता की नीति को अपनाया। इस प्रकार भारत 'तटस्थ विश्व' का नेता स्वीकार किया जाने लगा। 1962 तक वह निर्विवाद 'तटस्थ विश्व' का सर्वमान्य नेता था। भारत ने आरम्भ से एशियाई अफ्रीका ऐक्य की वृद्धि को अपनी विदेश नीति का एक प्रधान लक्ष्य माना। 1947 में नई दिल्ली में एशियाई अफ्रीकी देशों का एक सम्मेलन आयोजित किया। इसी क्रम में 1955 के बाडुंग सम्मेलन के आयोजन का श्रेय भी भारत को है। 1961 के नजदीकी राष्ट्रों के बेलग्रेड सम्मेलन में भारत ने सक्रिय भाग लिया। परन्तु 1962 में चीन द्वारा भारत पर आक्रमण ने इस एकता के प्रतीक, तटस्थ विश्व के नेता की अन्तर्राष्ट्रीय विश्वारा को भारी क्षति पहुंचायी। इससे न केवल भारत और चीन के सम्बन्ध कटु हुए अपितु इण्डोनेशिया आदि कुछ देशों ने चीन की शक्ति से भयभीत होकर एक भारत विरोधी दृष्टिकोण अपनाया।

भारत ने राष्ट्रमण्डल की सदस्यता स्वीकार करके ब्रिटेन और राष्ट्रमण्डल के अन्य सदस्यों से सहयोग और मैत्रीपूर्ण सम्बन्ध स्थापित किए हैं केवल कश्मीर समस्या के कारण पाकिस्तान से तथा रंगभेद नीति के कारण दक्षिणी अफ्रीका से भारत के सम्बन्ध अच्छे नहीं रहे हैं।

संयुक्त राष्ट्र से सक्रिय सहयोग

भारतीय संविधान के 51वें अनुच्छेद में अन्तर्राष्टीय शान्ति, सुरक्षा और न्याय पर विशेष बल देकर इनसे संयुक्त राष्ट्रसंघ को प्राप्त किया जा सके। यही नहीं, संयुक्त राष्ट्र की स्थापना का भारत में एक युग प्रवर्तक घटना के रूप में स्वागत किया गया था। अतः यह स्वाभाविक ही है कि भारत ने संयुक्त राष्ट्र को प्रभावशाली बनाने का प्रत्येक सम्भव प्रयास किया। भारत ने 1945 के सैन फ्रांसिस्को सम्मेलन में संयुक्त राष्ट्र चार्टर का प्रारूप बनाने में भाग लिया। 30 अक्टूबर 1945 को एक प्रारम्भिक सदस्य के रूप में संयुक्त राष्ट्र में प्रवेश किया। स्वतन्त्रता प्राप्ति के बाद भारत न केवल संयुक्त राष्ट्र का सदस्य बना रहा, अपितु वह अपने उन सभी संस्थाओं और विशिष्ट समितियों का भी सदस्य बन गया, जो संयुक्त राष्ट्र परिवार का हिस्सा हैं।

भारत 1950-51 तथा 1967-1968 में सुरक्षा परिषद् का अस्थायी सदस्य रहा। अनेक बार आर्थिक और सामाजिक परिषद् का सदस्य रहा है। अनेक भारतीय संयुक्त राष्ट्र के सम्मानित पदों पर सुशोभित हो चुके हैं। श्रीमती विजय लक्ष्मी पण्डिल संयुक्त राष्ट्र की महासभा के आठवें अधिवेशन की अध्यक्ष निर्वाचित हुई थीं। नवम्बर 1956 में आर. बी. सेन 4 वर्ष के लिए संयुक्त राष्ट्र खाद्य और कृषि संगठन के डायरेक्टर जनरल चुने गए। वे 1960 और 1963 में पुनः इस पद पर निर्वाचित हुए थे। बी. एन. राव अन्तर्राष्ट्रीय न्यायालय के न्यायाधीश रहे। जगजीवनराम अन्तर्राष्ट्रीय श्रम संगठन के 33वें अधिवेशन के अध्यक्ष चुने गए थे। चिन्तामणि देशमुख अन्तर्राष्ट्रीय मुद्रा कोष के अध्यक्ष बने थे। डा. राधाकृष्ण यूनेस्को की कार्यसमिति के अध्यक्ष चुने गए। डॉ. होमी. जे भामा 1955 में हुए आणविक शक्ति के शान्तिपूर्ण उपयोग सम्बन्धी प्रथम सम्मेलन के अध्यक्ष चुने गए थे। प्रोफेसर एम. एस. थेकर साइंस और टेक्नोलॉजी पर संयुक्त राष्ट्र सम्मेलन, जो कि 1962 में जेनेवा में आयोजित हुआ था, के अध्यक्ष थे। 1964 में जेनेवा में हुए व्यापार और विकास पर संयुक्त राष्ट्र सम्मेलन में भारत ने अत्यन्त महत्वपूर्ण भाग लिया और वह व्यापार और विकास बोर्ड का एक सदस्य भी निर्वाचित किया गया।

संयुक्त राष्ट्र संघ में शान्ति सम्बन्धी कार्यों में भारत का महत्वपूर्ण सहयोग है, उसने कोरिया में एक डाक्टर का समूह चिकित्सा सेवा के लिए भेजा था। गाजा में 'संयुक्त राष्ट्र, संकट में सेना भेजी थी। कांगो में भी संयुक्त राष्ट्र सेना के लिए अपनी सैन्य टुकड़ियाँ भेजी थीं। भारत के जनरल के. एस. थिमैया साइप्रस में संयुक्त

राष्ट्र सेना के कमांडर रहे थे। संयुक्त राष्ट्र बाल आपात कोष (यूनीसेफ), खाद्य और कृषि संगठन, विश्व स्वास्थ्य समूह के प्रादेशिक कार्यालय भारत में स्थित हैं। यू. एन टेक्नीकल असिस्टेंस बोर्ड, स्पेशल फंड, यू. एन. इनफार्मेशन सर्विस, अन्तर्राष्ट्रीय श्रम संघ, यूनेस्को और विश्व बैंक ने भी भारत में अपने-अपने कार्यालय खोल रखे हैं।

संयुक्त राष्ट्र संस्थाओं के ज्यादातर अन्तर्राष्ट्रीय सम्मेलन भारत में हुए हैं। फरवरी अप्रैल, 1968 में नई दिल्ली में अंकटाड (यूनाइटेड नेशन्स कान्फ्रेंस आन ट्रेड एण्ड डेवलपमेण्ट) का द्वितीय सम्मेलन आयोजित हुआ था। भारत ने संयुक्त राष्ट्र की निःशस्त्रीकरण सम्बन्धी गतिविधियों में भी सक्रिय भाग लिया। वह संयुक्त राष्ट्र की अठारह सदस्यों की निःशस्त्रीकरण समिति और यू. एन. कमेटी आन दि पीसफुल यूजेज ऑफ आउटर स्पेश का सदस्य बना।

1961 के महासभा के अधिवेशन में भाषण देते हुए भारत के प्रधानमन्त्री जवाहरलाल नेहरू ने विचार व्यक्त किया है कि एक वर्ष अन्तर्राष्ट्रीय सहयोग के लिए दिया जाना चाहिए। उसके बाद भारत की पहल पर महासभा ने 1965 को अन्तर्राष्ट्रीय सहयोग वर्ष घोषित कर दिया और उससे सम्बन्धित कार्यक्रम को तैयार करने के लिए भारत सहित 12 राष्ट्रों की एक समिति नियुक्त की थी। इस प्रकार भारत दाता और अदाता दोनों ही प्रकार से संयुक्त राष्ट्र प्राविधिक सहायता दे रहा है। उनकी कुल लागत 990 लाख डालर है, जिसमें भारत सरकार ने 730 लाख डालर राष्ट्र को अधिक प्रभावशाली बनाने के उद्देश्य से उसके पुनर्गठन में रुचि लेता रहा है। अन्य सदस्यों के साथ भारत संयुक्त राष्ट्र के खर्च के भार में भागी बनता है, इसके अलावा अन्य बजट-विधियों में भी अपना सहयोग देता है।

शान्ति स्थापना के लिए पश्चिमी गुट और साम्यवादी गुट के मध्य सेतुबन्ध का प्रयास

विश्व शांति के लिये भारत हमेशा पश्चिमी गुट तथा साम्यवादी गुटों में हमेशा सामंजस्य की स्थिति बनी रहे यह उसकी विदेश नीति का प्रमुख लक्ष्य है। इसके लिए भारत ने संयुक्त राष्ट्र में एशियाई-अफ्रीकी राष्ट्रों में एक प्रभावशाली सहयोग का संगठन किया है। विशेषतः कोरिया, हिन्द चीन, स्वेज नहर सम्बन्धी संकटों के समय शान्ति स्थापना के कार्य में भारत ने बहुत महत्वपूर्ण भूमिका का निर्वाह किया था।

उत्तरी कोरिया द्वारा दक्षिण कोरिया पर जून 1950 में हमला कर दिया। इस युद्ध में अमरीका और कुछ अन्य राष्ट्रों की सेनाओं ने संयुक्त राष्ट्र के झण्डे के नीचे दक्षिणी कोरिया की ओर से युद्ध में हिस्सा लिया जबकि रूस और साम्यवादी चीन उत्तरी कोरिया की सहायता कर रहे थे। सितम्बर 1950 तक संयुक्त राष्ट्रीय सेनाओं ने उत्तरी कोरिया की सेनाओं को कोरिया की विभाजक रेखा 38 अक्षांश को पार करने का अनुरोध किया था। यदि भारत के अनुरोध को स्वीकार कर लिया जाता तो कोरिया युद्ध उसी समय खत्म हो जाता परन्तु ऐसा सम्भव न हो सका। फलस्वरूप युद्ध में चीन की लाल सेना ने उत्तरी कोरिया के पक्ष में संघर्ष को और तीव्र कर दिया। अन्ततोगत्वा 96,000 अतिरिक्त अमरीकी और न जाने कितने अधिक चीनी और कोरियावासी मारे गए तथा घायल हुए। 1953 के कोरिया युद्ध विराम का श्रेय भी भारत को है। युद्धबन्धियों के प्रश्न को सुलझाने में भारत ने सक्रिय सहायता की थी। इस प्रश्न को हल करने के लिए 5 तटस्थ राष्ट्रों भारत, स्वीडन, पोलैण्ड, चैकोस्लोवाकिया और स्विट्जरलैण्ड का एक आयोग गठित किया गया था; भारत इस आयोग का अध्यक्ष था। कोरिया युद्ध के प्रसंग में ही भारत ने संयुक्त राष्ट्र की सुरक्षा व्यवस्था को अधिक प्रभावशाली बनाने के उद्देश्य से 3 नवम्बर, 1950 के 'शान्ति के लिए एकता प्रस्ताव' का समर्थन किया।

1954 में भारत ने चीन में बंधी अमेरिकी हवाई जहाजों को रिहा कराकर शांति सुनिश्चित करने का सफल प्रयास किया। इसी प्रकार 1956 में स्वेज नहर संकट के समय भारत ने एंग्लो-फ्रांसीसी इजराइली आक्रमण का अन्त कराके शन्ति स्थापित करने के संयुक्त राष्ट्र के प्रयासों को सफल बनाने में महत्वपूर्ण योगदान देता है।

पराधीन राष्ट्रों की स्वतन्त्रता के संघर्ष का समर्थन

भारत ने संयुक्त राष्ट्र में और उसके बाहर भी लगातार इस बात का प्रयास किया है कि विश्व के सभी देश स्वतंत्र हो सके जिससे साम्राज्यवाद और उपनिवेशवाद को खत्म किया जा सके। द्वितीय विश्व युद्ध के बाद भारत ने संयुक्त राष्ट्र में डचों द्वारा इण्डोनेशिया पर अपनी सत्ता की पुनः स्थापना के प्रयासों का घोर विरोध किया। उसने संयुक्त राष्ट्र में लीबिया, ट्यूनिश, मलाया, हिन्द चीन, गोल्ड कास्ट और अल्जीरिया आदि की स्वतन्त्रता का मजबूत समर्थन किया था। भारत ने साइप्रस के विभाजन की निन्दा की।

जातीय भेदभाव, रंगभेद का विरोध

भारत जातीय भेदभाव करने का विरोध करता है। नवम्बर 1946 में संयुक्त राष्ट्र की महासभा के प्रथम अधिवेशन में ही भारत ने दक्षिण अफ्रीका की जातीय पृथग्वारान की नीति की निन्दा करते हुए इस प्रश्न को उठाया था। संयुक्त राष्ट्र ने दक्षिण अफ्रीका की नीति की निन्दा करते हुए दक्षिण अफ्रीका के विरुद्ध आर्थिक प्रतिबन्धों के प्रयोग की व्यवस्था की थी। इस प्रकार भारत सम्पूर्ण विश्व में जातीय भेदभाव, रंगभेद के खिलाफ संघर्षशील है।

राष्ट्रीय हितों की सुरक्षा का कार्य

राष्ट्रीय हितों की सुरक्षा, भारतीय विदेश नीति का प्रमुख उद्देश्य है। राष्ट्रीय हितों की रक्षा में तत्पर भारतीय विदेश नीति के समक्ष अनेक ऐसे मौके आए हैं जब अन्य राष्ट्रों के साथ उनके सम्बन्धों में तनाव और संघर्ष की स्थिति उत्पन्न हो गई विशेषतः पुर्तगाल, पाकिस्तान और चीन के साथ उनके सम्बन्ध शत्रुतापूर्ण हो गये हैं। पुर्तगाल से भारत की शत्रुतावृत्ति का कारण गोआ, दमन और ड्यू प्रदेश थे। इन प्रदेशों पर पुर्तगाली उपायों के विफल हो जाने के बाद मजबूर होकर भारत ने दिसम्बर 1961 में इंन उपनिवेशों को स्वतन्त्र कराने के लिए पुलिस कार्यवाही की थी। पाकिस्तान से कश्मीर विवाद के कारण तथा चीन से सीमा विवाद के कारण भारत से अभी भी विरोधाभास बना हुआ है।

नेहरू की विदेश नीति का मूल्यांकन

स्वतंत्रता के बाद 1951 से अब तक भारत की विदेश नीति काफी प्रभावशाली रही है, जिसका श्रेय नेहरू जी को जाता है। भारत ने दोनों गुटों से असंलग्न रहते हुए शीतयुद्ध की तेजी को कम करने का प्रयास किया। आरम्भ में दोनों गुटों ने भारत को सन्देह की दृष्टि से देखा परन्तु शनैः-शनै उन्होंने भारत की शान्तिप्रियता को स्वीकार करना शुरू कर दिया। 1950 में कोरिया और 1654 में हिन्द चीन में दोनों पक्षों में समझौता कराने में भारत ने अत्यन्त महत्वपूर्ण भूमिका का निर्वाह किया। इसी बीच भारत, साम्यवादी चीन और पश्चिमी जगत के मध्य सम्पर्क का प्रधान माध्यम बन गया। 1954 में भारत ने पंचशील की घोषणा की, जिसका विश्व के अनेक राष्ट्रों ने उत्साहपूर्ण स्वागत किया। इस घोषणा के बाद से भारत को शान्तिपूर्ण

सह अस्तित्व का प्रधान प्रवक्ता माना जाने लगा। 1955 के बांडुंग सम्मेलन में भारत को एशिया और अफ्रीका के असंलग्न राष्ट्रों के नेता के रूप में देखा जाने लगा। 1956 तक भारत की प्रतिष्ठा अन्तर्राष्ट्रीय जगत में शिखर पर पहुंच गई थी। स्वेज नहर पर एंग्लो-फ्रेंच आक्रमण के उसके तीव्र विरोध ने उसे एशिया और अफ्रीका में साम्राज्यवाद के तीव्र विरोधी और स्वाधीनता के मजबूत समर्थक के रूप में अत्यधिक लोकप्रिय बना दिया। 1957 में पामर और परकिन्स ने लिखा है कि "भारत संयुक्त राष्ट्र में शक्तिशाली अफ्रीकी-एशियाई वर्ग का प्रधान संगठनकर्ता था और अब उसका मान्यताप्राप्त नेता है।" परन्तु 1956 के बाद आन्तरिक और अन्तर्राष्ट्रीय घटनाक्रम के कारण नेहरू को कुछ झुकना पड़ा। संयुक्त राष्ट्र में केवल रूस ही कश्मीर के सम्बन्ध में भारत का पक्षधर रह गया। इस कारण से नेहरू हंगरी में रूसी हस्तक्षेप की निन्दा न कर पाए। इससे भारत की साम्राज्यवाद विरोधी विश्वास को भारी नुकसान हुआ।

चीन से मैत्री भारतीय विदेश नीति का एक प्रधान स्तम्भ थी। 1959 के बाद चीन की चालाकियों ने भारत को परेशानी में डाल दिया; 1961 में बेलग्रेड सम्मेलन में निकटवर्ती राष्ट्रों ने भारत के प्रति उपेक्षापूर्ण दृष्टिकोण अपनाया। भारत की अन्तर्राष्ट्रीय प्रतिष्ठा को गहरा आघात लगा। दिसम्बर 1961 में भारत ने पुलिस कार्यवाही कर गोआ से पुर्तगाली साम्राज्यवादियों को रौंद दिया। यह कार्य भारतीय विदेश नीति की एक सफलता कही जा सकती है परन्तु इसने भारत की गाँधीवादी और अहिंसा प्रेमी होने के विश्वास को थोड़ा-बहुत प्रभावित किया। 1962 में भारत पर चीनी आक्रमण ने भारतीय विदेश नीति को लगभग निष्क्रिय ही कर दिया। इस संकट काल मे निकटवर्ती राष्ट्रों ने भारत का साथ नहीं दिया।

भारत में चीनी आक्रमण एक युगप्रवर्तक घटना थी। इस घटना के अत्यन्त दूरगामी परिणाम हुए। भारत पर आक्रमण करने में चीन के चार मुख्य लक्ष्य थे–

1. चीन भारत अन्तर्राष्ट्रीय विश्वास से ईर्ष्या करता था और वह उस विश्वास को नष्ट करने के लिए कृतसंकल्प था।

2. चीन रूसी यूरोपियन साम्यवादी गुट के समानान्तर अपनी नजर में एक एशियाई साम्यवादी गुट की स्थापना करना चाहता था। भारत की गुट निरपेक्ष नीति इसमें बाधक थी अतः चीन ने भारत पर आक्रमण किया।

3. वह भारत को भयभीत कर उस भारतीय भूमि पर वैधानिक अधिकार की मान्यता प्राप्त करना चाहता था, जिस पर उसने अवैधानिक रूप से अधिकार कर लिया।

4. चीन एशिया और अफ्रीका में भारत की बढ़ती हुई लोकप्रियता को खत्म करके अपना नेतृत्व स्थापित करना चाहता था।

चीन को अपने इन उद्देश्यों की प्राप्ति में पूरी सफलता प्राप्त नहीं हुई परन्तु इससे भारत की प्रतिष्ठा को नुकसान हुआ, चीन ने भारत के एशियाई अफ्रीकी राष्ट्रों के नेतृत्व को खत्म कर दिया। मिस्र, श्रीलंका, बर्मा आदि अनेक मुख्य नजदीकी राष्ट्रों ने भारत-चीन विवाद में भी तटस्थता का दृष्टिकोण अपनाया, इण्डोनेशिया आदि अनेक राष्ट्र चीन समर्थक बन गए। भारत और रूस सम्बन्ध पर चीनी युद्ध का प्रभाव पड़ा। नवम्बर 1962 के बाद भारत 'एशिया का नेता अथवा प्रवक्ता' नहीं रह गया। रूस की दृष्टि में भारत का महत्व गिर गया, जिससे भारत और रूस के संबंधों की प्रकृति बदल गई। भारत और रूस की मित्रता में कमी आ गयी।

1962 की हार ने भारत की अन्तर्राष्ट्रीय प्रतिष्ठा को नीचे धकेल दिया। उसे एक कमजोर राष्ट्र समझा जाने लगा। इस प्रकार नेहरू युग में भारतीय विदेश नीति के इतिहास को दो भागों में बांटा जा सकता है। पहला युग (1947 से 1962 तक) जिससे भारत ने जवाहर लाल नेहरू के नेतृत्व में एक शान्तिप्रिय और विकासशील राष्ट्र के रूप में अन्तर्राष्ट्रीय प्रतिष्ठा प्राप्त की। दूसरा युग (1962 के चीनी आक्रमण से लेकर नेहरू की मृत्यु 27 मई 1964) जिससे भारतीय विदेश नीति लगभग अप्रभावी रही।

वस्तुतः समझा जा सकता है कि भारतीय विदेश नीति अतिशयोक्तिपूर्ण प्रशंसा और अनुचित निंदा दोनों का ही विषय रही है। इसके प्रशंसकों का मानना है कि भारतीय विदेश नीति ने भारत को अन्तर्राष्ट्रीय क्षेत्र में अभूतपूर्व प्रतिष्ठा और सम्मान प्रदान किया है। भारत शान्तिदूत, दोनों गुटों के बीच का पुल तटस्थ, विश्व का नेता स्वीकार किया जाता है। जवाहर लाल नेहरू ने कहा था—"भारत का विश्व में व्यापक प्रभाव दृष्टिगत होता है। आज यदि कोई व्यक्ति विश्व के किसी भाग में चला जाए तो वहां शक्ति के साथ भारत का जुड़ा नाम पाएगा।

दूसरी ओर आलोचक भारतीय विदेश नीति को असफल और अविवेकपूर्ण मानते हैं प्रथम, यह अत्यधिक आदर्शवादी और भावना प्रधान है। शान्तिदूत की प्रतिष्ठा पाने हेतु हमने अपने राष्ट्रीय हितों की उपेक्षा की है। तिब्बत सम्बन्धी नीति भारतीय विदेश नीति की आदर्शवादिता और असफलता का ताजा उदाहरण है। दूसरे, चक्रवर्ती राजगोपालाचारी आदि अनेक राजनीतिज्ञों ने असंलग्नता की नीति को हमारे राष्ट्रीय हितों के प्रतिकूल माना है। उनका कहना है कि इस नीति के कारण विश्व

का एक भी राज्य हमारा स्थायी मित्र नहीं रह गया है। हमारे दो शक्तिशाली शत्रु हैं—चीन और पाकिस्तान।

तीसरे, असंलग्नता की नीति को पश्चिमी तथा साम्यवादी दोनों ही गुटों ने संदेह और अविश्वास की दृष्टि से देखा है। पश्चिमी शक्तियों ने भारत पर प्रच्छन्न साम्यवादी होंने का संदेह किया है। उनका कहना है कि तिब्बत में चीन और हंगरी में रूस के साम्राज्यवादी के प्रति दिल्ली की नीति अत्यन्त उदार रही है। इसके विपरीत साम्यवादियों ने भारत की 'पूंजीवादी' राष्ट्रों का पालतू कुत्ता, कहकर निन्दा की है। स्वयं भारतीय साम्यवादी दल ने मार्च 1948 में कहा था कि 'भारत की तटस्थता तो एंग्लो-अमरीकन साम्राज्यवादियों के साथ सहयोग को छिपाने का आवरण मात्र है।'

चौथे, भारत की राष्ट्रमंडल की सदस्यता दास मनोवृत्ति की परिचायक है।

पांचवें, भारत की विदेशों से सहायता लेने की नीति से देश आर्थिक गुलामी शृंखलाओं में बंधता जा रहा है।

वास्तव में नेहरू काल में 1962 की पराजय से भारत की अन्तर्राष्ट्रीय प्रतिष्ठा पर बहुत ही प्रतिकूल असर पड़ा, साथ ही भारत को कमजोर राष्ट्र कहा जाने लगा था।

शास्त्री युग में भारतीय विदेश नीति (1964-1966)

पं. जवाहर लाल नेहरू के बाद लालबहादुर शास्त्री भारत के प्रधानमन्त्री बने; उनका कार्यकाल लगभग पौने दो वर्ष (9 जून, 1964 से 11 जनवरी, 1966) तक रहा। उनके समय को महत्वपूर्ण वैदेशिक क्षेत्र में घटित घटना 'भारत पाक युद्ध' थी। उन्होंने पाकिस्तानी आक्रमण को चुनौती देते हुये अपनी प्रतिष्ठा और अन्तर्राष्ट्रीय प्रतिष्ठा में भारत को दुबारा वापस ले आये।

1965 का भारत-पाक युद्ध

सन् 1965 में लालबहादुर शास्त्री के कार्यकाल में पाकिस्तान ने भारत पर दो बार आक्रमण किये। पहली बार अप्रैल, 1965 में कच्छ के रन में और दूसरी बार अगस्त-सितम्बर, 1965 में कश्मीर में। कच्छ के रन में कुछ शुरुआती सफलताओं के बाद पाकिस्तानी सेनाएँ, भारतीय सेना से पराजित होकर पीछे हटीं। 30 जून, 1965 को युद्ध विराम समझौता हो गया। उसके बाद भारत ने अपनी शान्तिप्रियता

का परिचय दिया और कच्छ सम्बन्धी मतभेदों को एक अन्तर्राष्ट्रीय न्यायाधिकरण को सौंप दिया। परन्तु पाकिस्तान ने भारत शान्तिप्रियता और सदाशयता को उसकी कायरता तथा कमजोरी समझने की भूल की। अगस्त 1965 में युद्ध विराम रेखा का उल्लघंन करने पाकिस्तान ने बड़ी संख्या में घुसपैठिये कश्मीर में भेज कर आक्रमण का दूसरा दौर शुरू कर दिया। इस पर भारतीय सेना ने मुंहतोड़ उत्तर दिया। पाकिस्तानी सेना तथा घुसपैठियों को पीछे धकेलते हुए हाजीपीर और टिथवाल के पाक अधिकृत क्षेत्रों को भी मुक्त करा लिया। सितम्बर 1965 को पाकिस्तानी सेना ने अन्तर्राष्ट्रीय सीमा का उल्लघंन कर छम्ब प्रदेश पर आक्रमण कर दिया। इससे विवश होकर भारतीय सेना को भी अन्तर्राष्ट्रीय सीमा को पार कर पश्चिमी पाकिस्तान के क्षेत्र में युद्धरत होना पड़ा। भीषण संघर्ष में भारतीय सेना ने पाकिस्तान को पराजित किया। अन्त में सुरक्षा परिषद् के 20 सितम्बर, 1965 के प्रस्ताव का पालन करते हुए पक्षों ने 22-23 सितम्बर 1965 की रात्रि के ब्राह्ममुहूर्त (3.30 बजे) में युद्ध बन्द कर दिया। इस समय भारतीय सेनाएँ विजय की बेला से गुजरती हुई लाहौर के पास पहुंच गई थीं।

23 सितम्बर, 1965 के युद्ध विराम के बाद भी भारत-पाक सम्बन्ध सामान्य न हो सके, अन्त में 10 जनवरी, 1966 को रूसी प्रधानमन्त्री कोसीगिन के प्रयासों से दोनों देशों के बीच ताशकन्द समझौता हो गया, जिसके द्वारा भारत के प्रधानमंत्री लालबहादुर शास्त्री और पाकिस्तान के राष्ट्रपति जनरल अयूब खां इस बात पर राजी हो गए कि "दोनों देशों के सभी सशस्त्र सैनिक 25 फरवरी 1966 के पहले उस स्थान पर वापस हो जाएंगे, जहां वे 5 अगस्त, 1965 के पूर्व थे तथा दोनों पक्ष युद्धविराम रेखा पर युद्ध विराम की शर्तों का पालन करेंगे।"

ताशकन्द समझौते की बड़ी कड़वी आलोचना हुई, सामान्य रूप से यह कहा जा सकता है कि इस समझौते के द्वारा भारत ने खोया अधिक है पाया कम है। ताशकन्द समझौता भारत की अपेक्षा पाकिस्तान के लिए लाभप्रद था। आचार्य कृपलानी का यह मानना है कि "लालबहादुर शास्त्री ने दबाव में आकर हस्ताक्षर किए थे।" एक बड़ी सीमा तक सही प्रतीत होता है परन्तु यह भी स्वीकार करना पड़ता है कि ताशकन्द समझौते ने उस समय की एक महत्वपूर्ण जरूरत को पूरा किया था यह जरूरत थी, "भारत और पाकिस्तान के बीच युद्ध स्थिति की समाप्ति (औपचारिक समाप्ति)।" यही इस समझौते की ठीक उपलब्धि थी। सम्भवतः अन्य किन्हीं शर्तों पर युद्ध स्थिति की समाप्ति सम्भव नहीं थी। कुछ लोगों ने ताशकन्द

समझौते को उन्हें निराश होना पड़ा। ताशकन्द भावना चिरस्थायी नहीं हो सकी क्योंकि कुछ ही महीनों के बाद पाकिस्तान ने अपना भारत विरोधी प्रचार फिर शुरू कर दिया।

भारत-पाक युद्ध (1965) अन्तर्राष्ट्रीय राजनीति के हिसाब से बहुत महत्वपूर्ण घटना थी। इस घटना ने संयुक्त राज्य अमरीका और सोवियत रूस को एक राष्ट्र युद्ध विराम कराने में सफल रहे। इस युद्ध में साम्यवादी चीन, पाकिस्तान के मुख्य समर्थक के रूप में दृष्टिगत हुआ। पाकिस्तान और चीन की बढ़ती हुई मैत्री ने चीन या अमरीका की ओर झुकने से रोकने और अपने पक्ष में करने का प्रयास करने लगा जिसके कारण उसने कश्मीर के सम्बन्ध में भारत का पहले जैसा सशक्त समर्थन नहीं किया। इस संन्दर्भ में यह स्वीकार करना पड़ता है कि ताशकन्द समझौता दो देशों के बीच शन्ति का समझौता नहीं, अपितु उनके (भारत और पाकिस्तान के) मामलों में तीसरे देश (रूस) द्वारा हस्तक्षेप का समझौता है।" यह समझौता भारत-पाकिस्तान के प्रति रूस के बदलते हुए दृष्टिकोण का परिचायक भी था। रूस अभी तक कश्मीर को भारत का वैधानिक अंग स्वीकार करता आया था परन्तु अब वह धीरे-धीरे उसे एक विवादास्पद क्षेत्र मानने की ओर खिसकने लगा था। भारत सरकार रूस को पाकिस्तान के प्रति नीति के सन्दर्भ में अपनी विदेश नीति और व्यूह रचना का पुनगर्ठन करने में बहुत सफल नहीं हुई। ताशकन्द में सम्भवतः पाकिस्तान को पराजित करके प्राप्त किए गए क्षेत्र को लौटाने के मूल्य के रूप में कश्मीर समस्या का अन्तिम समाधान प्राप्त किया जा सकता था। परन्तु भारतीय कूटनीति ऐसा करने में नितांत असफल रही। भारत-पाक युद्ध का मूल्यांकन करने पर फिर भी यह अभिव्यक्त किया जा सकता है कि कुल मिला कर पाक आक्रमण भारत के लिए एक शुभ घटना रही, उसने देश को एकता के सूत्र में बांध दिया तथा पाकिस्तान की सैनिक श्रेष्ठता के मिथ्या भ्रम का अन्त कर दिया था, इसके अतिरिक्त 1962 के चीनी आक्रमण से उत्पन्न भारतीय सेना की हीनता की भावना को समाप्त कर उसे नया गनोबल प्रदान किया था। इसने भारत की धर्म निरपेक्षता की नीति की सफलता को भी सिद्ध कर दिया क्योंकि पाकिस्तान और पश्चिमी जगत की नीति की सफलता को भी सिद्ध कर दिया क्योंकि पाकिस्तान और पश्चिमी जगत की आशाओं के विपरीत कश्मीर सहित पूरे भारत के मुसलमानों ने भारत के प्रति पूर्ण निष्ठा प्रदर्शित की तथा पाकिस्तानी आक्रमण का प्रत्युत्तर में अपना तन-मन-धन सब समर्पित किया।

तमिल प्रवासियों की समस्या – (शास्त्री भंडारनायके समझौता)

श्रीलंका में तमिल प्रवासियों की समस्या से सम्बन्धित समझौता लालबहादुर शास्त्री के प्रधानमन्त्रित्व काल की भारतीय विदेश नीति की दूसरी मुख्य घटना थी। 24 अक्टूबर, 1964 को श्रीलंका की प्रधानमन्त्री श्रीमती सिरीमावो भंडारनायके और भारत के प्रधानमन्त्री लालबहादुर शास्त्री के मध्य तमिल प्रवासियों के सम्बन्ध में यह समझौता हुआ कि 9 लाख 75 हजार राज्यविहीन तमिल लोगों में से 3 लाख को नागरिकता दी जाएगी। 5 लाख 25 हजार लोगों को अपने स्वाभाविक विकसित परिवारों के साथ भारतीय नागरिकता प्रदान कर दी जाएगी। डेढ़ लाख लोगों का निर्णय भविष्य में होने वाले समझौतों पर निर्भर करेगा। भारत में नागरिकता प्राप्त व्यक्ति धीरे धारे पन्द्रह वर्षों में किस्तों में भारत आएंगे।

इस समझौते के बाद अगले दो दशकों तक भारत-श्रीलंका सम्बन्ध लगभग सामान्य बने रहे।

शास्त्री की विदेश नीति का मूल्यांकन

1965 के भारत-पाक युद्ध में अपनी दृढ़ता विजय से गौरवान्वित लालबहादुर शास्त्री रातोंरात लघु लौह पुरुष बन गए थे। नेहरू की मृत्यु के बाद शीघ्र ही लालबहादुर शास्त्री ने भारत के खोये हुये मनोबल और प्रतिष्ठा को वापस लाने में सफल हुये। भारत-पाक युद्ध में विजय श्री ने उन्हें और भारत को पुनः अन्तर्राष्ट्रीय सम्बन्धों में सक्रिय रहने से उन्होंने भारत को अपने निकटतम पड़ोसियों (नेपाल, भूटान, श्रीलंका) से अच्छे सम्बन्ध स्थापित करने के लिए प्रेरित किया तथा सफलता प्राप्त की। नेहरू की मृत्यु के बाद जब 1965 में लालबहादुर शास्त्री के प्रधानमन्त्रित्व में भारत एक आर्थिक और खाद्य संकट के दौर से गुजर रहा था तब अमरीका ने अपनी सहायता के मूल्य के रूप में भारत से अपनी वियतनाम सबंधी नीति के समर्थन की अपेक्षा की। जब भारत के लघु लौह पुरुष (लालबहादुर शास्त्री) ने ऐसा नहीं किया तब संयुक्त राज्य अमरीका के राष्ट्रपति जॉनसन ने उनको अपमानित करने के उद्देश्य से उनको दिया अमरीका यात्रा का निमन्त्रण अप्रैल 1965 में वापस ले लिया परन्तु शास्त्री जी परेशान नहीं हुए और कुछ ही समय बाद भारत-पाक आक्रमण में उन्होंने पाकिस्तान को मुंहतोड़ उत्तर दिया। उनकी सशक्त विदेश नीति ने भारत की अन्तर्राष्ट्रीय प्रतिष्ठा स्थापित की थी। भारत अन्तर्राष्ट्रीय सम्बन्धों की

कड़ी में उस बिन्दु पर पुनः पहुंच गया था जहां नेहरू के स्वर्णिम काल (1947-1956) में भारत को प्रतिष्ठा प्राप्त थी।

इन्दिरा तथा जनता सरकार में भारतीय विदेश नीति (1966-1984)

जनवरी, 1966 के ताशकन्द समझौते के बाद प्रधानमंत्री लालबहादुर शास्त्री इस संसार सागर से हमेशा के लिये विदा हो गये, उनकी उत्तराधिकारी श्रीमति इन्दिरा गाँधी ने भारत का नेतृत्व किया। 1977 के निर्वाचनों में कांग्रेस पराजित हो गई तथा पांच पूर्ववर्ती राजनीतिक दलों—भारतीय लोकदल, जनसंघ, कांग्रेस संगठन, समाजवादी दल और लोकतान्त्रिक कांग्रेस के संयुक्त संगठन जनता दल ने सत्ता ग्रहण की, प्रधानमंत्री मोरारजी देसाई ने भारत का नेतृत्व किया। 28 जुलाई, 1979 को मोरारजी सरकार का पतन हो गया तथा प्रधानमंत्री चौधरी चरण सिंह की कार्यवाहक जनता (एस) सरकार प्रतिष्ठापित हुई। जनवरी 1980 में इन्दिरा कांग्रेस भारी बहुमत से विजयी हुई तथा इन्दिरा गाँधी पुनः भारत की प्रधानमंत्री बन गईं। 31 अक्टूबर, 1984 में इन्दिरा गाँधी की हत्या कर दी गई और उनके गौरवशैली नेतृत्व से भारत अलग हो गया। जनवरी 1966 में इन्दिरा गाँधी के नेतृत्व में भारत ने अन्तर्राष्ट्रीय सम्बन्धों में अपनी मजबूत पहचान बनानी शुरू की थी और जल्दी ही भारत विश्व की नयी शक्ति (शान्ति के क्षेत्र में) बन कर उभरने लगा था। उनकी विदेश नीति ने नयी चुनौतियों को सार्थकता से स्वीकार किया और नये आयामों को छुआ।

इन्दिरा गाँधी की विदेश नीति का प्रथम काल (1966-1977)

इन्दिरा गाँधी लाल बहादुर शास्त्री की मृत्यु के उपरान्त प्रधानमंत्री का कार्यभार ग्रहण किया। श्रीमती इन्दिरा गाँधी ने समय की चुनौतियों का सामना करने में सराहनीय कौशल और राजनीतिक परिपक्वता का परिचय दिया परन्तु आन्तरिक और बाह्य समस्याएँ इतनी गम्भीर और बहुसंख्यक थीं कि उन्हें लगातार पंजों पर खड़ा रहना पड़ा। 1971 में इन्दिरा गाँधी को बहुत गम्भीर चुनौती का सामना करना पड़ा। 1971 के शुरू में कश्मीर में पाकिस्तान एजेन्टों ने एक भारतीय विमान का अपहरण करके हमारे समक्ष वैदेशिक मुश्किल उत्पन्न की और 1971 के अन्तिम महीनों में भारत की पूर्वी सीमा पर पाकिस्तान का 'शरणार्थी आक्रमण' नवीन चुनौती बन कर उभरा। चीन और संयुक्त राज्य अमरीका खुले रूप से पाकिस्तान का समर्थन कर

रहे थे, यह भारत के लिए वैदेशिक क्षेत्र में गम्भीर संकट की स्थिति थी; भारत ने अपने को कूटनीतिक रूप से मित्रविहीन स्थिति में पाया। इस संकट की बेला में इन्दिरा गाँधी ने असंलग्नता की वैचारिक निष्ठाओं की रक्षा करते हुए अद्वितीय साहस का परिचय दिया। 9 अगस्त, 1971 को सोवियत संघ के साथ 'शान्ति-मित्रता और सहयोग' की बीस वर्षीय सन्धि करके भारत को 'राजनयिक अकेलेपन' की स्थिति से निकालने का सफल प्रयास किया।

3 दिसमबर, 1971 को भरत-पाक युद्ध हो गया परन्तु इस सन्धि के कारण सोवियत हस्तक्षेप की सम्भावना रो पाकिस्तान के चीनी, अमरीकी मित्र पाकिस्तान की खुलकर सहायता नहीं कर सके। युद्ध केवल 14 दिन चला और उसका अन्त भारत की शानदार विजय, पाकिस्तान की अप्रतिम पराजय तथा बंगला देश के अभ्युदय के रूप में हुआ। इसका श्रेय श्रीमती इन्दिरा गाँधी के कुशल राजनय को है।

इस प्रकार 1971 की अग्नि परीक्षा में इन्दिरा गाँधी के कुशल नेतृत्व में भारत खरा सिद्ध हुआ। अक्टूबर, 1971 में उन्होंने व्यक्त किया था - 'मैं कह चुकी हूं कि विस्थापित अपने घरों को लौट जाएंगे। मैं ऐसी हालत पैदा करके दिखाऊंगी जिसमें सभी विस्थापित लौट सकें।'

श्रीमती इन्दिरा गाँधी ने अपना वचन पूरा करके विस्थापितों को लौटने का मार्ग प्रशस्त किया। उन्होंने बंगला देश को मान्यता या खुली सहायता देने में जल्दबाजी न करके भारत के असमंजस का पाकिस्तान को असमंजस बना दिया। मुक्तिवाहिनी की बढ़ती हुई शक्ति के कारण पाकिस्तान के समक्ष केवल दो विकल्प थे - प्रथम, पाकिस्तान शेख मुजीब से समझौता करे; द्वितीय, अन्तर्राष्ट्रीय हस्तक्षेप की उम्मीद में भारत से युद्ध करे।

पाकिस्तान ने दूसरे विकल्प को चुना और गम्भीर हार प्राप्त की। इस भारत-पाक युद्ध में भारत की विजय और बंगला देश के उदय ने कश्मीर पर पाकिस्तानी दावे के आधारभूत सिद्धान्त - 'दो राष्ट्रों के सिद्धान्तों' को गलत सिद्ध कर दिया। इस विजय ने भारत को दक्षिणी एशिया का सर्वाधिक शक्तिशाली राष्ट्र बना दिया। भारत को नया अन्तर्राष्ट्रीय विश्वास प्राप्त हुआ। इन्दिरा गाँधी की विदेश नीति सर्वाधिक सशक्त, सफल सिद्ध हुई। भारत-पाक युद्ध में निर्णायक सफलता प्राप्त हुई थी। अटल बिहारी वाजपेयी का कथन उपयुक्त है - 'विश्व के रंगमंच पर एक नये भारत का उदय हो रहा है'

1971 के बाद इन्दिरा गाँधी विदेश नीति की मुख्य विशेषताएँ थीं–

1. चीन से तनाव शैथिल्य;
2. पाकिस्तान से सम्बन्धों का सामान्यीकरण;
3. आर्थिक और सैनिक आत्मनिर्भरता पर जोर;
4. व्यावहारिक असंलग्नतावाद;
5. अमरीकी से नफरत भरी मुहब्बत;
6. भारत-सोवियत मैत्री;
7. पड़ोसी देशों के साथ घनिष्ठ सम्बन्ध।

आर्थिक और सैनिक आत्मनिर्भरता पर जोर

1962 में चीन से भारत की पराजय ने भारतीय राजनीतिज्ञों को यह एहसास करा दिया कि एक राष्ट्र की अन्तर्राष्ट्रीय प्रतिष्ठा उसकी आन्तरिक सुदृढ़ता की देन होती है। इन्दिरा गाँधी ने इतिहास के इस अध्याय को पूर्ण रूप से स्वीकार किया था; अपने पिता जवाहरलाल नेहरू के समान उन्होंने भी आर्थिक आत्मनिर्भरता पर जोर दिया परन्तु साथ ही सैनिक शक्ति को भी उतना ही महत्वपूर्ण माना। मई, 1974 में भारत ने पोखरण में अपना पहला आणविक परीक्षण किया। 19 अप्रैल, 1975 को भारत ने अपना पहला भू-उपग्रह 'अन्तरिक्ष में भेजा। इस प्रकार भारत विश्व की छठी आणविक शक्ति तथा नवीं अन्तरिक्ष शक्ति बन गया।

भारत-सोवियत मैत्री

इन्दिरा गाँधी की विदेश नीति की दूसरी सबसे बड़ी सफलता भारत सोवियत मित्रता थी। राष्ट्रीय और पर-राष्ट्रीय दोनों तत्वों ने इस मैत्री का मार्ग दर्शन किया था। 1969 की कांग्रेस के बंटवारे के समय इन्दिरा गाँधी को भारतीय साम्यवादी दल ने सक्रिय सहयोग दिया था, अतएव इन्दिरा गाँधी के नेतृत्व वाली कांग्रेस वामपंथ की ओर अधिक झुक रही थी। इससे भारत-सोवियत मैत्री के विकास में एक सीमा चिन्ह सिद्ध हुआ। इस समय चीन और अमरीका द्वारा पाकिस्तान के समर्थन ने भारत को एक चिन्ताजनक कूटनीतिक पार्थक्य की स्थिति में पा रहा था। इस प्रकार भारत और सोवियत 'शान्ति, मित्रता और सहयोग' की सन्धि के द्वारा दोनों ने आपस में एक-दूसरे को एक विश्वसनीय मित्र के रूप में पा लिया।

भारत-रूस सन्धि के महत्वपूर्ण तथ्य थे–

(1) दोनों देशों में राजनैतिक और सामाजिक स्थितियाँ अलग-अलग होने के बावजूद दोनों देश शान्तिपूर्ण सह-अस्तित्व और सहयोग के सिद्धान्त में विश्वास करते हैं। दोनों देश इस बात पर भी राजी हैं कि आज की स्थिति में अन्तर्राष्ट्रीय समस्याएँ परस्पर सहयोग से ही सुलझाई जा सकती हैं, संघर्ष से नहीं। दोनों देश संयुक्त राष्ट्र के घोषणा-पत्र के वर्णित उद्देश्यों और सिद्धान्तों में पूरी आस्था रखते हैं। भारतीय गणतन्त्र और यूनियन ऑफ सोवियत रिपब्लिक ने सहर्ष यह सन्धि करने का निर्णय लिया है।

(2) दोनों देश किसी जातीय और वर्ण भेदभाव के बिना सभी जातियों और राष्ट्रों की एकता में विश्वास करते हैं और इस महान् सन्धि पर हस्ताक्षर करने वाले दोनों देश उपनिवेशवाद और रंग-जातिवाद की बुराई करते हैं।

(3) दोनों देशों के बीच विद्यमान परम्परागत मित्रता के अनुसार प्रत्येक पक्ष निष्ठापूर्वक घोषित करता है कि वह किसी भी ऐसे गठबन्धन में; जो दूसरे पक्ष के विरुद्ध हो, न सम्मिलित होगा और न भाग लेगा। प्रत्येक पक्ष वचनबद्ध है कि वह दूसरे पक्ष पर किसी प्रकार का आक्रमण नहीं करेगा तथा अपने क्षेत्र में किसी प्रकार के ऐसे कार्य को नहीं होने देगा जिससे दूसरे पक्ष को सैनिक हानि होने की आशंका हो।

(4) प्रत्येक पक्ष वचनबद्ध है कि तीसरे पक्ष को, जो दोनों पक्षों में से किसी एक के साथ सशस्त्र संघर्ष कर रहा हो, किसी प्रकार की सहायता नहीं देगा। दोनों में से किसी पक्ष पर आक्रमण होने या विचार-विमर्श करेंगे ताकि ऐसे खतरे को समाप्त किया जाए तथा अन्य देशों की शान्ति और सुरक्षा को सुनिश्चित करने के लिए महत्त्वपूर्ण कदम उठाये जायें।

(5) प्रत्येक पक्ष निष्ठापूर्वक यह घोषित करता है कि किसी भी एक या एक से अधिक राज्यों के साथ कोई भी गुप्त या प्रकट दायित्व अपने ऊपर नहीं लेगा जो इस सन्धि के प्रतिकूल हों। प्रत्येक पक्ष यह भी घोषित करता है कि उसका किसी राज्य या राज्यों के साथ न कोई ऐसा वर्तमान दायित्व है और न वह भविष्य में ऐसा कोई दायित्व लेगा जिससे दूसरे पक्ष को किसी प्रकार की सैनिक हानि हो।

(6) यह सन्धि 20 वर्ष की अवधि के लिए होगी। उसके बाद पांच-पांच वर्ष की अवधि के लिए अपने आप बढ़ती जाएगी जब तक कि कोई पक्ष सन्धि तोड़ने की इच्छा अभिव्यक्त नहीं करता। यदि कोई पक्ष सन्धि तोड़ना चाहेगा तो उसे अवधि-समाप्त होने से 12 महीने पहले दूसरे पक्ष को इसकी सूचना देनी होगी।

भारत-सोवियत सन्धि ने अनेक क्षेत्रों में सराहनीय प्रतिष्ठा दी। यह व्यक्त किया गया कि मनौवैज्ञानिक रूप से इस सन्धि ने किसींगर राजनय से उत्पन्न वाशिंगटन-पीकिंग-पिंडी धुरी की सम्भावना के त्रास से भारतीय जन-मानस को मुक्त कर दिया तथा व्यावहारिक रूप में 'एक ठोस फायदा भारत सरकार को हुआ है कि पाकिस्तान से पाकिस्तान की शर्तों पर युद्ध और अनन्तर अमरिका आदि की शर्तों पर समझौता करने से वह बच गई।' फिर भी इस सन्धि असंलगन्ता की नीति के परित्याग की घोषणा थी कि यह एक 'घबराहट भरा कदम' था, जिसने बंगला देश के सम्बन्ध में भारत की इच्छानुसार कार्य करने की स्वतन्त्रता को सीमित कर दिया है और भारत को रूस का पिछलग्गू राष्ट्र बना दिया है। यह भी कहा गया है कि, 'इस सन्धि ने भारत के हाथ बांध दिए हैं। यह एक असमान सन्धि है, जिसमें लाभ रूस को ज्यादा होगा तथा भारत को हानि उठानी पड़ेगी।

परन्तु इतिहास का निर्णय भारत-रूस सन्धि के पक्ष में रहा है। इसमें सन्देह नहीं कि इस सन्धि से असंलग्नता की मूर्ति खण्डित हुई है; परन्तु असंलग्नता अपने आप कोई लक्ष्य नहीं है। वह एक साधन मात्र है, जिसे कभी भी बदला जा सकता है। राष्ट्रीय हित तथा पिछली घटनाओं ने यह सिद्ध कर दिया कि इस सन्धि ने भारत के राष्ट्रीय हितों की रक्षा में सराहनीय भूमिका निभायी।

1971 की सोवियत-भारत मैत्री सन्धि के पश्चात् से भारत और सोवियत संघ के बीच घनिष्ठ सम्बन्ध रहे हैं। 2 अक्टूबर, 1972 को भारत और सोवियत संघ ने वैज्ञानिक और तकनीकी सहयोग से एक समझौते पर हस्ताक्षर किए। आर्थिक क्षेत्र में सहयोग बढ़ाने के प्रयास भी किए गए। नवम्बर, 1973 में ब्रेझनेव भारत आए तथा दोनों देशों के बीच व्यापार, नियोजन और वाणिज्य दूतीय सम्बन्धी तीन समझौते किए गए। भारत-सोवियत की महान् उपलब्धि थी—19 अप्रैल, 1975 को भारत द्वारा सोवियत प्रक्षेपण यन्त्र के माध्यम से अपना पहला भू-उपग्रह 'आर्यभट्ट' को अंतरिक्ष में भेजना।

अमरीका से नफरत भरी मुहब्बत

अमरीका के साथ भारत के सम्बन्ध 'नफरत भरी मुहब्बत' की विशेष भावना से ओत-प्रोत हैं। भारत और सयुक्त राज्य अमरीका विश्व के दो सबसे बड़े लोकतांत्रिक राष्ट्र हैं। वे कुछ समान आदर्शों में विश्वास करते हैं, परन्तु घनिष्ठ मित्र नहीं बन सके क्योंकि अमरीका भारत के दुश्मन पाकिस्तान को सहायता देता रहा

है। इसलिए दोनों राष्ट्रों के सम्बन्ध तनावपूर्ण बने रहे। इसके अतिरिक्त भारत अमरीका के साम्यवाद विरोधी अभियान में सहयोग देने से अलग रहा है; जिससे दोनों के बीच तनाव लगातार जारी है।

1962 के चीनी आक्रमण के समय अमरीका ने भारत को भारी मात्रा में सैनिक और खाद्यान्न सम्बन्धी सहायता दी थी, परन्तु जब भारत ने अमरीका की वियतमान सम्बन्धी नीति का सर्मथन करने से मना कर दिया तब राष्ट्रपति जानसन इतने क्षुब्ध हुए कि उन्होंने भारत के तत्कालीन प्रधानमंत्री लालबहादुर शास्त्री को अमरीका की यात्रा के लिए दिया आमंत्रण वापस ले लिया। भारत सरकार और भारत की जनता ने इसे एक राष्ट्रीय अपमान माना तथा भारत-अमरीका सम्बन्ध फिर से खराब हो गये। 1965 के भारत-पाक युद्ध में पाकिस्तान ने खुलकर भारत के विरुद्ध अमरीकी शस्त्रों का प्रयोग किया जबकि अमरीका यह आश्वासन दे चुका था कि इन शस्त्रों का पाकिस्तान को भारत के विरुद्ध प्रयोग नहीं करने दिया जाएगा। लेकिन यह गलत साबित हुआ। ताशकन्द समझौते के उपरान्त दोनों राष्ट्रों के बीच तनाव को समाप्त करने के प्रयास आरम्भ हुए। भारत की प्रधानमन्त्री इन्दिरा गाँधी मार्च, 1966 में अमरीका की यात्राा पर गईं तथा जुलाई, 1969 में अमरीकन राष्ट्रपति निक्सन भारत की यात्रा आए। परन्तु 1971 के भारत-पाक युद्ध के मौके पर भारत-अमरीकी सम्बन्ध फिर तनावपूर्ण हो गये। अमरीका ने न केवल पाकिस्तान को राजनयिक समर्थन प्रदान किया बल्कि भारत के विरुद्ध 'युद्धपोत राजनय' का प्रयोग भी किया। मार्च, 1973 में अमरीका ने पाकिस्तान को फिर से सैनिक सहायता देना शुरू कर दिया। 13 दिसम्बर, 1973 को एक भारत-अमरीकन समझौते के अन्तर्गत अमरीका पी. एल. 480 ऋण के 24000 मिलियन रुपयों में से 16680 मिलियन रुपये भारत को पंचम पंचवर्षीय योजना के लिए अनुदान के रूप में देने को राजी हो गया। परन्तु इससे उत्पन्न सद्भावना को तब धक्का लगा जब 1974 में अमरीका ने ब्रिटेन से प्राप्त द्वीप डियागोगार्सिया में, जो कि हिन्द महासागर में स्थित है, सैनिक अड्डा बनाने का निर्णय लिया।

पड़ोसी देशों के साथ घनिष्ठ सम्बन्ध

श्रीमती इन्दिरा गाँधी ने अपने शासनकाल में पड़ोसी देशों के सम्बन्धों में सुधार करते हुये अन्तर्राष्ट्रीय सम्बन्धों में भी प्रतिष्ठा प्राप्त की। 1971 में पाकिस्तान और चीन के साथ हमारे सम्बन्ध शत्रुतापूर्ण थे। नेपाल, श्रीलंका, बर्मा और ईरान से

अनेक विषयों पर मतभेद थे। 1971 में हमारी पूर्वी सीमा पर एक नये मित्र देश 'बंगला देश' का उदय हुआ।

सन् 1960 के समय भारत-नेपाल के सम्बन्धों में एक दूसरे अविश्वास की स्थिति थी। इसी वर्ष नेपाल नरेश महेन्द्र ने कोइराला मन्त्रिमण्डल को बर्खास्त करके सत्ता अपने हाथ में केन्द्रित कर ली थी; लोकतान्त्रिक राष्ट्र भारत में पड़ोसी राष्ट्र नेपाल की लोकतान्त्रिक व्यवस्था की समाप्ति ने अविश्वास और शंका को जन्म दिया। इसे दूर करने के लिए जनवरी, 1976 में भारतीय विदेश मन्त्री यशवन्तराव चव्हाण ने नेपाल की तथा अप्रैल, 1976 में नेपाली प्रधानमन्त्री डॉ. तुलसी गिरी ने भारत की यात्रा की। इसी बीच 23 मार्च, 1976 को भारत और श्रीलंका के बीच एक समुद्री सीमा सम्बन्धी समझौता हुआ, जिसके द्वारा कच्चा तीबू द्वीप विवाद, जिसने अनेक वर्षों से दोनों देशों के सम्बन्धों में तनाव उत्पन्न कर रखा था, खत्म हो गया। इसी प्रकार 24 मार्च, 1976 को भारत और बर्मा की सीमा को निर्धारित करने सम्बन्धी नक्शों पर हस्ताक्षर हुए। ईरान की पाकिस्तान के साथ मित्रता के कारण भारत और ईरान के सम्बन्ध भी अच्छे नहीं थे। परन्तु भारत-पाक शिमला समझौते के बाद ईरान और भारत के सम्बन्धों में भी सुधार हुआ है। मई, 1974 में श्रीमती इन्दिरा गाँधी ने ईरान की यात्रा की तथा अक्टूबर, 1974 में ईरान के सम्बन्धों में सुधार हुआ, अपितु ईरान, भारत और पाकिस्तान के बीच सम्बन्धों को सामान्य बनाने में भी सहयोग देने लगा। मई 1976 में ईरान के प्रधानमंत्री अमीर अब्बास हुबैदा की भारत यात्रा इस प्रसंग में अत्यधिक महत्वपूर्ण थी।

परन्तु पड़ोसियों के साथ बढ़ते हुए सद्भाव का एक महत्वपूर्ण अपवाद बंगला देश था। मार्च, 1972 में इन्दिरा गाँधी ने ढाका की यात्रा की तथा मित्रता और सहयोग की एक बीस वर्षीय सन्धि पर हस्ताक्षर हुए। अप्रैल, 1975 में फरक्का बांध की उलझनकारी समस्या का निवारण भी किया गया; परन्तु 15 अगस्त, 1975 को बंगला देश में एक सैनिक क्रान्ति हुई। शेख मुजीबर्रहमान की हत्या कर दी गई। बंगला देश के नये शासकों ने एक भारत विरोधी दृष्टिकोण अपनाया। 20 अप्रैल, 1976 को बंगला देश-भारत सीमा पर गोलियाँ चलीं। बंगला देश ने फरक्का विकास का अन्तर्राष्ट्रीयकरण और राजनीतिकरण करने का प्रयास किया। जबकि यह एक सार रूप से द्विपक्षीय और आर्थिक विवाद है। नवम्बर, 1976 में बंगला देश में इस मामले को लेकर तीव्र क्षोभ व्याप्त हो गया और वह इस विवाद को संयुकत राष्ट्र की महासभा में ले गया जहाँ संयुक्त राष्ट्र की राजनीतिक समिति ने यह परामर्श दिया कि विवाद को द्विपक्षीय स्तर पर सुलझाया जाए।

पाकिस्तान से सम्बन्धों का सामान्यीकरण

1976 में इन्दिरा गाँधी की विदेश नीति की महत्वपूर्ण सफलता पाकिस्तान के साथ सम्बन्धों का सामान्यीकरण के रूप में प्रगट हुई। पाकिस्तान के साथ सम्बन्धों के सामान्यीकरण की प्रक्रिया 1972 में शिमला समझौते के साथ शुरू हो गई थी। इन्दिरा गाँधी और जुल्फिकार अली भुट्टो दोनों ने शिमला समझौते को भारत और पाकिस्तान के सम्बन्धों में एक नई शुरुआत कहा था। शिमला समझौते में दोनों देशों में प्रेम की भावना का सूत्रपात हुआ था। दोनों देशों ने एक-दूसरे की भूमि जिस पर उन्होंने युद्ध में कब्जा कर लिया था, खाली करना स्वीकार कर लिया था, परन्तु पाकिस्तानी युद्ध-बन्दियों, उनके मुकदमें और स्वदेश प्रत्यावर्तन के सम्बन्ध में एक भारत-पाक समझौता हुआ। 22 फरवरी, 1974 को पाकिस्तान ने बंगला देश को मान्यताा प्रदान कर दी। सितम्बर, 1974 में दोनों देशों में संचार के साधनों और यात्रा सम्बन्धी सुविधाओं के सामान्यकरण की प्रगति धीमी रही। 1976 में दोनों देशों के मध्य अनेक समझौते हूए, जिसमें वायु सम्बन्धों, राजनयिक सम्बन्धों और रेल सम्बन्ध पुनः स्थापित हो गए और पाकिस्तानी विमानों की भारतीय भूमि के ऊपर उड़ानें जो फरवरी, 1971 में निषिद्ध कर दी गई थीं, फिर शुरू हो गईं। 6 सितम्बर, 1965 को फिर से शुरू हो गईं। दिसम्बर 1971 में भारत के द्वारा बंगला देश को मान्यता देने के विरोध में पाकिस्तानी राष्ट्रपति याहिया खां ने भारत के कूटनीतिक सम्बन्ध तोड़ दिए थे; 24 जुलाई, 1976 को ये सम्बन्ध पुनः स्थापित हो गए।

चीन से तनाव शैथिल्य

इन्दिरा गाँधी की विदेश नीति का कुशल उदाहरण चीन से सम्बन्ध सुधारने की प्रक्रिया थी। 1969 में चीन के साम्यवादी दल की नवीं कांग्रेस से इन्दिरा गाँधी ने तनाव शैथिल्य पर जोर देना शुरू किया। लगभग सात वर्षों के बाद 1976 में चीन में इस सम्बन्ध में विचार विमर्श होना हुए; अप्रैल, 1976 में दोनों देश 14 वर्ष के बाद पुनः राजयनिक सम्बन्धों को राजदूत स्तर स्थापित करने की स्वीकृति दे दी।

व्यावहारिक असंलग्नवाद

पं. जवाहर लाल नेहरू असंलग्नवाद के आर्दशात्मक पहलू के प्रवक्ता थे। परन्तु इन्दिरा गाँधी ने व्यावहारिक असंलग्नवाद पर जोर दिया। 16-20 अगस्त, 1976 को कोलम्बो शिखर सम्मेलन में इन्दिरा गाँधी असंलग्नवाद के व्यावहारिक

पहलू के प्रवक्ता के रूप में सामने आई। इन्दिरा गाँधी ने असंलग्नता के आर्थिक पक्ष को महत्व दिया। उनका कहना था कि नये विश्व-अर्थव्यवस्था की आवश्यकताओं के प्रति विकसित देशों काा दृष्टिकोण अनुदार रहा है। अतः असंलग्न देशों को अपने आप को आर्थिक दृष्टि से शक्तिशाली बनाने के लिए आपस में सहयोग करना चाहिए।

जनता सरकार की विदेश नीति की अवधि (1977-980)

जनता सरकार की विदेश नीति का काल, राष्ट्रीय, सहमति की विदेश नीति का काल कहलाता है। 1977 के निर्वाचनों में कांग्रेस पराजित हो गई। पांच पूर्ववर्ती राजनीतिक दलों (भारतीय लोकदल, जनसंघ, कांग्रेस संगठन, समाजवादी दल और लोकतान्त्रिक कांग्रेस) के संयुक्त संगठन, 'जनता दल' ने सत्ता ग्रहण की। जनता सरकार की विदेश नीति यह स्पष्ट करती है कि सत्ता में आने के बाद दलों और नेताओं की नीतियाँ किस प्रकार बदल जाती हैं। जनता सरकार के विदेश मन्त्री अटल बिहारी वाजपेयी जनता दल के जनसंघ घटक के मुख्य नेता थे। इन्दिरा गाँधी की विदेश नीति का जनसंघ था। विशेष रूप से उनकी अरब-समर्थक और इजराइल विरोधी दृष्टिकोण का कटु आलोचक रहा था; परन्तु विदेश मंत्री अटल बिहारी वाजपेयी ने इस विदेश नीति में कोई मूलभूत बदलाव नहीं किया। इसके विपरीत उन्होंने असंलग्नवाद सहित विदेश नीति की अधिकांश महत्वपूर्ण बातों को स्वीकार कर लिया। अटल बिहार वाजपेयी ने इस विदेश नीति को-'निरन्तरता एवं बदलाव के साथ राष्ट्रीय सहमति' की विदेश नीति कहा। उन्होंने असंलग्नता की नीति में निष्ठा प्रकट की परन्तु उनका विचार था कि इन्दिरा गाँधी की नीति सोवियत समर्थक थी और जनता सरकार का ध्येय सोवियत संघ से मैत्री रखते हुए भी अमरीका से सम्बन्ध सुधार कर वास्तविक असंलग्नता को अपनाएगी। अटल बिहारी वाजपेयी ने पड़ोसियों के साथ सम्बन्ध सुधारने की नीति को बनाये रखा। प्रधानमंत्री मोरारजी देसाई और विदेश मन्त्री अटल बिहार वाजपेयी ने अक्टूबर 1977 में सोवियत संघ की यात्रा की। 5 नवम्बर, 1977 को महत्वपूर्ण रियायतों के साथ बंगला देश से फरक्का समझौता पूरा किया। 1978 में अमरीका के राष्ट्रपति कार्टर, ब्रिटिश प्रधानमंत्री कलाधम, ईरान के शाह, अफगान राष्ट्रपति मोहम्मद दाउद, श्रीलंका के राष्ट्रपति जयवर्द्धने तथा सिंगापुर के प्रधानमंत्री ली कुआन यू भारत आए। 17 फरवरी, 1978 को भारत-नेपाल के बीच व्यापार और पारगमन के सम्बन्ध में

सन्धियाँ पूरी हुईं। दोनों देशों के बीच अनाधिकृत व्यापार और परागमन के सम्बन्ध में सन्धियाँ पूरी हुईं। दोनों देशों के बीच अनाधिकृत व्यापार के नियन्त्रण के कार्य में सहयोग करने का समझौता हुआ। 14 अप्रैल, 1978 को सलाल जल विद्युत योजना के सम्बन्ध में भारत-पाक समझौता पूरा हुआ। 22 जून, 1978 को भारत, इण्डोनेशिया और थाईलैण्ड ने एक त्रिशक्ति समझौते पर हस्ताक्षर किए जिसके द्वारा अण्डमान सागर में समुद्री सतह के सम्बन्ध में स्थायी रूप से सीमा निर्धारण कर दिया गया। फरवरी, 1979 में अटल बिहरी वाजपेयी चीन की यात्रा पर गए परन्तु यह यात्रा असफल सिद्ध हुई। मार्च, 1979 में सोवियत प्रधानमंत्री कोसीजिन भारत यात्रा पर आए। जनता सरकार पश्चिमी एशिया में अरबों की पूर्ण समर्थक थी।

डॉ. वेद प्रताप वैदिक ने जनता सरकार की विदेश नीति की कटु आलोचना करते हुए अभिव्यक्त किया कि 'राष्ट्रीय सहमति और निरन्तरता की अन्धे और लूले की जुगल जोड़ी' सदृश विदेश नीति से किसी भी बड़ी उपलब्धि की आशा करना ही बेकार था। उनका मत था कि पड़ोसी देशों के साथ सम्बन्धों की दृष्टि से जनता शासन की विदेश नीति मधुरता के मायाजाल में फंसी रही। इस कारण भारत के साथ पाकिस्तान की प्रतिस्पर्धा समाप्त नहीं हुई और बंगला देश के भारत-विरोधी दृष्टिकोण में कोई बदलाव नहीं हुआ। श्रीलंका के तमिलों की समस्या का समाधान भी नहीं हुआ। अफगानिस्तान के साथ सम्बन्ध अनमनेपन की स्थिति को प्राप्त हो गए। नेपाल के सम्बन्ध में जनता शासन नरेशाभिमुख बना रहा जब कि वहां प्रजातन्त्र की मांग प्रबल थी। ईरान के. सम्बन्ध में जनता सरकार की विदेश नीति यह समझ ही नहीं सकी की सत्ता ईरान में समाप्ति पर है।

वेदप्रताप वैदिक ने ठीक ही लिखा है—'असली गुट निरपेक्षता का दावा करने के बावजूद न तो जनता सरकार रूस के साथ विशेष सम्बन्धों की अनिवार्यता से मुंह मोड़ सकी और न ही भारत-अमरिका के बीच द्विपक्षीय राजनीतिक प्रश्नों पर स्पष्ट सहमति हो सकी। 'इसी प्रकार चीन के सम्बन्ध में जनता सरकार की विदेश नीति की कटु आलोचना करते हुए वेद प्रताप वैदिक ने लिखा है—'चीन के साथ उसके समान ताकतवर बन कर ही सम्बन्ध सुधारे जा सकते हैं।' जनता सरकार तिब्बत की स्वतन्त्रता के सम्बन्ध में मौन बनी रही क्योंकि यह अपने आप में महत्वपूर्ण होने के साथ भारत की सुरक्षा की दृष्टि से भी महत्वपूर्ण है। वास्तव में जनता सरकार की विदेश नीति दीर्घकालीन विवादों और समस्याओं को हल करने में नितान्त असफल रही।

जून, 1978 में प्रधानमंत्री मोरारजी देसाई ने अपने स्वराष्ट्र मन्त्री (जनता दल नेता चौधरी चरण सिंह) को अपदस्थ कर दिया, इससे जनता सरकार का पतन हो गया, विदेशों में भारत की प्रतिष्ठा को गहरा आघात लगा। चौधरी चरण सिंह ने जनता (एस) सरकार का गठन किया और वे मोरारजी देसाई के स्थान पर कार्यवाहक जनता (एस) सरकार के प्रधानमंत्री बने (28 जुलाई, 1979)।

प्रधानमंत्री चौधरी चरण सिंह के समय में (28 जुलाई, 1979-जनवरी, 1980) भारत की अन्तर्राष्ट्रीय प्रतिष्ठा का ह्रास होता चला गया। लुसाका राष्ट्रमण्डल सम्मेलन में भारत की कोई प्रतिष्ठा हो नहीं रही। इस प्रकार विदेश नीति के क्षेत्र में जनता सरकार का काल (1977 - 1980) उपलब्धियों का काल न होकर भारत की अन्तर्राष्ट्रीय प्रतिष्ठा की समाप्ति का काल कहा जा सकता है। भारत अन्तर्राष्ट्रीय सम्बन्धों में प्रभावहीन स्थिति में पहुंच गया था।

इन्दिरा गाँधी का पुनरागमन

इन्दिरा गाँधी की विदेश नीति का द्वितीय काल (1980-1984)

जनवरी, 1980 में हुए निर्वाचनों में इन्दिरा कांग्रेस फिर भारी मतों से विजयी हुईं तथा श्रीमती इन्दिरा गाँधी भारत की दूसरी बार प्रधानमंत्री बनीं। उनके नेतृत्व में भारत को फिर अन्तर्राष्ट्रीय क्षेत्र में गौरवपूर्ण स्थान प्राप्त हुआ। इन्दिरा गाँधी के इस द्वितिय काल (1980 - 1984) की वैदेशिक क्षेत्र में महत्वपूर्ण घटनाएँ थीं।

अफगानिस्तान में सोवियत हस्तक्षेप (भारत शीतयुद्ध के कगार पर)

1980 के शरू में भारतीय विदेश नीति के अन्तर्गत गम्भीर संकट (अफगानिस्तान में सोवियत हस्तक्षेप) विद्यमान था। अफगानिस्तान में सोवियत संघ के हस्तक्षेप ने भारत को शीतयुद्ध के कगार पर पहुंचा दिया। अमरीका, पाकिस्तान को अफगान विद्रोहियों को सहायता देने के लिए एक आधार शिविर के रूप में प्रयोग कर रहा था। अमरीका ने घोषणा कर रखी थी कि यदि सोवियत संघ फारस की खाड़ी के क्षेत्र में घुसपैठ का प्रयास करेगा तो वह सैनिक हस्तक्षेप करेगा। भारतीय विदेश नीति के समक्ष यह संकट की स्थिति थी, भारत का राष्ट्रीय हित इस तथ्य में निहित है कि ऐसी परिस्थितियाँ उत्पन्न न हों जिनसे अमरीका को पाकिस्तान को सैनिक सहायता देने का मौका मिले। इसलिए भारतीय विदेश नीति के समक्ष यह संकट की स्थिति थी, भारत का राष्ट्रीय हित इस तथ्य में निहित है कि ऐसी परिस्थितियाँ

उत्पन्न न हों जिनसे अमरीका को पाकिस्तान को सैनिक सहायता देने का मौका मिला। इसलिए भारतीय विदेश नीति की मांग थी कि सोवियत संघ वापस होने में अपने को असमर्थ अनुभव कर रहा था। इससे भारत-सोवियत मैत्री भी मुश्किल में अनुभव की जाने लगी। इन्दिरा गाँधी ने इस संकट के समय अत्यन्त विवेक का परिचय दिया। सोवियत संघ परम्परागत मैत्री के सन्दर्भ में उन्होंने अफगानिस्तान में सोवियत हस्तक्षेप की नीति को अपनी विदेश नीति में सन्तुलित कर लिया। भारत को शीतयुद्ध के कगार से बाहर निकाल ले जाने में सफल हो गई। सितम्बर, 1982 में इन्दिरा गाँधी ने सोवियत संघ की यात्रा की; संयुक्त विज्ञप्ति में दोनों देशों ने अधिकांश विषयों पर सहमति अभिव्यक्त की परन्तु अफगानिस्तान का उल्लेख नहीं किया। इस प्रकार इन्दिरा गाँधी ने अपनी दूरदर्शिता से सोवियत संघ के साथ मैत्री को भी सुदृढ़ता प्रदान की और भारत के राष्ट्रीय हितों की रक्षा भी करने में सफल रही।

हिन्द महासागर में महाशक्तियों की नौ-सैनिक प्रतिद्वन्द्वता

अफगानिस्तान में सोवियत हस्तक्षेप ने तथा अमरीका के फारस खाड़ी सिद्धांत ने हिन्द महासागर में महाशक्तियों की नौ-सैनिक प्रतिद्वन्द्विता का मौका प्रदान कर दिया। भारत के राष्ट्रीय हितों के सन्दर्भ में इन्दिरा गाँधी की विदेश नीति के समक्ष यह दूसरी मुख्य समस्या थी। दिसम्बर, 1980 में अरब सागर में अमरीका के 32 बड़े जहाज और उनकी सहायता के लिए 13 सहायक जहाज विद्यमान थे। इनमें से दो विमानवाहक भी थे। फ्रांस के 14, आस्ट्रेलिया का एक, ब्रिटेन के दो जहाज अरब सागर में थे। सोवियत संघ के 13 युद्धपोत और उनके 17 सहायक जहाज अरब सागर में थे। दोनों अतिशक्तियों की बढ़ती हुई नौ-सैनिक गतिविधियों से हिन्द महासागर में खतरा पैदा हो गया। इन्दिरा गाँधी ने महाशक्तियों की इस नौ-सैनिक प्रतिद्वन्द्विता का तीव्र विरोध किया। 1982 में उन्होंन इसे 'संकट का क्षेत्र' (जोन ऑफ पेरिल) कहना शुरू किया। प्रतिद्वन्द्विता को नियन्त्रित करने तथा राष्ट्रीय हितों को महत्व देते हुए शान्ति के लिए प्रयास शुरू किए और संकट का सामना करने में समर्थ सिद्ध हुई।

पाकिस्तान के प्रति इन्दिरा गाँधी की विदेश निति - इस काल में इन्दिरा गाँधी के समक्ष पाकिस्तान-चीन-अमरीका की धुरी अत्यधिक चिन्ता का विषय बनी हुई थी। पाकिस्तान पर आणविक प्रोग्राम भी भारतीय विदेश नीति को व्यथित कर रहा था। पेट्रोल की लगातार बढ़ती हुई कीमतें भारत के लिए चिन्ता का कारण बनी

हुई थीं। 1980 में इराकी-ईरानी युद्ध ने भारत में पेट्रोलियम समस्या को जटिल बना दिया था। देश की आन्तरिक समस्याओं ने भारतीय अर्थव्यवस्था को छिन्न-भिन्न कर दिया था, जिससे भारतीय विदेश नीति के समक्ष अनेक कठिन समस्याएँ (विदेशी मुद्रा, विदेशी ऋण, विदेशी व्यापार, आदि) पैदा हो गई थीं। अफगानिस्तान में सोवियत सैनिक हस्तक्षेप से उत्पन्न नव-शीतयुद्ध का ताप भारतीय विदेश नीति को संकटापन्न बना रहा था। पाकिस्तान भारतीय विदेश नीति की कठिन समस्याओं से लाभ उठाना चाहता था और भारत को चतुर्दिक संकटों से ग्रस्त रखना उसकी विदेश नीति का मुख्य लक्ष्य बन गया था। इन्दिरा गाँधी ने इस मौके पर बड़े साहस का परिचय दिया। जून, 1981 में तत्कालीन भारतीय विदेश मन्त्री नरसिंह राव की पाकिस्तान यात्रा ने भारत-पाक सम्बन्धों में गतिरोध उत्पन्न करने वाले तथ्यों पर प्रकाश डाला और इन्दिरा गाँधी ने इस विश्लेषण का लाभ उठाने का निश्चय करते हुए अपने राष्ट्रीय हितों तथा राष्ट्र की सुरक्षा को पूरा करने के लिए साहसिक कदम उठाए।

पाकिस्तान को अमरीकी शस्त्रों की आपूर्ति की तेजी से निन्दा की। सम्पूर्ण विश्व के समक्ष पाकिस्तान के 'इस्लामिक अणु बम' बनाने की योजना को प्रगट करते हुए भावी भारत-पाक युद्ध की आशंका को अभिव्यक्त किया।

सितम्बर, 1981 में पाकिस्तान ने भारत के सामने 'युद्ध नहीं, समझौते' का प्रस्ताव रखा। परन्तु जब भारतीय विदेश नीति के पर्यवेक्षकों को यह एक शान्ति प्रस्ताव कम परन्तु भावी युद्ध की भूमिका अधिक प्रतीत हुई। विदेश विभाग ने घोषणा की कि पाकिस्तान भारत के साथ 'अनाक्रमण और बल प्रयोग के त्याग' के सम्बन्ध में गारन्टी की एक व्यवस्था हेतु वार्ता करने के लिए प्रेरित है; इसी वक्तव्य में यह कहा गया है कि पाकिस्तान ने अमरीका से तीन अरब बीस करोड़ डाजर की सैनिक और आर्थिक सहायता लेना स्वीकार कर लिया है। इस घोषणा के कुछ देर बाद भारतीय राजदूत नटवर सिंह को विदेश मन्त्रालय में बुला कर भारत के साथ वार्ता के इस प्रस्ताव की प्रति दे दी गई। इस प्रकार शुरू से ही ऐसा प्रतीत होता था पाकिस्तानी प्रस्ताव का उद्देश्य पाकिस्तान को अमरीकी शस्त्र सहायता के अमरीकी आलोचकों को पाकिस्तान की सदस्यता का विश्वास दिलाना था। बाद की घटनाओं ने तो पाकिस्तानी प्रस्ताव में एक षड्यन्त्र की दुरभि सन्धि को प्रगट कर दिया था। जिया-उल-हक का 'युद्ध नहीं, समझौता' का प्रस्ताव केवल अमरीका को अपनी सदाशयता का परिचय देते हुए भारतीयों विदेशों को भ्रमित करना था।

पाकिस्तान के 'युद्ध नहीं समझौते' के उत्तर में भारत ने विचार व्यक्त किया कि इस प्रकार के समझौते में 1972 के शिमला समझौते के सात सिद्धांतो को सम्मलित किया जाना चाहिए। ये सिद्धान्त थे -

(1) पाकिस्तान सभी मामलों में द्विपक्षीयता के सिद्धान्त को स्वीकार करे;

(2) शस्त्रों की दौड़ को रोकने के लिए कदम उठाए;

(3) आणविक अस्त्रों का निर्माण नहीं करने का वचन दे;

(4) एक-दूसरे की प्रादेशिक अखण्डता का सम्मान करने की भारत की पहल का पारस्परिकता के आधार पर उत्तर दे;

(5) कश्मीर के मामले को खत्म कर दे;

(6) गुटबन्दी से दूर रहने का वचन दे;

(7) आतंकवाद को आश्रय न दे।

जनवरी-फरवरी, 1982 में पाकिस्तान के विदेश मन्त्री आगा शाही जब भारत आए; भारत ने पाकिस्तान के साथ एक मित्रता सन्धि करने का प्रस्ताव रखा। भारत को 'युद्ध नहीं, समझौता' और पाकिस्तान को भारत की मित्रता सन्धि का प्रस्ताव रास नहीं आया, परन्तु दोनों देशों ने द्विपक्षीय सहयोग को बढ़ाने के लिए एक संयुक्त आयोग की स्थापना को स्वीकार किया। कुछ दिन बाद पाकिस्तान ने संयुक्त राष्ट्र मानव अधिकार आयोग के सामने कश्मीर के मामले को उठा कर और भारत में अकाली उग्रवादियों को भड़का कर दोनों राष्ट्रों में सौहार्द की भावना को विषाक्त बना दिया। पाकिस्तान के जनरल जिया उल हक छल-प्रपंच की राजनीति करते रहे। वे कभी सौहार्द की भावना को प्रदर्शित करते और कभी शत्रुता-वृत्ति का परिचय देते रहे; इसी परिप्रेक्ष्य में इन्दिरा गाँधी को भारत-पाक सम्बन्धों के सामान्यीकरण की चुनौती का सामना करना पड़ा। उन्होंने भारत-पाक सम्बन्धों को सौहार्दपूर्ण बनाने का पूरा प्रयास किया परन्तु अपने राष्ट्रीय हितों की बलि देकर नहीं। भारत की दृढ़ता का परिचय उनकी विदेश नीति का सारभूत अंग रहा।

भारत-अमरीकी सम्बन्ध

अफगानिस्तान में सोवियत संघ के हस्तक्षेप से पाकिस्तान को अमरीकी रणनीति में प्रमुखता प्राप्त हो गई थी। अमरीका ने पाकिस्तान को अफगानिस्तान में सोवियत प्रभाव का प्रतिरोध करने का साधन मानते हुए उसे भारी सहायता देना शुरू कर दिया; इससे भारत के राष्ट्रीय हित असुरक्षित अनुभव किए जाने लगे और

यह नयी पहल इन्दिरा गाँधी की विदेश निति की कड़ी चुनौती प्रतीत होने लगी। भारत-अमरीकी सम्बन्ध तनावपूर्ण स्थिति में पहुंच गए। क्योंकि भारत-पाकिस्तान की बढ़ती हुई शक्ति के सन्दर्भ में भारत पर एक और पाकितानी आक्रमण की सम्भावना से आतंकित हो गया। 1981 में ब्रिटिश प्रधानमंत्री मारग्रेट थैचर ने भारत यात्रा के दौरान यह प्रगट किया कि सोवियत संघ द्वारा अफगानिस्तान में हस्तक्षेप से यह अमरीकी सैन्य सहायता पाकिस्तान को उपलब्ध करायी जा रही है। उन्होंने अमरीकी नीति का समर्थन किया, इससे भारत और भी चिन्तित हो गया। इसी समय अमरीका ने भारत का यूरेनियम देने में आनाकानी की, इससे भारत-फ्रांसिसी समझौते के अन्तर्गत यह व्यवस्था की गई कि फ्रांस 'तारापुर' संयन्त्र के लिए अमरीका के स्थान पर परिष्कृत यूरेनियम देगा; इस समझौते में अमरीका की सहमति थी, इससे दोनों देशों के बीच कटुता में कमी आयी।

हिन्द महासागर में अमरीकन गतिविधियों ने भी भारत-अमरीकन सम्बन्धों में कटुता उत्पन्न की थी। 1981 में अमरीकन राष्ट्रपति रोनाल्ड रीगन की हिन्द महासागर सम्बन्धी नीति ने दोनों राष्ट्रों के बीच सौहार्दता समाप्त कर रखी थी। अपनी इस कटुता के कारण्या रोगन ने अन्तर्राष्ट्रीय मुद्रा कोष से भारत को ऋण मिलने में गतिरोध पैदा किया था। वह अफगानिस्तान में सोवियत हस्तक्षेप में भारत को आरोपित कर रहे थे। जुलाई-अगस्त, 1982 में इन्दिरा गाँधी ने अमरीका की यात्रा की और दोनों राष्ट्रों के मध्य कटुता को कम करने का सफल प्रयास किया। इससे 1982-83 में भारत-अमरीकी सम्बन्धों में सुधार का मार्ग प्रशस्त हुआ। 1983 में तारापुर को पूर्जों की आपूर्ति के प्रश्न पर भी एक समझौता हो गया। इसका श्रेय इन्दिरा गाँधी की दृढ़ता, विवेक और उनकी न झुकने वाली साहसिकता को है।

असंलग्न शिखर सम्मेलन (1983)

इन्दिरा गाँधी की विदेश नीति के अन्तर्गत सर्वाधिक महत्वपूर्ण घटना 1983 में नई दिल्ली का सातवाँ असंलग्नतावादी शिखर सम्मेलन का आयोजन था। 17 मार्च, 1983 से 21 मार्च, 1983 तक हुए इस सम्मेलन में 101 राष्ट्रों ने भाग लिया था। इस सम्मेलन में एकता, शक्ति, बुद्धिमत्ता और उद्देश्य की तेजस्वी, मेधावी प्रवृत्ति को दिया जा सकता है। उनका तेजस्वी व्यक्तित्व सभी पर छाया हुआ था। भारत का अन्तर्राष्ट्रीय गौरव स्थापित हो गया था। उनकी सफल विदेश नीति की सार्थकता साफ हो गई थी। वे अगले तीन वर्षों के लिए असंलग्नवादी आन्दोलन की

अध्यक्ष स्वीकार की गई थीं। परन्तु 31 अक्टूबर, 1984 को उनका दुःखद अन्त हो गया और भारत एक महान् विभूति से वंचित रह गया, जिसके कार्यों, नीतियों ने वैदेशिक जगत में भारत का मान बढ़ाया था; जिसकी उपलब्धियों से भारत गौरवान्वित हुआ था; और अन्तर्राष्ट्रीय जगत में भारत की ऊँची हैसियत मानी जाने लगी थी तथा विश्व की महाशक्तियाँ उसकी ओर आशा भरी दृष्टि से देखने लगी थीं।

इन्दिरा गाँधी की विदेश नीति का मूल्यांकन

समग्र रूप से इन्दिरा गाँधी की विदेश नीति अपनी उपलब्धियों में निर्णायक रही; उनकी विदेश नीति को नितान्त सफल कहा जा सकता है। 1962 की पराजय से भारत की अन्तर्राष्ट्रीय प्रतिष्ठा को गहरा आघात लगा था, परन्तु 1971 में अमरीकी-चीनी-पाकिस्तानी गठबन्धन को विफल करते हुए इन्दिरा गाँधी ने भारत-पाक युद्ध में विजय प्राप्त करके भारत को फिर अन्तर्राष्ट्रीय जगत का प्रतिष्ठित राष्ट्र बना दिया था। 1974 के पोखरण आणविक विस्फोट ने भारत की प्रतिष्ठा को समग्र विश्व में चमत्कृत कर दिया था। 1983 में इन्दिरा गाँधी के असंलग्नतावादी आन्दोलन की अध्यक्ष बन जाने से भारत का अन्तर्राष्ट्रीय गौरव स्थापित हो गया था। इस प्रकार भारतीय विदेश नीति के कर्णधार के रूप में इन्दिरा गाँधी सफल रहीं।

राजीव गाँधी के शासन काल की विदेश नीति

श्रीलंका के मामले मे तो राजीव की विदेश-नीति बुरी तरह पिट गयी थी, पर यही तथ्य उनकी विदेश-नीति का निष्कर्ष कभी नहीं बन सकता। अन्य बहुत मामलों में उन्होंने प्रभावशाली और महत्वपूर्ण भूमिका निभाई।

इस युवा प्रधानमन्त्री ने एक तरह से विदेश-नीति के क्षेत्र में 'चरैवेति' (चलते रहो) की नीति अपनाई। विदेशों से अपने सम्बन्ध को प्रगाढ़ करने हेतु उन्होंने बिना भेद-भाव के छोटे-बड़े कई राष्ट्रों की यात्राएँ कीं। अनेक विश्व-मंचों पर अपनी उपस्थिति दर्ज कराकर, उन्होंने अपनी और अपने देश की लोकप्रियता में वृद्धि की। यह मानना पड़ेगा कि पं. नेहरू और श्रीमती इन्दिरा गाँधी की नीति को नहीं छोड़ते हुए भी भारतीय विदेश-नीति पर उन्होंने अपनी एक पृथक् और सराहनीय छाप छोड़ी। राजीव गाँधी की यह विशेषता थी कि यह लकीर के फ़कीर नहीं रहे। अपने नाना पं. नेहरू और माता इन्दिरा गाँधी के गढ़े मार्ग पर ही चलने की उनकी कोई विवशता

नहीं लक्षित हुई। उनके प्रति सम्पूर्ण श्रद्धा के बावजूद यह नौजवान अपनी पहचान बनाने की शीघ्रता में था।

दक्षिण अफ्रीका में चल रही रंगभेद की लड़ाई अपने चरम सीमा पर पहुंच चुका था। वहां के निवासी गोरे रंग वाले, काले रंग वालों से नफरत करने लगे। राजीव ने इस रंग-भेद के विरुद्ध खुलकर आवाज़ उठायी।

नामीबिया की आजादी की जंग चल रही थी। धीरे-धीरे विश्व के अनेक राष्ट्र साम्राज्यवाद के चंगुल से मुक्त होकर स्वतन्त्र हो चुके थे। नामीबिया का स्वर कमज़ोर था, इसके समर्थक भी कम थे। राजीव गाँधी इस गुलाम देश का सशक्त स्वर बने और उन्होंने इसकी स्वतन्त्रता की ज़ोरदार वकालत की। आश्चर्य की बात कि नामीबिया दक्षिण अफ्रीका का ही उपनिवेश था।

'न्यूक्लियर' निःशस्त्रीकरण पर भी वह चुप नहीं रहे। खुलकर इसके पक्ष में बोलना उन्होंने भारत का धर्म समझा। यहाँ इन्दिरा गाँधी द्वारा गढ़ी ज़मीन का भी उपयोग हुआ। श्रीमती गाँधी ने पाँच महाद्वापों से छह देशों को मिलाकर निःशस्त्रीकरण सम्बन्धी एक संगठन का निर्माण किया था। ये छह देश थे—भारत, स्वीडन, अर्जेंटीना, मेक्सिको, तन्जानिया और यूनान।

प्रधानमन्त्री पद पर आसीन होते ही राजीव गाँधी ने इन सम्पूर्ण राष्ट्रों का एक शिखर सम्मेलन आयोजित किया। इस सम्मेलन का उद्देश्य निःशस्त्रीकरण की योजना बनाना था। इन देशों ने निःशस्त्रीकरण की एक कार्य-योजना ही तैयार कर दी। राजीव ने संयुक्त राष्ट्र संघ की आम सभा के निःशस्त्रीकरण से सम्बन्धित तीसरे विशेष अधिवेशन, जो जून, 1988 में सम्पन्न हुआ, के समक्ष इस कार्य-योजना को उप-स्थापित किया। इस योजना में 2010 तक सभी प्रकार के न्यूक्लियर शस्त्रों की समाप्ति का आह्वान किया गया।

दक्षिण अफ्रीका में रंग-भेद की राजीव की चिन्ता से पहले ही अवगत कराया जा चुका है। पं. नेहरू ने 40 के दशक के अन्त में इसे संयुक्त राष्ट्र संघ में उठाया था। ऐसा करने वाले वे विश्व के प्रथम नेता थे। भारत ने उसी समय दक्षिण अफ्रीका के साथ राजनीतिक और व्यावसायिक सम्बन्ध तोड़ दिये थे। प्रधानमन्त्री राजीव गाँधी ने इसी परम्परा को पूरे जोश से आगे बढ़ाया। राष्ट्रकुल में इस प्रश्न पर बहुमत हासिल करने में भी सफलता प्राप्त की। वे इंग्लैड की प्रधानमन्त्री मिसेज थैचर को प्रभावित नहीं कर सके, फिर भी उन्होंने 'अफ्रीका-उपनिवेशवाद तथा रंग-भेद और आक्रमण' का विरोध करने हेतु कार्य फण्ड बनाने में सफलता प्राप्त की। यह कोष हरारे में

1986 में आयोजित गुटनिरपेक्ष शिखर सम्मेलन में स्थापित किया गया। यह उल्लेखनीय है कि तीन वर्षों बाद, जब बेलग्रेड में गुटनिरपेक्ष सम्मेलन आयोजित हुआ, तब तक राजीव गाँधी पचास करोड़ डालर इस कोष में जमा कर चुके थे। इस राशि को विकसित और विकासशील देशों ने मिलकर एकत्रित किया था। इसका उपयोग दक्षिण अफ्रीका की आर्थिक नाकेबन्दी के फलस्वरूप उसके सीमावर्ती देशों के नुकसान की भरपायी के लिए होना था।

नामीबिया की स्वतन्त्रता राजीव गाँधी के लिए जैसे प्रतिष्ठा का प्रश्न बन गया था। उन्होंने 'स्वापो' – जो नामीबिया की स्वतन्त्रता के लिए संघर्ष करने वाली संस्था थी–को मान्यता प्रदान की।

सन् 1986 में राजीव गाँधी ने जांबिया, अंगोला, जिम्बाम्बे, तन्जानिया इत्यादि का भी दौरा किया। इसके अलावा उन्होंने जैसे कसम खा ली थी कि प्रत्येक अन्तर्राष्ट्रीय मंचों पर नामीबियों के पक्ष में आवाज़ बुलन्द करेंगे ही, अन्ततः नामीबिया को 1990 में स्वतन्त्रता प्राप्त हुई, यद्यपि इसे देखने के लिए राजीव गाँधी जीवित नहीं थे, तथापि इस स्वतन्त्रता प्राप्ति में विश्व के अन्य नेताओं की अपेक्षा राजीव गाँधी का सबसे बड़ा योगदान था।

महाशक्तियों से सम्बन्ध

राजीव के प्रधानमन्त्रित्व काल में भारत के सम्बन्ध विश्व की महाशक्तियों से पूर्वपिक्षा बेहतर हुए, लेकिन इसमें कोई विशेष परिवर्तन हुआ हो, ऐसी भी बात नहीं है। उनके आलोचक इस बात की आशंका प्रकट कर रहे थे कि वह अपने तकनीकी-प्रेम और मुक्त बाज़ार की नीतियों के कारण अमरीका की ओर विशेष झुकाव दिखायेंगे, परन्तु ऐसा कुछ नहीं हुआ।

1985 में राजीव गाँधी ने अमेरिका की यात्रा की। यह यात्रा सफल हुई। फिर भी अमेरिका का झुकाव भारत की ओर कम ही हुआ; क्योंकि वह पाकिस्तान का घोर समर्थक था। दो नावों पर सवारी करना उसके लिए सम्भव नहीं था। अमेरिका, अफगानिस्तान में सोवियत संघ के विरुद्ध जो गुरिल्ला-युद्ध छिड़ा हुआ था, उसका समर्थक था। हिन्दुस्तान अमेरिका के इस रुख का समर्थन नहीं कर सकता था; क्योंकि उसे सोवियत संघ की मैत्री गंवानी पड़ती।

सोवियत संघ के गोर्बाचेव से राजीव के सम्बन्ध बहुत घनिष्ठ हुए। यहाँ यह उल्लिखित किये बिना नहीं रहा जा सकता कि ये दोनों नेता पांच वर्षों के मध्य आपस में आठ बार मिले।

राजीव की चीन यात्रा

सन् 1962 के चीनियों द्वारा भारत पर किये गये हमले के बाद चीन और भारत के सम्बन्ध काफी बिगड़ गए थे। एक-दूसरे के दुश्मन प्रायः दूसरे दुश्मन के मित्र होते हैं। अर्थात् शत्रु-शत्रु आपस में दोस्त होते हैं। अतः चीन और पाकिस्तान की मित्रता घनिष्ठ हो गयी थी। पं. नेहरू 1954 में चीन गये थे। बहुत आशाओं के साथ लौटे थे। सबको विदित है कि चीन ने पंचशील के सिद्धान्त अपनाने का नाटक किया था और हिन्दी-चीनी भाई-भाई का नारा बहुत ज़ोर-शोर से लगाया था। 1962 के चीनी आक्रमण ने सब कुछ पर पानी फेर दिया। चीन की ओर मुँह करने का किसी भारतीय नेता ने प्रयास नहीं किया और न ही चीन के नेता ही भारत आये।

राजीव ने चीन से सम्बन्धों को सुधारने का मन बनाया। पाकिस्तान को चीनी सहायता प्राप्त होती रहे और कभी उससे युद्ध हो, तो चीन उसकी सहायता में उतर पड़े, राजीव गाँधी ऐसा नहीं चाहते थे।

1988 में उन्होंने चीन की यात्रा की। 34 वर्षों बाद किसी भारतीय प्रधानमन्त्री की यह प्रथम चीनी की धरती पर स्वागत हुआ। देंग राजीव से हाथ मिलाते समय उनके हाथ को इतनी देर तक पकड़े रहे, जैसे वे उसे छोड़ना ही नहीं चाहते थे। टी. वी. सेटों पर यह चित्र विशेष रूप से दिखाया गया। देंग ने माना कि भारत के साथ चीन ने ज्यादातियाँ की हैं, किन्तु राजीव गाँधी के नेतृत्व में भारत की नयी पीढ़ी को इसका बुरा नहीं मानना चाहिए और इस दिशा में दोनों देशों को सार्थक पहल करनी चाहिए। राजीव की इस यात्रा से यह लाभ हुआ कि 1986 में सीमा सम्बन्धी कुछ घटनाओं के कारण दोनों देशों के सम्बन्ध –जो कुछ खराब हो गये थे–उनमें सुधार हुआ। साथ ही दोनों देशों के मध्य व्यापार में भी विकास हुआ। राजनयिक सम्बन्ध पहले से अच्छे हुए।

पड़ोसियों के साथ सम्बन्ध

जब भारत के प्रधानमंत्री राजीव गाँधी हुए उस समय पड़ोसी देशों से अच्छे सम्बन्ध भारत के नहीं थे। बांग्लादेश–जो भारत का ही निर्माण था–इस्लाम की दिशा में अधिक जाने लगा और भारत से दूर होता गया और इसके साथ पानी के बँटवारे को लेकर भी विवाद बढ़ा।

उत्तरी सीमा पर नेपाल से भी सम्बन्ध खराब हुए। नेपाली सरकार ने भारतीय माल पर भारी कर लगा दिये। चीनी वस्तुओं पर उसने कर में कटौती की। इस पर्वतीय

राज्य ने चीन से अपना सम्बन्ध गहरा किया और वहाँ से भारी संख्या में विमान-भेदी तोपें तथा विध्वंसक राइफलें प्राप्त कीं। बात यहाँ तक बढ़ी कि इस पड़ोसी देश ने भारतीय निवासियों से 'कार्य-परमिट' लेने को कहा। वह इस बात को भूल गया कि भारत में सैकड़ों-हजारों नहीं, लाखों नेपाली बिना किसी परमिट के रहते और कार्य करते आये हैं। राजीव ने नेपाल को सबक सिखाने की बात सोची और 1989 में लगभग इसकी आर्थिक नाकेबन्दी कर दी। मार्च, 1989 में यह नाकेबन्दी हुई, जिसके फलस्वरूप सितम्बर में नेपाल भारत से इस सम्बन्ध में वार्तालाप करने को तैयार हो गया।

दूसरे महत्त्वपूर्ण पड़ोसी देश पाकिस्तान में बेनजीर भुट्टो की सरकार बनी, तो यह आशा बँधी कि दोनों देशों में युवा और उदार विचार वाले प्रधानमन्त्रियों के कारण इनके बीच सम्बन्ध सुधरेगा, किन्तु यह आशा फलवती नहीं हुई।

राजीव ने बहुत उम्मीद से पाकिस्तान की यात्रा की, किन्तु इसका परिणाम लगभग न के बराबर निकला। कारण स्पष्ट था। बेनज़ीर भुट्टो हों या पाकिस्तान का कोई प्रधानमन्त्री, सभी को वहाँ के कट्टरपन्थियों के दबाव में रहना पड़ता है। कश्मीर की समस्या को सुलगाते नहीं रहे, तो कोई प्रधानमन्त्री वहाँ की कुर्सी पर टिक नहीं सकता है। बेनजीर भुट्टो के आश्वासन के साथ राजीव गाँधी भारत लौटे, किन्तु पाकिस्तान, कश्मीर तथा पंजाब में आतंकवाद के विरुद्ध कभी नहीं गया, अपितु आतंकवादियों की मदद ही करता रहा।

कंपूचिया से वियतनाम की सेनाओं की वापसी के सम्बन्ध में श्री राजीव गाँधी ने महत्वपूर्ण भूमिका निभाई। इन दोनों की बातचीत में भारत के प्रतिनिधियाँ ने भाग लेकर कंपूचिया की वकालत की। अन्ततः 1987 के जनवरी माह में वियतनाम ने कंपूचिया छोड़ने का मन बना लिया। उसकी इच्छा थी कि उसके सैनिकों के वहाँ से हटने के सम्बन्ध में एक कारगर रूप-रेखा बने। समझौता जब समीप आया, तो अमरीका तथा चीन आड़े आ गये और उन्होंने भारत को पृथक् रखने का प्रयास किया। फिर भी फ्रांस की राजधानी पेरिस में 21 देशों का जो सम्मेलन और वियतनाम कंपूचिया छोड़कर चला गया। राजीव गाँधी का इसमें योगदान रेखांकित करने योग्य है।

राजीव गाँधी और गुटनिरपेक्षता

गुटनिरपेक्ष आन्दोलन को अधिक उद्देश्यपरक बनाकर राजीव गाँधी ने उसमें

नयी जान फूंकने का प्रयास किया। उन्होंने सदा 'न्यूक्लियर निःशस्त्रीकरण' पर जोर दिया और इस मंच का प्रयोग भी इस लक्ष्य की प्राप्ति के लिए कुछ कम नहीं हुआ। आणविक शक्ति को लेकर विश्व में काफी भेदभाव था। पाकिस्तान को परमाणु शक्ति से सम्पन्न करने के लिए विकसित राष्ट्र सब तरह की सहायता कर रहे थे और भारत पर आणविक अप्रसार संधि पर हस्ताक्षर करने के लिए जोर दे रहे थे।

राजीव गाँधी ने छः राष्ट्रों का शिखर सम्मेलन 28 जनवरी सन् 1985 को आयोजित किया जिनमें कुछ देशों को बुलाया जो राष्ट्र इस प्रकार थे—स्वीडन, ग्रीस, तन्जानिया, अर्जेंटीना तथा मेक्सिको और भारत। इस सम्मेलन में आणविक निःशस्त्रीकरण पर ही जोर रहा। भारत ने अपना पक्ष रखते हुए स्पष्ट किया कि पाकिस्तान को परिष्कृत अस्त्र प्रणाली प्रदान करने से भारत के लिए खतरा पैदा हो गया है। राजीव गाँधी के अनुसार शान्ति मानव जाति के अस्तित्व के लिए बहुत आवश्यक है। अपने पाँच वर्षों के कार्यकाल में ही वह परमाणु शीत युद्ध के भयावह परिणाम से बचने के संघर्ष में जैसे सम्पूर्ण मानवता की पुकार के प्रतीक बन गये। गुटनिरपेक्ष आन्दोलन को इनके कार्यकाल में एक नया आयाम मिला। यह भारत के लिए कम गौरव की बात नहीं कि भारत का प्रधानमन्त्री वर्ण-भेद के अत्याचार के विरुद्ध संघर्षरत काले लोगों का नेता बन गया।

मानना पड़ेगा कि राजीव का यह व्यक्तित्व उन शक्तियों—जिनमें अमरीका भी सम्मिलित है-को अच्छा नहीं लगा। ये सभी भारत में अपने प्रभुत्व को स्थापित करना चाहते थे और इसके शोषण में विश्वास करते थे। इन्हें लग गया कि राजीव गाँधी के प्रधानमन्त्रित्व काल में भारत एक महत्वपूर्ण देश के रूप में उभरा है और अगर राजीव गाँधी भारत के प्रधानमंत्री बने रहे, तो वह दिन दूर नहीं, जब भारत विकसित राष्ट्रों की श्रेणी में अपने को स्थापित कर लेगा। अतः राजीव गाँधी की जो हत्या 29 मई, 1989 की रात में तमिलनाडु के पैरम्बदूर में हुई, उसके पीछे महाशक्तियों का भी हाथ नहीं हो, यह नहीं कहा जा सकता। वे उन्हें निश्चित रूप से विश्व-परिदृश्य से पृथक् करना चाहते थे।

राजीव गाँधी की रक्षा-नीति

प्रधानमंत्री राजीव गाँधी भारत राष्ट्र को एक शक्तिशाली राष्ट्र के रूप में देखना चाहते थे। पाकिस्तान अथवा चीन किसी के भी मुकाबले के लिए वह उसे तैयार रखना चाहते थे। उन्होंने देश की सैन्य-शक्ति बढ़ाने के लिए पर्याप्त प्रयास किया।

इसके लिए उन्होंने विदेशों से प्रभावशाली शस्त्रास्त्र का भी क्रय किया। सशस्त्र सेनाओं के आधुनिकीकरण पर उन्होंने पूरा जोर दिया। प्रतिरक्षा खर्च दुगना हो गया। उनकी माता श्रीमती गाँधी ने अपने प्रधानमन्त्रित्व काल में 'निर्देशित मिसाइल विकास कार्यक्रम' आरम्भ किया था। राजीव गाँधी ने इसे आगे बढ़ाया। फलस्वरूप दो, कम दूरी वाले मिसाइल 'त्रिशूल' और 'अग्नि' तथा मध्यम दूरी की मिसाइल अग्नि का सफलतापूर्वक परीक्षण किया गया। सोवियत संघ से न्यूक्लियर शक्ति सम्पन्न पनडुब्बी 'लीज' पर ली गयी। इंग्लैड से हवाई जहाज ढोने वाला वृहत् जहाज खरीदा गया। यह भी सच है। कि राजीव के काल में ही भारतीय लड़ाकू टैंक विकसित हुआ, जिसका नाम 'अर्जुन' पड़ा। राजीव काल के अन्तिम दो वर्षों में सरकारी खर्च का पाँचवाँ हिस्सा प्रतिरक्षा पर ही खर्च हो रहा था। इसी सिलसिले में स्वीडन से बोफोर्स तोपें 410 की संख्या में खरीदी गई। ये तोपें ही राजीव गाँधी काल के अवसान और उनके प्रयोग के अन्त का कारण बनीं।

1989 के चुनाव के लिए राजीव गाँधी पूरे देश के तूफानी दौरा कर रहे थे। इधर इनके विरोधियों ने इन पर भ्रष्टाचार का आरोप लगा इनके विरुद्ध हवा खड़ी कर दी थी। बोफोर्स मामले के सम्बन्धन में इन्हीं के मन्त्रिमण्डल के वी.पी. सिंह ने तूफान खड़ा किया था और पूरे देश में उन्हें अलोकप्रिय कर दिया था। इस बात पर, वी. पी. सिंह पर चर्चा करते समय उल्लेख किया जायगा, किन्तु यहाँ यह स्पष्ट कर दें कि राजीव गाँधी की मृत्यु के पश्चात् भारतीय न्यायालय ने बोफोर्स भ्रष्टाचार से उन्हें मुक्त कर दिया था।

चुनाव प्रचार के दौरान ही राजीव की हत्या हो गई, इसका उल्लेख हम ऊपर कर चुके हैं। इसके साथ ही भारतीय राजनीति में एक ऐसे युग का अन्त हो गया, जो इस देश के विकास में अब तक की सबसे महत्त्वपूर्ण भूमिका निभा रहा था और इसके युग-पुरुष के प्रयासों से यह शीघ्र ही एक महाशक्ति के रूप में उभरने वाला था। राजीव गाँधी की हत्या लिट्टे की एक आत्मघाती महिला ने पैरम्बदूर की विशाल जनसभा में फूलमाला पहनाने के बहाने की थी, किन्तु जैसा कि पूर्व में कहा गया, इस षड्यन्त्र में लिट्टे के अलावा विश्व की महान् शक्तियों ने भाग नहीं लिया हो, यह नहीं कहा जा सकता।

मनमोहन सिंह के शासन काल की विदेश नीति

डॉ. मनमोहन सिंह के प्रधानमन्त्रित्व काल में अन्य देशों से सम्बन्ध में काफी

सुधार हुआ। उन्होंने प्रधानमन्त्री बनते ही विदेशों से भारत के सम्बन्धों को मधुरतर बनाने का प्रयास आरम्भ किया। उनकी योग्यता तथा आर्थिक नीतियों की उदारता के फलस्वरूप बहुत सारे पश्चिमी देश भी उनके प्रति मित्रता एवं सद्भाव का रुख रखते हैं। दक्षिण-पश्चिम एशिया का तो वह सबसे महत्त्वपूर्ण लोकतान्त्रिक देश हो ही गया है। श्री वाजपेयी के समय में पाकिस्तान के साथ बस-सेवा आरम्भ हुई थी। डॉ. मनमोहन सिंह के समय इस सेवा में विस्तार हुआ। और तो और, पाक अधिकृत कश्मीर भी भारत से बस-सेवा द्वारा जुड़ गया। रेल-सेवा भी दोनों देशों के मध्य आरम्भ हो गयी। हिन्दुस्तान के इस मैत्रीपूर्ण रवैये का पाकिस्तान ने भी स्वागत किया और दोनों देशों के मध्य तनाव में भारी कमी आयी। पड़ोसियों से सम्बन्धों में और सुधार हुआ है। हाल ही में बांग्लादेश की अध्यक्ष शेख हसीना भारत के दौरे पर आयी थीं। उनसे कई व्यापारिक-व्यवसायिक मुद्दों पर चर्चा हुई।

देश इस समय इस बात से काफी चिन्तित है कि बांग्लादेश उन आतंकवादियों का गढ़ बन गया है, जो भारत में वारदात कर बांग्लादेश में जा छिपते हैं। वहाँ से वे हिन्दुस्तान के विरुद्ध अपनी गतिविधियाँ जारी रखते हैं। उम्मीद की जाती है कि इस बातचीत के बाद बांग्लादेश इन आंतकवादियों पर अंकुश लगाने का प्रयास करेगा।

वर्तमान समय में अमेरिका और रूस से भी भारत के सम्बन्ध पूर्वापेक्षा बहुत मधुर हो गये हैं। इस पर हम अलग से चर्चा करेंगे।

परमाणु-शक्ति को लेकर यद्यपि भारत ने बहुत हद तक अमरीकी दबाव के कारण ईरान का पक्ष नहीं लिया, तथापि उसके साथ सम्बन्धों में ऐसी कटुता नहीं आयी है, जिसकी अपेक्षा की जा रही थी। ईरान से भारत तक तेल के लिए बिछने वाली पाइपलाइन की योजना पर ईरान अभी तक क़ायम है।

अमरीका के साथ परमाणु समझौता

डॉ. मनमोहन सिंह ने अमरीका के साथ परमाणु शक्ति से सम्बन्धित 2 मार्च, 2006 को एक अहम् फैसला लिया। अमरीका के राष्ट्रपति बुश इसी कार्य के लिए दिल्ली पहुँचे थे। ऐसी उम्मीद बिल्कुल नहीं थी कि यह समझौता हो पायेगा।

डॉ. मनमोहन सिंह जुलाई 2005 में अमरीका गये थे। राष्ट्रपति बुश से इस समझौते को लेकर भी बातें हुई थीं, लेकिन यह वार्तालाप पूरी तरह सफल नहीं हुई। दोनों देशों के सम्बन्ध डॉ. सिंह की इस यात्रा से कुछ सुधरे अवश्य।

तत्कालीन अमरीकी राष्ट्रपति जार्ज बुश ने विचार किया कि भारत जाकर इस समझौते पर मोहर लगाने का प्रयास किया जाये। दोनों पक्ष अपनी-अपनी शर्तों पर अड़े थे, अतः समझौते की कोई सम्भावना नहीं बन रही थी। प्रधानमन्त्री डॉ. मनमोहन सिंह अपनी बुद्धिमत्ता और परिपक्व कूटनीति का परिचय देते हुए स्थापित परम्परा को भंग कर राष्ट्रपति बुश के स्वागत में स्वयं हवाई अड्डे पहुँचे। 2 मार्च, 2006 को दिल्ली के ऐतिहासिक हैदराबाद हाउस में राष्ट्रपति जॉर्ज डब्ल्यू बुश और उनके प्रतिनिधिमंडल के साथ 2 घण्टे से अधिक चली वार्ता के पश्चात् संयुक्त संवाददाता सम्मेलन को सम्बोधित करने के पूर्व डॉ. सिंह ने जो शब्द कहे, वे उल्लासपूर्ण थे– 'राष्ट्रपति महोदय! धन्यवाद, हमने आज इतिहास बनाया है।' राष्ट्रपति बुश ने प्रधानमन्त्री डॉ. मनमोहन सिंह के साहस और नेतत्व की खुले शब्दों में प्रशंसा की। उन्होंने कहा, "इस समझौते तक पहुँचना न तो भारतीय प्रधानमन्त्री के लिए आसान कार्य था और न ही अमरीकी राष्ट्रपति के लिए, लेकिन ये समझौता बहुत आवश्यक था।'

अमरीकी राष्ट्रपति बुश ने खुद यह स्वीकार किया कि भारत और अमेरिका के बीच सम्बन्धों में काफी बदलाव हुआ है। यह डॉ. मनमोहन सिंह सरकार की सबसे बड़ी उपलब्धि थी। वस्तुतः अमरीका चाहता था कि भारतीय परमाणु प्रतिष्ठानों को दो भागों में विभक्त किया जाये। अधिक-से-अधिक संयंत्र नागरिक उपयोग के लिए तथा बिजली आदि बनाने के लिए हों और कम-से-कम प्रतिष्ठान बमों के निर्माण में सहायक हों तथा सम्पूर्ण ऊर्जा कार्यक्रम अन्तर्राष्ट्रीय परमाणु ऊर्जा एजेंसी की निगरानी में रखा जाये। भारत को इसमें आपत्ति थी।

अन्ततः कोई उचित समाधान न हो पाने पर बीच का रास्ता निकाला गया। आधिकारिक सूत्रों के अनुसार, भारत के 22 परमाणु रियेक्टरों में 14 निगरानी में रहेंगे, शेष 8 सैन्य परमाणु कार्यक्रम के उपयोग के लिए रखे जायेंगे। भारत का स्वदेशी फास्ट ब्रीडर रियेक्टर कार्यक्रम अन्तर्राष्ट्रीय निगरानी में नहीं रहेगा। साथ ही इस समझौते का एक परिणाम यह भी होगा कि तारापुर परमाणु बिजली घर के लिए ईंधन भी बिना रुकावट पूरी होती रहेगी।

इस समझौते का निहितार्थ यह भी है कि अमरीका के साथ बनी सहमति के पश्चात् भारत को एक तरह से परमाणु-शक्ति का दर्जा भी मिल गया है। यद्यपि सुरक्षा-परिषद् के 5 स्थायी सदस्यों की हैसियत वाली परमाणु शक्ति का दर्जा उसे नहीं मिलेगा, फिर भी जो कुछ मिला, वह भारत को अपनी पीठ ठोंकने के लिए पर्याप्त

है। भारत-अमरीकी परमाणु समझौता ने डॉ. सिंह की ऊँचाई में स्पृहणीय वृद्धि की है।

यह समझौता कितना महत्वपूर्ण था, इस बात से सिद्ध होता है कि पाकिस्तानी राष्ट्रपति परवेज़ मुशर्रफ़ ने बुश के हिन्दुस्तान के पश्चात् पाकिस्तान पहुँचने पर जब भारत के सदृश ही परमाणु समझौते की माँग की, तो राष्ट्रपति बुश ने दो टूक शब्दों में अपनी असहमति स्पष्ट कर दी। उन्होंने स्पष्ट कहा कि दोनों देशों की आवश्यकताओं के साथ-साथ दोनों देशों का इतिहास भी भिन्न रहा है, अतः हिन्दुस्तान से जो समझौता हुआ है, वह पाकिस्तान के साथ सम्भव नहीं है।

रूस से यूरेनियम की प्राप्ति

भारत के तारापुर में स्थित परमाुण बिजली गृह में यूरेनियम की कमी हो गई थी, जिस कारण वह बन्द होने की स्थित में आ गया था। अमेरिका से भारत के परमाणु समझौते के पश्चात् ही रूस ने यह घोषणा की कि तारापुर संयंत्र की दो इकाइयों के लिए 60 मीट्रिक टन यूरेनियम की आपूर्ति करेगा। अमेरिका ने यह इंगित भी किया कि रूस समझौते पर अमरीकी कांग्रेस की मोहर की प्रतीक्षा करे, किन्तु रूस ने अमेरिका के इस अनुरोध को अस्वीकृत कर दिया। 3 अप्रैल 2006 के समाचार के अनुसार रूस ने प्रायः 25 मीट्रिक टन यूरेनियम की पहली खेप भारत को भेज दी है। दोनों संयंत्रों का भारतीय परमाणु बिजली निगम ने आधुनिकीकरण कर दिया है। अब जब रूस से 60 मीट्रिक टन यूरेनियम की प्राप्ति हो जायेगी, तो 5 वर्षों तक इन इकाइयों का कार्य आसानी से चलेगा।

मार्च, 2006 में रूसी प्रधानमन्त्री मिखाइल फ्रादकोव भारत की यात्रा पर आये थे और उसी समय उन्होंने तारापुर के लिए यूरेनियम आपूर्ति का वादा किया था। रूस के इस रुख से यह स्पष्ट हो गया कि अमरीका के साथ समझौते के बावजूद रूस के साथ हमारी मैत्री में कोई बाधा नहीं आयी है। यह भारत की एक और कूटनीतिक सफलता ही है कि वह रूस और अमरीका दोनों के साथ अच्छे सम्बन्ध स्थापित करने में सक्षम हुआ है।